出土文獻與古文字研究叢書

書馨集
——出土文獻與古文字論叢

劉釗 著

上海古籍出版社

圖書在版編目(CIP)數據

書馨集：出土文獻與古文字論叢／劉釗著．—上海：上海古籍出版社，2019.8
（出土文獻與古文字研究叢書）
ISBN 978-7-5325-9283-8

Ⅰ．①書… Ⅱ．①劉… Ⅲ．①古文獻學—中國—文集②漢字—古文字學—文集 Ⅳ．①G256.1-53②H121-53

中國版本圖書館CIP數據核字(2019)第141575號

出土文獻與古文字研究叢書
書 馨 集
——出土文獻與古文字論叢
劉 釗 著
上海古籍出版社出版發行
（上海瑞金二路272號 郵政編碼200020）
（1）網址：www.guji.com.cn
（2）E-mail：guji1@guji.com.cn
（3）易文網網址：www.ewen.co
常熟新驊印刷有限公司印刷
開本700×970 1/16 印張31.5 插頁5 字數380,000
2019年8月第1版 2019年8月第1次印刷
ISBN 978-7-5325-9283-8
H·209 定價：108.00元
如有質量問題，請與承印公司聯繫

圖版一：安陽殷墟大墓出土骨片

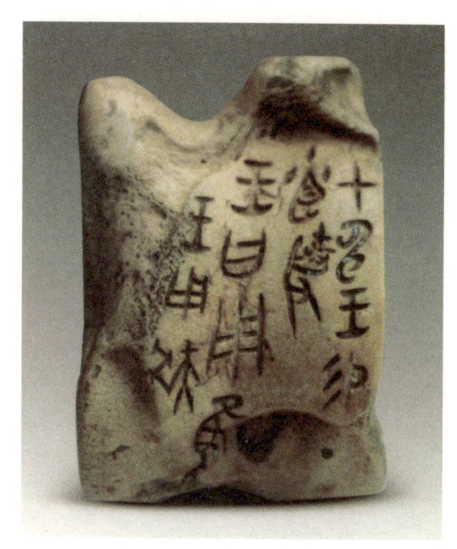

圖版二：牛距骨刻辭

圖版三：虎形轄

圖版四：首陽齋藏商鞅鈹

圖版五：復旦大學博物館藏楚仲姬浂簠

圖版六：復旦大學博物館藏楚仲姬浂簠銘文

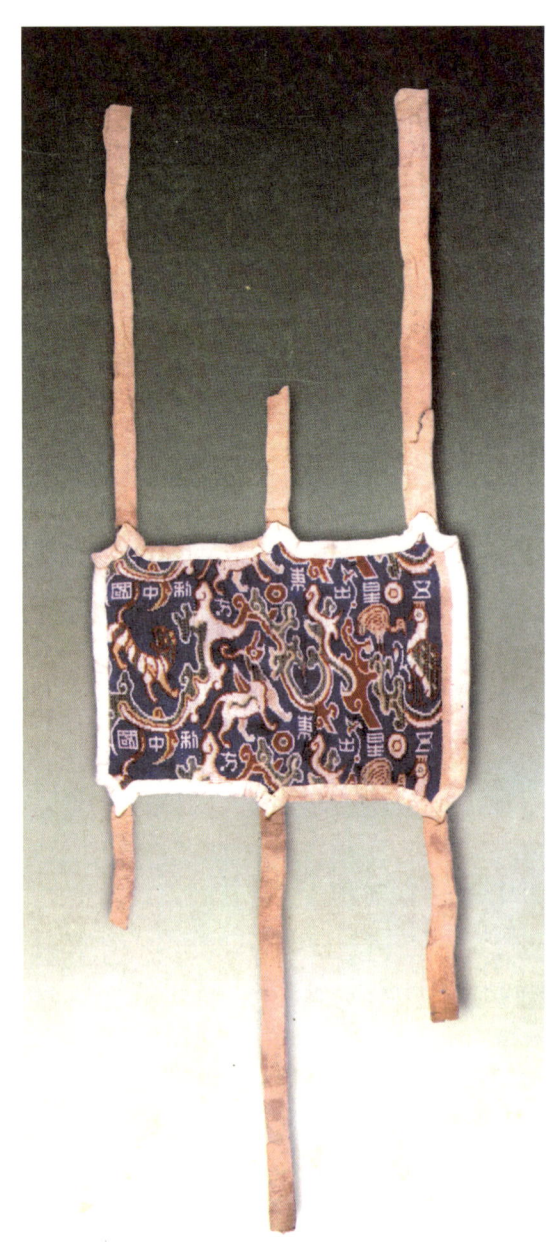

圖版七：尼雅出土織錦臂韝

目　錄

安陽殷墟大墓出土骨片文字考釋　　001
"小臣牆刻辭"新釋
　　——揭示中國歷史上最早的祥瑞記錄　　023
新公佈的甲骨文中的一個怪字　　039
釋甲骨文中的"秉棘"　　042
談新公佈的牛距骨刻辭　　058

叔夨方鼎銘文管見　　079
秦虎形轄銘文新釋　　087
兵器銘文考釋（四則）　　091
首陽齋藏商鞍鈹小考　　108
安徽桐城出土秦十九年上郡守逪戈考　　113
説網上新見的兩件戰國魏"首垣"銅器　　117
復旦大學博物館藏楚仲姬焌簠介紹　　120

釋馬王堆帛書《日月風雨雲氣占》中的"木剽"和"没戟"　　123
《馬王堆天文書考釋》注釋商兑　　128
讀《上博六》詞語札記三則　　138
説張家山漢簡《二年律令》中的"頗"　　146
馬王堆漢墓帛書《雜療方》校釋札記　　155
《岳麓書院藏秦簡（壹）》考釋一則
　　——兼談"育"字　　166

173	説秦簡"右剽"一語並論歷史上的官馬標識制度
198	漢簡"𡉚"字小考
215	秦"敬老思少"成語壐考釋
225	關於秦印姓名的初步考察
257	古壐格言壐考釋一則
268	關於幾組戰國格言壐的解釋
286	齊國文字"主"字補證
305	"瘑"字源流考
320	説"冓"
342	説"魃"
357	談"一沐三捉髮"的"捉"
369	論中國古代的"軍市"
386	論中國古典學的重建
404	論秦始皇陵園K0007陪葬坑的性質
409	新角度的探索
412	評《小屯南地甲骨考釋》
415	評《戰國文字通論》
417	評《金文編》
420	讀新出版的《戰國銘文選》
423	值得推薦的一本好書 ——《包山楚簡初探》讀後

評介新出版的《漢代銅器銘文研究》	426
古代精神世界的焦點透視	
——讀《心智的誤區》	431
讀《郭店竹書別釋》	437
喜讀《戰國文字編》	443
喜讀《古文字通假字典》	447
千封信連接兩位大師	450
一部鮮活的東學西漸史	
——讀桑兵《國學與漢學》	454
豐功偉業,沾溉學林	456
吴小平《漢代青銅容器的考古學研究》序	463
洪颺《古文字考釋通假關係研究》序	466
葉玉英《古文字構形與上古音研究》序	469
陳家寧《史記商周史事新證圖補(壹)》序	473
白於藍《戰國秦漢簡帛古書通假字彙纂》序	476
湯志彪《三晉文字編》序	480
魏慈德《新出楚簡中的楚國語料與史料》序	483
《古文字考釋叢稿》後記	486
《郭店楚簡校釋》後記	488
《古文字構形學》後記及修訂本附記	490
《新甲骨文編》後記	495
後記	499

安陽殷墟大墓出土骨片文字考釋

2004年11月,在河南省安陽市殷墟保護區西部邊緣、安鋼第二煉鋼廠西南部基建佔地範圍内,發現了三座較大型的商代墓葬和七座車馬坑。經中國社會科學院考古研究所安陽工作隊和安陽市文物工作隊聯合搶救發掘,工作自2005年元月開始,至6月22日全部結束。

2006年5月文物出版社出版的《2005中國重要考古發現》一書對這次發掘進行了簡略的介紹(以下引用該文時簡稱爲《介紹》),①《介紹》在描述三座較大型墓葬之一的M11時有如下文字:

> M11平面呈"中"字形,墓室上口長7.5、寬5米,南墓道長30、寬2~2.4米,斜坡式,坡度40°。墓室北置臺階式短墓道。墓底距離地表11.5米。該墓被盜嚴重,僅存少量遺物:可復原陶罐、蚌飾、海貝、銅鏃,殘骨錐及僅存的槨底板。但在墓室北部二層臺上發現3條骨片,其中1條有綠松石鑲嵌的文字16個,下部殘,這種以綠松石鑲嵌成文字的表現形式在殷墟極爲罕見。

---

① 《安陽殷墟殷代大墓及車馬坑》,載國家文物局主編《2005中國重要考古發現》,文物出版社,2006年,第59~62頁。

以下是《介紹》所附鑲有綠松石的骨片照片及筆者據照片所作的摹本：

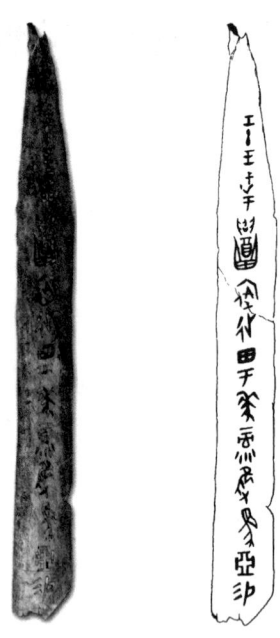

一

骨片公佈後，迄今尚未見到對該骨片進行研究的論著。本文不揣淺陋，試作考釋如下。

先寫出釋文：

壬午，王迖于䎽雁（䧹），征（延）田于麥录（麓），隻（獲）兕，亞易（賜）☐

因骨片照片過小，且字的筆劃中鑲嵌的綠松石有的還存在，有的已經脫落，字的筆劃看上去顏色不同，因此有的筆劃不太清楚。

"迖"字筆劃比較模糊，但從字形輪廓及文例看，此字是"迖"字絕無問題。"佖"字字形隸定從裘錫圭先生釋。裘錫圭先生認爲甲骨文中的"佖"字應讀爲"毖",乃"敕戒鎮撫"的意思。① 甲骨文中有許多"王佖某"的句子,"某"一般都爲地名。從甲骨文"佖"字所在的辭例和裘錫圭先生的訓釋看,"王佖某"的"佖"其性質與古代的"巡狩"之禮很接近。《孟子·告子下》説:"天子適諸侯曰巡狩,諸侯朝於天子曰述職。"《司馬法·仁本》説:"巡狩省方,會諸侯,考不同。其有失命亂常,背德逆天之時,而危有功之君,徧告于諸侯,彰明有罪。乃告于皇天上帝,日月星辰,禱于后土四海神祇,山川冢社,乃造于先王。然後冢宰徵師于諸侯曰:'某國爲不道,征之。以某年月日,師至于某國會天子正刑。'"另外《孔叢子》有《巡狩》篇,對巡狩的解釋更爲詳盡。巡狩必然要帶上軍隊,所以有一片卜辭説:"丁丑王卜貞:其遛(振)旅,征(延)佖于盂,往來無災。"(《合集》36426)典籍中有不少有關夏啓、舜、禹、周穆王等帝王巡狩的記載,雖然許多應該都是後人的追記,但多少可以説明"巡狩"的產生不會很晚。

上揭骨片刻辭"王佖于䚷雁(偯)"中的"佖"字似乎不應也訓爲"敕戒鎮撫"的意思,因爲"雁(偯)"是指具體的建築,"佖"字訓爲"敕戒鎮撫"的話,則對"雁(偯)"進行"敕戒鎮撫"的意思不好講。從辭例上看,"王佖于䚷雁(偯)"之"佖"讀爲"駐蹕"之"蹕",訓爲"止"最爲合適。"蹕"字《説文》作"䟆",《説文·走部》:"䟆,止行也。"可是典籍中"蹕"字這種用法的用例出現得稍晚,所以這一意見恐怕暫時還不能肯定。但起碼可以推測其義訓應該與"駐蹕"的意思很接近。

"䚷"字或認爲是"召"字初文,即"召"由"䚷"字省出;或認爲"䚷"是"召"字增繁之體。② 不論兩者的先後關係如何,在甲骨文中都用法不同。如"召方"的"召"從不作"䚷",而"王佖于䚷"的"䚷"

---

① 裘錫圭:《釋祕》,《古文字研究》第三輯,中華書局,1980年,第7~31頁。
② 于省吾主編:《甲骨文字詁林》(三),中華書局,1996年,第2471~2473頁。

又從不作"召",二者從不相混。"𠵮"字在甲骨文中都用爲地名。在晚期黃組卜辭中,有非常多的"王㳟于𠵮往來亡(無)災"的辭例,可見"𠵮"應該是當時很重要的一個地點,是商王經常到的地方。關於"𠵮"地,瞿潤緡考釋説:

> 召,地名。《左傳·僖公四年》經:"楚屈完來,盟于師,盟于召陵。"《水經注》曰:"汝水東南逕召陵縣故城南,左傳僖公四年齊桓公師于召陵,責楚貢不入,即此處也。"在今河南郾城縣東三十五里,在殷都安陽之南。又舊屬南陽道有南召縣。又《水經注》"雍水東逕召亭南,故召公之采邑也。"在今扶風之東。按南召縣較召陵遠,且非大邑,召亭似又因召公而得名,則卜辭之召當即召陵矣。①

前邊説過,"召"字與"𠵮"字在卜辭中用法不同,並不相混,兩者的關係到底如何還難以下結論,因此用"召陵"之"召"來比附卜辭地名之"𠵮",一時還難以説服於人,只能暫備一説而已。

"𠩺"字從"厂"從"俚",應爲"俚"字的繁寫異體。因爲"俚"是指一種建築,故"俚"字又可以增加"厂"旁繁寫作"𠩺"。"俚"是商王在征伐或巡狩途中經常臨時駐蹕的地方,卜辭常見"地名+俚"的結構,如"牢俚"、"盂俚"等,"牢俚"、"盂俚"就是建在"牢"地和"盂"地的"俚"。保利博物館近年收藏的版方鼎銘文中有"乙未,王賓文武帝乙肜日自闌偁,王返入闌"的文句,文中"闌偁"的"偁"應該就相當於甲骨文的"俚",只是字不從"土"而已。"闌偁"也是指建在"闌"地的"俚"。② "牢"和"盂"

---

① 容庚、瞿潤緡:《殷契卜辭釋文》,第 13～14 頁,轉引自《甲骨文獻集成》第一册,四川大學出版社,2001 年,第 320 頁。
② 李學勤:《試論新發現的版方鼎和榮仲方鼎》,《文物》2005 年第 9 期,第 59～65、69 頁;董珊:《版方鼎與榮仲方鼎銘文的釋讀》,北京大學震旦古代文明研究中心編:《古代文明研究通訊》總第 27 期,2005 年 12 月,第 14～21 頁。

都是商王田遊經常到的地點,因此按裘錫圭先生的説法,"㐄"應該是跟後世的行宫相類的一種建築。① 《史記·殷本紀》正義引《括地志》説:"……《竹書紀年》:自盤庚徙殷,至紂之滅,二百五十三年,更不徙都。紂時稍大其邑,南距朝歌,北據邯鄲及沙丘,皆爲離宫别館。"可見殷末時離宫别館已經到處皆是。卜辭有"祖辛㐄"(《合集》27254)和"父甲㐄"(同上),可見有專門以某一祖先名來稱呼的"㐄"。這種"㐄"很可能是因爲某位祖先最先駐蹕過,因此就稱爲"某某㐄"。卜辭中有"☐㐄于兹丘☐"(《合集》30272)的説法,還有"王㐄于☐"(《合集》30277)、"其于梌㐄"(《合集》30269)、"☐于盂㐄,不遘大風"(《合集》30270)、"于盂㐄,不雨"(《合集》30271)、"于遠㐄"、"在邇㐄"②(《合集》30273)、"☐㐄㝱☐亡(無)災"(《合集》30274)等辭,文中"㐄"字似乎都用爲動詞,指建"㐄"而言。小臣牆刻辭中有"用髳于祖丁㐄甘京"的句子,辭中"㐄"與"甘京"乃同位語,即"祖丁㐄叫作甘京"的意思,説明"㐄"可用來獻俘。又從㐄可名爲"甘京"和卜辭説"☐㐄于兹丘☐"來看,"㐄"似乎是建在高處的一種建築,很可能就是一種臺榭。卜辭中還有"乍(作)㐄"(《合集》27796、30266、30267、30281,《屯南》2152)和"宛某㐄"③(《合集》30268、《屯南》2636)的説法,其中"宛某㐄"的"宛"字疑應讀爲"館"。《孟子·盡心下》:"孟子之滕,館於上宫。"趙岐注:"館,舍也。""館㐄"就是"舍於㐄"的意思。如果甲骨文中的"逊"字有些可以讀爲"蹕"字的話,則上揭骨片刻辭中"王逊于𩁹雁(㐄)"中的"逊"字就與"宛(館)㐄"的"宛(館)"字的意思非常接近了。

---

① 裘錫圭:《釋殷虚甲骨文裏的"遠""𢕬"(邇)及有關諸字》,《古文字研究》第十二輯,中華書局,1985年,第85~98頁。

② 裘錫圭:《釋殷虚甲骨文裏的"遠""𢕬"(邇)及有關諸字》,第85~98頁。

③ 見拙作《釋甲骨文中从"宛"的幾個字》,《第二屆國際中國古文字學研討會論文集(續編)》,香港中文大學中國語言及文學系,1995年9月,第153~172頁。

董珊先生在《版方鼎與榮仲方鼎銘文的釋讀》一文中考釋版方鼎"自闌偁"的"偁"字時,對上邊提到的甲骨文中"祖辛偁"、"父甲偁"和"祖丁偁"這類帶有祖先名的"偁"的性質,有過如下解釋:①

這類"偁"很可能是專爲某個鬼神在城外所建的棲止之所。結合"偁"字的這兩種用法來看,我懷疑這些"偁"字都應該讀爲"畤"。"偁"與"畤"上古音聲類都是舌音,韻部爲之、蒸對轉。《説文》:"畤,天地五帝所基址祭地。從田、寺聲。古扶風(小徐本作'扶風雝')有五畤、好畤、鄜畤,皆黄帝時祭,或曰秦文公立也。"文獻所見"畤",最早是《左傳》襄公三十年"成愆奔平畤",又昭公二十二年記載王子朝之亂,"單子亡,乙卯,奔于平畤,……秋七月戊寅,以王如平畤,遂如圉車,次於皇,劉子如劉,單子使王子處守于王城,盟百工于平宫"。據此,東周王城外有平畤,城内有平宫,平宫是周平王之廟。"平畤"又見於侯馬盟書"念定宫、平侍(畤)之命",定宫、平畤都是策命地點,《侯馬盟書叢考》"宗盟考"認爲:定宫是周定王之廟,"平畤是周王室近畿很重要的地方"。由以上來看,"平侍(畤)"應是設在王城外祭祀周平王的機構,在王子朝之亂中,平宫與平畤是王城内、外兩方盟誓之處,原因在於雙方都想得到周平王在天之靈的佑助。由此可見,設在城外的"畤",在早期並不一定專指祭天場所,也可以供其他鬼神或生人居住。卜辭"祖丁偁"之類的稱呼,正與"平畤"相類似。

綜合上述,版方鼎銘文的"闌偁",雖是以地點命名的"偁",但商王從闌偁開始對文武帝乙的肜日祭祀,可見在商人觀念中,帝乙的神靈在闌偁居止,因此要從這裏開始迎接其神靈入城。鼎銘接着説"王返入闌",也正説明"闌偁"位於闌城外不遠處。

---

① 董珊:《版方鼎與榮仲方鼎銘文的釋讀》,第14~21頁。

或許在商周人觀念裏，神靈在天人之間往來陟降的路途中，城郊的"偶"也是其所必經的館舍。

按該文在這一解釋之前曾提到同意裘錫圭先生將甲骨文中的"地名＋偶"中的"偶"看作是"行宫"，因此這一解釋實際上是將甲骨文中的"偶"分成了兩類，即將"地名＋偶"中的"偶"看作是"行宫"，將"祖先名＋偶"中的"偶"視爲如後世的"時"。可是從甲骨文的實際情況看，所有的"偶"都具備衆多的功能，似乎並不能分出兩類，所以這一解釋正確與否還需進一步的檢驗。

青銅器銘文中也有"迩"字，① 如商代晚期作册般鼎銘文説："癸亥，王𧾷(迩)于乍(作)册般新宗。王商(賞)乍(作)册豊貝，大(太)子易(錫)東大貝，用乍(作)父己寶䵼。"（《集成》02711）西周早期的小臣夌鼎銘文説："正月，王才(在)成周，王𧾷(迩)于🝔禁(麓)，令小臣夌先省🝔應，王至于𧾷(迩)應，無遣(愆)。小臣夌易(錫)貝、易(錫)馬丙(兩)，夌拜稽首，對揚王休，用乍(作)季娟寶䵼(尊)彝。"（《集成》02775）這兩處的"迩"字如果解釋成"駐蹕"的意思也很通順。作册般鼎銘文中的"新宗"就是"新建的宗廟"，"王𧾷(迩)于乍(作)册般新宗"就是"王駐蹕在作册般新建的宗廟裏"的意思。王駐蹕在宗廟裏，其目的顯然是爲了祭祀。小臣夌鼎銘文謂"王𧾷(迩)于🝔禁(麓)，令小臣夌先省🝔應，王至于𧾷(迩)應，無遣(愆)"，是説王駐蹕於🝔地的山林，命令小臣夌先行檢查收拾王要駐蹕的🝔地的行宫，王到了駐蹕的行宫，没有差錯。從王駐蹕於🝔地的山林看，王的此次出行顯然與狩獵有關。

小臣夌鼎銘文中的"應"字又見於下列銘文：

1. 王令中先省南或(國)，貫行，埶(設)應在曾。(中甗，《集

---

① 裘錫圭：《釋祕》，第7〜31頁。

成》00949①）

2. 隹（唯）王令南宫伐反虎方之年，王令中先省南或（國），貫行，執（設）王厷，在夔陣真山。（中方鼎，《集成》02751）

3. 隹（唯）七月甲子王才（在）宗周，令師中眔（暨）靜省南或（國），相執（設）厷。（靜方鼎，《近出殷周金文集錄》357）

4. 隹（唯）八月既望戊辰，王才（在）上矦（侯）厷，禱祼。（不㮁方鼎，《集成》02736）

5. 王才（在）■厷。（智鼎，《集成》02838）

6. 隹（唯）王元年三（四）月既生霸，王才（在）減厷。（元年師旋簋，《集成》04279）

7. 隹（唯）元年既望丁亥，王才（在）減厷。旦，王各（格）廟，即立（位）。（蔡簋，《集成》04340）

8. 隹（唯）三年五月既生霸壬寅，王才（在）周，執駒于滆厷。（逨盨蓋，《近出殷周金文集錄》506）

9. 隹（唯）三月初吉丁亥，穆王才（在）下減厷，穆王鄉（饗）豊（醴）。（長囟盉，《集成》09455）

"厷"字舊或釋"居"，或釋"位"，李學勤先生將中甗的"厷"字解釋成"王的行帳"，②這與裘錫圭先生將甲骨文中的"㝢"字解釋成王的"行宮"正可對照。甲骨文的"㝢"是王在戰爭和狩獵過程中臨時駐蹕的地方，在其中既可居住，又可進行祭祀，這一點與上列金文"厷"字

---

① "設"字釋讀見裘錫圭《再談古文獻以"埶"表"設"》，香港中文大學中國語言及文學系、中國文化研究所中國古籍研究中心主辦："古道照顏色——先秦兩漢古籍國際學術研討會"會議論文，香港中文大學，2009年1月。【編按：後收入香港中文大學中國語言及文學系、中國文化研究所中國古籍研究中心主編《先秦兩漢古籍國際學術研討會論文集》，社會科學文獻出版社，2011年，第1～13頁。】

② 李學勤：《盤龍城與商朝的南土》，《新出青銅器研究》，文物出版社，1990年，第15頁。

揭示出的用途完全相同。尤其上揭小臣夌鼎銘文提到王爲田獵來到"🐾彔(麓)",駐蹕在"🐾应",這與骨片刻辭説王爲了田獵來到"麥彔(麓)",駐蹕在"譻脽(偟)",所説的事件過程若合符節,極爲近似。因此可以説,甲骨文的"偟"字與金文的"应"字用法很接近,其性質也應該相同或基本相同。

"祉(延)"字義爲延續,如果用於一個主語的兩個動作之間,可以翻譯成"接着"。

"麥彔(麓)"義爲麥地的山林。

"亞易(賜)"之"亞"乃武官名,甲骨卜辭中有"亞"和"多亞",金文中有"大亞"、"多亞"、"走亞"、"亞旅"等,其中的"亞"也都是武官名。

"易(賜)"在此用爲被動式,即"亞"爲被賜的對象,而不是賜的主體。賜的主體顯然應該是"王"。這種"易(賜)"字用爲無形式標誌的被動式的例子在金文中多見,①如何尊:"王咸𦎫(誥),何易(錫)貝卅朋,用乍(作)𢈘公寶䵼(尊)彝,隹(唯)王五祀。"麥方鼎:"隹(唯)十又一月,井(邢)矦(侯)祉(延)𠰞于麥,麥易(錫)赤金,用乍(作)鼎。"蔡尊:"王才(在)魯,蔡易(錫)貝十朋,對揚王休,用乍(作)宗彝。"等,銘文中"易(賜)"字前的人名都不是"賜"的主體,而是被賜的對象。關於甲骨文中是否有被動式的問題,學術界一直存在爭議。從這條材料看,甲骨文中是存在被動式的,但其結構形式並沒有主動被動的區别,即無形式標誌,而有形式標誌的被動式顯然應該是從這種無形式標誌的被動式發展演變來的。②

---

① 楊五銘:《西周金文被動句式簡論》,《古文字研究》第七輯,中華書局,1982年,第309~317頁。

② 參見陳昭容《關於"甲骨文被動式"研究的檢討》,臺灣師範大學國文學系、中研院歷史語言研究所編:《甲骨文發現一百周年學術研討會論文集》,臺灣文史哲出版社,1998年,第101~120頁;沈培:《關於殷墟甲骨文中所謂"于字式"被動句》,北京大學中國古文獻研究中心編:《北京大學中國古文獻研究中心集刊》第二輯,北京燕山出版社,2001年,第15~64頁。

二

据《介绍》说,出土镶嵌绿松石骨片的 M11 与另两座墓葬,从形制、面积、埋葬葬具和深度等看,都无法与西北冈王陵级大墓相比,在殷墟只能称之为较大型的墓葬,但墓主人也应为当时的上层贵族。《介绍》还说,从平面布局及发掘出土的遗物判断,七座车马坑应与这三座大墓有陪葬关系。又从《介绍》中可知,M11 出有铜镞,M12 出有残铜戈,M13 出有铜戈 10 余件、铜镞 20 余枚、陶弹丸 100 余枚。车马坑中共出有五辆车,每辆车配有两匹马,每辆车还都有殉人。在车马坑 M3 中,出有青铜短剑 1 件和铜镞 30 余枚,并隐约可见箭杆和箭囊的痕迹。

综合以上出土遗物及遗迹来看,我们认为这三座墓葬很可能是个家族墓,三座墓葬的墓主人很可能都是武官。这一推断与墓葬等级和出土物非常吻合。而出土镶嵌绿松石骨片的 M11 的墓主人,应该就是骨片中提到的"亚"。很显然,正是"亚"作为扈从护卫王"迩于鬯厄(喹)"、"田于麦彔(麓)",并从而"获兕",因此受到了王的赏赐。

骨片刻辞不是卜辞,而是记事刻辞。骨片上的文字镶嵌有绿松石,是一种豪华的装饰。这表明骨片上所记的事件很重要,因而受到格外的珍视。骨片本身虽未经鉴定,但是可以推测这个骨片就应该是骨片文字所记"获兕"之"兕"的骨头。甲骨刻辞中有一些类似的特殊的记事刻辞,可以与骨片刻辞相对照。如下列诸刻辞:

1. 虎膊骨刻辞:辛酉,王田于鸡彔(麓),隻(获)大罕(霸=白)①虎,才(在)十月,隹(唯)王三祀劦(协)日。(著录:*Bone*

---

① "霸"字可以训为"强悍",又可以借为"白"。金文中"既生霸"、"既死霸"的"霸"字典籍中皆作"魄","魄"即从"白"声。又金文师兮父鼎中的"霸"字从"帛"为声,而"帛"又从"白"声,所以"霸"可通"白"。见《金文编》,中华书局,1985 年,第 478 页。又蒙陈剑先生提示:裘锡圭先生曾在讲课中指出"霸"可读为"膊","大霸虎"就是"大膊虎",这与铭文刻在虎膊骨上正合,录此备考。

Culture of Ancient China〈照片〉、*Chinese Art in the Royal Ontario Museum*〈照片〉、《懷特》1915〈拓本不全〉、《合集》37848〈照片〉、《掇三》3〈照片縮小、摹本〉,尺寸：21.7×4.1 cm,圖一)①

2. 牛距骨刻辭：王曰：卲(宜)大乙,縶于白录(麓),版宰丰。(著錄：《乙編》8688、《合集》35501,尺寸：7.3×5.7 cm,拓本長6.35 cm,圖二)

3. 兕骨刻辭：辛巳,王卲(宜)武丁,縶〔于□〕录(麓),隻(獲)白兕,丁酉□(著錄：《佚》427〈照片〉、《衡齋》44、《鄴初》下47〈照片〉、《合補》11301〈照片〉,尺寸：7.6×4.4 cm,圖三)

4. 宰丰雕骨刻辭：壬午,王田于麥录(麓),隻(獲)商戠兕,王易(錫)宰丰,寑(寢)小𥎡兄(貺),才(在)五月,隹(唯)王六祀肜日。(著錄：《佚》518〈拓本〉、《續補》7.32〈拓本〉、《合補》11299〈拓本〉、《掇三》4〈照片、拓本、摹本〉、《中歷博》3〈照片〉、《國博》261〈照片、拓本〉,尺寸：27.3×3.9 cm,圖四)

5. 宰丰殘雕骨刻辭：壬午,王田于麥录(麓),隻(獲)〔商戠兕,王易(錫)〕宰丰,寑(寢)小𥎡兄(貺),〔才(在)五月,隹(唯)王六祀肜日。〕(著錄：《佚》426〈照片〉、《衡齋》45、《鄴初》下47〈照片〉、《合補》11300〈照片〉,尺寸：12.2×3.9 cm,圖五)

6. 兕頭骨刻辭：□于▨麓,隻(獲)白兕,燎于□,才(在)二月,隹(唯)王十祀,肜日,王來正(征)盂方白□(著錄：《甲編》3939〈拓本〉、《合集》37398〈拓本〉,拓本尺寸：39.3×17.1 cm,圖六)

7. 鹿頭骨刻辭：戊戌,王蒿(郊)田□文武丁祼□王來正

---

① 圖一彩色照片蒙臺灣中研院史語所內田純子女士提供,特此致謝。

(征)☐（著錄：甲 3940〈拓本〉、《合集》36534〈拓本〉，尺寸：22.7×20.2 cm，圖七）

8. 鹿頭骨刻辭：己亥，王田于峀，☐才（在）九月，隹（唯）王十☐（著錄：甲 3941〈拓本〉、《合集》37743〈拓本〉，尺寸：10.5×12.5 cm，圖八）

首先值得注意的是，骨片刻辭記載的時間是"壬午"，田獵的地點是"麥麓"，獵獲的是"兕"，而上揭特殊記事刻辭例 4、5 宰丰雕骨刻辭所記載的時間也是"壬午"，地點也是"麥麓"，獵獲的也是"兕"，兩者可謂"時、地、物"三要素皆吻合，這難道是巧合嗎？我們認爲這很可能記錄的是同一件事情，是不同的人從不同的角度加以記錄的，因而出現了同一件事的不同記事版本。

將上揭 8 例特殊記事刻辭與骨片刻辭進行比較，還會發現有許多相同之處。首先，這些刻辭所用字體與卜辭常見的刻寫字體不同，而是看去像是用毛筆書寫的，筆劃有粗細的變化，有筆鋒。應該是先用毛筆書寫，再用刀刻的。這表明對所記之辭的重視。其次，這些刻辭都是有關田獵的記事刻辭。再次，刻辭記載的獵獲物與刻辭所在的骨頭都正好可以對應，即文字都是在刻辭記載的所獵獲的動物的骨頭上刻寫的。最後，有部分刻辭或是在背面刻有繁縟美麗的紋飾並鑲嵌有綠松石，或是在正面的字上鑲嵌有綠松石，或是兩面都鑲嵌有綠松石。除骨片刻辭字上明確鑲嵌有綠松石外，例 1 的虎膊骨刻辭從照片上看，正面的字和背面的花紋也都鑲嵌有綠松石。例 3 的兕骨刻辭從文字筆劃上看，最初也應該是鑲嵌有綠松石的（筆劃中殘留的白色部分，就應該是保留的綠松石痕跡），只是因爲綠松石大部分都已脫落，因此看去不太明顯。其他如例 4、例 5 的花紋上還殘留有綠松石，猜測在文字上最初很可能也是鑲嵌有綠松石的，也是因爲時間太長綠松石已經完全脫落，因此已經看不出來。

在文字上鑲嵌綠松石或是在刻辭背面刻畫繁縟美麗的紋飾並鑲嵌綠松石,説明刻辭的内容非同一般,所記内容是值得紀念的事情,因此才會做出如此豪華的裝飾。那麽爲什麽會對這類刻辭如此重視,刻辭内容所反映出的是什麽觀念呢？這是我們需要解決的問題。

　　衆所周知,中國古代有"紀異"的傳統,《論衡·自紀篇》説:"夫氣無漸而卒至曰變,物無類而妄生曰異,不常有而忽見曰妖,詭於衆而突出曰怪。"清人徐灝在《説文解字注箋·異部》異字下説:"引申之,非常之事曰異。"唐陸淳《春秋集傳辨疑》卷一"九年三月癸酉大雨震電庚辰大雨雪"條謂:"左氏曰:凡雨自三日以往爲霖,平地尺爲大雪。趙子曰:春秋記異不書常事,尺雪常事,何足記乎？"《史記·天官書》也説:"是以孔子論六經,紀異而説不書。至天道命,不傳;傳其人,不待告;告非其人,雖言不著。"《春秋穀梁傳·成公十六年》:"雨而木冰也,志異也。"《春秋公羊傳·隱公三年》:"己巳,日有食之。何以書,記異也。"《公羊傳》在解釋《春秋》中記載的各種自然界的異常現象時經常説"何以書,記異也",正充分體現了古代史書的"紀異"傳統。

　　郭沫若在《卜辭通纂》第五七七片,即上引刻辭例 6 注釋中説:"此'獲白兕'紀異也。"①這是非常精彩準確的解釋。丁山在論述上引刻辭 6 時也説:"白犀,蓋又犀類的珍品,帝乙田獵於㤅,獲了白犀,所以要在那隻白犀的頭骨上,刻上'獲白豕'以爲國家的祥瑞。"②其對該刻辭性質的認識與郭沫若完全相同。其實上揭骨片刻辭和上引 8 例特殊記事刻辭,其性質都應該如此看待。即其之所以對這一田獵之獵獲物如此看重,用獵獲物的骨頭記載了獵獲事件並將其製成藝術品,就是爲了"紀異"。上揭骨片刻辭和上引 8 例特殊記事刻辭

---

① 《郭沫若全集》考古編第二卷《卜辭通纂》,科學出版社,1983 年,第 465 頁。
② 丁山:《商周史料考證》,國家圖書館出版社,2008 年,第 168 頁。

中,其所記載的獵獲物有"白虎"(1)、"白兕"(2、3、6)、①"戠兕"(4、5)和"鹿"等幾類。7、8兩例或是因爲沒有具體記載獵獲物,或是因爲殘去了的原因,我們已經不知道獵獲的"鹿"的顏色。不過總該是非同一般的鹿。"白虎"和"白兕"在虎和水牛(或犀牛)中都是非常稀見的,②因此會被視爲"珍異",從而將獵獲事件刻在所獵獲的動物骨頭上並裝飾成藝術品以供紀念和欣賞。從甲骨刻辭看,殷人在祭祀用牲時,比較多地提到"白牛"、"白羊"、"白豕"、"白豭"、"白豕"、"白彘"等,可見對白色的犧牲格外重視。③裘錫圭先生曾指出,從甲骨文看,殷人有特別重視白馬的習慣。④伯唐父鼎銘文中有在"辟池"射"白鹿"、"白狐"的記載,《國語·周語上》載周穆王征犬戎,"得四白狼,四白鹿以歸",這些也都是古人格外重視白色動物的證明。歷代典籍中載有"白虎"、"白象"、"白鹿"、"白雉"等祥瑞,這些白化的動物,用現代遺傳學來解釋,是由長期潛伏的白毛隱形基因引起的,或是所謂歸先遺傳的結果。⑤白色象徵潔淨、長久,動物中的白化個體非常稀少,自然會引起人們的珍視。

　　上引特殊刻辭4中"戠兕"的"戠"字以往都認爲是指"兕"的顏色,但具體指什麼顏色一直沒有定論。或認爲是指黃色,或認爲是指紅色。但是不論解釋成什麼顏色,始終找不到合適的訓詁例證。

---

　　①　特殊刻辭例2中沒有提到獵獲物,但從其爲牛骨刻辭及文中有與例3相同的詞句看,該刻辭所依附之骨也應該是兕骨,很可能也是"白兕"。
　　②　關於"兕"爲野生水牛的考證見雷煥章《兕試釋》,《中國文字》新八期,臺灣中國文字社,1983年,第84～110頁。
　　③　參見汪濤《殷人的顏色觀念與五行説的形成及發展》,艾蘭等主編:《中國古代思維模式與陰陽五行説探源》,江蘇古籍出版社,1998年,第261～294頁;秦嶺:《甲骨卜辭所見商代祭祀用牲研究》,華東師範大學2007屆碩士學位論文(指導教師:詹鄞鑫教授)。
　　④　裘錫圭:《從殷墟甲骨卜辭看殷人對白馬的重視》,《殷墟博物苑苑刊》(創刊號),中國社會科學出版社,1989年,第70～72頁。
　　⑤　謝成俠:《再論中國稀有鹿類——麋鹿、白鹿和駝鹿的歷史和現狀》,《中國農史》1994年第4期,第63～66頁。

其實將"哉兕"的"哉"視爲指顔色，是將其與"白兕"一類詞簡單比附得出的結論，這一結論其實並不可靠。甲骨卜辭中的"哉"字有多種用法，其中一種用法如下舉辭例：

1. 庚辰貞：日又(有)哉，非囚(憂)，唯若。
庚辰貞：日哉，其告于河。
庚辰貞：日又(有)哉，其告于父丁，用牛九。在樊。

《合集》33698)

2. 壬寅貞，月又(有)哉，其又(侑)土，尞(燎)大牢。兹用。

《屯南》726)

這類用法的"哉"字過去或讀爲"食"或"蝕"，認爲是指日食；或讀爲"識"或"痣"，認爲是指太陽黑子；或讀爲"埴"，認爲是指太陽變色等等。陳劍先生通過將此字與卜辭中的"𢦏"字的用法相比較，指出這種用法的"哉"應該讀爲"異"，指自然界的異常現象。① 綜合卜辭的文意來看，這一説法是十分正確的。我們認爲"哉兕"的"哉"也應該讀爲"異"，"異兕"就是"奇異的兕"的意思，並不是指兕的顔色。將"哉兕"讀爲"異兕"，進一步證明了這類記事刻辭屬於"記異"性質的結論是正確的。

傳世典籍中有很多類似的"記異"記載，如《竹書紀年》中就有如下的文字：

1.《初學記》卷七地部下引《竹書紀年》："周昭王十六年，伐楚荆，涉漢，遇大兕。"

2.《山海經·海外東經》郭注引《汲郡竹書》："柏杼子征于東海及王壽，得一狐九尾。"

---

① 陳劍：《殷墟卜辭的分期分類對甲骨文字考釋的重要性》，《甲骨金文考釋論集》，綫裝書局，2007 年，第 317～453 頁。

3.《初學記》卷十三禮部上引《竹書紀年》:"后荒即位,元年,以玄璧賓于河,狩于海,獲大魚。"

4.《太平御覽》卷八九〇獸部引《竹書紀年》:"夷王獵于杜林,得一犀牛。"

又《楚辭·天問》:"昭后成遊,南土爰底,厥利維何,逢彼白雉。"聞一多《楚辭校補》謂:"'雉'當爲'兕',聲之誤也。"①這些獲"大兕"、"狐"、"大魚"、"犀牛"、"白兕"的記載,與上揭骨片刻辭和上引8例特殊記事刻辭可以比照,其性質無疑是相同的。

前幾年公佈的作册般銅黿銘文説:"丙申,王迋于洹隻(獲)。王一射,妯(?)射三,率亡(無)灋(廢)矢。王令(命)㝬(寢)馗(馗)兄(贶)于乍(作)册般,曰:奏于庸,乍(作)女(汝)寶。"關於銘文的性質,以往的討論似乎都没有涉及關鍵。其實這件銘文也是"記異"的一個例子。因爲視在洹獲得的"黿"爲珍異,所以銘文最後説將銅黿"乍(作)女(汝)寶"。"黿"即大鼈,屬於龜屬,古人格外重視"龜",這是衆所周知的故實。《太平御覽》卷七十三地部引《竹書紀年》曰:"周穆王七年,大起師,東至于九江,架黿鼉以爲梁。"已經是將黿神化了。後世志怪小説中"黿"化爲神的故事更是不勝枚舉。這些都説明古人以"黿"爲珍異有着悠久的傳統。

丁驌先生在《骨枊刻辭釋》一文中,曾討論過上揭特殊記事刻辭例5的宰丰雕骨刻辭,文中有一段説:

> 竊疑"獲商戠眔"爲一句。"戠"爲黄色,"商"亦可以指色,商庚亦曰倉庚,倉色也。惟一般之眔爲青色,其倉黄色者或是犀牛之類。所獲之獸,以其色澤有異,或以爲祥瑞歟?②

---

① 聞一多:《楚辭校補》,《聞一多全集》第二册,三聯書店,1982年,第404頁。
② 丁驌:《骨枊刻辭釋》,《中國文字》新二期,臺灣中國文字社,1980年,第61~63頁。

其中"所獲之獸,以其色澤有異,或以爲祥瑞歟?"一句格外重要。上揭骨片刻辭、8 例特殊記事刻辭和作册般銅黿銘文中記載的所獵獲的動物,很可能在當時人看來,都是一種祥瑞。所謂"記異"的"異",與祥瑞並没有本質的區別,"異"的進一步發展,就是祥瑞。最初被視爲"珍異"、"奇異"的動物,一旦與某種吉祥美善的結果相聯繫,就會被視爲祥瑞。《春秋公羊傳·哀公十四年》説:"十有四年。春,西狩獲麟。何以書,記異也。""麟"乃祥瑞,又是奇異的動物,所以記載"獲麟"也是"記異"。元代馬端臨《文獻通考》序中説:"物之反常者異也,其祥則爲鳳凰、麒麟、甘露、醴泉、慶雲、芝草;其妖則山崩、川竭、水湧、地震、豕禍、魚孽,妖祥不同,然皆反常而罕見者,均謂之異可也。"①這正説明了"異"與祥瑞的關係。

三

從以上所論證的資料並結合甲骨刻辭中的其他資料綜合來看,很顯然,甲骨刻辭反映出商代已經具備了一定的祥瑞災異觀念。當時的祥瑞災異觀念可能還是樸素的,祥瑞和災異只是代表一般的吉祥或災禍,與道德和政治尚未掛鉤。至遲到春秋戰國時期,祥瑞和災異就已經與道德和政治相聯繫,變成了一種政治哲學。"德能致物"和"物以類相召"的思想已經開始形成。而到了董仲舒時的漢代,祥瑞災異觀念更是繁衍成了系統嚴密的一套理論,"瑞應依德而至,災異緣政而生"變成了社會上的普遍認識。

祥瑞災異觀念既是一種政治哲學和道德哲學,同時也是一種思想觀念和文化現象。這一思想觀念和文化現象與中國古代社會相伴

---

① 馬端臨:《文獻通考》,浙江古籍出版社,2000 年,第 9 頁。

始終,在政治、思想、哲學、文化等諸多方面都對中國古代社會影響甚巨。本文通過文字考釋揭示出的骨片刻辭和八例特殊記事刻辭所反映的"記異"習俗和祥瑞觀念,對理解中國早期祥瑞災異觀念的產生和演變,無疑會起到重要的啓示作用。

　　後記：本文寫作中,先後蒙内田純子先生、董珊先生、葛亮同學提供部分相關資料,又蒙兩位匿名審查人指出部分疏失,筆者已參考其指出的問題進行了修改,在此一併致以衷心的謝意。

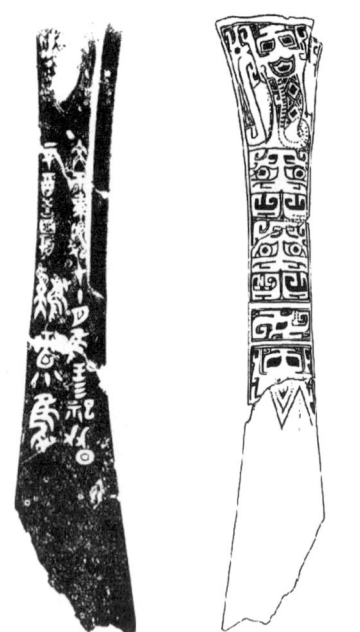

圖一　虎膊骨刻辭

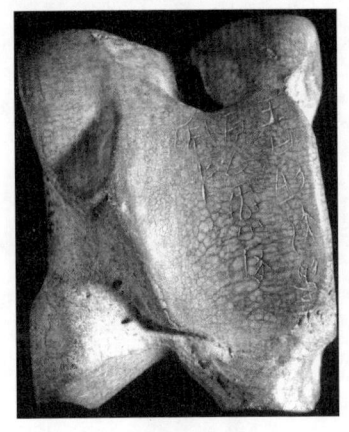 

圖二　牛距骨刻辭

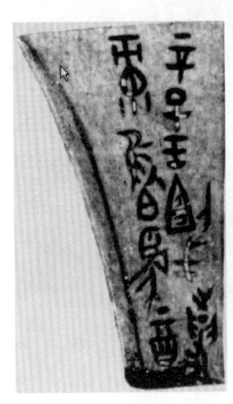 

圖三　咒骨刻辭

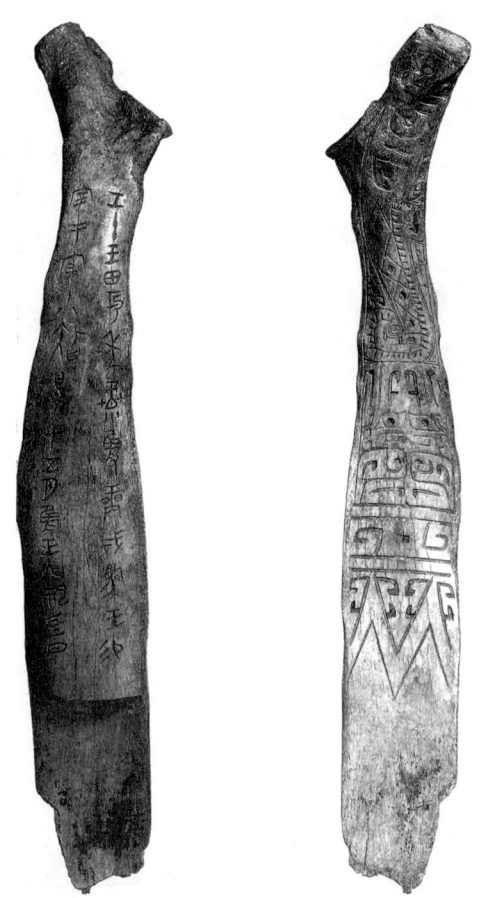

圖四　宰丰刻辭

圖五　宰丰殘雕骨刻辭

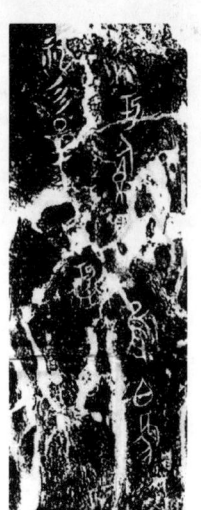

圖六　兕頭骨刻辭

圖七　鹿頭骨刻辭

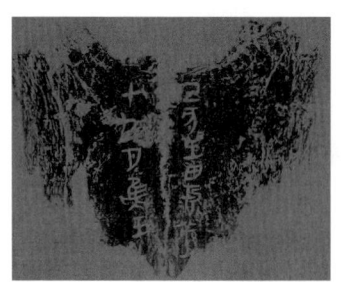
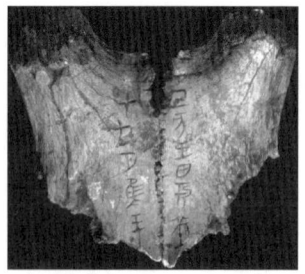

圖八　鹿頭骨刻辭

　　原載李宗焜主編《古文字與古代史》第二輯(臺灣中研院史語所，2009年)，今據以收入。

"小臣牆刻辭"新釋

——揭示中國歷史上最早的祥瑞記録

在甲骨刻辭中有一片非常著名的"小臣牆刻辭"。因辭中提到的主要人物名"牆",任"小臣"一職,故學術界以"小臣牆刻辭"來命名。小臣牆刻辭最初歸于省吾先生收藏,後轉讓給清華大學,現藏中國國家博物館,館藏編號 Y0699。該刻辭最初著録於胡厚宣先生的《甲骨續存》下 915 正、916 反,後被收入《甲骨文合集》,編號 36481 正(見附圖)、反。刻辭長 6.9 厘米,寬 3.9 厘米,爲骨版,正面殘存 55 字,記録了征伐危方的一次戰爭,反面存 36 字,爲干支表。字體屬於黄類。該刻辭内容與占卜無關,屬於記事刻辭。

1955 年胡厚宣先生在《甲骨續存》序中評價該刻辭説:"其時代當屬於帝乙帝辛。在十幾萬片甲骨文字之中,這是最重要的一條殷末戰爭史料,即在周金文中,亦惟有小盂鼎銘可以彷彿似之。"[1]

正如胡厚宣先生所言,由於該刻辭内容提到了殷末一次規模很大的戰爭,因此作爲中國軍事史上最早的一條戰爭史料,一直被學術界反復引用。

爲便於對刻辭内容的討論,下邊將逐句進行考釋。

---

① 見胡厚宣《甲骨續存》,上海群聯出版社,1955 年,第 6 頁。

先隸釋刻辭的釋文如下:

☐小臣牆比伐,擒危髳,☐廿,人四,馘千五百七十,鬯百☐丙(輛),車二丙(輛),櫓百八十三,函五十,矢☐,又白(祼)于大乙,用𢦏白(伯)卬☐ 鬯于祖乙,用髳于祖丁偉甘京。易(賜)☐

"小臣牆"三字前殘去多少字現在已經不清楚,推測大概殘去三至四字,其中肯定有關於時間的記載,可惜具體內容已不得而知。

"小臣牆"的"牆"字作"牆",乃"牆"字初文。"小臣牆"爲殷代晚期一位重要的王臣,該人又見於下列兩片無名組卜辭:

1. ☐小臣牆又(有)來告☐　　　　　《合集》27886
2. 惠小臣牆令呼比,王受又。
   弜令。
   惠𢼊令。　　　　　　　　《合集》27888=《粹》1161

其中第2辭中也出現了卜問戰爭時常用的動詞"比",因此該條卜辭內容顯然也與戰爭有關。將此條卜辭與小臣牆刻辭相聯繫,可知"小臣牆"常常是以帶兵統帥的身份出現的。

"比伐"的"比"過去或釋爲"从",或讀"从伐"爲"縱伐",謂"縱伐意爲跟踪追擊敵人"。① 其實從字形上看,該字所从"匕"字下部向後方傾斜,具備"比"字的字形特徵,無疑應釋爲"比",釋"从"非是。上引《合集》27888也提到小臣牆"比",兩辭正可對照。"比伐"意爲輔助或配合征伐。②

---

① 林梅村:《帝辛甲骨所見殷宫秘史》,《學術集林》卷十四,上海遠東出版社,1998年,第184~222頁。
② 訓甲骨文"比"爲"輔助",見饒宗頤《殷代貞卜人物通考》,香港大學出版社,1959年,第174頁;劉源:《殷墟"比某"卜辭補説》,《古文字研究》第二十七輯,中華書局,2008年,第111~116頁。

"危"字的釋法從于省吾先生之説,但釋"危"與後世"危"字在字形上缺乏清晰的演變軌迹,因此學術界對此釋法一直持將信將疑的態度。近年有學者將此字釋爲"弁",從形體上看似也不可信。① 對該字的釋法學術界至今仍無法給出一個確定的答案。本文仍采用"危"的釋法,是考慮到學術界的通行習慣,只是權宜之計。不過該字是指位於商王朝西邊的一個很有實力的部族,這一點是可以肯定的。

"髳"字像人長髮下垂狀,舊或釋"美",是錯誤的。甲骨文中真正的"美"字皆从"羊"作,與此不同。② "髳"在古漢語中或指動物頸上的長毛,或指兒童頭髮下垂至眉的一種髮式,如此看來,"髳"字的字形構造理念應該與其所記録的詞義相關聯。"髳"字在刻辭中是用爲"危"方首領的名字。"危髳"是"危方髳"或"危白(伯)髳"的省稱。"危方髳"和"危白(伯)髳"見於下列卜辭:

1. □□卜,烁□危方髳□朁于□若。　　　《合集》28088
2. □危白(伯)髳于之及□望□　　　　　《合集》28091

以上兩辭中的"危方髳"和"危白(伯)髳"指的應該是同一個人,而"危髳"無疑應該是"危方髳"或"危白(伯)髳"的省稱。以往大多數研究者都將"危"和"髳"視爲兩個並列的部族名稱,這是非常錯誤的。

"髳"字下有缺文,或在"廿"字上補"人"字,從殘存的筆劃看存在這種可能,但是是其他字的可能也不能完全排除,故本文釋文暫不補"人"字。從文意推測,"廿"字前應該有表明危方大臣或渠帥的字眼。其記叙擒獲的順序是先首領、後渠帥,接下來是活着的族衆(人),然

---

① 趙平安:《釋甲骨文的"🅰"和"🅱"》,《文物》2000年第8期。
② 甲骨文中用爲樂器名或樂舞名的"美"字皆从"羊"作,而"子髳"的"髳"字從不作从"羊"的形體,這表明兩者絶非一字。見姚孝遂主編《殷墟甲骨刻辭類纂》,中華書局,1989年,第86頁。

後才是被殺的人(馘)。有的研究和論述中對該刻辭所作的釋文將"廿人四"連讀,不合商代的語法和行文習慣,是錯誤的。

"馘"字舊或釋"而",非是。①

"䆠"字下部从"每"沒有問題,上部筆劃有些模糊,因此以往的隸定很不統一。上部左半从"阜"可以肯定,或隸定爲"糸",非是。右部則大多隸定爲"及"或"癸"。隸定爲"癸"從形體上看沒有道理,可以不論;隸定爲"及"從形體上看也有問題,因爲字似从兩個"人",而不是一個"人"。細審所謂的"及",很可能是由上下兩個"勹"旁構成,每個"勹"旁的右側還都有一點。這與甲骨文和金文"匋"字的寫法很接近。西周金文陶子盤的"陶"字也是左邊从"阜",右邊从兩個"勹",每個"勹"字上又有一點,作"㘭"形,其構形與此完全相同。因此我們懷疑此字上部其實从"陶"作,所以將其隸定作"䆠"。【編按:此字上部隸定作"陶"恐有問題。】

"䆠"字在刻辭中的用法有兩種可能,一種可能是按過去一般理解的用爲部族名,這種可能性最大。但是用爲部族名從刻辭的篇章結構看似乎還有些疑問。首先從刻辭的敘述結構看,擒獲物是按照危族的部族首領、危族的渠帥、活的俘虜(人)、戰死的人(馘)的順序記錄的,這以上記錄的是"人",且按重要程度的高低爲序。記錄完"人"之後,接下來說的就該是擒獲物中除人之外的物品了,也就是說,這些擒獲的人和物都是屬於危方部族的,因此這一段文中似乎不容再夾入另一個部族的名字。似乎不大可能先分說擒獲的不同的部族的人,再分說掠獲的不同部族的物品。其次,前邊說到擒獲危族人時,講得都很具體,其句式都是如"☒廿"、"人四"、"馘千五百七十"這樣概念小於部族名的名詞加數量詞組合的形式,與"䆠百"這樣部

---

① "馘"字考釋見林澐《新版〈金文編〉正文部分釋字商榷》,中國古文字研究會第八屆年會論文,1990年,江蘇太倉。

族名直接加數量詞的組合形式不同。在同一個篇章中如此變換不同的句式,似乎也很奇怪。

如此説來,"纛"字的用法就存在另一種可能,即用爲掠獲的物品名。從古文字形體看,"每"字和"毒"字可能存在着一定的關係,秦漢時期"毒"字的寫法只比"每"字多出一橫,非常接近。龍崗秦簡 28 號簡説:"諸禁苑有壖者,□去壖廿里毋敢每殺□⋯⋯敢每殺⋯⋯",句中"每殺"一語不好理解,其實這裏的"每"即用爲"毒","每殺"即"毒殺",類似的記載還見於睡虎地秦簡。① 所以頗疑"纛"字所從的"每"也是用爲"毒"的。從這個構形結構出發,我們認爲"纛"字在刻辭中應該讀爲"纛",字所從之"陶",即累加的聲符。"纛"應該是個雙聲字。古音"毒"、"纛"皆在定紐覺部,"陶"在定紐幽部,"毒"、"纛"與"陶"聲紐相同,韻爲對轉,可以相通,因此"毒"可累加"陶"爲聲符。"纛"典籍又寫作"翿",義爲裝飾有牦牛尾的旗幟。《儀禮·鄉射禮》中提到有"翿旌",就是指用紅白羽毛交雜製成的彩旗。"纛"排在擒獲的物品中的第一位,接下來是馬、車、盾、箭袋、矢,説明"纛"在擒獲物品中的地位比較重要。古代戰爭中的旗幟被視作號令的標誌,"奪旗"即表示勝利,所以將旗幟排在擒獲物的第一位是很合適的。當然,將"纛"理解成掠獲的物品名這一説法暫時還顯得證據不足,但可以提供另一種可能的解釋思路。

兩個"丙"字皆用爲"輛"。從古文字構形看,"二丙爲兩",而"輛"從"兩"聲,故"丙"可用爲"輛"。② 有的學者將第一個"丙"字前補出"馬"字,以爲第一個"丙(輛)"是指"馬"。因爲甲骨文中"馬"和"車"都可以用"丙(輛)"來計算,所以這個意見很可能是正確的。但是也

---

① 劉釗:《讀〈龍崗秦簡〉札記》,《簡帛語言文字研究》第一輯,巴蜀書社,2002 年,第 17～23 頁。
② 于省吾:《釋"兩"》,《古文字研究》第十輯,中華書局,1983 年,第 1～9 頁。

不能完全排除這種可能,即第一個"丙"字指的也是"車",不過與第二個"車"字指戰車不同,指的是"大車",即輜重車。既有輜重車,又有戰車,所以才有兩次出現"丙(輛)"的現象。

"櫓"字舊釋"盾",雖然從文義上看並不錯,但是字形不合。裘錫圭先生將其釋爲"櫓",從字形看更爲合理。①

"函"字古文字字形就像裝有箭矢的袋子,在文中就用爲箭袋之意。箭袋古代又被稱作"櫝丸"。②

"又白㚸于大乙"六字前,不少學者都補出一個"用"字,讀爲"用又白(伯)㚸于大乙",即將"又"字理解爲部族名,將"白"字讀爲"伯",將"㚸"字視作又族首領的名字。《甲骨文字詁林》中姚孝遂先生按語謂"㚸""在卜辭中用爲人名",與上述看法一致。③ 但是仔細觀察"又"字上一字下部的殘留筆劃,似乎是从兩個"木",倒是有些像"林"字,可以肯定絶對不是"用"字,所以在"又"字前補出一個"用"字是不可信的。

"又白㚸于大乙"的"又"字就應該讀爲"侑",即卜辭中極爲常見的侑祭之"侑",而"白"則應該讀爲本字。"又白㚸于大乙"意爲"以白㚸侑祭于大乙",其句式與卜辭"其又(侑)豕于三母"(《合集》23462)相同。

甲骨文中有"𢽤"字(《合集》36836),字从麋从文。麋與鹿從種屬上説屬於一類,在文字中作爲表意偏旁應該可以互换,所以从麋可以視爲从鹿。此字過去有釋"麐"、"廬"、"慶"諸説。④ 釋"廬"説是從形

---

① 裘錫圭:《説"挢函"——兼釋甲骨文"櫓"字》,《華學》第一輯,中山大學出版社,1995 年,第 59～62 頁。
② 蔡哲茂:《古籍中與"函"字有關的訓解問題》,《歷史語言研究所集刊》第六十六本第一分,1995 年,第 245～260 頁。
③ 見于省吾主編《甲骨文字詁林》,中華書局,1996 年,第 1664 頁。
④ 見于省吾主編《甲骨文字詁林》,第 1651 頁。

象出發的猜測，不可信；釋"慶"說是因其字形與秦公簋"高弘有慶"的"慶"字作"[字形]"構形相同。其實古文字中早期的"慶"字皆从"心"作，而秦公簋的"[字形]"字从"文"，不是"慶"字，正是"麐"字，用爲"慶"是屬於假借。① "吝"从"文"聲，"[字形]"即以"文"爲聲，因此从麋(鹿)从文的"[字形]"自然可以釋爲"麐"。

小臣牆刻辭"白孋"的"孋"字作"[字形]"，字从鹿从文，所从"文"字位於鹿字左下，不是標準的左右結構，看作是上下結構也未嘗不可，所以其構形應與"[字形]"字相同，字也應該釋爲"麐"。《甲骨文編》卷十將"[字形]"和"[字形]"都列在"麐"字下，是非常正確的。徐中舒先生《甲骨文字典》沿用《甲骨文編》的釋法，也將"[字形]"和"[字形]"都釋爲"麐"，但是在《釋義》部分解釋"[字形]"爲地名，對"[字形]"卻沒有訓釋，看來認爲其用法還不明確。林梅村先生認爲"[字形]"乃"文鹿"之合文，認爲"文鹿"即"紋鹿"。如上所論，"[字形]"應該是一個字，將其視爲合文不妥。林文釋字雖然不對，但是將"[字形]"當作用於祭祀的動物名則是可取的。"麐"即"麟"字異體，《說文》分"麐"、"麟"爲兩字，解釋"麐"字爲"牝麒也，从鹿吝聲"，解釋"麟"字爲："大牝鹿也，从鹿粦聲。"清人早就指出"麐"和"麟"本爲一字，典籍中"麐"、"麟"也互通無別。所以小臣牆刻辭中的"白[字形]"就應該釋爲"白麟"。② 近來

---

① 其父簋有字作"[字形]"，字从鹿从文，在銘文中用爲人名，《金文編》將其列在"慶"字下，其實此字也應釋爲"麐"。

② 本文讀"白[字形]"爲"白麟"，並指出其爲中國最早的祥瑞記錄的意見，曾在"史料與方法——21世紀的中國歷史學"學術研討會(2006年12月2日—4日，廈門鼓浪嶼)上以《從甲骨刻辭看中國古代祥瑞災異觀念的起源》爲題作過大會報告，相關報道見http://history.xmu.edu.cn/research/ShowArticle.asp?ArticleID=1215。

王暉先生發表《麒麟原型與中國古代犀牛活動南移考》一文,也指出"🀆"即"麟"字,"白獻"應讀爲"白麟",這是非常正確的。①

"隹白(伯)印"的"印"字應該是名字,"隹白(伯)印"應理解爲"隹方的首領印",其語法構成與"危白(伯)髦"相同。小臣牆刻辭雖然已殘,但從骨板上的文字布局和殘存的文辭語句看,殘去的文字應該不多。刻辭前文並没有提到擒獲"隹白(伯)印"的事,這和刻辭前邊也没有提到擒獲"白麟"一樣,其中的原因可能是因爲這段刻辭的記叙屬於概述,主要記録的是征伐危方的戰爭掠獲,其他的枝節事件則没有一一交待,並非殘掉了。

"㠱甘京"三字以往或釋爲"㠱曰京",即以"㠱"爲人名,以"曰"爲"説"之意,以"京"和"易"作爲㠱所説的内容。這樣的理解應該是錯誤的。

"㠱甘京"三字既可以屬上,讀爲"用髦于祖丁㠱甘京",即"祖丁㠱"與"甘京"乃同位語,意爲祖丁的㠱名爲甘京。卜辭中有"祖辛㠱"(《合集》27254)和"父甲㠱"(同上),可見有專門以某一祖先名來稱呼的"㠱"。這種"㠱"很可能是因爲某位祖先最先駐蹕過,因此就稱爲"某某㠱"。"㠱甘京"三字也可以不屬上而單獨成句,義爲在"甘京"這個地方建"㠱",句式與《春秋左傳》説"城楚丘"(僖公二年)、"城成周"(定公元年)一樣。卜辭中有"……㠱于兹丘……"(《合集》30272)的説法,還有"王㠱于……"(《合集》30277)、"其于椃㠱"(《合集》30269)、"……于盂㠱,不遘大風"(《合集》30270)、"于盂㠱,不雨"(《合集》30271)、"于遠㠱"、"在邇㠱"(《合集》30273)、②"……㠱

---

① 王暉:《麒麟原型與中國古代犀牛活動南移考》,《中國歷史地理論叢》2008年第2期。

② 本條卜辭"遠"、"邇"二字的考釋見裘錫圭《釋殷虚甲骨文裏的"遠""𢓊"(邇)及有關諸字》,《古文字研究》第十二輯,中華書局,1985年,第85~98頁。

宀……亾(無)災"(《合集》30274)等辭,文中"偩"字似乎也都用爲動詞,指建"偩"而言。卜辭中還有"作偩"(《合集》27796、30266、30267、30281,《屯南》2152)、"宛(疑讀爲'館')偩"①(《合集》30268、《屯南》2636)和"迩(疑讀爲'蹕')偩"(《合集》34071)的説法。歸納起來看,"偩"應是一種建築,從"……偩于兹丘……"和祖丁偩名爲"甘京"看來,這種建築很可能是建在高處。"偩"是商王在征伐或巡狩途中經常臨時駐蹕的地方,按裘錫圭先生的説法,應該是跟後世的行宫相類似的一種建築。②

如果"偩甘京"三字屬上讀,卜辭文意是説在祖丁的偩叫作甘京的這個地方舉行獻俘禮並進行賞賜。如果"偩甘京"三字單獨成句,則是説爲了舉行獻俘禮和進行賞賜,臨時在甘京這個地方建了"偩"。

通過以上的考釋,可以將小臣牆刻辭翻譯成現代漢語如下:

……小臣牆配合征伐,擒獲危方首領髦,〔並擒獲〕【渠帥】二十人、族衆四人,〔斬獲〕首級一千五百七十個。〔擒獲〕甹方人(或掠獲旗幟)一百個。〔另掠獲〕【馬若干】匹,車兩輛,盾牌八十三個,箭袋五十個,箭【若干】。【用】白麟侑祭於大乙,用危方首領印祭於【大丁或大甲】,【用】甹方人(或旗幟)祭於祖乙,用危方首領髦祭於祖丁的行宫即甘京。賞賜……

1930年,董作賓先生發表《"獲白麟"解》一文,對殷墟1929年出土的一個大獸頭骨上的文字進行了考釋。③ 大獸頭骨上刻有"……于倞(?)麓,獲白兕,燎于……,在二月,唯王十祀,肜日,王來征盂方

---

① 見拙作《釋甲骨文中从"宛"的幾個字》,《第二届國際中國古文字學研討會論文集(續編)》,香港中文大學中國語言及文學系,1995年9月,第153~172頁。
② 裘錫圭:《釋殷虚甲骨文裏的"遠""狋"(邇)及有關諸字》,第85~98頁。
③ 董作賓:《"獲白麟"解》,中研院歷史語言研究所專刊之一《安陽發掘報告》第二期,1930年,第287~335頁。

白……(《合集》37398)"的記載,董先生認爲文中"獲白🦌"的"🦌"就是"麟"字,因此讀"獲白🦌"爲"獲白麟",並由此出發,將甲骨文中所有的"🦌"字都釋爲"麟"。以今天的釋字水平衡量,董先生將"🦌"釋爲"麟"很明顯是錯誤的。"🦌"乃"兕"字,"兕"即野生水牛,一説是大青牛,一説是雌犀牛。記有刻辭的這個大獸頭骨應該就是刻辭"獲白🦌"中的"白🦌"的頭骨。經古生物學家鑒定,大獸頭骨的牙齒正是牛的牙齒,因此實物和刻辭記載兩者正相吻合。

1998年林梅村先生發表《帝辛甲骨所見殷宫秘史》一文,對小臣牆刻辭重新進行了解讀,並將小臣牆刻辭的内容與歷史上的周戎之戰和商紂王得美人赦西伯的記載相比附。① 該文在字形分析以及釋文和釋讀方面存在不少問題,其中爲了牽合文意而隨意解釋字形字義的現象比較突出。文中在談到小臣牆刻辭中的"白䴢"一詞時説:

> 董作賓將這行第三—四字連讀,釋作"白麟"。他對第四字的隸定不能算錯,這個字是個合文,胡厚宣釋"文鹿"更確切。文鹿即紋鹿,指梅花鹿,文獻或稱"麟"。古代西北遊牧人或以鹿爲騎乘,故有"文馬"之稱。這種被馴化爲坐騎的鹿就是《史記·殷本紀》所謂"驪戎之文馬"。《國語·周語上》記載周穆王征犬戎,"得四白狼、四白鹿以歸"。所謂白鹿或指白馬,所以這兩個字不能讀成"白麟"。

這段文字有如下幾個問題: 1. 董作賓先生只是將甲骨文中的"兕"字釋爲"麟",讀牛頭骨刻辭中的"白兕"爲"白麟",卻從未有將小臣牆刻辭中的"白🦌"釋爲"白麟"的事情。林文前文説1930年"董作賓首次向學界報道了殷墟發現的一個刻在牛肋骨上的長篇

---

① 林梅村:《帝辛甲骨所見殷宫秘史》,《學術集林》卷十四,上海遠東出版社,1998年,第184~222頁。

記事刻辭,今稱'小臣牆刻辭'"。其實董作賓 1930 年首次公佈的是牛頭骨刻辭,與小臣牆刻辭是兩回事。林文顯然是將牛頭骨刻辭與小臣牆刻辭兩者弄混了,①以致出現了張冠李戴的錯誤;2. 文中説胡厚宣先生釋"🦌"爲"文鹿"也不符合事實。胡厚宣先生只是將"🦌"字隸定作"攡",是將其當作一個字看的,並沒有認爲"🦌"是"文鹿"兩個字的合文;3. 説"文鹿"是"紋鹿",是指梅花鹿可以,但説文獻或稱"麟"就有問題了。明代以後文獻中説的"麟"是指長頸鹿,似乎並無"麟"指梅花鹿的類似記載。又文中説"文鹿即紋鹿,指梅花鹿,文獻或稱'麟'。古代西北游牧人或以鹿爲騎乘,故有'文馬'之稱"。意思是説西北游牧人騎的是"鹿",但稱爲"文馬",即"鹿"可以叫作"馬"。可是下邊又説"《國語·周語上》記載周穆王征犬戎,'得四白狼、四白鹿以歸'。所謂白鹿或指白馬"。這就讓人困惑了。到底是實際是鹿,但可以叫作"馬",還是叫作"鹿",而實際指的是"馬"?可見作者本人也是猶豫不定,含混其詞。

我們認爲小臣牆刻辭中的"白🦌"就是"白麟"應該是没有問題的,以往學術界雖然已經釋出了"麟"字,但或是將其視爲人名,或是僅僅以其爲一般的獵獲物。其實小臣牆刻辭中的"白麟"應該是出土文獻中最早而且是目前僅見的關於"白麟"祥瑞的記録,同時也是中國歷史上最早的祥瑞記録。揭示這一記録,具有非常重要的古代史和思想史上的意義。

説到"白麟",自然會想到歷史上有關"獲麟"和"獲白麟"的記載。傳世文獻中最早的記載爲《春秋經·哀公十四年》的"西狩獲麟"。

---

① 上引王暉《麒麟原型與中國古代犀牛活動南移考》一文在解釋小臣牆刻辭"🦌"字時也引董作賓《"獲白麟"解》一文爲證,可見也是將牛頭骨刻辭與小臣牆刻辭兩者弄混了,其誤與林文相同。

《春秋經·哀公十四年》說:"十有四年春,西狩獲麟。"《左傳·哀公十四年》謂:"十四年春,西狩於大野,叔孫氏之車子鉏商獲麟,以爲不祥,以賜虞人。仲尼觀之,曰:'麟也。'然後取之。"由此有孔子作《春秋》止於獲麟的說法。從這個記載可知因"麟"很稀見,故常人不識。而孔子作爲聖人,是古人認爲的生而知之的一類人,具有生而知萬物的能力,所以只有孔子才能辨認出"麟"。

獲"白麟"的記載也見於典籍,最著名的當然是漢武帝時的"獲白麟"。《漢書·武帝紀》謂:"元狩元年,冬十月,行幸雍,祠五畤,獲白麟,作《白麟之歌》。"顏師古注"白麟"一詞說:"麟,麋身,牛尾,馬足,黃色,圜蹄,一角,角端有肉。"可見麟足是像馬足的。又《漢書·武帝紀》說:"三月,詔曰:'有司議曰:往者朕郊見上帝,西登隴首,獲白麟以饋宗廟,渥洼水出天馬,泰山見黃金,宜改故名。今更黃金爲麟趾褭蹏,以協瑞焉。'"應劭曰:"獲白麟,有馬瑞。故改鑄黃金,如麟趾、褭蹏,以協嘉祉也。"漢武帝獲白麟後把黃金鑄成馬蹄形,稱馬蹄金。考古發現中曾有馬蹄金出土,證實了典籍的說法。

另一次有關"白麟"的記載是在晉武帝時期。《晉書·武帝紀》說:"五年,春正月,虜帥樹機能攻陷涼州,乙丑,使討虜護軍武威太守馬隆擊之,二月甲午,白麟見于平原。"

由小臣牆刻辭的"白麟",到魯哀公十四年的"獲麟",再到漢武帝時期和晉武帝時期的"獲白麟"和"白麟見",可知"麟"作爲祥瑞有着久遠的來源,"獲白麟"也有着悠久的歷史和傳統。

小臣牆刻辭中的"白麟"與上揭典籍中的三次獲麟記載有着許多相似之處。首先,小臣牆刻辭記載的是征伐危方,這次征伐既擒獲了許多危方的人和物,又抓獲了"白麟",因此這次軍事行動顯然帶有巡狩的意味。古代戰爭與狩獵經常是合二爲一的,這從甲骨文可以看得很清楚。《春秋·哀公十四年》說"西狩獲麟",可知也是因狩獵而

"獲麟"。晉武帝時"白麟見",其起因是馬隆西擊攻陷涼州之敵,也與戰爭有關。其次,小臣牆刻辭說在祖丁的行宮將"白麟"侑祭於大乙,這與《漢書·武帝紀》說用白麟"以饋宗廟"可以對照,其對"白麟"的處置方式正好相合。再次,小臣牆征伐的危方位於商朝的西邊,《春秋·哀公十四年》說"西狩",漢武帝時是"西登隴首"後"獲白麟",晉武帝時馬隆攻擊的方向也是在晉的西邊。三次"白麟"、"獲白麟"和"白麟見"都與西邊有關,這難道僅僅是一種巧合嗎?這是否可能與古人的五方配五色的觀念有關呢?按五方配五色的思想,西方色正屬白,這很可能正是為何從小臣牆刻辭到《晉書》,三次"白麟"、"獲白麟"、"白麟見"都是在西邊的原因所在。

《禮記·檀弓》說:"夏后氏尚黑,大事斂用昏,戎事乘驪,牲用玄;殷人尚白,大事斂用日中,戎事乘翰,牲用白;周人尚赤,大事斂用日出,戎事乘騵,牲用騂。"對於"殷人尚白"的說法,後人多持懷疑的態度。從甲骨刻辭看,殷人在祭祀用牲時,比較多地提到"白牛"、"白羊"、"白豕"、"白豭"、"白豕"、"白彘"等,可見對白色的犧牲格外重視。① 裘錫圭先生曾指出,從甲骨文看,殷人有特別重視白馬的習慣。② 另有研究表明,商代已經具備了五方觀念,五色觀念也已略具雛形。③

典籍記載商為金德,《呂氏春秋·應同》篇說:"及湯之時,天先見金刃生於水,湯曰'金氣勝',金氣勝,故其色尚白,其事則金。"《上海

---

① 參見汪濤《殷人的顏色觀念與五行說的形成與發展》,艾蘭等主編:《中國古代思維模式與陰陽五行說探源》,江蘇古籍出版社,1998年,第261~294頁;秦嶺:《甲骨卜辭所見商代祭祀用牲研究》,華東師範大學2007屆碩士學位論文(指導教師:詹鄞鑫教授)。
② 裘錫圭:《從殷墟甲骨卜辭看殷人對白馬的重視》,《殷墟博物苑苑刊》(創刊號),中國社會科學出版社,1989年,第70~72頁。
③ 常正光:《殷代的方術與陰陽五行思想的基礎》,《殷墟博物苑苑刊》(創刊號),中國社會科學出版社,1989年,第175~182頁;汪濤:《殷人的顏色觀念與五行說的形成與發展》,第261~294頁。

博物館藏戰國楚竹書(二)》中有《子羔》篇,其中在談到商的始祖契無父感天而生的神話傳說時有一段說:"……契之母,有仍氏之女也,遊於央臺之上,有燕銜卵而錯諸其前,取而吞之,娠三年而劃於膺,生乃乎曰鉝,是契也……"文中"鉝"字从"色"从"金",是"金色"之"金"的專字,在簡文中就讀爲"金錫"的"金"。從簡文提到契"生乃呼曰金"的記載,可以認定古代應有商自始祖契即得金德的說法。據裘錫圭先生推測,商得金德之說的產生,可能跟我國古代商人最早大規模使用青銅器有關。他同時還指出,從秦獻公已經將金德與白帝聯繫起來的情況看,以五色配五行的思想應該出現得相當早。①

　　以上所述諸多證據,都對"殷人尚白"說和商代就已經有了五方配五色思想的推測非常有利。

　　從文字形體上看,"麟"最初無疑指的是一種鹿。考古發現的各種有關"麟"的圖像,秦漢時期都作既像鹿又像馬的形態,頭上長有一角。中古以後,"麟"慢慢變成了有類似龍一樣的頭,牛一樣的角,渾身長滿鱗甲的樣子,有的頭上還有很長的毛髮。如宋代以後旗幟上的"麒麟"和清代一品武職官服補子上的麒麟形象都是如此。這種形象一直延續到今日。明代時曾以長頸鹿爲"麟",今天日語中長頸鹿一詞仍然寫成"麒麟",正是這種觀念的子遺。可見"麟"如人們虛擬出的"龍"、"鳳"一樣,雖然最初可能有原形存在,但是經過歷史的演化,已經被雜糅進很多其他動物的成分而變成一種想象的集合體。

　　"白麟"最初很可能就是指"白鹿",但是甲骨文中就有獵獲"白鹿"的卜辭,後世典籍中也有很多關於"白鹿"祥瑞的記載,與"麟"並不相混。關於"麟"的原形以往有"犀牛"、"梅花鹿"、"馬"等說

---

①　裘錫圭:《釋〈子羔〉篇"鉝"字並論商得金德之說》,《簡帛》第二輯,上海古籍出版社,2007年,第63～70頁。

法，都一時難以確定。因此"麟"的原形這一問題還沒有解決，需要進一步的深入探討。歷代典籍中載有"白虎"、"白象"、"白鹿"、"白雉"等祥瑞，這些白化的動物，用現代遺傳學來解釋，是由長期潛伏的白毛隱形基因引起的，或是所謂歸先遺傳的結果。① 白色象徵潔淨、長久，動物中的白化個體非常稀少，自然就會引起人們的珍視並將其視爲祥瑞。

中國歷史上的史書有"記異"的傳統，有關"祥瑞災異"的記載更是史不絕書。《漢書·五行志》首開史書記載災異的先河，其後《後漢書》、《晉書》、《宋書》、《齊書》、《隋書》、《舊唐書》、《新唐書》、《舊五代史》、《宋史》、《金史》、《元史》、《新元史》、《明史》皆設《五行志》，《清史稿》設《災異志》，《宋書》又設《符瑞志》，《南齊書》又設《祥瑞志》，《魏書》又設《靈徵志》，東晉王隱編纂的《晉書》設《石瑞記》和《瑞異記》，南朝宋何法盛編纂的《晉中興書》設《徵祥說》，南朝齊臧榮緒編纂的《晉書》設《五行志》、《瑞志》、《異志》，這些都屬於"記異"傳統的傳承和"祥瑞災異"觀念的繁衍和發展。小臣牆刻辭中的"白麟"，可以說是這種"記異"傳統和"祥瑞災異"觀念目前已知的最早實例。

二十世紀是大發現的時代，尤其自二十世紀七十年代以來，山川呈瑞，地不愛寶，出土的簡牘帛書等古文字資料如井噴一樣湧現在人們面前，爲我們帶來了關於古代的大量新知。在研讀這些新資料中我們會有一個最大的感受，那就是：後世認爲晚出的許多古代的思想觀念，其實既不晚出，也非僞造，而是有着非常深厚的背景和久遠的來源。在這一點上，我們常常會低估了古人。

---

① 謝成俠：《再論中國稀有鹿類——麋鹿、白鹿和駝鹿的歷史和現狀》，《中國農史》1994 年第 4 期。

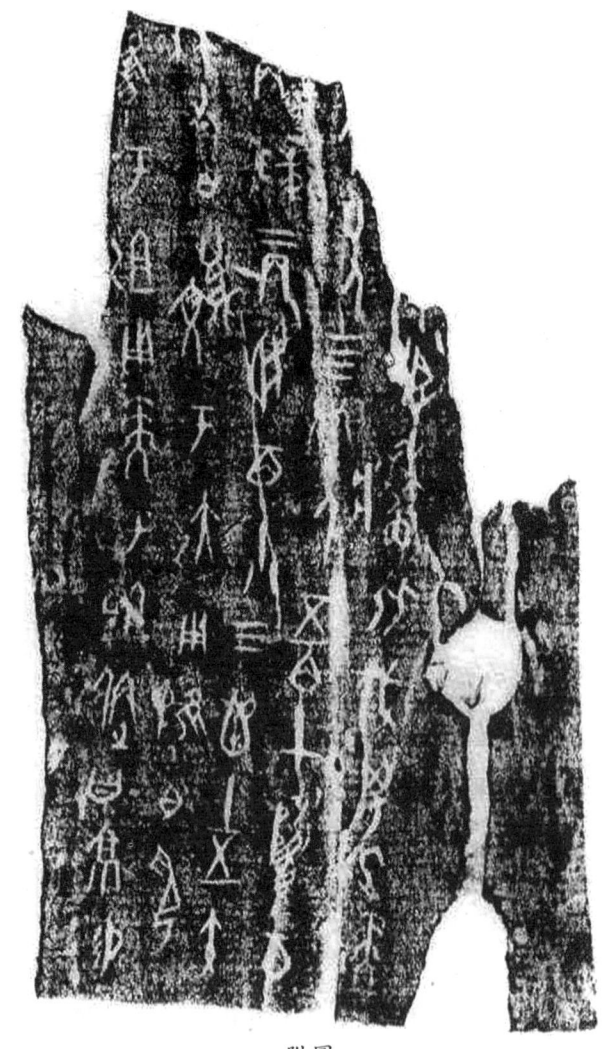

附圖

原載《復旦學報》(社會科學版)2009年第1期,又載《卿雲集三編:復旦大學中文學科八十五周年紀念論文集》(復旦大學出版社,2010年),今據前者收入。

新公佈的甲骨文中的一個怪字

由綫裝書局出版的《甲骨文與殷商史》(新一輯)中載有安陽市博物館焦智勤先生的《安陽民間所藏甲骨選釋》一文,文中公佈了安陽民間藏的一些新資料,其中間或亦有大片,彌足珍貴。

文中所揭示的第 27 片甲骨,焦智勤先生所作釋文如下:

(1) ……卜,在……貞,王……于……災。
(2) 壬申卜,在□貞,王步于……亡災。
(3) 癸未卜,在󰁈貞,王步于……亡災。
(4) 庚子卜,在□貞,王步于……亡災。
(5) ……子卜,在……貞,王……逐亡……

同時指出此片卜辭中只有一條卜辭記地名,其餘四條都留有地名的位置,但均缺刻。還認爲文中的"󰁈"字爲地名,説"過去著録中未見"。

按四條卜辭中只有一條記有地名,其他三條則空出地名的位置未刻字,其原因既可能是漏刻,也可能是暫時空置準備以後補刻。可能在刻這些卜辭時,"王步"的基本路綫已定,但是具體的停留地點尚未明確,故暫時空着,以備之後補刻。

文中將"㠭"字摹寫成如下之形：

| 原釋文中的摹本 | 原文文末所附摹本 |

這兩個摹寫都嚴重失真，尤其上部更是既漏掉一些筆劃，又有一些筆勢筆順上的錯誤。請看文章所附照片局部：

該字無疑應摹作：

如此該字就不是"過去著録中未見"了。《小屯南地甲骨》2169 片局部如下：

很明顯，"㠭"字與"㠭"字中的"㠭"無疑就是一個字。

"㠭"字過去大都被當成兩個字，隸定爲"熊溢"二字。暫且不説釋"▇"爲"熊"是否正確，從新出的"▇"字看，"▇"明確是一個字，不能分割成兩個形體是絕對沒有問題的。"▇"字與新公布的"▇"字的不同之處在於又多出一個"水"旁。如果釋"▇"爲"熊"不誤，"▇"字倒是可以隸定作"瀺"。不過目前還不能完全排除"▇"所從的"水"旁是個符號的可能，譬如能否是表示上下兩部分屬於一個字的符號？當然目前爲止在甲骨文中還未見到類似的先例，所以這只是一種猜測，可以留待以後進一步的證實。

無論如何，有了新公佈的資料中"▇"字的證明，小屯南地的"▇"字從此不再是孤例，這對於甲骨文字的統計和甲骨文字字編的編纂也是一個小小的促進。

原載復旦大學出土文獻與古文字研究中心網站（2009年9月14日，署筆名"小草"），今據以收入。

釋甲骨文中的"秉棘"

殷代崇奉上帝,尊神敬鬼。《禮記·表記》引孔子的話說:"殷人尊神,率民以事神,先鬼而後禮。"尊神敬鬼,當然就會崇尚祭祀,注重禳除。這在甲骨文中有突出的反映。而祭祀和禳除往往又和巫術相聯繫。本文將擷取甲骨文中一個久被忽視的有關巫術的記載,試着加以分析和考索,以期得以窺見殷代巫術文化之一斑,並借此就正於學術界。

在殷墟甲骨文中,有如下二條賓組卜辭:

1. □戌卜,賓貞:㞢(有)夢,王秉䇂。(《合集》17444＝《續》6·23·10,典賓。拓本見圖一)

圖一　　　　圖二

2. 甲戌卜，賓貞：㞢（有）夢，王秉󰀀，才（在）仲宗，不〔隹（唯）〕囚（憂）①，八月。（《合集》17445＝《明》105，典賓。拓本見圖二）

上揭兩條卜辭中有一個寫作如下之形的字：

󰀀《合集》17444　　󰀀《合集》17445

該字孫海波的《甲骨文編》作爲不識字列於附錄772頁，姚孝遂、肖丁主編的《殷墟甲骨刻辭類纂》，于省吾主編的《甲骨文字詁林》及沈建華、曹錦炎編著的《新編甲骨文字形總表》都漏列字頭。王襄在1925年出版的《簠室殷契徵文考釋》"典禮"部分四頁下釋該字爲"棗"。② 李孝定的《甲骨文字集釋》將該字列入存疑部分，謂"字下似从來，不可必爲棗字，宜存疑"。③ 季旭昇著的《甲骨文字根研究》從王襄説，謂："字實从木、象多刺之形，正爲棗之特徵。……至《説文》訛作󰀀，从重束，失其朔矣！"④

按王襄釋此字爲"棗"是正確的。該字形體並不像李孝定所説"似从來"，因爲甲骨文"來"字作"󰀀""󰀀""󰀀"，字中間都从與英語字母"M"類似的斜筆，而"󰀀"、"󰀀"形中間並不寫成斜筆，反倒寫得與甲骨文"束"字作"󰀀"很像。該字結構正如季旭昇所説："从木，象多刺之形。"

從形體上看，"棗"字最初應該是像酸棗樹的形狀。酸棗樹屬落

---

① "憂"字的讀法從裘錫圭説，見裘錫圭《説"囚"》，《古文字論集》，中華書局，1992年，第105頁。

② 王襄：《簠室殷契徵文考釋》，天津博物院，1925年9月石印本，引自《甲骨文文獻集成》第一册，四川大學出版社，2001年，第199頁。

③ 李孝定：《甲骨文字集釋》，中研院歷史語言研究所專刊之五十，1965年，第4519頁。

④ 季旭昇：《甲骨文字根研究》，臺灣文史哲出版社，2003年，第305頁。

葉灌木或小喬木，高1～3米，在細的枝幹上布有許多托葉針刺。如圖三(採自網上資源)：

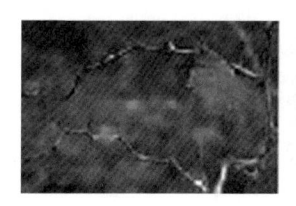

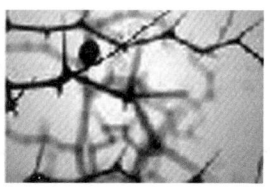

圖三　酸棗樹枝

上引甲骨文的"❖"、"❖"，正象酸棗樹帶有許多針刺之形。戰國兵器銘文中棗字作"❖"(《集成》10922 酸棗戈)、"❖"(《集成》11112 宜無之棗戟)，仍然保留着與甲骨文相近的寫法，上下一體，尚未分離成兩部分，只是所從類似"束"字的部分訛混成了類似"來"字之形。在古文字中"來"、"束"兩個形體經常相混，這是眾所周知的現象。棗字到《説文》小篆割裂成上下重疊的兩個"束"，已經失去其本初象形的意味。

通過以上論證，可知將"❖"、"❖"釋爲"棗"字無疑是正確的。但是問題並非如此簡單。

棗有許多種類，如清潘榮陛《帝京歲時紀勝·七月·時品》中説："都門棗品極多，大而長圓者爲纓絡棗，尖如橄欖者爲馬牙棗，質小而鬆脆者爲山棗，極小而圓者爲酸棗。又有賽梨棗、無核棗、合兒棗、甜瓜棗……"這是從棗的果實的角度分類的。從棗樹的角度看，在中國最常見的棗樹主要就分爲兩種：一種爲北方大棗，枝幹比較高大；一種爲北方小棗，枝幹比較低矮。北方小棗就是酸棗樹。在古代漢語中，酸棗樹被稱作"棘"，因此"棘實"就是指酸棗樹的果實，所以酸棗又稱作"棘棗"。《淮南子·兵略》："伐棘棗而爲矜，周錐鑿而爲刃。"許慎注："棘棗，酸棗也。"《詩經·魏風·園有桃》："園有棘，其實之食。"毛傳："棘，棗也。"朱熹《集傳》："棘，棗之短者。"劉向《九嘆·愍命》："折芳枝與瓊華兮，樹枳棘與薪柴。"王逸注："小棗爲棘。"

"棗"和"棘"相對時，有兩對不同角度的區别。從棗樹種類的角度區別時，"棗"是大概念，"棘"是小概念，"棗"可涵蓋所有棗樹，而"棘"只指棗樹之小者，即酸棗樹；從棗樹和果實的角度區别時，"棘"主要用來指酸棗樹本身，而"棗"則主要用於指酸棗樹的果實，並擴而大之指所有棗樹的果實。所以"棗"和"棘"對言則别，散言則通。《埤雅》卷十三《釋木》解釋"棗"與"棘"的義訓和形體時説："棘，大者棗，小者棘。蓋若酸棗，所謂棘也。於文，重束爲棗，併束爲棘。一曰棘實曰棗。蓋棗性重喬，棘則低矣，故製字如此。"

在早期文字中，"同一個字形可以用來代表兩個以上意義都跟這個字形有聯繫，但是彼此的語音並不相近的詞"的現象很常見。① 從"棗"和"棘"的義訓和字形來看，兩者最初很可能就是使用同一個形體的，即如甲骨文中"月"與"夕"、"立"與"位"、"大"與"夫"、"老"與"考"、"王"與"士"、"示"與"主"、"卜"與"外"等的關係一樣。② 所以在甲骨文中，"🌿""🌿"很可能既是"棗"字，也是"棘"字。在字形發展的某個時段，一定存在着"重束"和"併束"兩種異體，後來即利用這兩種不同的異體分別對應語言中的"棗"和"棘"兩個詞，從此字形發生分化，語言中這兩個詞在文字形體上開始可以嚴格區分，這也使得語言中的詞與字的對應關係變得更爲嚴密。馬王堆帛書《戰國縱橫家書》238號簡中的地名"煮棗"寫作"煮棘"，馬王堆漢墓1號墓遣策133號簡有文字"棘一笥有縑囊一"，又簽牌上寫有"臧（藏）棘笥"，這兩處的

---

① 裘錫圭：《文字學概要》，商務印書館，1988年，第5頁。
② 相關研究請見林澐《王、士同源及相關問題》、《古文字轉注舉例》兩文，《林澐學術文集》，中國大百科全書出版社，1998年，第22～29、35～43頁。

"棘"就都用爲"棗"。正好墓中出土物347號竹笥內有棗子,可與遣策133號簡和簽牌文字所記相對應。① 可見"棗"和"棘"兩字形體在漢代仍然可以混用。這是"棗"和"棘"兩個形體最初本爲一個來源的間接證據。所以上引甲骨文中的"𣐼"、"𣐼",既可以釋爲"棗",又可以釋爲"棘"。不過從具體文意考慮,在上揭卜辭文句中,"𣐼"、"𣐼"還是以釋作"棘"爲好。如此,上引卜辭文句中的所謂"秉𣐼",就應該釋爲"秉棘"。

"秉棘"是什麼意思呢?

王襄在《簠室殷契徵文考釋》"典禮"部分四頁下考釋上揭《合集》17445號卜辭時説:"《周禮·宰夫》:'以式法掌祭祀之戒具,與其薦羞。'《禮記·月令》'羞以含桃,先薦寢廟',即《禮記·中庸》薦時食之禮也。此云王羞棗與周世薦羞于祖廟之禮同。"② 王襄釋"棗"字雖然很正確,但誤釋"秉"字爲"羞",又將文意牽合於《禮記》薦食之禮,其説有待商榷。

許進雄在《明義士收藏甲骨·釋文篇》一書對《明續》S0522所作的釋文中,認爲"𣐼"字爲"鬼神或所奏曲子之名"。這一解釋没有什麽根據。③

宋鎮豪在《甲骨文中的夢與占夢》一文中,認爲"𣐼"字"可能指一種帶棘的幹狀旗旒類器物",意譯《合集》17445號卜辭文意爲"記商王夢境中在中宗之廟秉持𣐼器,不會有禍憂麽"。這一解釋缺乏字形的考釋,也是據文意生發的猜測,對讀懂卜辭没有實質性的幫助。不過

---

① 湖南省博物館等:《長沙馬王堆一號漢墓》,文物出版社,1973年,第141頁。
② 王襄:《簠室殷契徵文考釋》,天津博物院,1925年9月石印本,引自《甲骨文文獻集成》第一册,四川大學出版社,2001年,第199頁。
③ 許進雄編著:《明義士收藏甲骨·釋文篇》,加拿大皇家安大略博物館,1972年,第55頁。

文中在推測"🌿"的形狀時,提到"帶棘"兩字,可見在作者的潛意識中,也是將"🌿"與"棘"相聯繫的。①

温少峰、袁庭棟在《殷墟卜辭研究——科學技術篇》一書中,對"秉🌿"一詞有詳細的分析,因爲這一觀點影響較大,現不避繁瑣,轉引如下:

  甲文中有"🌿"字,舊無釋。此字在木上有重束,當是"棗"字,今簡化爲"枣"。棗是我國自古以來的重要藥物,《神農本草經》:"大棗,味甘平,主心腹邪氣,安中養脾,助十二經,平胃氣,通九竅,補少氣、少津液、身中不足、大驚、四肢重,和百藥,久服輕身延年。"《本草綱目》:"大棗和陰陽,調營衛,生津液。"卜辭云:

  (205) □□卜,賓貞:……疒,王秉棗?(《續》六·二三·一〇)

  "秉"有"執"義(《爾雅·釋詁》),又有"禾盈把"義(《集韻》)。此辭乃殷王武丁患病之後,卜問是否以一把大棗爲藥以治療之,乃是殷人以棗入藥之證。更值得重視的是下列卜辭:

  (206)甲戌卜,貞:屮(有)疒(瘧),秉棗?(《明》一〇五)

  此辭乃患瘧疾之後,卜問是否"秉棗"而治療之。就大棗可否治瘧一事,作者求教於楊宗秩同志,承來信告之曰:"古代醫書有以棗治瘧之説。《本草綱目》引《岣嶁神書》云:'咒棗治瘧,執棗一枚,咒曰:吾有棗一枚,一心歸大道,優他或優降。或劈火燒之,念七遍吹棗上,與病人食之,即愈。'據《黃帝內經·瘧論》,認爲瘧之成因,係人體感受外邪後,陰陽更盛,上下交爭,相併相移,營衛不調的結果。古人所言之瘧,比今之瘧原蟲傷人發瘧的

---

① 宋鎮豪:《甲骨文中的夢與占夢》,《第十六屆中國文字學國際學術研討會論文集》,高雄師範大學,2005年,第366頁;又載《文物》2006年第6期。

範圍要廣泛得多,其中如因脾胃虛弱、食積,導致寒熱往來,亦屬瘧疾。以棗治之,可以有效。《岣嶁神書》謂'咒棗治瘧',其實,不咒亦同樣取效。漢代張仲景《傷寒論》即以棗作複方治瘧之小柴胡湯,沿用至今,仍獲顯效。殷人以棗治病,以棗治瘧,從這個側面,充分標明我中華民族光輝燦爛的文明歷史。殷商時代衛生事業已較發達,以棗療瘧,不失其爲明證也。"卜辭記"秉棗治瘧",後世醫書記"咒棗治瘧",二者若合符契,此爲殷代以藥物治病之又一確證。①

在上引解釋中,對"棗"字的考釋是正確的,但是説棗字"舊無釋"卻不是事實。將"秉棗"與治病聯繫起來乍看似乎很有道理,其實卻是非常錯誤的。首先,是因爲將"夢"字誤釋爲"疾"和"瘧",才會牽扯出以棗爲藥治病和棗可治瘧的議論。其次,將"秉棗"一語中的"棗"理解成棗的果實,從詞語搭配的角度看也是有問題的。在古漢語中,"秉"字在用作動詞時,是指手握持物體的動作。如果"秉"字所帶的賓語是具體實在的物體的話,則這個物體一般都具有細長的形貌。如早期典籍中的"秉劍"、"秉耒"、"秉圭"、"秉枹"、"秉拂"、"秉翣"、"秉旄"、"秉牘"、"秉轡"、"秉筆"、"秉鞭"、"秉節"、"秉鉞"、"秉椒"等,所持之物無一例外都是細長狀的,像"棗"這樣小而橢圓的物體,一般情況下是不會使用"秉"這個詞來搭配的。上引宋鎮豪的文章將"🜚"理解爲細長狀的"一種帶棘的幹狀旗旒類器物",很可能也是考慮到"秉"字所帶賓語具有的這種形貌特徵,才做出了如上推測。

我們認爲上引甲骨文中"秉棘"的"棘"指的就是酸棗樹,具體所

---

① 温少峰、袁庭棟:《殷墟卜辭研究——科學技術篇》,四川省社會科學院出版社,1983年,第340頁。

指可以是酸棗樹的枝條，或是用酸棗樹枝條製成的箭、刀、錐、劍等物。在古代，酸棗樹的枝條可以用來充當驅鬼的法器，即製成驅鬼的箭、刀、錐、劍來使用。用"棘"做成的箭在古代被稱作"棘矢"或"棘箭"，常常見於記載驅鬼的描寫。《左傳·昭公十二年》："昔我先王熊繹，辟在荊山……跋涉山林，以事天子。唯是桃弧、棘矢，以共禦王事。"晉杜預注："桃弧、棘矢，以禦不祥。言楚在山林，少所出有。"又《左傳·昭公四年》說："其出之也，桃弧、棘矢，以除其災。"晉杜預注："桃弓、棘箭，所以禳除凶邪，將禦至尊故。"唐《法苑珠林》卷四十五載《白澤圖》云："又丘墓之精名曰狼鬼，善與人鬭不休，爲桃棘矢，羽以鵄羽以射之。"以"棘"爲箭、刀、錐、劍用來驅鬼的記載，還見於睡虎地秦簡《日書》，如"以桃爲弓，牡棘爲矢，羽之雞羽，見而射之，則已矣"（簡27背壹—28背壹）、"以棘椎桃秉（柄）以敱（敲）其心，則不來"（簡36背壹）、"取牡棘烰（炮）室中，蠪（龍）去矣"（簡50背壹～簡51背壹）、"人妻妾若朋友死，其鬼歸之者，以沙苛、牡棘枋（柄），熱（執）以待之，則不來矣"（簡65背壹—66背壹）、"以牡棘之劍〔刺〕之，則不來矣"（簡42背貳—43背貳）、"取桃柏椯四隅中央，以牡棘刀刊其宮藩（牆）"（簡24背叁—25背叁）、"鬼恒宋傷人，是不辜鬼，以牡棘之劍刺之，則止矣"（簡36背叁）。

《漢書·景十三王傳》載廣川王劉去與后昭信共殺劉去幸姬陶望卿："共支解，置大鑊中，取桃灰毒藥并煮之。"採用如此殘酷的手段，目的是讓死去的陶望卿"使不能神"。該傳又載后昭信與廣川王劉去殺姬榮愛："去縛繫柱，燒刀灼潰兩目，生割兩股，銷鉛灌其口中。愛死，支解以棘埋之。""以棘埋之"中"棘"的作用，與上條所引"桃灰"的作用相同。又《漢書·翟方進傳》載："莽盡壞義第宅，汙池之。發父方進及先祖冢在汝南者，燒其棺柩，夷滅三族，誅及種嗣，至皆同坑，以棘五毒并葬之。"上引《漢書》用"棘"葬埋尸體的兩例記載，說明用

"棘"葬埋尸體的目的是阻止被虐殺者化爲鬼魂進行報復。這也是典籍記載中"棘"可用於驅鬼的例證。

棘可用來驅鬼,與其自然特性和功用有關。首先棘木非常堅硬,且布滿針刺,很適合作爲武器來使用。古代經常用"棘"製作矛和戟的柄,即《淮南子·兵略》所謂"伐棘棗而爲矜"。《史記·平津侯主父列傳》:"起窮巷,奮棘矜,偏袒大呼而天下從風。"司馬貞索隱:"矜,今戟柄。"在古代醫方中,"棘針"(又名棘刺、白棘),尤其是曲鉤棘針,是一味經常出現的藥品,多用於治療癰疽毒瘡等症。梁陶弘景《本草經集注》謂白棘"補腎氣,益精髓"。古人認爲酸棗具有滋益補氣,安心養神的功能。《神農本草經》謂酸棗:"味酸,平。主心腹寒熱,邪結氣聚,四肢酸疼,溼痹。久服安五臟,輕身,延年。"梁陶弘景《本草經集注》謂酸棗:"補中,益肝氣,堅筋骨,助陰氣,令人肥健。"不光酸棗如此,秦漢人視所有的棗都具有補氣健身的功能。《太平御覽》卷九百六十五引焦贛《易林·師之豫》曰:"北山有棗,使叔壽考。"傳漢東方朔撰《神異經》中載"北方荒中有棗林焉,其高五十丈,敷張枝條數里餘,疾風不能偃,雷電不能摧,其子長六七寸,圍過其長,熟赤如朱,乾之不縮,氣味潤澤,殊於常棗,食之可以安軀,益於氣力。此棗枝條盛於常棗,亦益氣安軀。赤松子云:北方大棗味有殊,既可益氣又安軀。"古人還認爲棗可以通神,所以《漢書·郊祀志》載方士公孫卿謂:"'仙人可見,上往常遽,以故不見'。今陛下可爲館如緱氏城,置脯棗,神人宜可致。"又《史記·封禪書》載李少君游說漢武帝時說:"臣嘗游海上,見安期生,安期生食巨棗,大如瓜。"《後漢書·方術列傳·王真傳》載:"孟節能含棗核,不食可至五年十年。"1991年發現的東漢二年肥致碑,記載"君常舍止棗樹上,三年不下,與道逍遙。"在漢代銅鏡銘文中,也常見"上有仙人不知老,渴飲玉泉飢食棗"的詩句。至於西王母、漢武帝食棗的傳說更是盡人皆知。又後世道教經籍中含棗核、服棗湯、煎棗糕的記載更是不勝枚舉。《抱朴子內篇》卷四《金丹》篇載"張子和丹法",謂丹合成後"以棗膏和丸之,服如大豆,百日,壽五百歲"。卷十五《雜應篇》談到"登峻涉險、遠行不極之道"時謂"或用棗心木爲飛車",卷十七《登涉》提到仙人陳安世符時謂:"此符是老君所戴,百鬼及蛇蝮虎狼神印也。以棗心木方二寸刻之,再拜而帶之,甚有神効。"①

既然古人認爲"棘"和"棗"具有如此多的功效和如此強的神力,因此用其來驅鬼,就變得不難理解了。

秦漢時期的人有很強的諧音觀念,常常將同音或音近的兩個不同的字的字義隨便替換。如《史記·張耳陳餘列傳》載漢高祖過趙柏人之地,將"柏人"諧音理解成"迫人"並不宿而去,就是一個很典型的例子。《說文解字》中存在的大量的"聲訓",也是這一習俗的充分反映。這一習俗甚至反映在當時施行巫術的相關法器上,如秦漢時常常用"桃"和"桑"來驅鬼,"桃"即諧音"逃","桑"即諧音"喪"。"喪"古代有"逃亡"之義,又"喪"可訓爲"亡","亡"也有逃亡之義。② 因此"桃"和"桑"都包含着"逃跑"的意思,暗喻用"桃"和"桑"驅鬼可以讓鬼"逃跑"。古代"棘"與"亟"、"急"相通,秦漢時驅鬼的咒語常常有"急急如律令"一類的套語,用"棘"驅鬼是否也有諧音的觀念存在其中,殷代是否就有了與秦漢一樣的諧音觀念,這些都是值得考慮的問題。

---

① 關於"棗"的藥用功效及驅鬼功能的討論參見王子今《睡虎地秦簡〈日書〉甲種疏證》,湖北教育出版社,2003年,第349～351頁;姜守誠:《〈太平經〉研究:以生命爲中心的綜合考察》,社會科學文獻出版社,2007年,第110～114頁;虞萬里:《東漢〈肥致碑〉考釋》,《榆枋齋學術論集》,江蘇古籍出版社,2001年,第631頁;高國藩:《敦煌巫術與巫術流變》,河海大學出版社,1993年,第389～390頁。

② 睡虎地秦簡《日書》甲種楚除絶日占辭"桃人不得","桃"即讀爲"逃"。"桑"通作"喪"、"亡"簡帛亦多見,參見白於藍《簡牘帛書通假字字典》,福建人民出版社,2008年,第61、273頁。

在古人的觀念中，夢與鬼魂有關。古人認爲人做惡夢是因爲鬼把人的魂魄奪走造成的。做惡夢在古代稱爲"厭"，又稱作"寐"，《説文》："寐，寐而厭也。"又作"眯"，睡虎地秦簡《日書·詰咎》："一室中卧者眯也，不可以居，是□鬼居之。"《淮南子·精神》："覺而若眯，以生而若死。"高誘注："眯，厭也。楚人謂厭爲眯。"今日北方方言猶稱做惡夢爲"厭住了"，正是這一詞語的孑遺。在甲骨文中有許多"夢"和"多鬼夢"的記載，也反映了殷人把夢與鬼魂相聯繫的觀念。①

　　上引兩片卜辭的文句中，都有"有夢，王秉棘"的記載。既然已知"夢"與鬼魂有關，又已知"棘"可用來驅鬼，則上引卜辭文句中的"有夢，王秉棘"，顯然説的是王做了惡夢，然後手持酸棗樹的枝條來驅鬼的意思。

　　殷人認爲致人做惡夢、並爲生人帶來災厄的鬼常常就是祖先，即先王先妣。而先王先妣的牌位就在宗廟裏，所以上引《合集》17445 説王有夢並"在仲宗""秉棘"，顯然是指在宗廟中禳除，這就清楚地揭示了爲什麽會選擇在"宗廟"裏施行這一巫術的原因。

　　討論至此，甲骨文中"秉棘"的含義可以説已經很清楚了。

　　由甲骨文中以棘驅鬼的記載，我們得以窺見殷代巫術文化之一斑。從秦漢以前典籍及出土文獻中反映出的這一習俗，讓我們知道以棘驅鬼作爲具有頑强生命力的巫術文化之一種，有着很强的延續性並有着久遠的來源。

　　下面附帶考釋一下甲骨文中的另外一個"棘"字。

　　花園莊東地甲骨 206 片有如下文句：

---

① 參拙作《秦簡考釋一則》，《康樂集》，中山大學出版社，2006 年，第 78～79 頁。

3. 丁丑卜，在主京：子其叀舞戉，若。不用。子弜叀舞戉于之，若。用。多万又(有)巛(災)，引𢁫。(非王卜辭。拓本部分見圖四)

圖四

文中"引"字後一字作如下之形：

姚萱在《殷墟花園莊東地甲骨卜辭的初步研究》一書中引張亞初說將其釋爲"祁"。①

按《甲骨文編》所收"祁"字作如下之形：

---

① 姚萱：《殷墟花園莊東地甲骨卜辭的初步研究》，綫裝書局，2006年，第286頁。

㯥 㯥 㯥 㯥 㯥 㯥 㯥 㯥

字中所從的垂筆都作互不交叉的平行姿態,與"㯥"字中間的筆劃有明顯的不同。"㯥"與上釋甲骨文"棗"或"棘"字作"㯥"更爲接近,只是下垂的兩筆寫得有些彎曲而已。魏慈德在《殷墟花園莊東地甲骨卜辭的地名及語詞研究》一文中,將花園莊東地甲骨 206 片中的"㯥"字與上揭《合集》17444、17445 中的"㯥"和"㯥"相比較,認爲三者是一個字,①這是非常正確的意見。

因此,我們認爲"㯥"字也應該釋爲"棗"或"棘",從文意上考慮,在上引卜辭文句中也應該釋爲"棘"。所謂"引㯥",就應該釋爲"引棘"。

上引魏慈德的文章在談到"引㯥"的含義時説:"'秉㯥''引㯥'構詞方式當同於'舞戉','舞戉'是持戉以舞,故'㯥'當也是可持之物。'引㯥'在此與消災有關。"這一解釋恐怕是有問題的。

黄天樹曾指出,卜辭"用"、"不用"等用辭後所附記的刻辭有兩種情況:一種是驗辭;一種還是用辭,即記録施用情況的用辭。② 在上引花園莊東地甲骨 260 片中,"子其叀舞戉,若。不用"和"子弜叀舞戉于之,若。用"兩句,乃是"舞戉"與"弜舞戉"的正反對貞。其中的"用"和"不用"即用辭。卜辭中的用辭有一個規律,就是凡辭末綴以"不用"之語的,絶大部分其後都不再附記其他刻辭。因爲没有被選用,也就無事實可記了;而在"用"後面附記的刻辭,其内容又往往與

---

① 魏慈德:《殷墟花園莊東地甲骨卜辭的地名及語詞研究》,《中國歷史文物》2005 年第 6 期。

② 黄天樹:《關於無名類等的用辭》,《殷墟王卜辭的分類與斷代》,科學出版社,2007 年,第 303~306 頁。

命辭中所卜問的內容不同。① 上引卜辭文句中"多万又(有)巛(災),引棘"一句,緊跟在"用"這一用辭後,顯然是針對"子弜叀舞戉于之,若"這一句說的,其内容正與前邊命辭所卜問的不同。因此從其位置看,這一句不是驗辭,就是用辭,只有這兩種可能。關於如何判斷用辭之後所附記的刻辭到底是驗辭還是用辭的問題,姚萱曾說:"有些追記的内容是很難用是否'應驗'來概括的,有不少還是稱作'用辭'比較恰當。從一般的原則來講,大凡追記的事實或情況是占卜主體所不能控制的,例如田獵遇上野獸、擒獲若干、天氣陰、啓或颳風下雨,某人有疾病、死等等,都應該屬於驗辭,是跟貞卜是否應驗有關的;大凡所追記的事實或情況是占卜主體所能控制的、可以主動發出的,如對某人舉行某種祭祀、外出、呼令某人作某事等等,則多半應劃歸用辭,是記録跟施用或不用此卜有關的事實或情況的。"② 本着這一原則,姚萱是將上引卜辭"多万又(有)巛(災),引棘"視爲驗辭的。如果這一句是驗辭,因與前邊的命辭說的不是一回事,"引棘"就不一定與"舞戉"的構詞方式相同,"引棘"的含義也就不一定與消災有關了。

我們認爲"引棘"的"引"應該讀爲"延"。"引"、"延"二字古代音義皆近,可以相通。古音"引"在喻紐真部,"延"在喻紐元部,聲紐相同,韻爲旁轉。《説文·廴部》:"廴,長行也。从彳引之。"《玉篇·廴部》:"廴,今作引。"《説文·延部》:"延,長行也。"《説文》認爲"延"字从廴从止,又認爲"延"字从延丿聲,而"廴"、"延"義訓又相同,這充分標明了廴、延、延三者的淵源關係。典籍中"延"訓爲"引"的例證很多見,不煩贅舉,③所以"引"讀爲"延"没有問題。

---

① 黄天樹:《關於無名類等的用辭》,第303～306頁。
② 姚萱:《殷墟花園莊東地甲骨卜辭的初步研究》,第83頁。
③ 宗福邦、陳世鐃、蕭海波:《故訓匯纂》,商務印書館,2003年,第714頁。

"延"古代有"及"、"到達"義,《逸周書·度邑》:"自雒汭延于伊汭。"朱右曾《逸周書集訓校釋》謂:"延,及也。"《戰國策·齊策二》:"倍楚之割而延齊。"高誘注:"延,猶饒也,及也。"《文選·揚雄〈羽獵賦〉》:"乃詔虞人典澤,東延昆鄰,西馳閶闔。"李善注引孔安國《尚書傳》:"延,及也。"《集韻·仙韻》:"延,《説文》:'長行也。'一曰陳也,及也。"又《集韻·綫韻》:"延,及也。"甲骨文"引"可通爲"延",還可以從一條卜辭得到印證。《甲骨文合集》23717 片甲骨説:"辛卯卜,大貞,洹引弗辜(敦)邑,七月。"文中"引"字就應該讀作"羨"。"羨"本作"㳄"、"涎",有多、餘、溢出之意,又與"衍"通,在甲骨文文句中指洹水漫衍。該辭是卜問洹水漫衍是否會衝擊城邑。張政烺先生曾撰有《殷墟甲骨文"羨"字説》一文,①指出卜辭中有"洹不㳄"和"洹其㱄"的記載,也是講洹水漫衍的,可與上釋"洹引弗辜(敦)邑"中的"洹引"比照參看。

"引棘"的"棘"古代可訓爲"急",《詩經·檜風·素冠》"棘人欒欒兮"毛傳、《小雅·采薇》"玁狁孔棘"毛傳、《出車》"維其棘矣"鄭箋、《雨無正》"孔棘且殆"鄭箋、《大雅·文王有聲》"匪棘其欲"鄭箋、《江漢》"匪疚匪棘"鄭箋、《楚辭·天問》"啓棘賓商"洪興祖補注等都訓"棘"爲"急"。典籍中"棘"又與"亟"、"革"(讀 jí)相通,都是急的意思,如《詩·豳風·七月》:"亟其乘屋,其始播百穀。"鄭玄箋:"亟,急。"《禮記·檀弓上》:"夫子之病革矣,不可以變。"鄭玄注:"革,急也。"

通過上述論證,可知上揭卜辭"引棘"一語的含義,就是"達到危急"、"發展到很急迫的程度"的意思。卜辭"多万又(有)巛(災),引

---

① 張政烺:《殷虛甲骨文"羨"字説》,《張政烺文史論集》,中華書局,2004 年,第 444～446 頁。

棘"一句,是説"多丏有災禍,而且達到很危急的程度"。

編按:

張惟捷先生指出《合集》19875 片中有"引🔲"一詞,"🔲"字也應是"棘"字,其説甚是。見張惟捷《甲骨文"引棘"獻疑》,載復旦大學出土文獻與古文字研究中心網站(2009 年 11 月 12 日發佈,http://www.gwz.fudom.edu.cn/srcShow.asp? src_ID=975)。

原載《故宫博物院院刊》2009 年第 2 期,發表時略有刪節,今據原稿收入。

談新公佈的牛距骨刻辭

宋鎮豪先生的新著《商代史》卷七《商代社會生活與禮俗》一書於2010年10月由中國社會科學出版社出版。①該書書前彩圖19披露了一件新公佈的獸骨刻辭（圖一）：

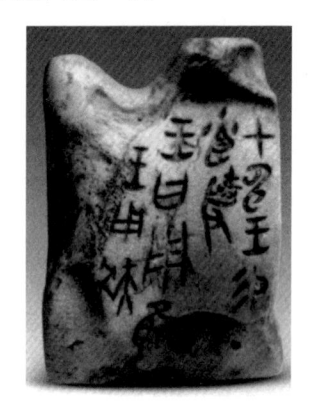

圖一

宋鎮豪先生稱之爲"新出綠松石鑲嵌刻辭髀骨"。2011年11月出版的《甲骨文與殷商史》新二輯中焦智勤先生的《殷墟甲骨拾遺·續六》一文，②也公佈了這一資料，並附有該刻辭正面、反面和側面的照片

---

① 宋鎮豪：《商代社會生活與禮俗》，《商代史》第七卷，中國社會科學出版社，2010年。
② 焦智勤：《殷墟甲骨拾遺·續六》，宋鎮豪主編、劉源副主編：《甲骨文與殷商史》新二輯，上海古籍出版社，2011年，第257~291頁。

以及正面的拓片。其側面和反面照片如下(圖二)：①

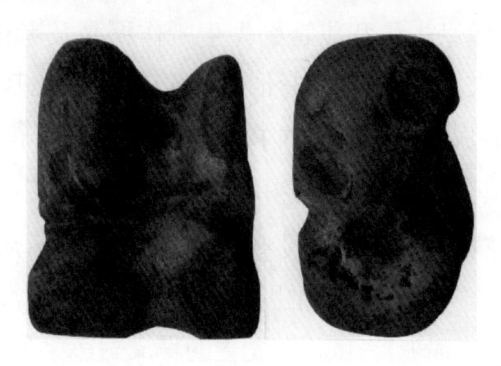

圖二

對於該獸骨上的文字，宋鎮豪先生和焦智勤先生分別作有如下的釋文：

　　　　甲申，王易(賜)小臣叟，王曰：用。隹王用欰。（宋釋）

　　　　甲申，王賜小臣🦌。王曰：用。隹王用欰。（焦釋）

宋鎮豪先生在《商代社會生活與禮俗》一書第 625 頁對此獸骨有考釋，他説：

　　　　第四例記事刻辭刻於一堅實沉甸甸的整治光溜的大關節窩上，記商王賜小臣用"欰"，字從夫亦聲，當讀如髀若膞，《説文》："髆，肩甲也，從骨専聲。"也可能是膞的初文，《釋名・釋形體》："膝頭曰膞；膞，團也，因形團而名之也。""欰"蓋指此異獸之大髀骨關節部位而言。

焦智勤先生在文中也介紹並分析説：

　　　　此爲獸骨記事刻辭(疑犀牛骨)，字體類似殷金文，字口中鑲

---

①　此照片由宋鎮豪先生提供，謹致謝忱。

嵌有緑松石，甚罕見。

我們對宋鎮豪先生和焦智勤先生所作釋文及考釋，主要是對宋鎮豪先生的釋文和考釋有一些不同的意見，並在此基礎上形成了一些分析和推論，現在寫出來供大家參考，並求正於學術界。

首先，宋鎮豪先生的釋文將用爲小臣名字的"🉐"字隸定爲"䇂"並不合適，因爲該字雖然从"廾"没有問題，但是卻並不从"弋"。所謂的"弋"字還是以是"丰"字的可能性更大（所从之"丰"字部位的骨面似乎有擠壓，變得有些扁平）。焦智勤先生的釋文對該字用原形表示，未加以隸定，但是對原形摹寫不準，筆劃有遺漏，致使"廾"形兩手所捧的部分變得類似"中"形，丢掉了下邊的另一個"中"。該字所从的"又"旁是依附在人身體上的，而古文字中从人旁的字有時會綴加上一個"又"旁，反映的很可能只是這個字繁簡的不同，對該字的音義並無影響。如甲骨文扌字作"🉐"（《甲骨文合集補編》10290），又从"人"作"🉐"（《甲骨文合集補編》8734）便是。金文"奉"字从"廾"从"丰"（"丰"旁同時兼聲符）①作"🉐"，象雙手捧物形。古文字中从"廾"與从"廾"在用爲表意偏旁時可以通用，如"對"字既可以从"廾"作"🉐"（變簋），又可以从"廾"作"🉐"（柞鐘）可證。所以既然"🉐"字从"廾"从"丰"，我們更傾向於將其視爲"奉"字的一種繁複的寫法從而暫釋爲"奉"。

其次，宋鎮豪先生文中考釋部分除了分析"𨂂"字字形時説"字从夫亦聲"的"亦"字令人不解外，引《釋名·釋形體》的文字也有一處疏忽，就是《釋名·釋形體》訓爲"膝頭"的是"膞"字，並不是"膊"字。《釋名·釋形體》説："膝頭曰膞。膞，團也，因形團而名之也。"正因爲説的是"膞"字，後邊才聲訓説"因形團而名之也"。"膞"、"團"皆从"專"聲，所

---

① 關於"奉"字結構的解釋見裘錫圭《文字學概要》，商務印書館，1988年，第159頁。

以才用"團"來聲訓"髆"。既然《釋名·釋形體》訓爲"膝頭"的是"膞"字而不是"髆"字,則"肤"字讀爲"髆"就是不可能的了。因爲從"夫"聲的字可以與從"尃"聲的字相通,但是與從"專"聲的字卻絕不可通。

該獸骨上的刻辭説的是什麼意思呢?"甲申,王易(賜)小臣奉。王曰:'用。'隹(唯)王用肤",其意爲"甲申日,王賞賜小臣奉。王説:'(賜給你)使用。'這是王使用的肤"。這是以王和小臣奉之外第三者的口氣説的話,"唯王用肤"是對"王曰:'用'"的補充説明。文中的"肤"就是王賞賜給小臣奉的物品,而這個"肤"是王使用過的。換句話説,就是王將自己使用過的"肤"賞給了小臣奉使用。該刻辭所記之"肤"與該刻辭所依附之物所指相同,這個"肤"很明顯就是指這塊獸骨。

那麼這塊獸骨到底是什麼動物的哪一塊骨頭呢?

其實這一獸骨既不是髆骨(即肩胛骨),也不是髆字所指的膝頭骨,它應該就是距骨。

1936年殷墟第十三次發掘時,曾在安陽小屯村北地第六號殷墟灰坑的南井(YH0006南井)出土過與上揭獸骨非常近似的一塊牛的左距骨(astragalus),其照片和拓本如下(圖三):

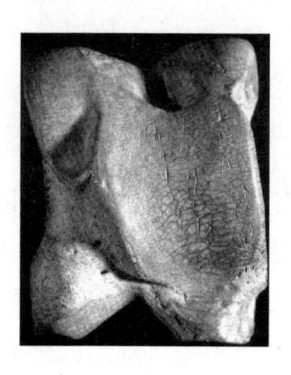

(圖三)

關於這塊牛距骨,高去尋先生曾在《殷墟出土的牛距骨》一文中有過

如下的介紹和描述：①

> 出土的部位，是在坑穴以内深 4.80 公尺的填積土裏面，土層未經過後世的擾動破壞，同出的還有殷代的獸骨陶片等等。這塊距骨保存的情形相當完好。它的上下兩端歧出的凸骨面，都已經過人工鋸去一截，變成了平面，可以使它直立着，内外兩面的邊緣地方，也曾經過稍微的鋸平，其餘的地方則仍是保存着原有骨面的情形。經過這樣鋸製過的牛距骨，在殷虛還有幾塊被我們發現過，祇是它們的上面没有刻着文字。或許因地下的埋藏，曾接近了銅質氧化物的關係，這塊距骨的表面上有的地方存有被染上的綠色。它現在的形體：
>
> 外面長度（A——A^1） 69.00 mm
> 内面長度（B——B^1） 73.00 mm
> 寬度　　　　　　　　 55.00 mm
>
> 它的刻辭，被刻在"後下面"的一片小凸面上，第一行末一字的右下角，伸入了骨骼原有的一個小凹穴裏面。刻辭是由上而下行，由右而左的分行排列，與殷代一般銅器銘文，獸骨刻辭的情形相同。文字的刻筆有的比較深些，有的則僅是一刀所刻成因而比較淺些。刻筆内原都塗有朱砂，現在較淺的地方已經一部份失去了鮮紅的顔色。

這塊骨頭是牛距骨，是經過古生物學家楊鍾健先生鑒定後得出的結論。僅從形狀上比較來看，便不難認定本文揭示的新公佈的獸骨無疑也是距骨，而且極有可能就是牛距骨。至於這個牛到底屬於什麼牛，是不是如焦智勤所推測的是"犀牛"，則還需經過古生物學的

---

① 高去尋：《殷墟出土的牛距骨刻辭》，中研院歷史語言研究所專刊之十三《中國考古學報》第四册，商務印書館，1949 年，第 155～184 頁。

進一步檢驗和鑒定。

據家畜解剖學知識，家畜的後肢骨有一部分稱之爲"跗骨"（Ossatarsi），由數塊短骨構成，位於小腿骨與跖骨之間。各種家畜數目不同，一般分爲3列。近列有2塊，内側的爲脛跗骨，又稱距骨（Talus）；外側的爲腓跗骨，又稱跟骨（Calcaneus）。牛的跗骨有5塊，近列爲距骨和跟骨。見圖四：

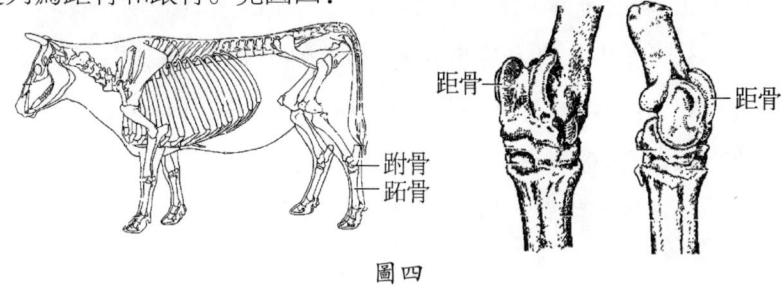

圖四

"肷"字既然是指牛距骨，那麼它應該讀爲什麼字呢？我們認爲可以從兩條綫索來考慮。首先，上邊説過家畜的距骨又可稱之爲"脛跗骨"，而字書中"跗"字又有異體寫作"趺"，從"夫"得聲，與"肷"字從"骨"从"夫"聲所從的聲符相同，所以"肷"字讀爲"跗（趺）"似乎正合適。但是在古代漢語中"跗"字早期皆訓爲"足背"，足背與距骨部位相距較遠，而距骨何時開始稱之爲"脛跗骨"的又是一個無法證明的問題，所以這一讀法似乎行不通。

其次，"肷"字能否直接讀爲"距"呢？古音"夫"在幫紐魚部，"巨"在群紐魚部，兩者韻部相同，中古都是合口三等字，雖然看去聲紐似乎遠隔，但是在上古音中，有不少唇音與牙音相通的例子，譬如明紐與曉紐的相通就是大家熟知的現象。唇牙相通，有的學者將其歸爲方言變異或古今變異的原因。① 在傳世典籍與古文字中都有唇牙相

---

① 見孟蓬生《上古漢語同源詞語音關係研究》，北京師範大學出版社，2001年，第111~116、154頁。

通的證明,如李家浩先生在《讀〈郭店楚墓竹簡〉瑣議》一文中指出的如下幾個例子:①

  1.《儀禮・士相見禮》"士相見之禮,摯……夏用腒",《白虎通・瑞贄》引"腒"作"脯";

  2.《左傳》哀公十一年"胡簋之事,則嘗學之矣",《孔子家語・正論》記此事,"胡"作"簠";

  3.《郭店楚簡・窮達以時》的"河匡"讀爲"河浦";

  4. 銅器銘文裏有一個用爲姓氏字的"𡙸"(衍簋),字从"夫"从"古",此二旁皆聲,讀爲"胡";

  5.《郭店楚簡・窮達以時》的"告故",裘錫圭先生指出應讀爲"造父"。

以上這些都是確定無疑的唇牙音相通的例子。

  談到古文字資料中可以證明唇音與牙音相通的例子,這裏我們還可以補充三個:

  1. 金文中讀爲"胡"的"𢽏"字以"夫"爲聲符。古音"胡"在匣紐魚部,"夫"在幫紐魚部;

  2. 金文"更"字作"𣪘",从二丙从攴。所从之"丙"爲聲符。古音"更"在見紐陽部,"丙"在幫紐陽部;

  3. 金文申鼎和簠叔之仲子平鐘的"簠"、鄘侯簋的"鄘"以及"簠邦"齊刀幣的"簠"都讀爲"莒"。古音"莒"在見紐魚部,"膚"在幫紐魚部。

  古文字資料中也有可以證明"夫"、"巨"相通的例證,如譭父簋的

---

① 李家浩:《讀〈郭店楚墓竹簡〉瑣議》,《中國哲學》第二十輯,遼寧教育出版社,1999年,第339~355頁。

"馱"字除了从"夫"聲外,還累加了一個"巨"聲作"馲",説明"夫"與"巨"聲音相近,因此才可以共同作爲"馱"的聲符。金文"矩"字作"𢀭",象人手持"矩"形,後經"變形音化",將象人形的"大"字音化爲"夫"作"𢀬";金文簠字作"𣪘",所從之"矩"字也變形音化爲從"夫"。金文簠字既可以寫作"𣪘",又可以寫作"𣪘","夫"和"巨"分別作爲簠字的聲符,也説明了"夫"和"巨"聲音相近。以上所舉古文字中唇音與牙音相通的例子,除"更"字外其韻部都是魚部,這是一個非常值得注意的現象。這樣看來,"馱"字讀爲距骨的"距"應該是最合適的了。不過也存在一個問題,就是在古代漢語中"距"是指雞或雉大跖骨上端的一個距突,如圖五:

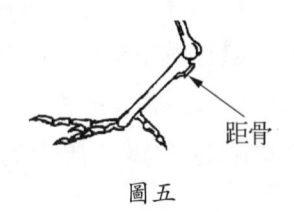

距骨

圖五

並不是指後來家畜解剖學上的"距骨"的位置。當然距骨位於脛骨和大跖骨之間,而雞的距突位於大跖骨的上端,與後世解剖學上的距骨的位置非常近,所以古人將其混同,或是分類不細,統而稱之的可能還是存在的。因此,將這塊獸骨上的"馱"字讀爲"距骨"的"距",看來還是有成立的可能的。

"馱"字從"骨"字初文,從"夫"聲,可能就是"距骨"之"距"的本字。

陳劍先生看過本文初稿後,認爲"馱"字在刻辭中更像是一個表"器物名"之字,而不一定非得是某一具體骨骼之專名。字從"骨"爲義符表示質地(蓋此類物常以骨製)也是完全可以的。他甚至懷疑"馱"能否與"博弈"之"博"或後世"樗蒲"之"蒲"有關,即推測用此類距骨製成之博具最初就是稱爲"肽"的,後來才演變爲"博"。董珊先生在給筆者的來信中也有類似的意見,他認爲"肽"就可以直接讀爲"博",指這塊牛距骨是作爲博具,即類似後世的"骰子"來使用的。

這是一個很有意思的思路,其可能性不能完全排除。

其實骨骼專名和博具或游戲用具之名是完全可以合二而一的,即如下文將要談到的北方十分流行的"欻嘎拉哈"游戲中的"嘎拉哈",本爲稱距骨之名,但同時也就是指游戲用具之名,所以從這個角度考慮,將牛距骨稱爲"距",而實際上是指博具或游戲用具之名似乎也並不矛盾。

當然,我們還不能完全排除"肽"字還可以讀爲另外我們所不知道的什麼字,或是當時"距骨"還有另外沒有流傳下來的專有之名的可能,因此將"肽"讀爲"距骨"之"距",仍然是一個有待進一步證明的讀法。

下面我們對前邊提到過的1936年出土的那塊牛距骨上的刻辭做些考釋。該刻辭説:

王曰:劎大乙禦于白箓(麓),版宰丰。

其中"劎"字和"禦"字陳劍先生在《甲骨文舊釋"蠱"之字及相關諸字新釋》一文中曾同時論證過,現將其相關考釋轉引如下:①

殷墟甲骨文"劃／劎"和"即"字多與祭祀有關。《合集》307"劎羌百",《合集》308"劎百羌","劎"作爲用牲法,可能即其字形所表現的"分割牲體"之義。《殷契佚存》427雕花骨柶記事刻辭:"辛巳,王劎武丁禦(其中"隹"形原倒寫,下同)☒ 录(麓),獲白兕。丁酉☒ 。"《合集》35501記事刻辭云"王曰即大乙禦于白箓

---

① 陳劍:《甲骨金文舊釋"蠱"之字及相關諸字新釋》,《出土文獻與古文字研究》第二輯,復旦大學出版社,2008年,第13～47頁。

(麓)"；《合集》27465"刉父甲禦"兩見，《合集》32547"刉祖乙禦"兩見，《合集》35657亦有"刉祖乙禦"，《屯南》647云："刉毓父丁禦。"卜辭或貞卜"取唐禦"、"取祖乙禦"（看《類纂》第664頁"禦"字下"取禦"條），上舉"刉某某禦"與之結構相同，當即"爲對某人的禦祭而舉行或進行'刉'"之意。《屯南》1128："己巳貞：其禦祖乙，眔父丁。○弜眔父丁，刉。"當理解爲將對祖乙舉行禦祭，貞卜是否對父丁也一併舉行，或是不要對父丁舉行禦祭，但爲對祖乙的禦祭而舉行或進行"刉"。"禦"字雖尚不能確釋，但其當爲以田獵所得、戰爭所俘獲的禽獸向祖先獻祭，這一點是可以肯定的。"刉某某禦"的祭祀，可能也跟將所獻祭的犧牲加以分解有關。卜辭有"生禦"之貞（看《類纂》第664頁"禦"字下"生禦"條），如"生禦自唐"（《合集》1332）、"生禦于唐"（《合集》1977）、"祖乙其生禦"（《合集》32545）等，應即將田獵所得、戰爭所俘獲的禽獸活着獻祭之意，似可與"刉某某禦"相印證。

我們認爲其對"刉"和"禦"兩字的解釋都正確可從。

"禦"字在甲骨文中既可以用爲動詞指"用田獵或戰爭俘獲的禽獸向祖先獻祭"，同時又可以作爲名詞，指"通過田獵或戰爭俘獲來向祖先獻祭的禽獸"。這與甲骨文中"伐"既可以作爲動詞指殺牲的方法，同時又可以作爲名詞指用"伐"的方法所殺之牲是一樣的道理。因此"刉某某禦"這樣的辭例，就可以理解爲"分割向某某獻祭的牲體"。所以"刉大乙禦于白彔(麓)"就是"在白山之麓分割向大乙獻祭的牲體"的意思。

"肞宰丰"的"肞"字舊或隸定爲"肙"，體現了與"肞"字不同的部件切分。綜合來看，切分爲"肞"要比切分爲"肙"合理。"肞"字見於《玉篇》和《集韻》，皆訓爲"肉"，按之卜辭無法講通。我們懷疑"肞"在此應讀爲"膰"。古音"反"在幫紐元部,"番"在並紐元部,聲皆爲唇音,韻部相同,於音可通。《漢書·谷永傳》:"反除白罪。"顏注:"反讀曰幡。"《漢書·張安世傳》:"何以知其不反水漿邪?"顏注:"反讀曰翻。"皆是"反"、"番"可通之證。當然此"版"字也有可能就是"膰"字的早期寫法,其訓爲"肉"也很可能與"膰"訓爲"祭肉"有着沿襲的關係。

"膰"是古代用於祭祀之肉,也即祭餘之肉。《左傳》成公十三年:"國之大事,在祀與戎。祀有執膰,戎有受脤,神之大節也。"杜預注:"膰,祭肉。"在古代漢語中祭肉稱"膰",將祭肉賜人也稱"膰",《左傳》僖公二十四年:"鄭伯將享之,問禮于皇武子。對曰:'宋,先代之後也,于周爲客,天子有事膰焉,有喪拜焉。'"杜預注:"有事,祭宗廟也。膰,祭肉。尊之,故賜以祭胙。"楊伯峻《春秋左傳注》:"此膰字用爲動詞,致胙也。"在古代漢語中,還有一個比"膰"字使用更爲普遍的同義詞"胙"。《史記·周本紀》"三十五年,致文武胙於秦惠王",裴駰《集解》説:"胙,膰肉也。"古代將祭肉稱爲"祭胙"、"胙肉"、"胙餘"、"餘胙",把天子將祭肉分賜臣下稱爲"分胙"、"散胙"、"致胙"、"賜胙"、"胙侑",由此"胙"字又引申出"賜"意,如封賜土地稱爲"胙土"。古人認爲將祭肉獻於祖先神祇,來自祖先神祇的福佑就會依附於胙肉上,祭後分賜胙肉,就相當於同時將福佑分給了大家,由此"胙"又引申出"福禄"之意,所以在古代漢語中"胙肉"又稱爲"福胙","禄胙"也就是"福禄"的意思。《春秋》定公十四年:"天王使石尚來歸脤。"孔穎達疏:"《周禮·大宗伯》云'以脤膰之禮,親兄弟之國',《大行人》云'歸脤以交諸侯之福',是以祭肉賜諸侯,與之共福也。"表達的就是這一觀念。

所以"王曰:刲大乙橐于白菉(麓),版宰丰"就是"王説:'在白山的山脚下(或山脚下的林木中)分割(田獵或戰爭俘獲的用於祭祀)之牲體,將祭肉分給宰丰。'"的意思。

"宰"爲職官名,商代"宰"的執掌應爲王室之管家或管理王室之膳食或屠宰等。王將祭肉分賜給宰丰,就是要把祖先神祇帶來的福佑和他分享,這顯然是因宰丰在王於白麓狩獵過程中服侍有功有關。這對宰丰來說當然是件極爲榮寵的事情,所以他才會鄭重其事地將此事刻於甲骨。而所刻的這塊牛距骨所屬之牛,就是在白山脚下的林木中俘獲的,是作爲祭品獻於"大乙"的犧牲。其中的一部分,即包含牛距骨的那部分骨肉,就成了王分賜給他的"膰"或"胙"。

分析至此,我們可以總結一下這兩塊牛距骨刻辭的一些共同點。這些共同點是：1. 刻辭所記内容屬於記事刻辭,不涉及占卜；2. 文字類似用毛筆書寫,有筆鋒,筆劃有粗細的變化,與一般用於卜問的刻辭的書寫方式不同,應該是先寫後刻的,其文字的結構和筆勢體現的是當時正體文字的形態；3. 文字上皆有綠松石鑲嵌。1936年發現的那塊牛距骨雖然在高去尋先生的介紹中没有提及綠松石,但是據他文中所説"或許因地下的埋藏,曾接近了銅質氧化物的關係,這塊距骨的表面上有的地方存有被染上的綠色"來看,所謂"被染上的綠色"應該就是殘留的綠松石痕迹。以上這幾個特點,與甲骨文中下列8例特殊的記事刻辭的特點非常接近：

1. 虎髆骨刻辭：辛酉,王田于雞录(麓),隻(獲)大罨(霸＝白?)虎,才(在)十月,隹(唯)王三祀肜(協)日。①
2. 骨片刻辭(所屬動物種類和骨骼部位不詳)：壬午,王逖

---

① 著録：*Bone Culture of Ancient China*(照片)、*Chinese Art in the Royal Ontario Museum*(照片)、《懷》1915(拓本不全)、《合集》37848(照片)、《掇三》3(照片縮小、摹本),尺寸：21.7×4.1 cm。

于嚳雁(儺),征(延)田于麦彔(麓),隻(獲)兕,亞易(賜)□①

3. 兕骨刻辭：辛巳,王劜(宜)武丁禦〔于□〕彔(麓),隻(獲)白兕,丁酉□②

4. 宰丰雕骨刻辭：壬午,王田于麦彔(麓),隻(獲)商戠兕,王易(錫)宰丰,帚(寢)小䈞兄(貺),才(在)五月,隹(唯)王六祀肜日。③

5. 宰丰殘雕骨刻辭：壬午,王田于麦彔(麓),隻(獲)〔商戠兕,王易(錫)〕宰丰,帚(寢)小䈞兄(貺),〔才(在)五月,隹(唯)王六祀肜日。〕④

6. 兕頭骨刻辭：□于麓,隻(獲)白兕,燎于□,才(在)二月,隹(唯)王十祀,肜日,王來正(征)盂方白□⑤

7. 鹿頭骨刻辭：戊戌,王蒿(郊)田□文武丁祼□王來正(征)□⑥

8. 鹿頭骨刻辭：己亥,王田于善,□才(在)九月,隹(唯)王十□⑦

上引刻辭中4、5都提到"宰丰",而我們討論的新公佈的牛距骨刻辭的主角是"宰🐾",既然已知"🐾"爲"奉"字繁複的寫法,而"奉"亦从

---

① 著録：《安陽殷墟殷代大墓及車馬坑》,國家文物局主編：《2005 中國重要考古發現》,文物出版社,2006 年,第 59~62 頁(照片)。
② 著録：《佚》427(照片)、《衡齋》44、《鄴初》下 47(照片)、《合補》11301(照片),尺寸：7.6×4.4 cm。
③ 著録：《佚》518(拓本)、《續補》7.32(拓本)、《合補》11299(拓本)、《掇三》4(照片、拓本、摹本)、《中歷博》3(照片)、《國博》261(照片、拓本),尺寸：27.3×3.9 cm。
④ 著録：《佚》426(照片)、《衡齋》45、《鄴初》下 47(照片)、《合補》11300(照片),尺寸：12.2×3.9 cm。
⑤ 著録：《甲編》3939(拓本)、《合集》37398(拓本),拓本尺寸：39.3×17.1 cm。
⑥ 著録：《甲編》3940(拓本)、《合集》36534(拓本),尺寸：22.7×20.2 cm。
⑦ 著録：《甲編》3941(拓本)、《合集》37743(拓本),尺寸：10.5×12.5 cm。

"丰"爲聲,那麼"宰丰"和"宰🀆"是否就是一個人呢?這也是可以考慮的問題。

這 8 例特殊記事刻辭的文字看去也都是用毛筆書寫的,筆劃有粗細的變化,有筆鋒,應該是先用毛筆書寫,再用刀刻的。這表明對所記之辭的重視。這些刻辭都是有關田獵的記事刻辭,刻辭記載的獵獲物與刻辭所在的骨頭都正好可以對應,即文字都是在刻辭記載的所獵獲的動物的骨頭上刻寫的。以上兩點與上文所釋 1936 年出土的牛距骨刻辭的特點完全符合。這 8 例刻辭或是在背面刻有繁縟美麗的紋飾並鑲嵌有綠松石,或是在正面的字上鑲嵌有綠松石,或是兩面都鑲嵌有綠松石。這一特點與上文考釋的兩塊牛距骨刻辭也完全一致。

在文字上鑲嵌綠松石或是在刻辭背面刻畫繁縟美麗的紋飾並鑲嵌綠松石,説明刻辭的内容非同一般,所記内容是值得紀念的事情,因此才會有如此豪華的装飾。我們曾總結上文所列諸條特殊記事刻辭的性質,認爲緣於中國古代的"紀異"傳統。① 上文揭示的新公佈的牛距骨刻辭雖然没有其他特殊記事刻辭都具備的田獵的内容,但是在字體風格、鑲嵌綠松石、記載特殊重要的事情方面與其他特殊記事刻辭並無不同,其性質也應該屬於一類。

上文引高去尋先生在《殷墟出土的牛距骨》一文中介紹描述 1936 年出土的牛距骨時曾説到:

> 這塊距骨保存的情形相當完好。它的上下兩端歧出的凸骨面,都已經過人工鋸去一截,變成了平面,可以使它直立着,内外兩面的邊緣地方,也曾經過稍微的鋸平,其餘的地方則仍是保存

---

① 劉釗:《安陽殷墟大墓出土骨片文字考釋》,李宗焜主編:《古文字與古代史》第二輯,臺灣中研院史語所,2009 年,第 123~142 頁。【編按:此文已收入本書。】

着原有骨面的情形。經過這樣鋸製過的牛距骨,在殷墟還有幾塊被我們發現過,只是它們的上面沒有刻着文字。

這一描述告訴我們,這種牛距骨是經過人工修整的,除了我們上文考釋過的兩塊帶刻辭的牛距骨外,在殷墟還發現過沒有刻字的人工修整過的牛距骨。

這種經人工修整過的牛距骨是做什麽用的呢?

這種牛距骨會讓我們想起至今還盛行在北方,尤其是東北地區的"嘎拉哈"和"欻嘎拉哈"游戲(圖六)。"嘎拉哈"是滿語譯音(gachuha),一説是錫伯族語"嘎爾出哈"的譯音。蒙語稱"沙嘎",達斡爾語稱"薩克",鄂倫春語稱"畢勞黑",赫哲語稱"阿爾初闊其"。

4

5

圖六

"嘎拉哈"是指羊、豬、牛、狗、麆子或狼的距骨,其中最常見常用的是羊和豬的距骨。麆子和狼的距骨不易得,故較爲珍貴。還有用玉做的仿"嘎拉哈"(圖七)。"嘎拉哈"又被稱爲"羊拐"、"羊拐骨"、"子兒"、"平兒"、"髀骨"、"髀石"等,清代正式的漢文寫法是"背式骨"。在中國北方如滿、蒙古、赫哲、達斡爾、鄂倫春、鄂温克等民族中,從很早就開始流行"欻(chuǎ)嘎拉哈(hǎ)"的民間游戲。這種游戲是利用"嘎拉哈"不同的四個面或六個面,采取拋擲、擺放、抓握等手法,與特製的布口袋配合,形成多種不同的計算輸贏的游戲。因爲這種游戲可一人玩,也可以多人玩,且游戲道具易得,不受場地限制,非常適合冬季較長的地區農閑時在房間的炕上玩耍,故深得東北民間的喜愛。

1

2

圖七

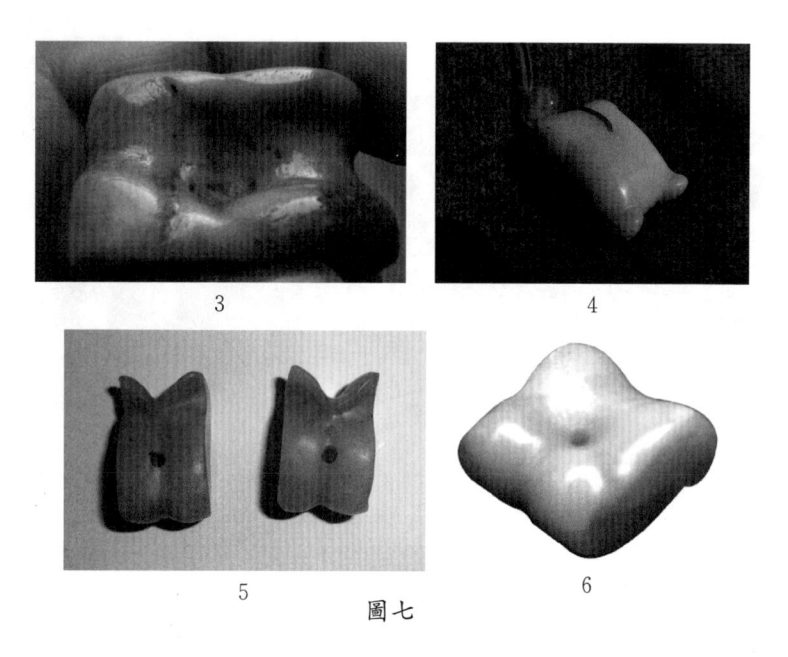

"嘎拉哈"的另一種玩法是用於抛擲擊打。《蒙古秘史》中記載有"擊古爾"的一種游戲，"古爾"就是"嘎拉哈"（一説是動物的臍骨，即膝蓋骨）。《遼史》和《柳邊紀略》中也都有擊髀石的記載，應該也是相同或類似的游戲。

有研究認爲"嘎拉哈"最初是作爲"靈骨"用來占卜的。哈薩克族的薩滿法師就有"用羊拐骨占卜，用四十一粒羊糞算命"的習俗。東北許多民族都有在育嬰的摇車上懸掛成串的"嘎拉哈"的習俗。"嘎拉哈"或被鑽孔，塗上紅色，掛在摇車上，是爲了"辟邪"和催眠。有的老人手裏經常握有一塊狼距骨，據説也有"驅凶避邪"的功效。

饒有興趣的是在藏族中也有這一習俗。藏族用羊"嘎拉哈"作擊打的游戲，與上邊所言擊髀石的游戲相同。藏族稱這種游戲爲"阿久"（圖一：5）。在藏區到處可見男孩子迷醉於玩羊距骨的情形。藏族人或用染毛綫的染料把羊距骨染成紅色、黃色或藍色，用羊毛綫把羊距骨串起來，掛在灶臺上方的屋頂上，讓烟熏一兩個月甚至一年。被烟熏過的羊距骨變成深褐色，擦掉表面的烟灰，羊距骨會顯得熠熠發亮。這樣的羊距骨項鏈或是作爲女孩子的飾品，或是當作吉祥物掛在帳篷中，祈盼爲人們帶來福運。在時代相當於新石器時代晚期的西藏瓊結縣邦嘎遺址的早期地層堆積中，曾出土過一件打磨加工較爲精緻的羊距骨，説明藏族用羊距骨占卜或作爲游戲用具的歷史非常悠久。①

據尚未得到證實的説法，羊距骨是世界上許多游牧民族常見的游戲用具，連遠在非洲撒哈拉沙漠的阿爾及利亞的女孩，也常常玩羊距骨的游戲。

考古發現的"嘎拉哈"以1955年10月内蒙古呼和浩特市美岱村南寶貝染山溝北魏磚墓出土的銅嘎拉哈爲最早。銅質嘎拉哈可能就是用來玩擊打游戲的所謂"髀石"(圖八)。其他遼、金、元以後時期的發現還有：内蒙古昭盟巴林左旗雙井溝兩處遼代的火葬塋地中，MA4的火葬罐裏同骨灰一起有"羊距骨六個"，MB2的火葬罐裏有"羊距骨十八個"；1983年巴林右旗遼墓曾發現九枚嘎拉哈，牛嘎拉哈一枚，山、綿羊嘎拉哈七枚，還有一枚銅鑄的仿綿羊嘎拉哈；黑龍江省泰來縣英山遼墓出土有鑄銅仿羊距骨1枚；黑龍江畔綏濱中興三號近代墓葬出土1枚用水晶製作的仿羊距骨(圖九)；大慶市大同區老山頭寶山二村西南岡發現的遼金墓有兩枚穿孔的羊距骨；奥里米金墓中出土有白玉雕刻的羊距骨；阿城、賓縣等地金墓中亦有動物嘎拉哈和銅鑄仿羊嘎拉哈出土。② 遼、金、元時期的銅鑄嘎拉哈有的刻有

---

① 見http://baike.baidu.com/view/2036496.htm。
② 有關遼、金、元"嘎拉哈"出土情況見崔福來《"靈骨"意識與嘎拉哈習俗》，《北方文物》1990年第4期，第46～47頁；王富秋《北方民間傳統文化之嘎拉哈的演變特徵與傳承》，《滿族研究》2009年第3期，第85～87頁；大慶市文物管理站《大慶市發現兩座古墓》，《北方文物》1994年第2期，第48～49頁；閻景全《黑龍江省阿城市雙城村金墓群出土文物整理報告》，《北方文物》1990年第2期，第29～40轉41頁等。

文字,有的還鑄有馬的圖案。許多嘎拉哈都有穿孔,説明都是用於穿繫或佩戴的。清代早期的一些墓葬,也仍然有隨葬嘎拉哈的現象。

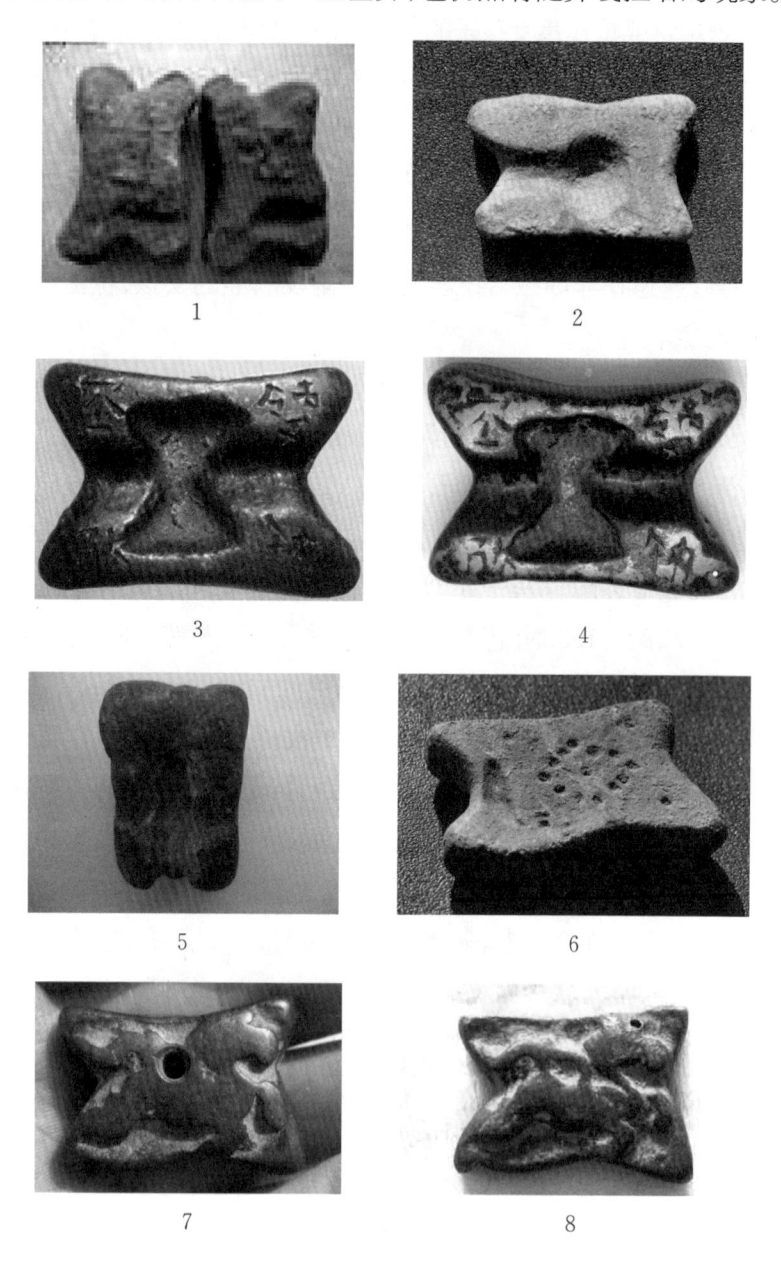

1

2

3

4

5

6

7

8

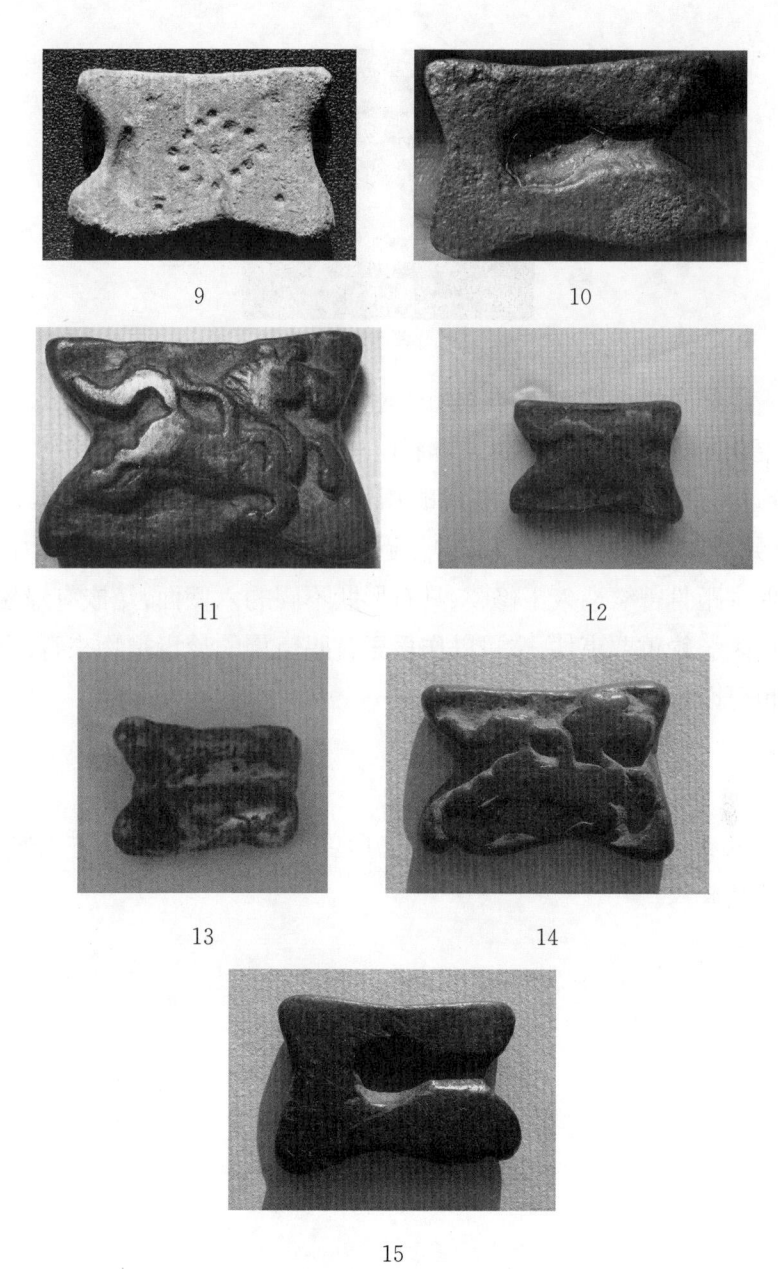

談新公佈的牛距骨刻辭　077

9

10

11

12

13

14

15

圖八

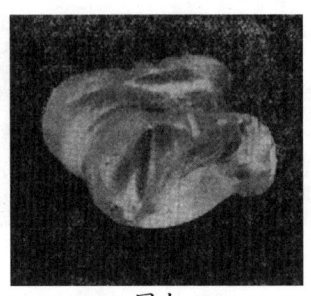

圖九

　　我們回頭再看上文討論過的兩塊商代牛距骨刻辭。如果按照今日東北民間對羊、猪等距骨的稱呼，就可以稱這兩塊牛距骨爲"牛嘎拉哈"。這兩塊牛距骨在商代的用途是否也如藏族的羊距骨或遼、金、元時期的"嘎拉哈"一樣，曾作過占卜工具或是游戲用具呢？從這兩塊牛距骨曾經過人工修整、具有形狀不同的六個面，鑲嵌有緑松石並用來記録重要事件，還可以作爲王賞賜臣屬的珍貴禮物來看，是不妨也可以做這樣的推測的。

　　原載《中國國家博物館館刊》2013年第7期，發表時略有刪減，今據原稿收入。

叔夨方鼎銘文管見

　　2000年底至2001年初在晉侯墓地發掘清理的114號晉墓中出土有1件方鼎,《文物》2001年第8期載有李伯謙先生的《叔夨方鼎銘文考釋》一文,對此方鼎銘文進行了介紹和考釋。之後又有許多學者參與這篇銘文考釋的討論,共發表了十幾篇文章,集思廣益,創獲甚多。① 經過諸家的深入研討,可以説銘文中的大部分問題都已經得

---

　　①　目前筆者所見的文章有:
　　(1) 李伯謙:《叔夨方鼎銘文考釋》,《文物》2001年第8期;
　　(2) 饒宗頤等:《曲沃北趙晉侯墓地M114出土叔夨方鼎及相關問研究筆談》,《文物》2002年第5期;
　　(3) 李學勤:《談叔夨方鼎及其它》,《文物》2001年第10期;
　　(4) 田建文、謝堯亭:《問疑晉侯墓》,《晉侯墓地出土青銅器國際學術研討會論文集》,上海書畫出版社,2002年,第132~140頁;
　　(5) 黄盛璋:《晉侯墓地M114與叔夨方鼎主人、年代和墓葬世次年代排列新論證》,《晉侯墓地出土青銅器國際學術研討會論文集》,第212~231頁;
　　(6) 黄錫全:《晉侯墓地諸位晉侯的排列及叔虞方鼎補證》,《晉侯墓地出土青銅器國際學術研討會論文集》,第232~238頁;
　　(7) 李學勤:《叔虞方鼎試證》,《晉侯墓地出土青銅器國際學術研討會論文集》,第249~252頁;
　　(8) 沈長雲:《新出叔夨方鼎中夨字的釋讀問題》,《晉侯墓地出土青銅器國際學術研討會論文集》,第253~257頁;
　　(9) 馮時:《叔夨考》,《晉侯墓地出土青銅器國際學術研討會論文集》,第258~265頁;
　　(10) 劉雨:《叔虞方鼎銘的閏月與祭禮》,《晉侯墓地出土青銅器國際學術研討會論文集》,第266~271頁;
　　(11) 曹瑋:《叔夨方鼎銘文中的祭祀禮》,《晉侯墓地出土青銅器國際學術研討會論文集》,第272~276頁。

到很好的解決。作者寫此小文,是想對銘文中還存留的個別有爭議的疑問談點個人的看法,以供學術界參考。

一　關於銘文的句讀

關於銘文的句讀有如下幾種讀法:

1. 隹(唯)十又四月,王䣓大祕䟽在成周。咸䟽,王乎殷厥士,齊叔矢以矜、衣、車、馬、貝卅朋。敢對王休,用乍(作)寶障彝,其萬年揚王光厥士。(李伯謙)

2. 惟十又四月,王䣓大祕䟽(拜),在成周,咸䟽(拜),王呼殷厥士,□□(齊)叔矢以矜(帽)、衣、車、馬、貝三十朋,敢對王休,用作寶尊彝,其萬年揚王光厥士。(黃盛璋)

3. 隹(唯)十又四月,王䣓,大祕(冊),䟽(賞、頒)才(在)成周。咸䟽(賞、頒),王呼殷㽙(厥)士,盉(賜)弔(叔)矢(虞)以袋(裳?)、車、馬、貝三十朋。敢對王休,用乍(作)寶尊彝,其萬年昜(揚)王光㽙(厥)士。(黃錫全)

4. 隹(唯)十又(有)四月,王䣓、大祕、䟽,才(在)成周。咸䟽,王乎(呼)殷㽙(厥)士,盉(齋)弔(叔)矢(吳)曰(以)尚(裳)衣、車馬、貝卅朋。敢對王休,用乍(作)寶障彝,其萬年覥(揚)王光㽙(厥)士。(馮時)

諸家句讀的不同主要集中在第一句。圉甗、圉簋和圉卣銘文説"王䟽于成周",獻侯鼎銘文説"惟成王大䟽在宗周",叔簋銘文中有"惟王䟽于宗周"的句子,盂爵銘文中也有"惟王初䟽于成周"的語句,由此看來,"䟽"字後絶不能點斷。"䟽在成周"和"䟽于成周"相同,都是強調"䟽"的地點,"䟽"後要緊跟地名。上舉2、4的斷句之所以會出現這樣的錯誤,是因爲都將"酻大祤祰"看成並列的祭名,爲了將"成周"解釋成舉行三種祭祀的共同地點,於是只好在"祰"字下點斷並將其屬上,以迎合"酻大祤祰"並列都是祭名的假設,使得後一句變成"在成周"這樣一個缺乏動詞的句子。其實將"酻大祤祰"看成三個並列的祭名是錯誤的。首先,這種三個祭名並列的例子似乎從未見到過,句子讀起來很彆扭;其次,既然三者都是祭名,就應句式整齊,何以在處於中間位置的"祤"字前單獨加有"大"這一形容詞,而與另兩個祭名不相對稱? 其實這個句子並不複雜,其結構很清楚,在這個句子中"王酻大祤"是一句,"祰在成周"是一句,顯然不能糅合在一起。"酻大祤"是説爲"大祤"而進行"酻"這一活動,"祰在成周"是指在成周進行祭禱,強調祭禱的地點。關於"酻"字,學術界的研究不可謂不多,但始終得不出令人信服的結論。而認定其是祭法,其實也是從語境出發的一種猜測。從甲骨文"酻"字的用法來看,"酻"雖然也有單獨使用的例子,但大都是位於某一祭名之前,卜辭常説"先酻",即在舉行祭祀前要先進行"酻"。卜辭中也有許多"酻祰"連言的例子,"酻"在前,"祰"在後,與叔夨鼎銘文相同。我們認爲"酻"雖然與祭祀有關,但其本身卻不一定就是一種祭祀,而很可能是祭祀前需要做的一件事。

　　近來劉源先生在《商周祭祖禮研究》一書中對甲骨文中"酻"字的用法進行了深入討論,他的結論是:"酻"不代表一種包含有各種具體活動的完整的祭祀儀式,它只能反映祭祀儀式中的一項活動,但它不是一種用牲法;酻一般是在祭祀儀式的開始階段進行的;酻這項活動與獻酒有關。在"酻犧牲"、"酻祭祀對象犧牲"等形式的卜辭中,酻的用法較難理解。但酻與屮的用法相近,且酻這項活動常與禳祓、祈福、報謝等目的相關聯,説明酻在某些情況下可能引申爲抽象的進獻義,或反映祭祀的動機。① 除了酻與獻酒有關這點還難以證實外,其

---

① 劉源:《商周祭祖禮研究》,商務印書館,2004年,第116頁。

他結論都是可信的。這與我們對酻字的認識也很一致。金文繁卣銘文説"惟九月初吉癸丑,公酻祀。霝旬又一日辛亥,公商酻辛公祀。衣祀,亡尤。"麥方尊銘文説:"會王饗莽京,酻祀。"這兩件銘文中"酻"的對象也都是"祀"。"酻祀"不是"舉行酻這種祭祀"的意思,而是"給祀以酻"或"爲祀而酻"的意思,上引繁卣銘文中"酻辛公祀"更是明確說明了"酻祀"的含意。所以"酻祀"也就是"酻于祀"。"酻大㓝"與"酻祀"的句式相同,也應作此解釋。

二 關於"大㓝"之"㓝"

"㓝"字諸家大都釋爲"册",認爲用爲"册命"、"册告"或"册封"之意。古文字中"册"、"典"二字都从"册",推測早期二字形體相近,可能也有孳乳分化的關係。所以古文字中"册"與"典"到底區別何在,還是需要探討的問題。"㓝"从"册"从"示","示"表示與神祇祭祀有關。我們認爲"㓝"字應釋爲"典","大㓝"就是"大典"。《尚書·多士》説:"惟殷先人,有册有典。"説明商代早就具備典册和典册制度。《周禮·天官·大宰》載大宰之職有掌邦國之六典,即治典、教典、禮典、政典、刑典、事典。典本指典册,因典册常常記載政典經法,所以典字又可以指國之經典或常法。甲骨卜辭中有"新㓝"和"舊㓝"之稱:

  1. 惟新㓝用   (《合集》34522)
  2. 惟新㓝用   (《合集》34538)
  3. 惟舊㓝用王受又   (《合集》30678)
  4. 惟舊㓝用   (《合集》30680)

"新㓝"應該就是"新典","舊㓝"應該就是"舊典"。從卜辭看,當時已經具備許多規定的關於祭祀的法典,而且每個王似乎都有獨立的法典供舉行各種儀式活動時參照翻查。祭祀有"典",文獻有明確記載,《禮記·祭法》曰:"夫聖王之制祭祀也……非此族也,不在祀典。"《國語·魯語》説:"夫祀,國之大節也,而節,政之所成也。故慎制祀,以爲國典。今無故而加典,非政之宜也。"叔夨鼎銘文中的"大䄙(典)"具體是指什麼呢?顯然是指"王乎殷氒士"中的"殷",即殷見之禮。䚲卣銘文説"隹明保殷成周年",傳卣銘文説"命師田父殷成周年",其中的"殷"字用法相同。西周時期王十二年巡狩一次,如果不巡狩,則諸侯匯聚王都朝會。這一朝會就被稱爲"殷見",又叫"殷同"。《周禮·春官·大宗伯》:"殷見曰同。"鄭玄注:"十二歲,王如不巡守,則六服盡朝,朝禮既畢,王亦爲壇,合諸侯以命政焉。"《周禮·秋官·大行人》:"殷同以施天下之政。"鄭玄注:"殷同,即殷見也。"諸侯匯聚王都(成周),當然先要向王進行貢納,而王也會對諸侯分別加以賞賜。叔夨方鼎銘文就是記載叔夨參加這次殷見之禮並記錄王之賞賜以藉榮寵的。諸侯匯聚王都舉行殷見之禮,顯然要有一定的儀式,還要進行祭祀和禱告,銘文中的"酌"和"茶"就是指此而言的。這樣大的活動,當然可以稱之爲"大典"。

"茶"字諸家解釋都不可信,當依冀小軍先生的釋法讀爲"禱"。①"禱"爲告事求福之詞,也是慶賀祝頌之詞。《周禮·春官·大祝》載有"六辭",其五"曰禱"。鄭玄注:"禱,賀慶言福祚之辭。"由此可見殷見之禮也要進行禱告以慶賀祝頌並求得福佑。

三 關於"叔夨"的"夨"字

叔夨鼎銘文中的"夨"字是討論最爲激烈,也是結論最爲混亂的。

---

① 冀小軍:《説甲骨金文中表祈求義的茶字——兼談茶字在金文車飾名稱中的用法》,《湖北大學學報(哲學社會科學版)》1991年第1期。

其中只有沈長雲先生的意見比較接近事實，現補充論證如下：

甲骨文中有一個像人歪頭形的字，人頭既有向左歪的，也有向右歪的，這個字應該就是"夭"字。"夭"字《説文》訓爲"屈也"。"屈"就是"彎曲"，彎曲也就是"歪"。《正字通》謂夭"音歪"。《説文·金部》："錗，側意。"段玉裁注："錗，即今之歪字。唐人曰：'夭邪。'"《説文》又有"矢"字，謂"傾頭也"，讀爲阻力切。其實這個"矢"字也是"夭"字的一字誤分爲二，所以訓爲"傾頭"，與"夭"字的古文字字形正合。不過因爲"夭"字字形和意義與"仄"字都相近，所以後來讀音也被混同於"仄"字，讀成了阻力切。但是從古文字看，"仄"、"昃"早期構形所從之人形並不歪頭，而是像身體傾側，與"夭"像人歪頭不同。所以《説文·矢部》中訓爲"頭傾也"的"奊"和訓爲"頭衺骫臭態也"的"臭"最早也應該是從"夭"作的。《説文》謂"走"字從"夭"，從古文字看明顯是錯誤的，因爲古文字"夭"字像人歪頭形，而"走"字像人擺臂奔跑形，本不相涉。《説文》將"吴"字列於"矢"部，如果我們知道"矢"是"夭"的一字訛混分化的話，也就知道"吴"本來就是從"夭"的。"吴"從"夭"應是聲符，也有可能"吴"就是由"夭"加"口"旁分化出的一個字。我們以往只知道像"刀"下部加"口"分化出"召"，"魚"下部加"口"分化出"魯"等下部加口分化的字，其實上部加"口"分化的字也存在，如"寅"上部加"口"分化出"黄"（甲骨文"寅尹"又作"黄尹"），"黑"上部加"口"分化出"堇"（甲骨文"降堇"又作"降黑"）等就是如此，不必一定要將"吴"字理解爲會意字。古音"夭"在影紐宵部，"吴"在疑紐魚部，影、疑爲喉牙通轉，"宵"、"魚"音亦不遠。如從"夭"聲的"飫"在《詩經·常棣》中與"豆"、"具"、"孺"相叶，而"豆"、"具"、"孺"皆在侯部。宵、侯乃旁轉的關係。又《廣韻》列"飫"於"魚"部，與"吴"在魚部也正相同。所以説"吴"本從"夭"聲完全可能。金文"虞"字是個雙聲字，即"吴"、"虍"都是聲符，又寫作"虞"，正是"吴"本從"夭"

聲,"天"、"吴"於音可通的硬證。李伯謙、沈長雲、馮時三位先生的文章中都舉到一個例證,即1964年洛陽龐家溝出土的考母鬲和考母壺中,相當於《論語》中"瑚璉"一詞的"瑚"字寫作"▨"、"▨"。這個字所從的"▨"、"▨"就應該是"天"字。"瑚"從"胡"聲,而"胡"从"古"聲,"古"就在魚部。讀成魚部的"瑚"在金文中寫作從"天"的"匧",正說明"天"與魚部的字相通,這也更進一步說明了魚部的"吴"就應該是從"天"得聲的。還有一個更爲明顯而未被大家注意的例子在此提出以期引起注意:金文中的"胡"字一般都寫作從"害"從"夫","夫"應該是聲符,古音"夫"也在魚部。在王孫誥編鐘中從害的"胡"字寫作如下之形:

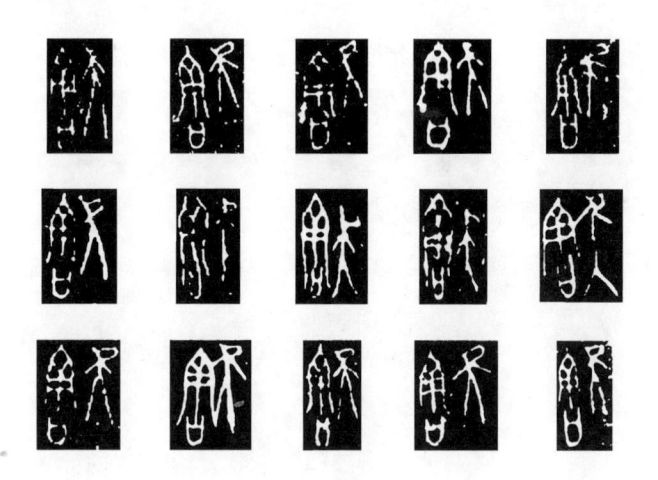

左邊從"害"没有問題,右邊卻並不從"夫"。其實右邊這個形體正是"天"字。【編按:此字形陳劍先生認爲乃訓爲"獸頷下垂肉"、或訓爲"頸"或"喉嚨"的"胡"字的象形初文。】這種寫法的"天"字來自甲骨文中的突出人的頭部,有的還可以看出頭傾側的形態。既然在從害從夫的"胡"字中"夫"是聲符,那麼取代它的"天"當然也只能是聲符。這個例子也充分地說明了"夫"、"天"音通,"天"可與魚部字相通的事實。

　　既然"吴"本從"矢"聲,"矢"當然可以讀爲"吴",也當然可以讀爲從"吴"聲的"虞"。所以李伯謙先生指出的銘文中的"叔矢"就是晉國始封之君唐叔虞的意見絕對是正確的,不應再有什麽猶豫和懷疑。

2004 年 11 月寫於廈門大學白城一綫望海齋

　　原載《黄盛璋先生八秩華誕紀念文集》(中國教育文化出版社,2005 年),今據以收入。

秦虎形轄銘文新釋

《西安文物精華——青銅器》①一書車馬器部分 168 號收錄的是一件如下的虎形轄：

據該書說明文字介紹：轄的出土時間爲 1978 年 5 月；出土地點爲西安市阿房宮鄉窑西村；轄的尺寸爲通高 7.88 釐米，虎長 3.6 釐米，厚 1.3 釐米；轄的重量爲 0.0985 千克；轄的形制特點爲扁長方

---

① 西安市文物保護考古所編著：《西安文物精華——青銅器》，世界圖書出版公司，2005 年。

形,可插入軎上的轄孔。轄的上方飾臥虎,虎體各部位輪廓清晰。轄上下各有一孔,用於插銷固定。轄體一面刻有 2 行 8 字銘文;轄的時代爲戰國晚期,從虎的造型特點和銘文的内容及字體來看,此轄應屬戰國晚期秦昭王四十六年器。

該書對轄的銘文所作釋文如下:

卅六年,禾工,一、工免。

這一釋文存在幾處問題。按照我們對照片的觀察,重新摹寫銘文如下:

按照這一摹本,銘文應釋作:

卅六年,私工,工勉。一。

由此可知,《西安文物精華——青銅器》一書對轄的銘文所作釋文存在的問題是:一是因觀察不細緻,在用白粉填充字口以拍照時,没有注意到"禾"字右邊還有筆劃,以致漏填,從而將"私"字誤認爲"禾";二是與上同樣的原因,將"勉"字誤認爲"免";三是誤將表示編號的"一"夾在銘文中間連讀,致使文意不通。

按"私工"一詞又見於"邵宮盉"銘文。① "邵宮盉"見於《集成》10357,銘文分爲三部分:

邵宮私官,四斗少半斗。

私工=感。 　　　　廿三斤十兩。十五。

其中第一段和第二段爲秦刻銘,但從字體看,顯然是分兩次刻成。第三段從字體看,應是漢代所刻,可見該器經歷了朝代的更替,一直在

---

① "邵宮盉"之器名,有些著錄和著述或名爲"邵宮盉",或名爲"邵宮和",或名爲"邵工盉"。從文字看,第一字從"卩"不從"邑",無疑應釋爲"邵"。《殷周金文集成》收入該器,編號10357,但器名文字將第一字釋爲"邵",銘文釋文卻釋爲"邵",未免自相矛盾。該器器形類似盉,但是舊著錄將其稱爲"盉",有的是因爲誤認銘文中"邵宮私官"的"私"字爲"和",以爲"和"通作"盉",因而將其稱爲盉的。該器器形見於《商周彝器通考》圖488、《殷周青銅器通論》圖版63·122、《金文總集》4444、《陶齋吉金錄》5·2、《尊古齋所見吉金圖錄》3·14。容庚先生在《商周彝器通考》中指出該器"器形如壺,前有流,後有立獸作鋬,與商及周初之器形大異,乃戰國末異制也"。朱德熙、裘錫圭先生在《戰國銅器銘文中的食官》(原載《文物》1973年第12期,後收入《朱德熙古文字論集》,中華書局,1995年2月版)一文中指出:"從銘文字體看,這件銅器當是秦代或戰國末年秦國的東西。"

延續使用。"邵宮私官"與古璽"北宮皮官"①句式結構相同,"邵宮"應爲宮殿名,但具體所指還需進一步的考證。第一段刻銘與第二段刻銘的關係目前尚不清楚,兩者既可能没有聯繫,也可能存在着關聯。有關聯也有兩種可能,一種可能是"私工"表示的是製造機構,"邵宮私官"表示的是使用機構;一種可能是"私工"隸屬於"邵宮私官"。如果是第二種可能,則説明"私官"一職並不只負責皇后、太后、公主的飲食,②還有負責製造的任務。第二段的"私工,工感"與上引虎形轄銘文中的"私工,工勉"結構相同,只是"邵宮盉"的"工"字帶有重文符號而已。"工感"之"感"爲工匠名字。第三段中的"十五"也是編號,與虎形轄銘文中的"一"性質相同。

"私工"應該是製造機構的名稱,這一名稱不見於典籍記載。戰國時期傳統的工官機構被分爲"公"、"私"兩個系統,"公"指邦國,如各國相邦所領導的工官機構,還有地方縣邑官府屬下的工官機構,這些都屬於"公"的範疇,相當於漢代大司農領導的大府系統。"私"是指私家,包括屬於國君或封君宮廷的工官機構,也包括一些大貴族家族内部的私人手工業,這相當於漢代的"少府"或"中府"系統。③"私工"這一機構就應該屬於"私"的系統,但其機構的歸屬和性質還有待探討。

"私工"一詞目前僅見於以上所論的兩件秦器銘文,相信今後還會有相關的資料出土,加深我們對"私工"歸屬和性質的認識。

原載張光裕、黄德寬主編《古文字學論稿》(安徽大學出版社,2008年),今據以收入。

---

① 關於古璽"北宮皮官"的考釋見朱德熙、裘錫圭《戰國銅器銘文中的食官》,第83~88頁。
② 朱德熙、裘錫圭:《戰國銅器銘文中的食官》,第83~88頁。
③ 見董珊《戰國題銘與工官制度》,北京大學博士學位論文,2002年,第245頁。

兵器銘文考釋(四則)*

一

《殷周金文集成》11475號著録的是如下一件殘矛：

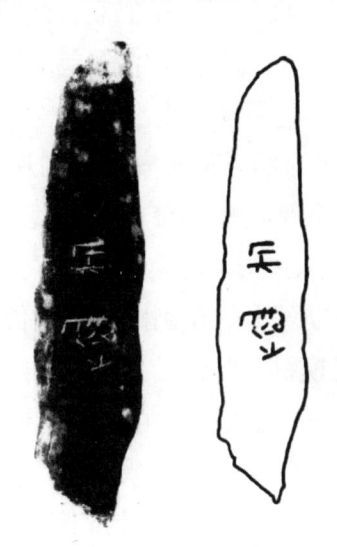

《殷周金文集成》"銘文説明"部分對該矛的基本情況有如下介紹：

---

* 本文受到教育部哲學社會科學研究重大課題攻關項目"戰國文字及其文化意義研究"(批准號06JZD0022)的資助。

字數：二
時代：戰國
著録：學報一九五九年一期圖版一一·五
出土：一九五二年湖南長沙市黃泥坑八七號墓
現藏：湖南省博物館
來源：考古學報編輯室檔案

《殷周金文集成》稱該矛爲"長矛"，對銘文所作的釋文是"長□"，即將銘文的第二字作爲不識字處理。

下面就對銘文中"長"字後的不識字進行考釋。

按該矛爲楚器，這一點與銘文字體及出土地相吻合。銘文爲刻款，第一字字形清楚，釋爲"長"準確無誤。此"長"字的寫法與��鐘"長"字作"■"、長郙(沙)戈"長"字作"■"、包山楚簡"長"字作"■"（簡230）完全相同。第二字之所以一直沒有考釋出來，是因爲字的筆劃刻得過於草率，而且字的偏旁位置安排不夠規整，筆劃有些黏連錯亂，以致難以辨識。通過觀察和分析我們認爲，"■"字最上部的"■"形部分是"尾"字，人形被刻寫得橫置，尾字所從中間一筆兩側應該向側下叉出的像"尾"形的筆劃因刻寫不便被刻成了兩個直筆。尾字最下部有些漫漶模糊。"■"字左側的兩筆加上下部的三筆作"■"形者構成了"辵"旁。而"■"字中間的三個小的筆劃作"■"形者構成了"小"旁。"小"字應該與下邊的"止"字有"借筆"的關係，即借"止"字的一筆爲之，所以所謂"小"字實際上是"少"字。因此整個字的結構實際上是從"尾"從"少"從"辵"，即應該隸定作"遝"。

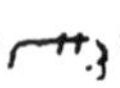

"遝"即"徙"字古文，包山楚簡作"■"（簡78）、"■"（簡250）、"■"（簡259），郭店楚簡作"■"（五行·17）。其中包山楚簡的三例字形也都從"尾"從"少"從"辵"，所從之"少"也是借"止"字的一筆，與

“”字也採用借筆的手法相同。

“徙”、“沙”兩字古音相近,據學者研究,《説文》“徙”字古文“屟”就是从“沙”省聲的。《戰國策·燕策一》:“則燕趙之棄齊也,猶釋弊躧。”姚本注:“一云‘脱屣也’。”馬王堆漢墓帛書《戰國縱横家書》第二十章與此相當的文字作“説沙也”。“説沙”當從姚本注讀爲“脱屣”。此爲“徙”、“ 沙”古音可以相通之證。①

知道了古音“徙”、“沙”可以相通,則上揭殘矛銘文“長”無疑應該隸定作“長遥”,讀爲“長沙”。矛上刻有地名“長沙”,表明的是該矛的製造地或使用地。該矛發現於長沙市黄泥坑,標明的産地和出土地正相合。

《殷周金文集成》10914、10915收録了兩件戈,銘文分别作:

10914

10915

“長”字後一字應隸定作“鄙”,已有學者考定應讀爲“長沙”的“沙”,這無疑是正確的。② 該“鄙”字右旁从“尾”从“尘”,“尘”字从“小”从“土”,“尘”所从之“小”字與尾字連寫在了一起,還因類化的緣故與上部的“尾”字筆劃寫成了一樣的形狀。該字中的“小”字也有借下部筆劃作“少”字用的可能,所以“尘”字可能應該隸作“尐”。“尐”从“土”从“少”,應該就是“沙土”的“沙”加“土”爲義符的異體。上博藏楚簡《周易》中有用作“沙”字的“”字,其結構即从“尾”从“尐”作,與

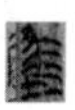

① 見俞偉超《中國古代公社組織的考察——論先秦兩漢的單—僤—彈》,文物出版社,1988年,第11～15頁所引李家浩先生的考釋。

② 何琳儀:《古兵地名雜識》,《考古與文物》1996年第6期。

"![](字所從的"![](旁結構相同。"鄒"字又从"邑"作,是戰國地名用字的慣例。包山楚簡有地名"長沙","沙"字寫作"![](" (簡78),也是从"邑"作,與"鄒"的差別只是不从"土"而已,可資比較。

上引兩件"長沙"戈爲鑄銘,顯然"長沙"即製造地。這兩件戈出土於長沙識字嶺一號墓,其出土地與製造地也正相合,這一點與上釋出土於長沙黃泥坑的製造地或使用地與出土地相合的殘矛正可互相比照。

戰國時期長沙是著名的製造中心,包括製造紡織品、漆器和銅器。尤其製造的銅器都是由銅、錫、鉛、鋅、銻、鎳、鐵七種金屬構成,比《考工記》所載"金錫相半"的配比更加精密,①由此可見當時青銅鑄造技術的先進和發達。

二

《殷周金文集成》11525號著録了一件戰國時期燕國的燕王職矛:

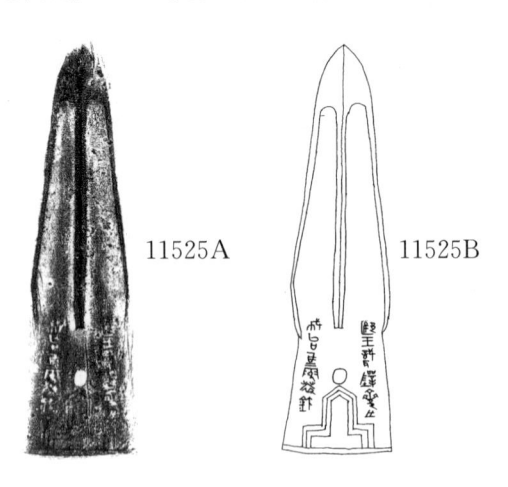

11525A   11525B

---

① 湖南省博物館:《長沙楚墓》,《考古學報》1959年第1期。

董珊、陳劍兩位先生在《郾王職壺銘文研究》①一文中將該矛銘文隸釋爲：

郾王職踐齊之/哎，台（以）爲雲（?）萃鈼（矛）

後來董珊先生在《殷周金文集成》修訂增補本②中對該矛所作的釋文爲：

郾（燕）王職隆（殘）齊之歲（?）台（以）爲雲萃鈼（矛）

按該釋文基本正確，只是將"🗡"字加問號疑釋爲"歲"字不妥。從形體上看，"🗡"字左邊寫法與"歲"字差別甚大，難以比附。從文意上看，"郾（燕）王職隆（殘）齊之歲（?）台（以）爲雲萃鈼（矛）"像是"以事紀年"的文例，讀起來很通順。但是出土古文字資料表明，燕國似乎並無像楚國那樣"以事紀年"的習慣，同時將"🗡"字釋爲"歲"，在燕國古文字中也找不到相似的字形和文句可以類比，所以對"🗡"字還需重新考釋。

按該字據所存筆劃可摹寫作：

右邊從"戈"作沒有問題，但左邊上部因鑄缺或打磨等原因造成缺劃，字形並不完整。爲了字形比照，在此有必要提到郾王職壺銘文中的一個字。郾王職壺銘文摹本如下：

---

① 董珊、陳劍：《郾王職壺銘文研究》，《北京大學中國古文獻研究中心集刊》第三輯，北京大學出版社，2002年，第29～54頁。
② 中國社會科學院考古研究所編：《殷周金文集成》（修訂增補本），中華書局，2007年。

最後一句作"滅齊之■"。句中"■"字从"戈"从"禾",董珊、陳劍兩位先生在《郾王職壺銘文研究》一文中,根據傳抄古文"穫"字作"■"(《汗簡》中之一禾部)、"■"(《古文四聲韻》入聲鐸部)考定"■"字也應該釋爲"穫"。釋"■"爲"穫"有傳世古文的形體證據,按之銘文,文意也非常通順,所以這一考釋是非常正確的。① "■"字除左旁上部

---

① 甲骨文中有個寫作"■"(《合集》31267)、"■"(《合集》9558)、"■"(《合集》9560)、"■"(《合集》9561)、"■"(《合集》18400)、"■"(《合集》28204)諸形的字,象用刀一類的工具割取禾穗。裘錫圭先生將其釋爲"刈",指出該字在甲骨文中用爲"刈穫"的意思(見裘錫圭《釋"勿"、"㚿"》,載《古文字論集》,中華書局,1992年,第35～39頁)。從戰國燕的穫字作"■",其構形與甲骨文的"■"字相同(从戈與从刀作爲表意偏旁可以相通)來看,頗疑甲骨文的"■"字也應該釋爲"穫"。《説文·禾部》:"穫,刈穀也。"甲骨文字形正象用刀刈穀。因此"■"字應該是收穫莊稼的"刈穫"之"穫"的專字。甲骨文中有"獲"字作"隻",但"隻"字只用於俘獲禽獸或人,《説文·犬部》:"獲,獵所獲也。""穫"與"獲"在甲骨文中是不同的兩個字。戰國燕的穫字寫作"■",可能正是延續了甲骨文的結構。從目前已知的戰國文字看,除楚國文字中有一個从竹从穫的字寫作"■"外(見董珊、陳劍《郾王職壺銘文研究》,第29～ (轉下頁)

因鑄缺或打磨等原因造成缺劃以致形體不全之外，其他部分包括"禾"字下部的寫法都與"㦿"字完全相同。由此我們可以推論，"㦿"字很可能就是"㦿"字的殘體，即"㦿"字缺失所从"禾"字上部的形體。所以"㦿"字也應該隸定作"秋"，釋爲"穫"。"穫"字在銘文中應該讀爲"獲"。銘文所說"郾(燕)王職隆(殘)齊之穫(獲)台(以)爲雲萃鈘(矛)"就是"以燕王職殘齊之獲爲雲萃矛"的意思，説的是用燕昭王滅齊所俘獲的銅器熔鑄製造了雲萃矛。如此解釋，字詞和句意都得到了落實，非常順暢。

用戰爭掠獲的敵方銅器來爲自己熔鑄新器，是古代戰爭頻仍時的慣用做法。鈇馭簋銘文説："鈇馭從王南征，伐楚荊，有得，用作父戊寶尊彝。"所謂"有得"，就是指掠獲有青銅器而言。過伯簋銘文説："過伯從王伐反荊，孚金，用作宗室寶尊彝。"楚王酓忎鼎説："楚王酓忎戰獲兵銅，正月吉日，窒鑄喬鼎。"也都是典型的例子。至於歷史上秦始皇兼併六國，銷天下兵器以鑄金人的記載，則更是衆所周知的故事。燕王職矛銘文"郾(燕)王職隆(殘)齊之獲台(以)爲雲萃鈘(矛)"正是反映了這一歷史現象。這也進一步印證了典籍"於是燕昭王收齊鹵獲以歸"(《史記·樂毅列傳》)的歷史記載。

(接上頁) 54頁)，似乎還只有在燕國文字中出現有"穫"字。用"穫"爲"獲"，很可能是燕國文字的一個特徵。又《殷周金文集成》11916號收録了一件所謂的"廿年距末"，其拓本如下：

從字體看，明顯是一件燕器。其中的"㦿"字或釋爲"我"，從形體上看不可信。頗疑該字亦爲"穫"字之省變，存疑待考，以俟高明。

三

某私人藏家披露了以下一件戰國時期秦國的矛：

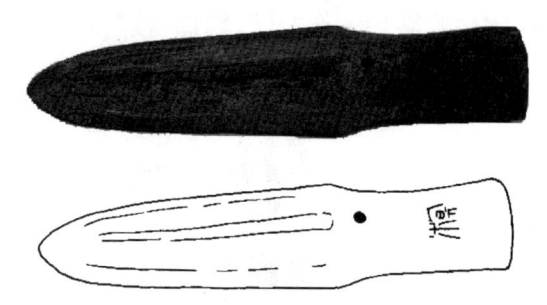

該矛形體較細長，葉最寬處在基部。矛中脊隆起，周邊有刃向內斜凸，邊刃與中脊凹下形成兩道血槽。銎孔爲橢圓形。骹長約佔總長的三分之一強，基部略寬，有一圓穿。骹基部中間有一字銘文。

從照片看，骹部銘文不甚清晰，但左邊的"木"旁和右邊的"勹"旁很容易辨識：

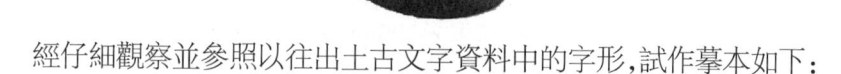

經仔細觀察並參照以往出土古文字資料中的字形，試作摹本如下：

這件矛和銘文可以與以往著録過的一件秦矛及其銘文相參照。

《殷周金文集成》(修訂本)11430號著録了一件被命名爲"枸矛"的秦矛：

該矛與上邊新披露的秦矛在形制上基本相同,差別主要是該矛骸部的圓穿更加偏下,距離銘文更近。該矛銘文作"▆",從拓本上看,字右邊"日"字下的兩點不太清晰,只有右邊的一點稍留有痕跡。"▆"字舊或誤摹原篆,或直接釋爲"枸",①只有嚴志斌先生在《四版〈金文編〉校補》一書的附録部分隸定爲"樠",②這是非常正確的。

該"▆"字與上邊披露的秦矛上的"樠"字顯然是一個字,兩字的唯一的差別是所從"兮"字下部的寫法稍有不同。

按"樠"和"▆"字右旁下部從"兮"作,所從"兮"字寫作"丂"和"丂"。"兮"字的這種寫法與甲骨文"羛(羲)"字作"▆"(《合集》

---

① 如嚴志斌《四版〈金文編〉校補》第268頁將該字摹作"▆";《殷周金文集成》釋文及朱立偉《東周與秦兵器銘文中所見的地名》(吉林大學碩士學位論文,2004年)中都將該字直接釋爲"枸"。

② 嚴志斌：《四版〈金文編〉校補》,吉林大學出版社,2001年,第268頁。

36754)、"󰀀"(《合集》37504），金文作"󰀀"(《金文編》附錄 1205 頁)"󰀀"(同上)，詛楚文作"󰀀"，秦駰禱病玉版作"󰀀"所從之"兮"的寫法一脈相承。

"󰀀"和"󰀀"皆从"木"从"丂"，所以字應該釋爲"榜"。"榜"字見於《説文》。《説文·木部》："榜，大木，可爲鉏柄。从木，丂聲。""榜"从"丂"聲，"丂"亦見於《説文》。《説文·丂部》："丂，驚辭也，从兮旬聲。""丂"字最早見於甲骨文，作"󰀀"(《合集》32028）、"󰀀"(《合集》32833)、"󰀀"(《屯南》108）、"󰀀"(《屯南》750)、"󰀀"(《屯南》1300)諸形。

"榜"字在上揭兩件秦矛銘文中應該讀爲"枸邑"之"枸"。《史記·樊酈滕灌列傳》："漢王賜商爵信成君，以將軍爲隴西都尉。別將定北地、上郡。破雍將軍焉氏，周類軍枸邑，蘇駔軍於泥陽。"《索隱》曰："枸邑在豳州。《地理志》屬右扶風。枸音苟。"《漢語大字典》"枸"字下謂："古邑名。《集韻·諄韻》：'枸，邑名，在扶風。'按：《漢書·地理志》作'枸邑'。故址在今陝西省旬邑縣。"據譚其驤先生主編的《中國歷史地圖集》，秦的"榜邑"在今日陝西省旬邑(原枸邑)縣的東北約十幾公里處。

有關秦"榜邑"的古文字資料還有如下兩項：

1. "榜邑□"陶文

《秦代陶文》第 347 頁拓片 1241 收録了以下一件陶文：

文中的"栒"字作：

其寫法與上邊考釋出的"栒"的寫法非常接近，尤其是兩字所从之"兮"的寫法更是完全相同。文中的"栒邑"是地名，"□"應該是工匠的名字。

2. 栒邑尉印

《秦漢南北朝官印徵存》34 號著録了一方秦印：

文中的"栒"字作：

其形體與上揭秦矛銘文"栒"字作" "、" "，"栒邑□"陶文"栒"字作" "都基本相同。該印是一方栒邑縣縣尉使用的官印。①

以上所論出土古文字資料中秦"枸邑"的"枸"字都寫作"栒"，可見"枸邑"的"枸"很可能本來就寫作"栒"，即"栒"字才是"枸邑"之

---

① 參見王輝《秦文字集證》第 226 頁(326)有關"栒邑尉印"的考釋，臺灣藝文印書館，1999 年。王氏文中所摹栒字字形不夠準確。又謂栒邑"地在今陝西栒邑縣東北"，"栒"應爲"旬"字之誤。"栒邑"先是由"栒邑"變成"枸邑"，建國後在國務院批准更改縣以上生僻地名時又被更名爲"旬邑"。

"枸"的本字。後來或是因爲通假的關係,更可能是爲了書寫辨認的方便從而加以簡省的原因,"枸邑"之"枸"才開始寫作"栒"。地名用字有求簡求通俗的習慣,歷代都是如此,"枸邑"之"枸"由"枸"變成"栒",省去"兮"旁,與古代鄜縣的"鄜"字後來由"鄜"變成"鄜",省去所從之"火"旁的情況非常相似。① 建國以來國務院批准更改的縣以上生僻地名中,如將原"瑷琿縣"改爲"愛輝縣",將"婼羌"改爲"若羌",將"尋鄔"改爲"尋烏",將"郿"改爲"眉",將"郃陽"改爲"合陽",將"栒邑"改爲"旬邑",將"洵陽"改爲"旬陽",也都是將地名中的兩個字或一個字所從的一個偏旁省去,使字形變得更爲簡單,從而更加易寫易識,這與"栒邑"由"枸邑"變爲"栒邑"的改變如出一轍。

上釋兩件秦戈上的銘文"枸",標明的是該戈的製造地或使用地。

四

某私人藏家披露了如下一件戰國時期的秦戈:

---

① 《説文·邑部》:"鄜,左馮翊縣,从邑,鹿聲。"段玉裁《説文解字注》:"隸省作鄜。"《集韻·虞韻》:"鄜,《説文》:'左馮翊縣。'或作鄜。"鄜縣的"鄜"字由"鄜"變成"鄜",建國後在國務院批准更改縣以上生僻地名時又被用同音字替代,1964 年被改名爲"富縣"。

該戈形制爲鋭長援,援上翹,有中脊。中長胡,胡上近闌處上下均匀分列三個半圓形穿。内亦上翹,上部略收,有刃,内中有一窄長條形横向穿。從形制上看,屬於戰國晚期流行的樣式。

在胡部第三穿下部近闌處,有刻款的銘文"石邑"二字,字形清晰,字體剛直硬朗:

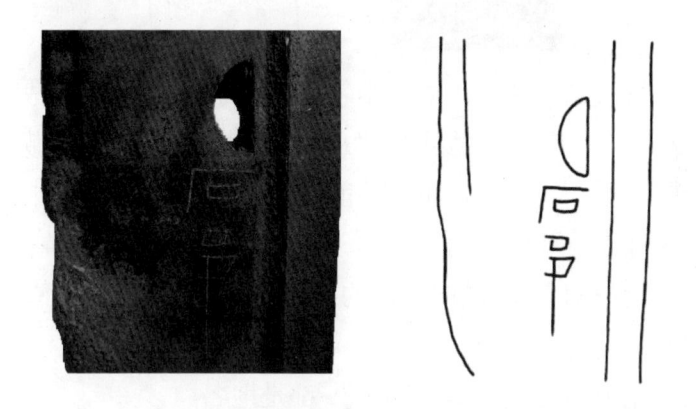

在内的上部正背兩面也都各刻有銘文,正面刻有兩字作:

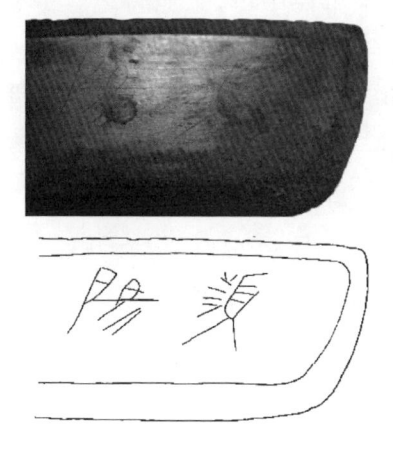

背面刻有一字作:

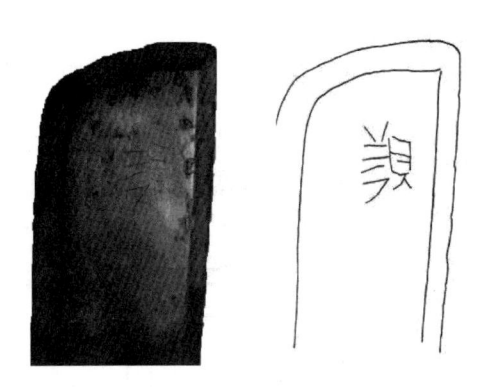

字形刻寫得纖細潦草。正面的兩字中"陽"字很容易辨識,另一字經辨認分析得知,其結構爲從"頁"從"涉",應釋爲"頻"。《説文·頻部》:"頻,水厓,人所賓附,頻蹙不前而止,從頁從涉。"因此内的正面兩字應該釋爲"頻陽"。内背面的一字與内正面的"頻"字寫法相同,兩者顯然是一個字,所以内背面的一字也應該釋爲"頻"。"頻"無疑應爲"頻陽"之省。

按戈銘中的"石邑"①和"頻陽"②都是地名。

《史記·趙世家》載:"(趙武靈王)二十一年,攻中山。趙袑爲右軍,許鈞爲左軍,公子章爲中軍,王並將之。牛翦將車騎,趙希並將胡、代。趙與之陘,合軍曲陽,攻取丹丘、華陽、鴟之塞。王軍取鄗、石邑、封龍、東垣。"《正義》引《括地志》云:"石邑故城在恒州鹿泉縣南三十五里,六國時舊邑。"可見"石邑"本爲中山地,後被趙奪取。"石邑"又名"石城",《史記·藺相如列傳》載趙惠文王十八年時:"其後秦伐

―――

① 上博藏楚簡《容成氏》中有地名作" ",字上從弓從石,下從邑,李零謂:"或即戰國時期的石邑,在今河北獲鹿東南。"録此備考。
② 涉及秦"頻陽"的古文字資料還有漢印"頻陽丞印"、"頻陽令印",封泥"頻陽丞印"和陶文"頻陽吷(?)"、"頻陽工處"等,見傅嘉儀編著《秦封泥彙考》(上海書店出版社,2007年)第181~182頁。又目前所見有關秦"頻陽"的古文字資料中,"頻陽"之"頻"皆寫作從頁從涉的"頻",還未見有其他的結構。王輝先生《秦文字集證》第223頁將漢"頻陽丞印"的"頻"字隸定作"蘋",謂"'蘋'應讀爲'頻'",傅嘉儀《秦封泥彙考》將"頻陽丞印"之"頻"隸定作"蕭",都是錯誤的。

趙,拔石城。"《索隱》曰:"劉氏云蓋謂石邑。"《正義》:"故石城在相州林慮縣南九十里也。"可知在趙惠文王時"石邑"就已被秦佔領。《漢書·地理志》"石邑"隸屬於常山郡,據譚其驤先生主編的《中國歷史地圖集》,戰國時的"石邑"在今天的石家莊西南約近二十公里處。

《漢書·地理志》左馮翊下謂"頻陽,秦厲公置"。應劭曰:"在頻水之陽。"《漢書·張良列傳》:"還下邽、頻陽。"顏師古注:"頻陽在櫟陽東北。"《史記·秦本紀》載秦厲公"二十一年,初縣頻陽",《正義》引《括地志》云:"頻陽故城在雍州同官縣界,古頻陽縣城也。"《水經注·沮水》:"沮循鄭渠,東逕當道城南。城在頻陽縣故城南,頻陽宮也,秦厲公置。城北有頻山,山有漢武帝殿,以石架之。縣在山南,故曰頻陽也。"據譚其驤先生主編的《中國歷史地圖集》,古頻陽縣城位於今陝西省銅川市東南約二十幾公里處。

從字體和刻寫位置看,戈銘"頻陽"、"頻"和"石邑"乃分兩次刻成。内上銘文"頻陽"和"頻"刻寫在先,"頻"為"頻陽"之省。"頻陽"標明的是該戈的製造地或第一使用地,而"石邑"則是第二使用地。

以往曾出土過刻有"石邑"地名的秦戈。① 1975 年在遼寧省寬甸縣太平公社掛房大隊小掛房小隊東 300 米東崗山腳下,發現一處秦代的窖藏,出土兩件秦戈及刀幣和一化圓錢。其中一件戈已殘,一件拓本如下:

---

① 遼寧省博物館許玉林、丹東市文化局王連春:《遼寧寬甸縣發現秦石邑戈》,《考古與文物》1983 年第 3 期。

其形制據發掘報告的描述爲"長胡,闌内三穿,直内一穿,援中有脊隆起"。該戈在内和闌部有三處刻銘:

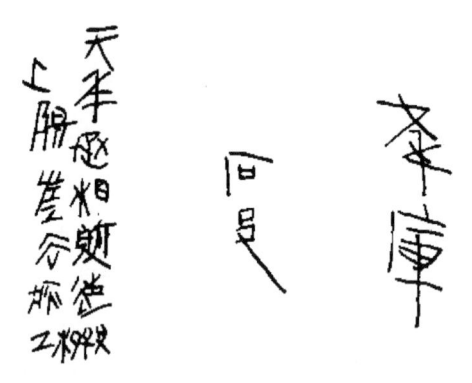

内正面刻銘爲:元年丞相斯造櫟陽左工去疾工上□□
内背面刻銘爲:武庫
闌下刻銘爲:石邑

因報告没有提供清楚的銘文拓本或照片,戈的整體拓本又過小且模糊不清,故報告作出的戈銘摹本和釋文除"武庫"和"石邑"四個字可以基本肯定外,内正面刻銘的釋文是否準確還無法確定。

該戈的刻銘也是分兩次刻成。内正背兩面的刻銘是先刻而成,標明的是製造地和收藏地。製造地爲櫟陽,因櫟陽没有武庫,因此"武庫"應該就是指咸陽武庫。戰國時期的武庫可能兼有製造、收藏及調撥武器的多種職能。胡下近闌處的"石邑"二字則應該晚於内正背的刻銘,爲第二次刻成,標明的是使用地。

從形制上看,這件戈與上邊披露的秦戈的形制基本相同,都屬於戰國晚期流行的樣式,其時代也應該相同。尤其是"石邑"二字也是刻寫在胡的近闌處,字體亦相同,這表明兩件戈都曾在石邑使用過,而且很可能屬於同一批的兵器。

戰國兵器上刻鑄有兩個以上地名的例子很多,其反映的情況可能很複雜,不能一概而論。不過很清楚的是,這起碼表明了兵器的流動和沿用,也説明當時很可能已經具備了兵器的統一調劑和配置制度。

附記:本文蒙裘錫圭先生和施謝捷、陳劍、董珊三位同仁提出修改意見,謹此致謝。

原載《出土文獻與古文字研究》第二輯(復旦大學出版社,2008年),今據以收入。

首陽齋藏商鞅鈹小考

《首陽吉金：胡盈瑩、范季融藏中國古代青銅器》一書著録了許多精美的中國古代青銅器，是近年來公佈的最大一宗青銅器資料，彌足珍貴。該書編號 67 收録了一件商鞅鈹，長 52.1 釐米，寬 4.4 釐米，重 666.2 克，鈹頭中綫起脊，莖作扁條狀，鈹頭近莖處中脊兩側縱向刻有兩行共 16 字銘文，銘文筆劃綫條流暢，從字體看是典型的秦文字。這是一件非常值得重視的戰國時期的秦國兵器。《首陽吉金》一書中的"展品説明"部分對這件商鞅鈹已經進行了準確精練的描述和考釋。本文想在此基礎上，對個别細微之處做些補充。不妥之處，敬請方家指正。

鈹是東周時期流行的一種長兵器，鈹頭似劍，後裝有木柲或積竹柲。完整的銅鈹，鈹頭還套有鞘，柲末端有鐏。目前已知出土並公佈的春秋到漢代的鈹共約 50 餘件。所有出土的銅鈹從形制上可分爲三種，即銎骹銅鈹、扁莖銅鈹和特殊形制的銅鈹。其中扁莖銅鈹又可分爲有格扁莖銅鈹和無格扁莖銅鈹。首陽齋所藏這件商鞅鈹應該屬於無格扁莖銅鈹。

從考古類型學分析，這件鈹的形制可以劃歸戰國晚期的類型，這與《首陽吉金》一書"展品説明"部分將該鈹時代定爲戰國中晚期正相合。戰國晚期是銅鈹成熟、定型的時期，也是銅鈹發展的鼎盛時期。

這一期出土的銅鈹批次最多,出土地點分佈最廣,形制也最爲單一。該時期出土的銅鈹均爲長條形扁莖銅鈹,通長一般在 30～40 釐米之間,而且多數銅鈹上都有銘文。

首陽齋所藏商鞅銅鈹從形制上看還有三點值得注意:

1. 目前已知秦國的銅鈹有秦始皇陵兵馬俑坑一號坑出土的十六件銅鈹。這十六件銅鈹形制相同:鈹頭形如短劍,平脊,前銳後寬,刃口爲直綫,前收爲鋒,截剖面爲六面的扁體。莖部裝一字形格,莖與身一次鑄成,莖體扁平,截面呈長方形,至末端趨於正方,莖下部有孔。而首陽齋所藏商鞅鈹鈹頭中綫起脊,鈹頭的截剖面作八邊形,莖部無孔,與上述十六件秦國銅鈹形制差別很大。

2. 首陽齋所藏商鞅鈹鈹頭中綫起脊,中脊一直延伸到莖部這一特點,在已出土的鈹中非常少見。

3. 秦始皇陵兵馬俑坑一號坑出土的十六件銅鈹,通長除一件爲 27.5 釐米外,其餘均在 35.1～36.5 釐米之間。而首陽齋藏商鞅鈹長 52.1 釐米,比秦始皇陵兵馬俑坑一號坑出土的銅鈹長出很多。在目前所有出土的銅鈹中,最長的鈹要數時代相當於戰國中期的湖南慈利石板村 36 號戰國墓中出土的銅鈹,通長 60.8 釐米。首陽齋所藏商鞅銅鈹在已出土的銅鈹中,其長度應該可以排在前幾名。

首陽齋藏商鞅銅鈹有十六字銘文(圖一、圖二),《首陽吉金》一書釋爲:

十六年大良造庶長
鞅之造畢湍矣之鑄

所作釋文十分正確。但是"説明"中有關解釋可以稍作補充。

"説明"謂"但出現封君名則爲首見",顯然是認爲銘文中的"畢湍矣"是指封君。我們認爲這一意見不妥。"畢湍矣"三字應理解爲"畢

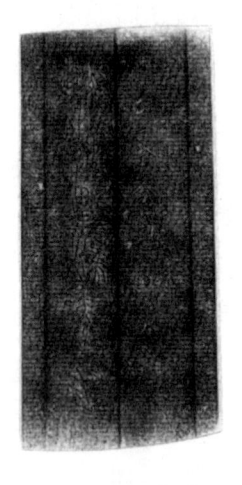

圖一　首陽齋藏商鞅鈹銘文拓片及摹本

圖二　首陽齋藏商鞅鈹及銘文局部

地的湍矣"，"畢"乃地名，"湍矣"既可以理解爲姓"湍"名"矣"的人，也可以理解爲省去姓氏字，名"湍矣"的人。其中尤以後一種可能性較大。

"畢"是周秦時代非常著名的一個地方。畢曾作爲周代姬姓諸侯國名,爲周文王所封,其最早的君主爲文王之子畢公高。《左傳·僖公二十四年》:"畢、原、酆、郇,文之昭也。"杜預注:"畢國,在長安縣西北。"出土文字資料中如周原甲骨中有"畢公",洛陽唐宮路小學C1M5560 戰國墓出土的"畢公左御"戈中的"畢公",就是指畢公高或其子孫。關於"畢"的地望學術界還有爭議,有的學者認爲"畢"不在西安、戶縣一帶的那個畢原,而是在周人發源地岐周。去年周公廟遺址又發掘出許多新的西周甲骨,其中就有"畢"和"畢公",這使得有的學者更加堅信"畢"就在岐周。

我們説商鞅鈹銘文中"畢湍矣"的"畢"是地名,"湍矣"是人名,可以與三件秦國的殳鐓銘文格式作比較:

1. 殳鐓: 十六年大良造庶長鞅之造,雖䵺
2. 殳鐓: 十九年大良造庶長之造殳,𨟻(櫟)鄭
3. 殳鐓:〔十□年大良〕造庶長之造殳,雖嬌□

其中的"雖"和"𨟻(櫟)"都是秦國的地名,"䵺"、"鄭"和"嬌□"都是人名之省。可證"畢"爲地名、"湍矣"爲人名不誤。

"説明"謂:"前述四件兵器與商鞅方升一般合稱爲商鞅五器,現在加上十六年大良造商鞅鈹,可以稱爲'商鞅六器'。"按原所謂商鞅五器包括:

1. 十三年大良造鞅之造戟;
2. 十六年大良造庶長鞅之造殳鐓;
3. 十九年大良造庶長鞅之造殳鐓;
4. 〔十□年大良〕造庶長鞅之造殳鐓;
5. 十八年商鞅方升。

其實還有一件殳鐓,也屬於商鞅器。此殳鐓見於吴鎮烽先生的《金文通鑒》(1.0 版),編號 18565【編按: 此殳鐓後著録於吴鎮烽編著《商周青銅器銘文暨圖像集成》,上海古籍出版社,2012 年,編號 18549】,乃

范炳南先生所藏。殳通高 5.6 釐米,上口徑 2.4 釐米,圓筒形,近口部有一道箍棱,其下有對穿釘孔。銘文十四字,爲"十七年大良造庶長鞅之造殳,雛爽"。

由此可見原商鞅器應該是六件,加上商鞅鈹,一共是七件,所以應該稱爲"商鞅七器"。這七器的紀年爲十三年一件,十六年兩件,十七年一件,十八年一件,十九年一件,一件十幾年不詳。這構成了一個比較連貫的紀年系列。

原載《中國古代青銅器國際研討會論文集》(上海博物館、香港中文大學文物館,2010 年),今據以收入。

安徽桐城出土秦十九年上郡守造戈考

1996年5月，安徽省桐城市孔城鎮崗頭村一村民在蓋房時，發現了一座戰國墓葬。經桐城市文物管理所專業人員發掘，清理出戰國有銘銅戈等文物數件。蒙桐城市文物管理所提供照片並指示爲之考釋，故撰此小文，公佈此戈並向方家請教。

墓中所出戰國銅戈通長16.5釐米，欄高8釐米，戈援狹窄，中長胡三穿，有欄。內上下有刃，中有一圓形穿（圖一）。這是一件典型的秦國兵器。銅戈內上有刻款銘文三行共18字（圖二）：

十九年上郡守道造，高工師電，丞猪，工隸臣渠。

戈銘的十九年當爲秦昭王十九年。據陳平先生研究，①凡秦昭王末年以前的秦戈均有一共同形制特點——中長胡三穿。這一點十九年上郡守道戈與其相合。"高"爲高奴之省，下引【7】號戈中的"高"字用法相同。據統計，戰國時秦兵器以上郡漆垣、高奴兩地所造最多。"隸臣"爲秦漢時期刑徒專名，爲服刑期一歲之刑徒名稱。這表明工匠的身份爲刑徒。

---

① 陳平：《試論戰國型秦兵的年代及有關問題》，《燕秦文化研究——陳平學術文集》，北京燕山出版社，2003年。

圖一　　　　　　　圖二(摹本)

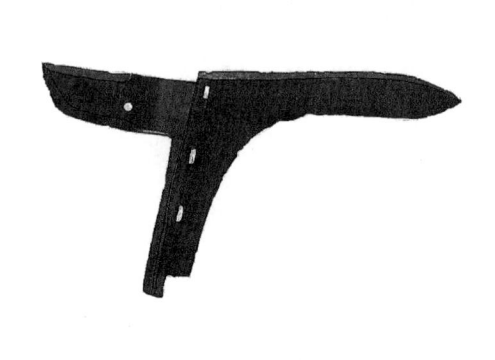

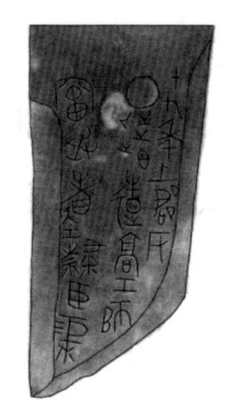

據董珊先生研究,①可以據形制、監造者名字繫聯及年代確定爲秦昭王世的上郡守戈共有如下一些:

【1】六年上郡守閒之造高奴工帀蕃鬼薪工臣(内正)·陽城·裏□(内背)·□□(胡正)·博望(胡背)。②

【2】七年上郡守閒造漆垣工師嬰工鬼薪帶·高奴·平周·平周。③

【3】十二年上郡守壽造漆垣工師乘工更長猗·洛都·洛都·□□廣衍。④

【4】十三年上郡守壽造漆垣工師乘工更長猗。⑤

【5】十五年上郡守壽之造漆垣工師乘丞鼉冶工隸臣猗·中陽·西都。⑥

---

① 董珊:《戰國題銘與工官制度》,北京大學博士學位論文,2002年。
② 河南省文物研究所:《河南登封縣八方村出土五件銅戈》,《華夏考古》1991年第3期,第30~31頁。
③ 陶正剛:《山西屯留出土一件"平周"戈》,《文物》1987年第8期,第61~62頁。
④ 《集成》11404·1、2、3、4。
⑤ 《武陵新見古兵三十六器集録》36。
⑥ 《集成》11405,近年内蒙古伊克昭盟新出,此前未見著録。

【6】□□年上郡守□造漆垣工師乘工更長掎‧定陽。①

【7】廿四年上郡守臧造高工師竈丞申工隸臣渠‧上(陽文)‧徒淫(經)。②

【8】廿五年上郡守厝(?)造高奴工師竈丞申工鬼薪詘‧上‧武‧郡庫‧洛都。③

【9】廿五年上郡守周④造高奴工帀竈丞申工隸臣□(内正面下層)‧陽城(内正面上層加刻)‧囟(?)…(内正面上層加刻)‧上(内背面陽文鑄款)‧□□‧平周(内背)。⑤

【10】廿七年上守趙造漆工師猪丞恢工隸臣頯‧□(邯?)丹。⑥

本文公佈的十九年上郡戈内上有一圓形穿,而上引【7】號戈在内上也有一不大的圓形穿,這一點兩者相同卻與衆不同。十九年戈"高奴"省爲"高",工師爲"竈",工匠爲"隸臣渠",這幾點也皆與上引【7】號戈相同。這充分説明了兩者年代的相近。這也證明將十九年戈定爲昭王十九年是没有問題的。這兩件戈一出於安徽桐城,一出於安徽潛山,兩地相距不遠,很可能是一次軍事活動遺留下來的兵器。

十九年戈與上引【7】、【8】、【9】三戈的工師皆爲"竈",而這四件戈的紀年也正好距離最近,正説明互相可以繫聯。

上引廿七年戈銘文中工師名猪,與十九年戈銘文中丞的名字相同。頗疑這兩件戈上的"猪"本爲同一個人,即十九年戈的丞"猪"後

---

① 《集成》11363,傅大卣拓本。
② 李丁生:《潛山縣出土"二十四年上郡守臧"戈考》圖二(器形)、圖三(銘文拓本及摹本),《文物研究》總第12輯,1999年,第260~261頁。又見《安徽潛山公山崗戰國墓發掘報告》圖十九、圖版拾肆:6,《考古學報》2001年第1期。發掘報告結語把該戈年代定在昭王,跟李丁生先生的結論不同。
③ 《集成》11406‧1、2。
④ 此字照片不清楚,這裏根據發表者的原隸定。
⑤ 《華夏考古》1991年第3期,第30~31頁。
⑥ 《集成》11374。

來升任爲廿七年戈的工師。

十九年戈記載的"郡守造"與上引【8】號戈中的"厝(?)"很可能是同一個人。關於"造"這個人，陳平先生認爲就是見於《史記·秦本紀》中的秦國名將司馬錯。這是非常正確的。據《史記·秦本紀》，司馬錯歷仕秦惠王、秦武王、秦昭王三王。從秦昭王十六年至二十七年，司馬錯一直在與魏相鄰的上郡一帶任秦將，所以十九年戈加上上引【8】、【9】、【10】三戈，應分別是於秦昭王十九年、二十五年、二十七年司馬錯在上郡郡守任上時鑄造的兵器。

上引【8】號戈因"厝"字不是很清楚，還一時難以確定其郡守就是司馬錯。但從其工師爲"竈"來看，顯然其年代與明確的司馬錯爲郡守的戈應該很近。

上郡爲秦之大郡，北防匈奴，東禦六國，處於軍事前沿，所以鑄造兵器很多。擔任上郡郡守的人都是赫赫有名的大將，如據兵器銘文所示，像秦惠文王後元五年、六年曾任上郡守的樗里疾，秦昭王十二年、十五年曾任上郡守的向壽，秦昭王十九年、二十五年、二十七年曾任上郡守的司馬錯就是。

最後附帶説一下，本文介紹的秦昭王十九年戈與上引的戰國式秦戈，絕大多數都内上有刃。這種内上有刃的戈，其實應當是戟上的戈的部分，是與矛分離後的戟所餘的戈。所以實際上這種戈應該稱爲戟刃或戟刺。"戟刃"或"戟刺"的稱呼見於戰國時的韓國兵器，[①]本文仍舊稱爲"戈"只是爲了適應習慣。

原載《考古與文物》2009年第3期，今據以收入。

---

① 見董珊《讀珍秦齋藏秦銅器札記》，載蕭春源《珍秦齋藏金——秦銅器篇》，澳門基金會，2006年。其指出的證據是：1. 所見秦張儀戈、商鞅戟以及珍秦齋藏十四年匽氏戈，都有自名"戟"，形制上都是内上有刃的類型；2. 新鄭白廟范出土鄭韓兵器銘文中，内上有刃的，自名爲"戟"；無刃的，自名爲"戈"。

説網上新見的兩件戰國魏"首垣"銅器

近期網上出現兩件銅器,一件是戈,一件是鼎。兩件銅器銘文中都有"首垣"這一地名,因此顯得非常重要。在此揭示之並希望引起關注。

戈的形制爲:援平直稍微上揚,刃胡之間作圓弧形,三穿,下欄處有向後的一段子刃,內後部收束,有刃,內中間有一窄長楔形穿(圖一)。

圖一

內上有刻款銘文三行十二字(包括一個合文,圖二):

　　　　八年首垣命(令)不忘(?),工師□,冶初。

鼎的形制爲:圜腹,蹄足,立耳,耳向外彎曲,腹上有一條突起的弦紋,蓋上有三個環形立紐(圖三)。

118　書馨集

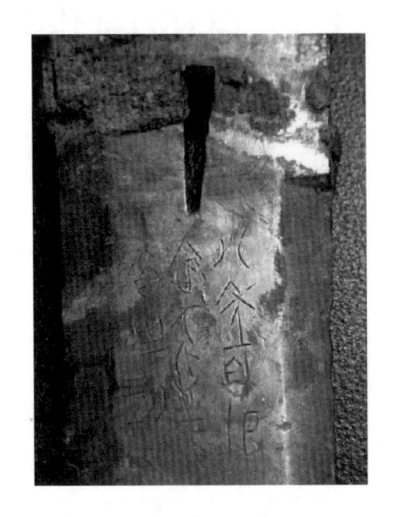

圖二

圖三

在鼎腹上沿處有刻款銘文二行五個字(圖四)：

　　　首垣肘(載)四分

　"首垣"西周時屬衛國，春秋時爲衛國的匡邑，戰國時被魏國吞併，置首垣邑。邑治在今河南省長垣縣縣城東北5公里舊名陳牆里村處。秦更名爲長垣縣。

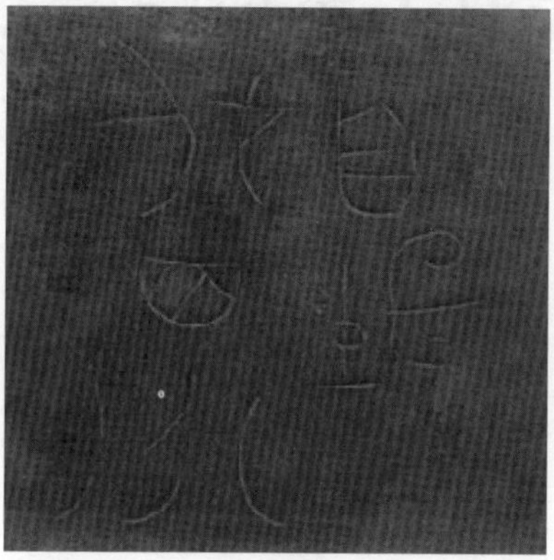

圖四

"首垣"見於《戰國策·秦策》、《戰國策·韓策》、《古本竹書紀年·魏紀》、《史記·趙世家》等典籍。

原載復旦大學出土文獻與古文字研究中心網站(2009年5月12日,署筆名"小草"),今據以收入。

復旦大學博物館藏楚仲姬盄簠介紹

2011年9月,上海盛大網絡公司向復旦大學博物館捐贈了一批青銅器。這批青銅器從時代和國別看,應該屬於春秋時期的蔡國器。這批銅器包括三鼎、四簠、二缶、一盤、一匜,共11件。其中一件簠上有銘文29字(包括2個重文),較爲重要。下面試對該批銅器和簠上的銘文做一簡單介紹,不妥之處,敬請指正。

這批銅器從組合看,很可能出於同一座墓。其中鼎、簠爲食器,缶、盤、匜爲水器(或稱盥洗器)。在春秋時期楚墓出土的銅器中,鼎、簠、缶、盤、匜是最常見的組合,尤其春秋中晚期後,這一組合特別流行。如江陵岳山春秋中期楚鄩伯銅器的組合就是鼎、簠、缶、盤、匜,在淅川下寺9座春秋中晚期出青銅器的墓中,除8號墓因被盜而組合不全外,其餘8座墓的銅器組合都是鼎、簠、缶、盤、匜,可資參考。

帶銘文的簠通高17.8 cm,器高9.2 cm,口橫30.5 cm,口縱22.7 cm,足橫28 cm,足縱20.5 cm,連耳橫34.7 cm;蓋高10.3 cm,口橫30.5 cm,口縱22.7 cm,足橫27.8 cm,足縱20.3 cm,連耳橫35.1 cm。器、蓋基本同形。敞口,腹部斜收。矩形足。器、蓋兩個橫邊皆有一獸首形耳。蓋的兩個縱邊各有兩個爲扣合而向下突出的小獸首邊卡,相對應的在器上兩個縱邊各有兩個半圓形的小凸起邊卡。器身和蓋頂皆滿佈繁密的波曲紋,與春秋晚期許子妝簠蓋上的紋飾很接近。

銘文位於器底,器蓋內有一大片不明液體凝固形成的墨綠色團點。

銘文隸釋如下:

    隹(唯)正月初吉丁亥,蔡矦(侯)䁅(媵)楚中(仲)姬妝飤匜(簠),其覺(眉)壽無彊(疆),子子孫孫永寶用之。

這是蔡侯爲嫁到楚國的女兒作的媵器。"楚"爲女子夫家之國的姓氏,"仲"是女子的排行,"姬"是女子本國的姓氏,"妝"是女子的字。

該批銅器具有明顯的春秋晚期的風格,銘文中的"蔡侯"應該是蔡平侯、蔡悼侯和蔡昭侯中的一位,頗疑就是指蔡昭侯申。蔡昭侯即位之初曾依附楚國,至《左傳》定公三年(公元前 507 年)蔡昭侯朝楚得罪了楚相子常,被扣三年,蔡國才與楚國決裂。

蔡國是汝潁地區的小國,一直處於楚國的籠罩之下,委屈生存。同時又處於齊、晉、楚、吳等幾個大國之間,依違平衡,左右支絀。《左傳·文公十七年》所謂"居大國之間,而從於強令",《漢書·西域傳》上"小國在大國間,不兩屬無以自安",説的正是這一情況。爲了擺脱楚國的逼迫,蔡國先是靠近齊國,又與晉國結盟,最後又投靠吳國,整個國史就是在楚國的欺淩下由上蔡至新蔡又至下蔡的躲避楚國壓迫的過程。雖然大部分時間都稱臣於楚,並利用通婚、供納、賄贈的方式結交楚國,但卻屢屢被楚國壓迫羞辱,幾番剿滅,並最終被滅國。這充分印證了"弱國無外交"這句話。這件楚仲姬妝簠銘文,從一個側面揭示了這一歷史態勢。

本文曾在"'吉金與周代文明'國際論壇"(香港浸會大學,2012年11月27~28日)上宣讀,今據原稿收入。

釋馬王堆帛書《日月風雨雲氣占》中的"木瓢"和"没戟"

馬王堆帛書《日月風雨雲氣占》是一篇以日月旁氣占、雲氣占、風占、雨占、雷占和二十八宿分野爲主要内容的著作,記録的是一種將天文占測與軍事吉凶判斷相聯繫的占測術,按《漢書·藝文志》的劃分,應列入數術天文類。

在《日月風雨雲氣占》中兩見"木瓢"一詞:

1. 城中氣青而高,木瓢不見,城不拔;氣黑而卑,木瓢見,若毋氣,城拔。黑而西出,降;北出,施;出而東南,不拔。

2. 占虛邑,氣茅實以高,木瓢不見,因以北移,如是,邑不爲邑矣。

劉樂賢先生《馬王堆天文書考釋》校注謂:

木瓢,疑爲"本瓢"之訛。瓢,訓"末"。本瓢,或作"本標"、"本剽",是"本末"、"始末"的意思。《莊子·庚桑楚》:"出無本,入無竅。有實而無乎處,有長而無乎本剽,有所出而無竅者有實。有實而無乎處者,宇也。有長而無本剽者,宙也。"《淮南子·天文》:"物類相動,本標相應。"《鶡冠子·道端》:"此萬物之本剽,天地之門户,道德之益也。"此段大意是説,域中雲氣青色而高懸,看不到其始末。①

按此説非是。

在古代雲氣占測術中,雲氣的高度是個指標,因爲雲氣的高度經常可以喻示軍隊距離的遠近和軍事行動時間的早晚或長短。北周庾季才原撰、宋王安禮等重修的《靈臺秘苑》卷四"候氣"條謂:

> 凡候氣之法,氣初出時,若雲非雲,若霧非霧,仿佛若可見。初出森然。在桑榆上高五六尺者是千五百里,平視則千里,舉目而望則五百里,仰望在中天則百里間也。平望桑榆間兩千里,登高而望下燭地者三千里。

這段談候氣法的文字説的正是雲氣的高度與距離之間的關係。馬王堆帛書《日月風雨雲氣占》説:

> 如雨所及,無軍而望氣。若紛而非紛,如蘭非蘭,若雲而非雲。其旁易,其行也□焉,作上作下,興陵偃印,其舉深而有工(功);其前方、西方人,淺而毋工(功)。其高半扨(仞)者,旬二日;二扨(仞)者,二旬;三扨(仞)者,三旬;四扨(仞)者,四旬;五扨(仞)者,五旬。

文中"若雲而非雲"與上引《靈臺秘苑》"候氣"條中所言"若雲非雲"文意句式都相同。"其高半扨(仞)"以下,則説的是雲氣的高度可以喻示軍事行動時間的早晚。

以肉眼觀測雲氣的高低,經常需要有自然界的參照物進行比照。上引《靈臺秘苑》"在桑榆上高五六尺者是千五百里"中的"桑榆"就是這種自然界的參照物。馬王堆帛書《日月風雨雲氣占》中兩見的"木

---

① 劉樂賢:《馬王堆天文書考釋》,中山大學出版社,2004年,第187頁。

剽"也應該是相類似的參照物。我們認爲"木剽"應讀爲"木杪"。"剽"可通"標","標"字古又作"檦",意爲樹梢,而"標"、"杪"在古代漢語中音義皆通。從音理上看,"剽"字古音在幫紐宵部,"杪"字古音在明紐宵部,聲爲一系,韻爲疊韻,二字於音可通。從通假實例上看,典籍中從"票"得聲的字與從"少"得聲的字常可相假。如《史記·司馬相如列傳》"縹乎忽忽",《漢書·司馬相如傳》和《文選·子虛賦》"縹忽"作"眇眇";《淮南子·天文》"秋分蔈定",高誘注:"蔈,古文作杪。"《史記·太史公自序》"間不容翲忽",《正義》:"翲字當作杪。"從文字形體上看,郭店楚簡和上海博物館藏楚簡《緇衣》"民之表"中的"表"分別寫作"■"、"■",字從"艸"、從"標",應隸定作"蘱",可視爲從"艸"、"標"聲或從"木"、"葉"聲的形聲字,應爲"標"字異體。古"標"、"表"音義皆通,故楚簡用"標"爲"表"。從郭店楚簡的"蘱"字可以看出,該字寫作從"少"得聲,這是"剽"可讀"杪"的最好例證。以上證據皆可證明"木剽"無疑可讀爲"木杪"。

"木杪"意爲"樹梢",《佩文韻府》、《淵鑒類函》、《漢語大詞典》等古今辭書皆收有專門的詞條。"木杪"又作"樹杪",《文苑英華》卷九百九十六載李商隱《鄭州禱雨文》中有"泉間候氣,樹杪占風"的句子,可資比較。馬王堆帛書《日月風雨雲氣占》"城中氣青而高,木剽不見,城不拔;氣黑而卑,木剽見,若毋氣,城拔"一段大意是説:城中雲氣呈青色且在空中的位置很高,高於樹梢之上,說明城不會被攻佔;雲氣呈黑色且在空中的位置很低,已經低到了樹梢,並若有若無,則説明城已被攻佔。

馬王堆帛書《日月風雨雲氣占》還有"沒戟"一詞:

[軍在]野,軍氣[青白]而高,軍[戰],勝。軍氣赤而高,軍大摇(搖);軍氣黑而卑,沒戟。用見,乃毋居。命氣,此謂將敗

而□□□者也。氣痦而[低],見奮期。[此]去軍六、七里望之法也。①

劉樂賢先生《馬王堆天文書考釋》校注謂:

没戟,可能是戰敗的意思。

按此説亦非是。

通過上邊的論證可以推知,"没戟"的"戟"也應是一種觀測雲氣高低的參照物。"戟"字在此就應該讀爲本字,即兵器之"戟"。"没"字用爲動詞,意爲淹没、遮蔽。"用見"之"見"讀爲"現",但"用見"一詞有些費解,其意待考。因此馬王堆帛書《日月風雨雲氣占》:"[軍在]野,軍氣[青白]而高,軍[戰],勝;軍氣赤而高,軍大榣(摇);軍氣黑而卑,没戟,用見,乃毋居"一段大意是説:部隊在野外,軍氣呈青白色且位於高空,此時如果打仗就會獲得勝利;軍氣呈紅色且位於高空,軍心就會動摇;軍氣呈黑色且位置低下,甚至遮蔽了兵戟,就不能再在此地停留。

《日月風雨雲氣占》中還有一處提到"戟"字:

軍[在]野,戊寅疾西風,樓戟奮,軍大榣(摇)。

劉樂賢先生《馬王堆天文書考釋》校注謂:

樓,指樓車,即用於窺測敵人的雲梯。戟,用於刺敵的一種兵器。奮,《廣韻·問韻》:"奮,揚也。"帛書"樓戟奮",蓋戰事激烈的意思。

按此對"樓戟"的訓釋可從。但謂"樓戟奮""蓋戰事激烈的意思"則可商。此處的"樓戟奮"就是指樓車上的戟被風吹得揚起的意思。在古

---

① 本文所引馬王堆帛書《日月風雨雲氣占》釋文皆據劉樂賢《馬王堆天文書考釋》一書。方括弧内文字爲馬王堆帛書《日月風雨雲氣占》甲篇原缺,據乙篇補足。

代的占風術中，常常以軍營中的旗幟或兵器被風所吹的形態來作爲喻示吉凶的徵兆。如下引《靈臺秘苑》卷五"風"中的幾條：

  1. 兵勝風。初出軍日，風從後來，沖霧突雲。人雄壯，馬嘶逸，旌旗如舉，勢指敵方，鼓角清而響者，全勝。

  2. 兵負風。初出軍及三日内，風勢蓬勃，逆來沖我，旌旗不舉，人聲怯，馬不嘶或從後，或從旁起，吹沙揚塵，人馬行過，步或無跡，此名鬼風。

  3. 又曰出軍而颶風驟雨，牙旗摧折，旗旛繞竿或下垂者，交戰，將死。

  4. 若營陣既成而有暴風卒來相掩軍幕，旌旗折，林木摧，爲惡兆。主將失位，其軍叛散。

  5. 攻城風。若旋風入營，昏塵蔽天，干戈帳幕傾倒者，急防不虞。

由此可知帛書"軍[在]野，戊寅疾西風，樓戟奮，軍大榣(摇)"中的"樓戟奮"只是説樓戟被"疾西風"吹得揚起，是軍隊發生恐慌的徵兆，並不表示"戰事激烈的意思"。

  原載《簡帛》第一輯(上海古籍出版社，2006年)，今據以收入。

《馬王堆天文書考釋》注釋商兌

劉樂賢先生的《馬王堆天文書考釋》一書，①對馬王堆漢墓帛書中有關天文方面佚籍的出土、整理、發表及研究情況進行了深入的總結，並對這些佚籍進行了細緻的釋文校正和字詞注釋，還對這些佚籍的占文進行了全面的疏證，同時在釋字、句讀、拼綴、分章等方面也提出了一些精到的或富有啓發性的意見。總的看來，這是一本有很高學術價值的著作，充分體現了作者多年來致力於古代術數資料研究的深厚功力。

因去古已遠，書闕有間，許多古代早期術數文化的內涵和細節我們今天已經無從知曉或理解困難。好在地不愛寶，越來越多的地下出土的術數資料會增加我們的古代術數知識，提高我們對古代術數資料的理解能力。但這顯然是一個漸進的過程，在我們對許多古代術數資料還懵懵懂懂、一知半解的時候，許多認識和分析只能當作是一種探索，正好可以激勵學術界的爭論和辯難，並以期通過爭論和辯難逐漸逼近或達到正解。

《馬王堆天文書考釋》一書雖說有很高的學術價值，工作也做得相當到位，但是"智者千慮，或有一失"，筆者在拜讀過程中，偶爾會發

---

① 劉樂賢：《馬王堆天文書考釋》，中山大學出版社，2004年。

現一些難愜於心的疑問,故擇選有關字詞注釋方面的數條,稍加考釋,向劉樂賢先生及學界諸位請教。

一

馬王堆帛書《日月風雨雲氣占》甲篇二"風雨雲氣等"有下列文句:

赤降出,其端如杵,其赤如【堵(赭)】,下不有拔邑,必有流血之戰。

《馬王堆天文書考釋》【校注】謂:"赤降,不詳,從文義看似是雲氣之名。降,或可讀爲'絳',也是'赤'的意思。'赤降',蓋爲某種赤色雲氣之名。"

按此説誤。"赤降"應讀爲"赤虹"。古音虹在見紐東部,降在見紐冬部。學術界或認爲古東冬不分。即使古東、冬當分,也有學者認爲東冬相通是周秦時期楚方言的語音特色。① 《爾雅·釋言》:"虹,潰也。"陸德明《經典釋文》:"虹,李本作降。"北宋庾季才原撰、宋王安禮等重修的《靈臺秘苑》卷四"虹霓占"説:"虹彎曲名絳者,軒轅之精。"這是典籍中"虹"、"降"相通的證據。

"赤虹"是古代祥瑞中的一種,被列入《宋書·符瑞志》。古代許多典籍都載有天降赤虹化爲黄玉,孔子拜而受之的傳説。梁江淹曾有著名的《赤虹賦》傳世。正如古代許多祥瑞都兼有吉凶兩面一樣,"赤虹"除了可以預示吉祥外,同時還可以被視爲一種凶兆。在古代天文類和兵陰陽類的著作中,經常可見"赤虹"作爲預示戰爭或傷亡

---

① 劉寶俊:《冬部歸向的時代和地域特點與上古楚方音》,《中南民族學院學報》1990年第5期,第79～86頁。

等的徵兆出現。如下引典籍：

1.《全唐五代詞》卷二載唐易靜《兵要望江南》"占虹霓"第七之八："白赤虹，單見色無雙。如氣沖天或橫過，蚩尤旗號動戈鎗。起處必爲殃。"又七之十一："白赤虹，晝見莫興兵。更有虹霓垂軍上，彼軍殺將且須停。動必有災迍。"

2. 北宋許洞《虎鈐經》卷一八"虹蜺第一百七十九"："赤虹從天直垂地者，所垂之地敵兵至。""赤虹半隱雲上，有火災，亦當敗。"

3. 宋曾公亮、丁度等《武經總要》後集卷一八占候三雲氣"暴兵氣象"："雲如赤虹，有暴兵。"

4. 唐李筌《太白陰經》卷八占雲氣篇第八八"暴兵氣"："赤氣如人持節，雲如方虹，或如赤虹，其下暴兵。"

5. 唐李淳風《乙巳占》卷九"暴兵氣象占第六〇"："雲如赤虹，有暴兵。"

6. 北宋庾季才原撰、宋王安禮等重修《靈臺秘苑》卷四"屠城氣"："雲如方虹或赤虹，或如人形，皆爲暴兵。"

7. 唐瞿曇悉達《開元占經》卷九八"虹蜺占"引《抱朴子》："赤虹見城上，其下必大戰流血。"又引《運斗樞》："帝老不聽政，赤虹填門。"又引《易候》："赤虹如杵，萬人死其下，白虹亦然。"

8. 北宋庾季才原撰、宋王安禮等重修《靈臺秘苑》卷四"虹蜺占"："赤虹如杵，其下君長凶，萬人死。"

上引7《開元占經》所引《易候》和8《靈臺秘苑》中皆有"赤虹如杵"的句子，與上引帛書"赤降出，其端如杵"顯然說的是一回事。上引7所引《抱朴子》中有"赤虹見城上，其下必大戰流血"的句子，與上引帛書句中"必有流血之戰"之言也正相合。這說明我們將"赤降"讀爲"赤虹"是正確的。

馬王堆帛書《日月風雨雲氣占》甲篇二"風雨雲氣等"還有如下一句：

> 諸月上旬見降壹出東方，至旬復壹出西方成曲，不出七日罷。

《馬王堆天文書考釋》【校注】謂："'降壹'似可讀爲'降暳'。"【疏證】謂："本條據'降壹'或'壹'進行占測，含義不詳。"

按此説誤。"壹"應讀爲"一"，"壹出"即"一出"，古代"壹"、"一"常常通用，如《詩經·召南·騶虞》的"壹發五豝"、《儀禮·聘禮》的"壹食再饗"等皆是。以《馬王堆天文書考釋》所引帛書爲例，如第78頁的"凡五星五歲而壹合，三歲而遇"，第172頁的"日前有黄帝之申，壹又二"，第179頁的"參軍(暈)，壹悉；五軍(暈)，再悉；六軍(暈)，三悉"等文中的"壹"皆用同"一"。"壹出"即"一出現"的意思。"壹"和"降"在句子中詞性不同，不能理解成並列的兩類占測主體。其實這裏的"降"也應該讀爲"虹"。"降壹出"就是"虹一出"。

在古代天文類和兵陰陽類的著作中，常常有以"虹"出現在天空的時間和方位占測吉凶的記載，如：

1. 清康熙《御定月令輯要》卷一五《八月令·占驗》"虹出西方"條下引京房《易候》："虹八月出西方，粟貴。"

2. 北宋許洞《虎鈐經》卷一八"虹蜺第一百七十九"："十一月屈虹出，破軍敗將。"

3. 唐瞿曇悉達《開元占經》卷九八"虹蜺占"："十月，虹出東北者，其國亡。""虹出南方，無春夏秋冬；所見之處，不出三年，民流亡，不歸收葬；風雨不時，民飢。""虹出北方，雨陰陽不調，當雨反旱，當旱反雨；冬夏不調，萬人大愁。所照之國，必有賣幼孫者。"

有時還以"虹"出現時所呈現的形狀來占測吉凶,如:

  4. 唐瞿曇悉達《開元占經》卷九八"虹蜺占":"虹出橫至上反入,又不曲正直者,不出九十日,民多病死。不出三年,大旱,民流亡。所照之國尤甚。""虹出直上行,名曰章。所出之處,民多病而死,民多瘟者。不然,大旱千里,民多妖言。所照之國尤甚。"

上引典籍中"虹出南方"、"虹出西方"與帛書"降壹出東方"、"壹出西方"句式相同,只是帛書多出一個"壹"字而已。

上引2《虎鈐經》有"屈虹"一詞,"屈虹"就應是"曲虹"。上引4都有對"虹"的形狀的描述,其中有"又不曲正直者",與上引帛書"至旬復壹出西方成曲"中的"成曲"正可對照參看。

以上論證說明將帛書"諸月上旬見降壹出東方"中的"降"讀爲"虹"也應該是没有疑義的。

二

《五星占》四"水星"下有如下一句:

  其出房、心之間,地❐❐動。

《馬王堆天文書考釋》【校注】謂:"盼,似可讀爲'䀏'。《玉篇·䀏部》:'䀏,動也。'《春秋左傳·襄公二十六年》:'夫小人之性,釁于勇……'注:'釁,動也。'地盼動,是'地動'的意思。"

按此説甚迂曲。古音"盼"、"䀏"雖皆屬文部,但聲母一爲唇音滂母,一爲喉音曉母,相隔較遠,且"盼"、"䀏"二字並不見典籍相通的例證。退一步説,即使"盼"、"䀏"可以相通,如按【校注】將"䀏"也訓爲

"動"、"霽"與"動"字義重複,而典籍又從未見"霽動"這一同義複詞,"地霽動"豈不成了"地動動"？這顯然不辭。

其實所謂的"㕯"字並不是"盼"字,而是"脈"字。我們曾在《馬王堆漢墓簡帛文字考釋》一文中將其釋爲"脈",讀爲"脈"。① 但此説一直未曾引起重視,故在此加以進一步申論。

在漢代簡帛文字中,"辰"旁常常寫得與"分"字很像,作如下之形：

卷《馬王堆簡帛文字編》第 462 頁

"脈"字作如下之形：

㕯 脈 㕯《馬王堆簡帛文字編》第 462 頁

"眽"字作如下之形：

眽 眽《馬王堆簡帛文字編》第 134 頁

揚雄《河東賦》"瞰帝唐之嵩高兮,脈隆周之大寧",《藝文類聚》本"脈"字或作"盼",這是典籍中"脈"、"盼"相混之例,説明"脈"、"盼"兩字的確字形相近且可以致訛。

因此上引帛書文字應釋爲"其出房、心間,地脈動"。"地脈"是指什麼呢？

宋蘇軾《書傳》於《尚書·禹貢》"導岍及岐至於荆山"下説：

隨山者,隨其地脈而究其終始也。何謂地脈？曰地之有山,猶人之有脈也。有近而不相連者,有遠而相屬者,雖江河不能絶

---

① 劉釗：《馬王堆漢墓簡帛文字考釋》,《語言學論叢》第 28 輯,商務印書館,2003 年,第 84~92 頁。

也。自秦蒙恬始言地脈,而班固、馬融、王肅治《尚書》,皆有三條之説。鄭玄則以爲四列。古之達者已知此矣。北條山道起岍岐,而逾于河,以至太岳,東盡碣石,以入于海,是河不能絶也;南條之山自嶓冢、岷山至于衡山,過九江,至于敷淺原,是江不能絶也。皆禹之言,卓然見于經者,非地脈而何?

宋林希逸《考工記解》於《周禮・考工記》"凡溝逆地阞謂之不行"下説:

地阞,地脈也。石有時而泐,石裂亦隨脈理而裂。則知阞爲脈理也。水行必順地脈,若逆地脈,則不行矣。

"地脈"又稱"地絡"。古人還把地上之山稱爲"地脊",把山上之石稱爲"地骨"。所謂"地脈"、"地脊"、"地骨",都是將自然物加以擬人化,所以謂"地脈"爲"猶人之有脈也"。

總之,"地脈"即大地的肌理、脈絡。宋歐陽修《文忠集》卷五十二《外集二》"送子野詩"中有"山河震發地脈摇"的句子,可以與上引帛書"地脈動"相比照。

帛書中的所謂"地脈動",就是典籍中常見的"地動",也就是指"地震"。地震是指由於地球内部的變動引起的地殻的急劇變化和地面的震動。按照古人理解的"地脈"的含義,用"地脈動"來形容地震,如今看來還是比較貼切的。

三

《日月風雨雲氣占》甲篇二"風雨雲氣等"有如下一句:

諸歲交之日雨而牆,夜三版而淳,遝五版黄危,謀至交日復。

《馬王堆天文書考釋》【校注】謂:"諸,訓爲於。歲交之日,蓋指兩年交替的日子。牆,築牆。""版,城牆計量單位。淳,澆灌,形容雨越來越大。"【疏證】謂:"本條根據'歲交之日'下雨而築牆的情况,以占測吉凶。"

按上引兩段【校注】和【疏證】對帛書文字中"牆"、"淳"、"而"諸字的解釋和理解似有問題,下邊加以分析。

首先,【校注】將"雨而牆"理解爲"下雨而築牆"不可理解。從常理推想,下雨時怎麽會築牆呢?古代築牆皆先用版構成框架,然後填塞進泥土,再加以夯實。下雨時泥土無法保持乾燥,根本無法進行填塞和夯打。更何況在雨很大的情况下,築牆更不可能。

其實"雨而牆"的"而"字並不用爲表示承接的連詞,而是應該讀爲"濡"。古音"而"在日紐之部,"濡"在日紐侯部,聲部相同,韻亦可通。"濡"古同"胹",《禮記·内則》:"濡豚,包苦實蓼;濡雞,醢醬實蓼;濡魚,卵醬實蓼;濡鱉,醢醬實蓼。"鄭玄注:"凡濡,謂烹之以汁和也。"陸德明《釋文》:"濡,音而。"又《禮記·内則》:"芝栭蔆椇。"陸德明《釋文》:"栭本又作檽。"這是"而"、"需"可以相通的例證。

"濡"的意思就是濡濕、浸濕。"雨而(濡)牆"是説雨水浸濕了牆體。明曹學佺《石倉歷代詩選》卷二百四十二收有元代馬祖常"題惠崇畫樹林"詩,詩中有"淋淋雨濕牆"句,"雨濕牆"文意句式都與帛書"雨而(濡)牆"相同。所以帛書中的"牆"是用爲名詞,並不用爲動詞而指築牆。如此解釋就不會悖於常理了。

其次,【校注】對"淳"字的訓釋也不夠完全。雖然"淳"字古有"澆灌"之義,但在帛書中的具體文意還應該有"浸泡"的意思。典籍中"淳"常被訓爲"沃",而"沃"就有"浸泡"和"淹"的意思。如《韓非子·初見秦》:"決白馬之口以沃魏氏,是一舉而三晉亡。"北魏賈思勰《齊民要術·種胡荽》:"凡種菜,子難生者,皆水沃,令芽生,無不即生矣。"又《廣雅·釋詁二下》:"瀧、涿、露、霑、濡、瀸、溺、淪、氾、浸、潤、瀸、漸、濂、漚、澆、灌、淳、沃、淙、溢、淋、灌、灓、澍、瀀、渥、浞，漬也。"①可見"淳"確有"浸泡"之義。

帛書中的"版"字是指牆體的高度單位。

上引帛書"諸歲交之日雨而（濡）牆，夜三版而淳，逯五版黃危"一段，是説在兩歲相交的日子下雨，雨濡濕了城牆，到夜裏雨水已經浸泡到三版的高度，如果浸泡到五版的高度時，就危險了。

四

《日月風雨雲氣占》甲篇二"風雨雲氣等"有如下一句：

> 占虛邑，氣茅實以高，木剽不見，因以北移，如是，邑不爲邑矣。

《馬王堆天文書考釋》【校注】謂："茅實，似可讀爲'茂實'。茂實，蓋爲豐盛而厚實之意。""木剽，已見於上文，疑爲'本剽'之訛。"

按《馬王堆天文書考釋》【校注】疑"木剽"爲"本剽"之訛非是。"木剽"即"木杪"，也就是樹梢。關於"木剽"的考釋見拙作《釋馬王堆帛書〈日月風雨雲氣占〉中的"木剽"和"没戟"》一文，②在此不再詳述。

《馬王堆天文書考釋》【校注】將"茅實"讀爲"茂實"亦不妥。其實"茅實"就是"茅秀"，也就是典籍中的"荼"。典籍中"秀"、"實"常可互訓，"實"即"秀"也。所以典籍中"禾實"又作"禾秀"，"穀實"又作"穀秀"，"粟實"又作"粟秀"。

"氣茅實以高"的"以高"是"以上"的意思，《説文》："上，高也。"

---

① 王念孫：《廣雅疏證》，中華書局，1983年，第64頁。
② 劉釗：《釋馬王堆帛書〈日月風雨雲氣占〉中的"木剽"和"没戟"》，武漢大學簡帛研究中心主辦《簡帛》第一輯，上海古籍出版社，2006年，第445~448頁。【編按：此文已收入本書。】

"荼"就是茅的花,呈白色。《國語·吳語》:"萬人以爲方陣,皆白裳,白旂,素甲,白羽之矰,望之如荼。"韋昭注:"荼,茅秀也。"

在古代天文類和兵陰陽類著作的占雲氣方術中,常常會以自然界的一些植物作爲參照物來描繪雲氣的高低和遠近。上引帛書"占虛邑,氣茅實以高,木剽不見,因以北移,如是,邑不爲邑矣"是説占測空虛的城邑,如果氣位於茅秀以上到樹梢之間的高度,並向北方移動的話,則這個城邑將有大難。

這個占測强調的是雲的高度、厚度和飄移的方向,高度、厚度的參照物是兩種植物,且都以植物的頂端算起,一個是茅秀,即茅的花;一個是木杪,即樹的樹梢。兩個植物之間的距離就是雲氣的高度和厚度。這是占測術中占測雲氣的一個重要指標。

2006 年 10 月 31 日於廈門白城一綫望海齋

原載《簡帛》第二輯(上海古籍出版社,2007 年),今據以收入。

讀《上博六》詞語札記三則[*]

一

《上博六·天子建州》甲本簡 11 説：

〔䛑〕(語)〔分〕，臨飤(食)不䛑(語)亞(惡)。

曹錦炎注釋謂：

臨，面對，《詩·小雅·小旻》："如臨深淵，如履薄冰。""飤"，同"食"，食物。"亞"，讀爲"惡"，《老子》："天下皆知美之爲美，斯惡已。"郭店楚簡本、馬王堆帛書本"惡"作"亞"；《禮記·緇衣》"惡惡如〔惡〕巷伯"、"故上之所好惡"、"則民不得大其美而小其惡"等句，郭店楚簡本、上海博物館藏楚竹書本"惡"均作"亞"。《緇衣》"慎惡以御民之淫"、"而惡惡不著也"等句，上海博物館藏楚竹書本作"惡"同，郭店楚簡本"惡"作"亞"。又，《儀禮·覲禮》："路下四亞之。"《白虎通·考黜》引"亞"作"惡"；《史記·韓信盧綰列傳》："封爲亞谷侯。"《集解》引徐廣曰："亞一作惡也。""惡"，壞，不好，《韓非子·說疑》："不明臣之所言，雖節儉勤勞，

---

* 本文是國家社科基金項目"古文字基本構形發展演變的譜系研究"（批准號：06BYY032）中期成果。

布衣惡食，國猶自亡也。"

按：注釋引典籍"布衣惡食"之"惡"爲例訓簡文的"惡"爲"壞、不好"，這一訓釋不够準確。

"惡"在古漢語中可用爲"污穢"義，泛指污穢之物。《左傳·成公六年》："土厚水深，居之不疾，有汾澮以流其惡。"杜預注："惡，垢穢。"

"惡"又可具體專指某一種污穢之物。

"惡"可用爲指"糞便"，如趙曄《吴越春秋·勾踐入臣外傳》："適遇吴王之便，大宰嚭奉溲惡以出。逢户中，越王因拜請嘗大王之溲以決吉凶，即以手取其便與惡而嘗之。"又《漢書·昌邑哀王劉髆傳》："陛下左側讒人衆，多如是青蠅惡矣。"顔師古注："惡即矢也。越王勾踐爲吴王嘗惡，亦其義也。"

"惡"又用爲指"精液"，如馬王堆漢墓帛書《五十二病方·治瘢方》中提到有"男子惡"一劑藥，經學者研究，"男子惡"就是指男子的精液。《證類本草》卷十五"人精"條引《肘後方》和《備急千金藥方》卷六"七竅病"下都有用"人精"調和"鷹矢"治瘢痕的方劑，與馬王堆帛書《五十二病方》用"男子惡"治療瘢痕的記載正合。①

在中古漢語中，"惡"還可用爲指産後之血水。如《外臺秘要方》卷三十四"産婦忌慎法六首"謂："凡婦人産乳，忌反支月，若值此月，當在牛皮上若灰上，勿令水血惡物著地。"又《備急千金要方》卷三"婦人方"謂："治産後惡血不除，上搶心痛煩急者，以地黄汁代醇酒。"文中"惡物"、"惡血"皆指婦人産後之血水。歷代醫方婦人方中大都有治"惡露"諸方，"惡露"亦指婦人産後血水不淨。

古音"惡"在影紐鐸部，"汙"（字亦作"污"或"洿"）在影紐魚部，聲

---

① 見拙作《談〈搜神後記〉中的"惡"字》，《古籍整理研究學刊》1996年第1期；後收入《出土簡帛文字叢考》，臺灣古籍出版有限公司，2004年，第220～221頁。

紐相同,韻爲嚴格的對轉關係。"汙"的本意即爲"污穢",所以"惡"、"污"二字音義皆近。古代"汙"也可指"經血",《説文·女部》:"姅,婦人汙也,从女半聲,漢律曰見姅變不能侍祠。"這裏的"汙"就是指經血。"汙"指經血與中古"惡"可指"産後之血水"用法相近。《備急千金要方》卷三"婦人方"謂:"産婦雖是穢惡,然將痛之時,及未産已産,併不得令死喪汙穢。"又:"兒始落地,與新汲井水五咽,忌與暖湯物,勿令母看視穢汙。"文中既言"穢惡",又稱"穢汙",顯然"穢惡"就是"穢汙"。《禮記·月令》謂:"其味酸,其臭膻。"孔穎達疏:"水受惡穢,故有朽腐之氣。""惡穢"也即"汙穢"。

總括以上論述,可知古代"惡"、"汙"相通,"惡"包含着豐富的指代,既可專指具體的污穢之物,又可泛指所有的污穢之物。從常理推想,吃飯時語及污穢之物,確爲人所忌諱。因此上引《上博六·天子建州》甲本簡 11 "臨飮(食)不詀(語)亞(惡)"中的"亞(惡)"字就不能簡單地訓爲"壞、不好",而應具體地理解爲"污穢"之意。簡文"臨飮(食)不詀(語)亞(惡)"意爲"吃飯時不要談及污穢之物"。

二

《上博六·天子建州》甲本簡 13 説:

中。不韋(諱)所不孝(教)於帀(師)者三:弜(強)行、忠晉(謀)、信言,此所不孝(教)於帀(師)也。

曹錦炎注釋"弜(強)行"一詞説:

"弜",即"強"字,江陵天星觀楚簡有名"弜死",雲夢秦簡《日書》作"強死"(參看李家浩《戰國邙布考》,《古文字研究》第三輯）。"強",勉力,《孟子・滕文公下》:"強而後可。""行",實行,《論語・先進》:"冉有問:'聞斯行諸?'子曰:'聞斯行之。'"《大戴禮記・曾子立事》篇:"君子攻其惡,求其過,彊其所不能。""彊其所不能",即此"強行"之義。

曹錦炎還翻譯上引簡文爲:"勉力而行,爲人謀而忠誠,言而有信,此三者非老師所教,乃是需要自己去實踐。"

按:將"強行"訓爲"勉行",翻譯成"勉力而行"十分牽強,典籍中似乎也沒有類似的說法。簡文"強行"與所引典籍的"強其所不能"說的也不是一回事,因此上引對"強行"一詞的解釋與翻譯難以取信於人。

我們認爲"強行"即"剛行"。戰國文字中"剛"字常常借"強"字爲之。《說文》"剛"字古文作"伥",就是借"強"爲"剛"。"剛行"也就是"行剛",指行爲果斷剛正。簡文"弪(強)行、忠譻(謀)、信言"一段話中的三句皆可倒言,"忠謀"是說"謀而忠","信言"是說"言而信","剛行"則自然就是"行而剛"。

"忠謀"就是"謀忠",即《論語・學而》的"曾子曰:爲人謀而不忠乎"。又《國語・晉語》云:"子輿之爲我謀,忠矣。"《國語・晉語》:"晉之無道久矣,從者之謀忠矣。""謀忠"後世又稱作"謀而忠",朱熹《諸子語類・訓門人》五謂:"天下無不可說底道理,如爲人謀而忠,朋友交而信,傳而習,亦都是眼前底事。"

"言信"即《論語・學而》的"與朋友交,言而有信"。又《呂氏春秋・勸學》:"聖人生於疾學,不疾學而能爲魁士名人者,未之嘗有也。疾學在於尊師,師尊則言信矣、道論矣。"《淮南子・繆稱》:"身君子之言,信也。"《孔子家語・致思》:"曾子曰:入是國也,言信於群臣,而留可也;行忠於卿大夫,則仕可也;澤施於百姓,則富可也。"

"行剛"即《逸周書・諡法解》的"布義行剛曰景"中的"行剛"。

宋蘇洵《諡法》謂:"強毅果敢曰剛。"所以"行剛"就是指行爲果敢剛正。

簡文的"信言"和"剛行"合起來其實就是《論語·子路》篇所説的"言必信、行必果"。

三

《上博六·用曰》簡1説:

> 思民之初生,多隫(險)㠯(以)難成,視之台(以)康樂,應之台(以)凶䏙(刑)。

簡文第一字"思"字至今無人論及,似皆以普通的"思念"義視之,在此需稍加解釋。

"思"字古有"哀"、"憂"、"悲"、"愁"之意,《爾雅·釋詁》:"悠、傷、憂,思也。"《禮記·樂記》:"亡國之音哀以思,其民困。""哀以思"即"哀思","思"亦哀也。又《史記·萬石張叔列傳》:"萬石君以元朔五年中卒。長子郎中令建哭泣哀思,扶杖乃能行。"文中"哀思"爲同義複合詞,"思"也是"哀"的意思。又《文選》卷十八成公綏《嘯賦》:"情既思而能反,心雖哀而不傷。"《洛陽伽藍記》卷一引北魏莊帝五言詩云:"思鳥吟青松,哀風吹白楊。"韓愈《祭河南張員外文》:"二妃行迷,淚蹤染林;山哀浦思,鳥獸叫音。"上引文中"哀"、"思"皆相對爲文,"思"無疑也是"哀"的意思。①

上引典籍中的"思"字無後邊帶賓語的例子,似乎與簡文"思民之

---

① 關於典籍中"思"有"憂愁"義的論述見郭在貽《〈漢書〉札記》和《古代漢語詞義札記(一)》兩文,兩文皆收入《訓詁叢稿》一書(上海古籍出版社,1985年),第32~56、177~191頁。又氏著《訓詁學》一書(湖南人民出版社,1986年)第19、27頁也有類似的論述。

初生"的"思"字用法不同,其實古璽中有"思少敬老"格言璽,即爲"思"可帶賓語的顯例。①

"多隌(險)目(以)難成"句曹錦炎先生注釋謂:

"目(以)"可讀爲"而"。"難成",《文子·微明》:"故事或可言而不可行者,或可行而不可言者,或易爲而難成者,或難成而易敗者。"《大戴禮記·誥志》:"政不率天,下不由人,則凡事易壞而難成。"又《史記·曆書》:"則凡事易壞而難成矣。""易壞",猶"險"之謂也。《淮南子·氾論》:"有易爲而難成者,有難成而易敗者。"

按:將簡文"險"字與上引典籍中的"易壞"二字相對比,解釋不得要領。簡文中"多險"的"險"應該訓爲"艱",乃"困苦"之意。典籍中"多艱"一詞多見,而"多險"卻很少見,所以簡文的"多險"就是"多艱"。《楚辭·九歌·山鬼》:"路險難兮獨後來。"王逸注:"其路險阻又難,故來晚暮。"王逸訓"險難"爲"險阻又難"不够準確,其實"險難"就是"艱難",古代"艱"、"險"可以互訓,《詩·小雅·何人斯》:"彼何人斯,其心孔艱。"朱熹《集傳》:"艱,險也。"從《後漢書》開始,後世典籍中出現"艱險"和"險艱"二詞,都是同義複合詞,正是"艱"、"險"同義的證明。

由以上論證我們可以認定,簡文"思民之初生,多隌(險)目(以)難成"就是《楚辭·離騷》"長太息以掩涕兮,哀民生之多艱"中的"哀民生之多艱"。"思"意爲"哀","民之初生"即"民生","多險"即"多艱"。宋劉放《不寐賦》有"嗟民生之多艱兮"句,明崔銑《讀易餘言》卷

---

① "思少敬老"格言璽見於王人聰編《香港中文大學文物館藏印續集二》第31頁第77號,釋文誤爲"裒少敬老"。王輝《秦印考釋三則》一文釋爲"鬼(懷)少敬老",文載《中國古璽印學國際研討會論文集》(香港中文大學文物館,2000年),第49~57頁,亦非是。説見另文。【編按:此處所説的"另文"即收入本書的《秦"敬老思少"成語璽考釋》一文。】

三謂：“夫子五致意於大象，蓋疾法網之苛，文吏之奸，嘆民之多艱也。”其中類似文句亦皆從《楚辭》演化而來。

“視之台(以)康樂，慝之台(以)凶莝(刑)”的“視”字應讀爲“示”。“視”、“示”二字古代讀音極近，典籍中相通的證據比比皆是，例不彈舉。“慝”字古代有“隱匿”義，《集韻·入職》：“慝，隱惰飾非曰慝。”又讀爲“匿”，亦通。古代典籍中有許多“示之以某”的句式，如《淮南子·兵略》説：“故用兵之道：示之以柔，而迎之以剛；示之以弱，而乘之以強；爲之以歙，而應之以張；將欲西，而示之以東。”文中“示之以某”下緊接的“某之以某”的後一個“某”字，文意與“示之以某”的“某”字正好相反，這與簡文“視之台(以)康樂，慝之台(以)凶莝(刑)”中的“康樂”與“凶刑”文意正好相反相似。該句簡文的意思是説：“展示(於民)的是康樂，(但康樂背後卻)隱藏着凶險。”康樂背後隱藏着凶險，正是民“多隯(險)目(以)難成”的證明。

現在的問題是，簡文“思民之初生，多隯(險)目(以)難成，視之台(以)康樂，慝之台(以)凶莝(刑)”中的“思”和“視之”、“慝之”是由誰發出的，也就是説這三個動詞的主語是誰。從常理和習慣來看，這個主語顯然應該是“天”。可是“天”既然“哀民之初生”，卻又爲何“慝之以凶刑”呢？這個矛盾不好解釋。當然其中也可能蘊涵着深意，在此提出這個問題以俟高明。

值得一提的是，“凶刑”一詞典籍中很少見，僅有的幾例都見於談星命的書，用於占測人之“命運”的內容，如《星學大成》和《三命會通》，時代都很晚。還有一例見於明袁忠徹的《人象賦》(收入康熙《御定歷代賦彙》補遺卷二十一)，內容是關於相術的，與星命也有關係。簡文“凶刑”是目前所見“凶刑”一詞最早的出處。由“凶刑”一詞後世只用於論述“命運”的內容來看，簡文“思民之初生，多隯(險)目(以)難成，視之台(以)康樂，慝之台(以)凶莝(刑)”一段，其内容也應該是談"民"之"命運"的,可見這類內容的古書可能有着比較早的來源。

附記:本文草稿蒙沈培、施謝捷、陳劍三位先生提出修改意見,謹此致謝。

原載《中國文字研究》2008年第1輯(總第10輯,大象出版社,2008年),今據以收入。

説張家山漢簡
《二年律令》中的"頗"

語言學界一般認爲,"頗"是漢代出現的一個詞義比較複雜的副詞。與其他副詞主要修飾形容詞不同,它主要修飾動詞。從這一語法功能來看,"頗"是一個很特殊的副詞。

關於"頗"的詞義,目前學術界存在着兩種意見。一種意見認爲:在唐宋以前,尤其在漢代,"頗"在表示程度/範圍/數量時,其詞義是表示程度/範圍/數量低/小/少的;①另一種意見認爲:

1. 在漢代,"頗"在表示程度/範圍/數量時,其詞義既可以表示程度/範圍/數量高/大/多,也可以表示程度/範圍/數量低/小/少,還可以表示難以弄清或不需具體説明的某種程度/範圍/數量。另外還可以表示一種語氣,用於强調某種程度/範圍/數量的存在。在表示程度/範圍/數量高/大/多時,可以譯爲"較多地"、"大量地"、"大多"等,在表示程度/範圍/數量低/小/少時,可以譯爲"少量地"、"稍稍"、"多少"等,在表示難以弄清或不需具體説明的某種程度/範圍/數量時,可以譯爲"有所"、"有些"、

---

① 洪成玉:《程度副詞"頗"的語義特點》,《古漢語語法論集》,北京語文出版社,1998年,第202~214頁;《〈史記〉中的程度副詞"頗"》,《首都師範大學學報》(社會科學版),1997年第1期,第37~46頁。

"一定數量"、"多少"等,在表示強調某種程度/範圍/數量存在的語氣時,可以根據上下文靈活翻譯或不譯;

　　2. 漢代"頗"表示程度/範圍/數量高/大/多的偏多,而表示程度/範圍/數量低/小/少的偏少;

　　3. 漢代"頗"一般表示程度/範圍/數量偏高/偏大/偏多,但並不表示程度/範圍/數量最高/最大/最多,即以一個適中的基準點開始,表示的是程度/範圍/數量最高/最大/最多之前的一段高/大/多或比較高/大/多的狀態,這一點與"甚"、"悉"、"皆"等表示"極"、"全部"、"所有"有所不同。①

以往關於"頗"字詞義的討論,使用的都是見於傳世典籍中的材料,而且主要是《史記》和《漢書》中的材料。張家山漢簡的出土,爲我們帶來了地下的新材料,同時也爲"頗"在漢代的詞義的確定提供了新的證據。

張家山漢墓竹簡《二年律令》簡中有多處出現"頗"字,其所在簡文如下:

　　1. 相與謀劫人、劫人,而能<u>頗</u>捕其與,若告吏,吏捕<u>頗</u>得之,除告者罪,有(又)購錢人五萬。所捕告得者多,以人數購之,而勿責其劫人所得臧(贓)。所告毋得者,若不盡告其與,皆不得除罪。諸予劫人者錢財,及爲人劫者,同居智(知)弗告吏,皆與劫人者同罪。劫人者去,未盈一日,能自<u>頗</u>捕,若偏(徧)告吏,皆除。(簡 71~73)

　　2. 錢徑十分寸八以上,雖缺鑠,文章<u>頗</u>可智(知),而非殊折及鉛錢也,皆爲行錢。金不青赤者,爲行金。敢擇不取行錢、金

---

① 徐朝華:《漢代的副詞"頗"》,《紀念馬漢麟先生學術論文集》,南開大學出版社,1998 年,第 55~75 頁。

者,罰金四兩。(簡 197~198)

　　3. 盜鑄錢及佐者,棄市。同居不告,贖耐。正典、田典、伍人不告,罰金四兩。或<u>頗</u>告,皆相除。尉、尉史、鄉部、官嗇夫、士吏、部主者弗得,罰金四兩。(簡 201~202)

　　4. 盜鑄錢及佐者,智(知)人盜鑄錢,爲買銅、炭,及爲行其新錢,若爲通之,而能<u>頗</u>相捕,若先自告、告其與,吏捕<u>頗</u>得之,除捕者罪。(簡 206~207)

　　5. 諸謀盜鑄錢,<u>頗</u>有其器具未鑄者,皆黥以爲城旦舂。智(知)爲及買鑄錢具者,與同罪。(簡 208)

這些"頗"字除 2 屬於表示程度或數量兩可外,其餘表示的都是數量。但是到底表示的是數量多呢? 還是表示的是數量少? 抑或表示的是難以弄清或不需具體說明的數量? 甚至只是表示某種數量存在的語氣?《張家山漢墓竹簡〔二四七號墓〕》①一四四頁簡 71~73 下注釋〔一〕解釋簡 71 的"頗"字謂:"頗,少部分。《廣雅·釋詁》:'頗,少也。'"新近出版的《二年律令與奏讞書——張家山二四七號漢墓出土法律文獻釋讀》②九〇頁簡 1~2 下校釋〔九〕解釋"偏(徧)捕"説:"今按:'偏(徧)捕'與'頗捕'在律文中多見。'頗捕'指捕得少數或部分,並非全部。徧,訓作遍、盡。《史記·五帝本紀》'徧告以言'《正義》:'徧音遍,言遍告天子治理之言也。'《淮南子·主術訓》'則天下徧爲儒墨矣'注:'徧,猶盡也。'"就筆者所見,其他有關張家山漢簡《二年律令》的研究論述,在涉及簡文中"頗捕"之"頗"的解釋時,都做出了與上引兩部著作相同的訓釋。

　　按以上兩種著作將簡文中"頗捕"的"頗"字理解爲"少"、"少數"

---

　　① 《張家山漢墓竹簡〔二四七號墓〕》,文物出版社,2001 年。
　　② 彭浩、陳偉、工藤元男主編:《二年律令與奏讞書——張家山二四七號漢墓出土法律文獻釋讀》,上海古籍出版社,2007 年。

或"部分"、"少部分",就是以"頗"字常訓來訓釋簡文"頗"。我們認爲從簡文文義及律令本身的法理來看,這一訓釋非常可疑。按我們的理解,這裏的"頗"表示的應該是數量的"多"而不是"少",因此譯爲"比較多"、"盡量多"、"大量地"較好。下面試加以論證。

上引《二年律令與奏讞書——張家山二四七號漢墓出土法律文獻釋讀》一書是在解釋"偏(徧)捕"時提到"頗捕"的,意在強調"頗捕"與"偏(徧)捕"含義的不同。"偏(徧)捕"一詞在簡文中出現兩次,見於下列簡文:

6. 以城邑亭障反,降諸侯,及守乘城亭障,諸侯人來攻盜,不堅守而棄去之,若降之,及謀反者,皆要(腰)斬。其父母、妻子、同產,無少長皆棄市。其坐謀反者,能偏(徧)捕,若先告吏,皆除坐者罪。(簡 1～2)

7. 劫人、謀劫人求錢財,雖未得若未劫,皆磔之;完其妻子,以爲城旦舂。其妻子當坐者偏(徧)捕,若告吏,吏捕得之,皆除坐者罪。(簡 68～69)

"偏捕"讀爲"徧捕",意爲"盡捕"。典籍中也有"偏"用爲"徧"的例子,如《墨子·經說下》:"區宇不可偏舉。"孫詒讓《墨子閒詁》:"區,區;偏,徧,並聲同字通。"上引帶"偏(徧)捕"一詞的兩條律文規定坐"謀反"和"劫人"罪者,如能盡捕罪犯或先行揭發,則可免除罪罰。這兩條律令從法理上看規定明確,便於操作,符合法律律文所要求的嚴密性和準確性。再看上引帶"頗"字的律令,如將"頗"字理解爲"少"、"部分"的話,則簡 71 的"而能頗捕其與,若告吏,吏捕頗得之,除告者罪"就只能理解爲"如能捕得少數黨與,或向官吏揭發,而官吏又抓到少數,就免除揭發者的罪罰",簡 201 的"盜鑄錢及佐者,棄市。同居不告,贖耐。正典、田典、伍人不告,罰金四兩。或頗告,皆相除"中的

"或頗告"就只能理解爲"揭發部分"。可同樣是"劫人"案,爲何簡68～69規定必須"偏(徧)捕"才能除罪,而簡71卻只要求"捕得少數"就可以除罪呢?上引帶"頗"字的1、3、4三條律令,涉及的都是"劫人"案和"盜鑄錢"案,這兩類犯罪在任何朝代都被視爲重罪,怎麽會規定"如能捕得少數黨與"或"揭發部分"就可以免罪呢?這明顯有"量刑過輕"之嫌。而漢代的法律屬於嚴刑重法,是不大可能出現如此輕的判罰的。另外如果落實到具體案例中,所謂"少"的標準該如何掌握呢?這不是爲嫌疑人故意隱匿或避重就輕,執法者隨意解釋或營私枉法提供了便利嗎?其實簡72明確規定"所告毋得者,若不盡告其與,皆不得除罪",即"有揭發但卻沒有抓到,或揭發同案犯不徹底,都不能免罪"。既然規定如此苛刻,怎麽能同時又有"如能捕得少數黨與(頗捕)"或"揭發部分(頗告)"就可以免罪的如此寬容的規定呢?如果按照這樣來解釋,只能説明律令本身不嚴密,或存在着不能調和的矛盾。

　　相反,如果將"頗"字訓爲"比較多"、"盡量多"、"大量地",按之上引張家山漢簡《二年律令》中的1、3、4三條律文,則上文論證中所提出的疑慮和矛盾就會渙然冰釋。"比較多"、"盡量多"、"大量地"的前提是強調其數量要在基準點之上,即一定要超過實際數量的半數才行,同時凸顯的是行爲者的自覺性和是否竭盡全力,由此揭示的是一個態度問題。所以"頗捕"其實就是"比較多地捕"或"盡量多地捕"或"大量地捕","頗告"就是"比較多地告"或"盡量多地告"或"大量地告"。很顯然,帶有"頗捕"和"頗告"的律令規定,只有"比較多"或"盡量多"或"大量地"抓到黨與罪犯或告發黨與罪犯,才能免於罪罰。這樣的規定從法理上講,是比較合適的。簡文中既有"偏(徧)捕"又有"頗捕","頗捕"與"偏(徧)捕"的不同是,"偏(徧)捕"是"無一漏網",而"頗捕"則是"抓獲大部",即盡力去抓,但沒有做到"全部到案"。

上引律令2"錢徑十分寸八以上,雖缺鑠,文章頗可智(知)"中的"頗"也應該理解爲"程度高"或"比較多"的意思。"雖缺鑠,文章頗可智(知)"一句話中前後文意存在着轉折,意爲"錢雖然已經磨損得不完整,但是上邊的字和紋飾卻大都能看得清楚"。"頗可"的説法也多見於秦漢時期的典籍,如《史記·韓長孺列傳》:"且縱單于不可得,恢所部擊其輜重,猶頗可得,以慰士大夫心。"《史記·三代世表》:"自殷以前諸侯不可得而譜,周以來乃頗可著。"此兩例"頗可"所指的數量在以往的研究中有解釋爲"多"的,也有解釋爲"少"的,我們則認爲更有可能屬於難以弄清或不需具體説明的數量,難説一定指多或一定指少,故譯爲"有所"、"多少"、"基本"等比較合適。

上引律令5"諸謀盜鑄錢,頗有其器具未鑄者,皆黥以爲城旦舂。智(知)爲及買鑄錢具者,與同罪"中的"頗"字用法與上文所論律令2的"頗"字用法相同,也是"比較多"的意思。這種句式帶有肯定事物已經達到某種標準或定量的意味。"頗有其器具未鑄者"意爲"已經備好了相當數量的器具和尚未鑄造的坯料",即從法律上講已經具備了足夠定罪的犯罪工具。"頗有"的説法在秦漢時期的典籍中非常多見,如《漢書·佞幸列傳》:"及文帝崩,景帝立,鄧通免,家居。居無何,人有告通盜出徼外鑄錢,下吏驗問,頗有之,遂竟案,盡没入鄧通家,尚負責數巨萬。"《漢書·文三王列傳》:"今梁王年少,頗有狂病,始以惡言按驗,既亡事實,而發閨門之私,非本章所指。"這兩例"頗"字只能理解爲已經達到比較多的量和相當高的程度才合適。尤其《佞幸列傳》一句談的也是查驗犯罪證據的,其内容與上引律令5接近,文中的"頗有之"意爲"證據確鑿",其中"頗有"的用法與律令5中的"頗有"非常接近。顯然,要有相當數量的證據,即證據要達到相當的量或是法定的量才能稱之爲"頗有"。

通過以上論證應該可以得出以下結論:將張家山漢簡《二年律

令》中的"頗"訓爲"比較多"、"盡量多"、"大量地"明顯要比訓爲"少"、"少數"或"部分"、"少部分"爲好。由此也可以推定,在本文開頭引述的關於漢代"頗"字詞義討論的二種意見中,第二種意見應該是正確的。

按照《説文》的説法,"頗"的本義爲"頭偏"。所謂"偏",是指偏離了中心的基準點。"偏"可以"偏得多",也可以"偏得少",於是"頗"也就既有表示程度/範圍/數量的高/大/多,也有表示程度/範圍/數量的低/小/少。同時因爲高/大/多和低/小/少都是相對的,具有一定的模糊性,所以"頗"又表示難以弄清或不需具體説明的某種程度/範圍/數量。因此"頗"實際上涵蓋了從"没有"到"頂點"之間的所有程度/範圍/數量的狀態。明白了這一點,就應該更全面地看待"頗"的詞義,辯證地理解"頗"字詞義具有的游移性和模糊性,更多地依靠上下文意來判定"頗"所表示的程度/範圍/數量的"度"。

在古漢語中,還有一些表示數量的副詞常常會有人稱"反訓"的現象,如"僅"字有"少"的意思,同時又有"多"的意思;"剩"字有"多"的意思,同時也有"少"的意思。① 郭在貽先生在論證"剩"字爲反訓詞的成因時説:"剩字之成爲反訓詞,實際上乃是一件事的兩個方面:凡物而有剩餘,則此物必然是多的;但就所剩的那一點而言,卻又必然是少的。從前者着眼,剩字便有多、頗之義;從後者着眼,剩字又有殘、少之義。"這是很精彩的解釋。"剩"字詞義中存在的這種現象與"頗"字詞義的内涵頗爲相似,因此郭在貽先生對"剩"字詞義的解釋也完全適用於對"頗"字的分析。這一類現象都表明了漢語詞彙所具

---

① 關於"僅"和"剩"同時有"多"和"少"義,請參看郭在貽《唐詩中的反訓詞》"僅"字條和"剩"字條,原載《浙江師院金華分校學報》1982年第1期,後收入《訓詁叢稿》,上海古籍出版社,1985年,第129~138頁;又收入《郭在貽文集》第一卷,中華書局,2002年,第124~126頁。

有的游移性和模糊性,饒有趣味,值得進一步的研究。

最後有必要提一下秦簡中的"柀"字。

在雲夢睡虎地秦簡中多次出現一個寫作从"木"从"皮"的"柀"字,其所在簡文如下(簡文釋文據《睡虎地秦墓竹簡》一書①):

  1. 妾未使而衣食公,百姓有欲叚(假)者,叚(假)之,令就衣食焉,吏輒柀事之。(《秦律十八種》簡48)

  2. 凡不能自衣者,公衣之,令居其衣如律然。其日未備而柀入錢者,許之。(《秦律十八種》簡137～138)

  3. 實官佐、史柀免、徙,官嗇夫必與去者效代者。(《秦律十八種》簡162)

  4. 祠固用心腎及它支(肢)物,皆各爲一具,一〔具〕之臧(臟)不盈一錢,盜之當耐。或直(值)廿錢,而柀盜之,不盡一具,及盜不直(置)者,以律論。(《法律答問》簡25～26)

  5. 某頭左角刃痏一所,北(背)二所,皆從(縱)頭北(背),袤各四寸,相耎,廣各一寸,皆白中類斧,腦角出(顫)皆血出,柀(被)汙頭北(背)及地,皆不可爲廣袤;它完。(《封診式》簡56～58)

  6. 其穴壤在小堂上,直穴播壤,柀(破)入內中。(《封診式》簡77)

  7. 正月以朔,多雨,歲善而柀不產,有兵。(《日書》甲種39正)

  8. 正月以朔,多雨,歲善而柀不全,有兵。(《日書》乙種57～58)

另外簡文中還有一處"被"字,其用法與"柀"字相同:

  9. 萬石之積及未盈萬石而被(柀)出者,毋敢增積。(《秦律

---

① 《睡虎地秦墓竹簡》,文物出版社,1990年。

十八種》簡 25~26)

《睡虎地秦墓竹簡》一書將 1 的"柀"翻譯爲"在一定情況下",又引一説讀"柀"爲"罷",謂"柀事即停止役使",將 2 和 4 的"柀"訓爲"一部分",將 3 的"柀"翻譯成"分別",將 5 的"柀"讀爲"被",將 6 的"柀"讀爲"破",將 7 的"柀"讀爲"疲",將 9 的"被"讀爲"柀",訓爲"分、散"。按上引《睡虎地秦墓竹簡》一書對"柀"的訓釋紛見歧出,猶疑不定。同一個形體在同一部分資料中居然會出現如此衆多且混亂的用法,是絕對不可能的。因此,《睡虎地秦墓竹簡》一書對"柀"字的訓釋顯然是有問題的。

最近單育辰先生著有《秦簡"柀"字釋義》一文,① 指出秦簡中的這些"柀"字與張家山漢簡中的"頗"字在語法地位上相同,都用在動詞前作程度副詞,表示一定程度或數量,因此將這些"柀"字都讀爲"頗",並將其譯爲"或多或少"。我們認爲這一意見很有道理。這些讀爲"頗"的"柀",表示的正是難以弄清或不需具體説明的某種數量,如前所論,可以譯爲"有所"、"有些"、"一定數量"、"多少"等。

如果上述單育辰先生之文的觀點可以成立,則表明"頗"字並非漢代才出現的詞彙,而是在秦代就已經存在了,只是在文字形體上被寫成"柀",或借"被"字爲之而已。因此,以往認爲"頗"是漢代出現的副詞的這一觀點,當然應該予以糾正。

附記:本文寫作中曾蒙沈培、陳劍兩位先生提出寶貴的意見,謹此致謝。

原載《簡帛》第三輯(上海古籍出版社,2008 年),今據以收入。

---

① 單育辰:《秦簡"柀"字釋義》,《江漢考古》2007 年第 4 期,第 81~84 頁。

馬王堆漢墓帛書
《雜療方》校釋札記

近年來，隨着出土竹簡資料井噴式地面世，學術界大有應接不暇之感。人們見獵心喜，興奮點不斷轉移，急於適應不斷帶給人震撼的新資料。相比之下，對有關舊資料的研究則顯得相對冷清。其實我們對許多舊資料的研究還遠遠没有達到透徹的程度，還需要不斷地加以品味和咀嚼，這樣才能得到更爲真切的體味。

因爲參與《馬王堆漢墓簡帛集成》編纂工作的原因，作者對馬王堆帛書中的部分醫書又重新校讀了一遍，以下就是在校讀《雜療方》過程中寫成的幾條札記，現在呈獻於學術界以求得到指正。

一

《雜療方》第4～6行，馬王堆漢墓帛書整理小組編《馬王堆漢墓帛書〔肆〕》①釋文如下：

● 内加及約：取空壘二斗，父（咬）且（咀），段之，□□成汁，若美醯二斗漬之。□□□□㔾去其掌。取桃毛二升，入□中撓

---

① 馬王堆漢墓帛書整理小組編：《馬王堆漢墓帛書〔肆〕》，文物出版社，1985年。

□。取善【布】二尺,漬□中,陰乾,□□□□□五□□布。即用,用布抵(搨)揩中身及前,舉而去之六。

這一釋文爲後來其他的研究論著所沿用,從無不同。這一段文意並不難懂,只是文中"去其掌"的"掌"字頗爲費解。馬繼興説:"掌:本義爲手心。《説文·手部》:'掌,手中也。'《增韻》:'掌,手心也,謂指本也。'又引申爲動物之脚掌。如《孟子·告子上》:'熊掌亦我所欲也。'此處所説'去其掌'似即指此。"①按馬説非是。帛書此段講到的藥都是植物類藥物,並没有動物,即使"掌"可以指"本",可植物的根可以稱爲"掌"卻聞所未聞。其實所謂的"掌"字是個誤釋,這個字作如下之形:

自《馬王堆漢墓帛書〔肆〕》釋文釋爲"掌"後,所有相關著作皆延續其誤。細審其形體,既不從"尚",也不從"手",其上實從"艸"作,下從"宰",字應該釋爲"莘"。"莘"字見於《説文》,訓爲"羹菜",按之文意不合。"莘"在此應讀爲"滓"。"去其莘(滓)",即去掉藥汁中的渣滓的意思。古代醫書中常有"去其滓"或"去滓"的説法,如《黄帝内經·靈樞·邪客第七十一》:"伯高曰:其湯方以流水千里以外者八升,揚之萬遍,取其清五升,煮之,炊以葦薪火,沸置秫米一升,治半夏五合,徐炊,令竭爲一升半,去其滓,飲汁一小杯,日三稍益,以知爲度。"馬王堆帛書《五十二病方》和《養生方》中,也皆有"去其宰(滓)"的説法,可資比較。

---

① 馬繼興:《馬王堆古醫書考釋》,河南科學技術出版社,1992年,第752頁。

二

《雜療方》第 7 行，馬王堆漢墓帛書整理小組編《馬王堆漢墓帛書〔肆〕》釋文如下：

● 欲止之，取黍米泔若流水，以洒之七。

文中"洒"寫作"▨"。字从"水"从"▨"，不从"西"。秦漢時期的"西"字從不寫成"▨"形，而"▨"正是"思"字和"細"字所从的"囟"。所以"▨"字應該釋爲"洶"。《說文》："洶，水。出汝南新郪入潁，从水，囟聲。"《馬王堆漢簡帛文字編》"洒"字下收有五個形體：

只有第一個形體从"西"，應直接釋爲"洒"，而其他四個形體則都應該釋爲"洶"。"▨"字見於《陰陽十一脈灸經》，用爲"洒洒病寒"的"洒"，與帛書中的"洶"字用法不同。"洶"字在帛書中應該讀爲"洗"。古音"洶"、"洗"皆在心紐脂部，可以相通。以往皆釋"洶"爲"洒"，訓爲"洗滌"。雖然"洗"、"洒"音義皆近，但是從歷代醫方看，凡是與馬王堆帛書中"洶"字在相同或類似語境中用法相同的詞，都是用"洗"，從不用"洒"，可見以往將"洶"釋爲"洒"，訓爲"洗滌"是錯誤的，字應該釋爲"洶"，讀爲"洗"。馬王堆帛書中的其他"洶"字也都應該讀爲"洗"。當然"洶"字也有可能本來就是"洗"字的異體或初文，後來用爲水名只是假借，如此"洶"用爲"洗"就不存在假借的問題了。

三

《雜療方》殘片 13 作：

其中"▨"右上微殘，以往無人考釋。其實這個字从人从犬，應該釋爲"伏"。殘片文字應釋爲"☐伏飯中☐五日☐"。《雜療方》第8行《馬王堆漢墓帛書〔肆〕》釋文如下：

　　● 內加：取春鳥卵，卵入桑枝中，烝（蒸）之，☐黍中食之。卵壹決（吷），【勿】多食，多【食】☐八

文中"黍"字前原釋文加"☐"號以爲缺文。從照片看，缺文該字作：

字上部有殘缺。從殘存筆劃看，左旁似从"人"，右旁似从"犮"。古文字中从"犮"與从"犬"每每可以相通，我們認爲這個字也有是"伏"字異體的可能，存疑待考。"伏黍中食之"一段，是說將春天的鳥蛋放在桑枝汁中蒸熟，然後埋在黃米飯中吃掉。"伏飯中"與"伏黍中"說法相同。

四

《雜療方》第11行，馬王堆漢墓帛書整理小組編《馬王堆漢墓帛書〔肆〕》釋文如下：

●內加：取穀汁一斗，漬善白布二尺，□□烝（蒸），盡汁，善臧（藏）邔（留）用。用布揾中身，【舉】，去之--。

文中"用"字有重文符號，原皆屬上讀爲"善臧（藏）邔（留）用"。按此斷句非是。"用"字應屬下另讀，讀作"善臧（藏）邔（留）。用，用布揾中身，【舉】，去之。"其中"藏留"爲一詞，並不是"藏留用"爲一詞或"善藏"爲一詞、"留用"爲一詞。秦漢以前未見有"留用"的說法，也可以證明不能將"留"和"用"連爲一詞。《雜療方》第4～6行中有"即用，用布抵（揹）揾中身及前，舉而去之"的說法，"用"字也帶重文號，與"用，用布揾中身，【舉】，去之"中的"用"字用法相同，正可比照。又《雜療方》第16～17行有："爲，爲小囊，入前中，如食間，去之"的話，此"爲"字也帶重文號，用法與上舉兩例"用"字相同。

五

《雜療方》第12～15行，馬王堆漢墓帛書整理小組編《馬王堆漢墓帛書〔肆〕》釋文如下：

●內加：取犬肝，置入蠭（蜂）房，旁令蠭（蜂）□蛬之，閱十餘房。冶陵樜一升，漬美醯--二一參中，【五】宿，去陵樜。因取禹熏、□□各三指大最（撮）一，與肝并入醯中，再--三□□□□□以善絮□□□□□□盡醯，善臧（藏）筒中，勿令歇。用之以--四纏中身，舉，【去之】--五。

關於方中"犬肝"一味藥之效用，諸家解釋皆不夠清楚。今按《醫心方》卷二十八引《洞玄子》"長陰方"中有"以和正月白犬肝汁，塗陰上三度，平旦新汲水洗卻，即長三寸，極驗"的話，與該方藥用正相合。

"置入蠭(蜂)房,旁令蠭(蜂)□螫之"一句,馬王堆漢墓帛書整理小組注釋謂:"旁,四面。"①其他諸家注釋也都理解爲讓蜂遍螫犬肝的四面。按此説非是。旁字應屬上讀,"置入蠭(蜂)房旁"是説將犬肝放到蜂房裏的一邊令蜂螫之。這裏的蜂房是指人工飼養蜜蜂的蜂房,裏邊有相當的空間,故可以將犬肝放入。馬繼興《馬王堆古醫書考釋》雖然仍將"旁"字屬下,但語譯這段話爲"把狗肝放到蜂房的周圍",卻是基本正確的。

又"再+三□□□□□以善絮□□□□□盡醓"一句,"絮"字下從圖版看似有一"一"字,暫補於此,以待進一步考證。

六

《雜療方》第18～19行,馬王堆漢墓帛書整理小組編《馬王堆漢墓帛書〔肆〕》釋文如下:

● 約:取桂、乾薑各一,蕃石二,蕉【荚】三,皆冶,合。以絲繒裹之,大如指,入前中,智(知)₋₁₈而出之₋₁₉。

這一釋文爲後來其他的研究論著所沿用,從無不同。今按文中"絲繒"的"絲"字作如下之形:

以往皆釋爲"絲"。馬繼興還解釋"絲繒"爲"絲綢製品",按其説非是。仔細辨認會發現,這個字不是"絲"字,而是"疏"字。馬王堆帛書《老

---

① 馬王堆漢墓帛書整理小組編:《馬王堆漢墓帛書〔肆〕》,文物出版社,1985年,"釋文注釋"第124頁。

子》甲本"疏"字作：

疏

▨字從其輪廓看，顯然與疏字爲一字，字也應該釋爲"疏"。

"疏繒"就是織得比較稀疏的繒。古書中有"疏衰"、"疏布"、"疏巾"，"疏"字用法相同。用"疏繒"裹藥，是爲了讓藥液更容易滲濾出來。

七

《雜療方》第35行，馬王堆漢墓帛書整理小組編《馬王堆漢墓帛書〔肆〕》釋文如下：

【●】☐美醯☐，食，先來☐☐☐☐不過三食☐三五

該部分照片局部如下：

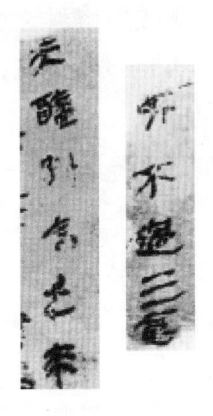

從照片看，"醯"字下之缺文應是"汁"字，可以補出。又"不過三食"的"不"字前之缺文極有可能就是"所"字，存疑待考。

八

《雜療方》第41～42行，馬王堆漢墓帛書整理小組編《馬王堆漢墓帛書〔肆〕》釋文如下：

> 字者已，即以流水及井水清者，孰洒軙(澣)其包(胞)，孰捉，令毋(無)汁，以故瓦甗毋(無)無(蕪)者盛，善四一密蓋以瓦甌，令虫勿能入，貍(埋)清地陽處久見日所。使嬰兒良心智，好色，少病四二。

文中"以故瓦甗毋(無)無(蕪)者盛"中讀爲"蕪"的"無"字作：

從照片看，該字從結構到輪廓無論如何都不會是"無"字。仔細觀察就會發現，該字結構爲从水从聿，其實就是"津"字。"津"字義爲潮氣、水汽、濕氣。北魏賈思勰《齊民要術·養羊》："若舊瓶已曾臥酪者，每臥酪時，輒須灰火中燒瓶，令津出。"繆啓愉校釋："'令津出'，使瓦瓶中所含水氣滲出。"《中國諺語資料·農諺》："蛇過道，水瓮津。"帛書"以故瓦甗毋(無)津者盛"一句，意思是說將胞衣裝到沒有濕氣的舊陶甗裏。

又文中"貍(埋)清地陽處久見日所"一句中的"清地"，馬王堆漢墓帛書整理小組讀爲"靜地"；①周一謀、蕭佐桃將"靜地"之"靜"理解爲"僻靜"；②馬繼興亦讀"清地"爲"靜地"，謂"靜"爲"乾淨整潔"。③今按：清字不必讀爲"靜"，如其讀"靜"，還不如讀"淨"。"清"字自有

---

① 馬王堆漢墓帛書整理小組編：《馬王堆漢墓帛書〔肆〕》，文物出版社，1985年，"釋文注釋"第126頁。
② 周一謀、蕭佐桃：《馬王堆醫書考注》，天津科學技術出版社，1988年，第328頁。
③ 馬繼興：《馬王堆古醫書考釋》，河南科學技術出版社，1992年，第766頁。

"潔淨"之意。《文選·張衡〈東京賦〉》:"京室密清,罔有不韙。"薛綜注:"清,絜也。"《論語·公冶長》:"子曰清矣。"皇侃疏:"清,清潔也。"

九

《雜療方》第58～60行,馬王堆漢墓帛書整理小組編《馬王堆漢墓帛書〔肆〕》釋文如下:

【●】□□來到螙□□□□□□□□□名曰女羅,委□□□□□□□五八□之柣柜□□□□□□□□□□□羿使子毋□□□□□□□□五九徒,令螙毋射六〇。

該部分照片局部如下:

從照片看,"之柣柜"前一字缺文應該就是"床"字,應補。"柣柜"應該是指"床"的某一部位。仰天湖楚簡八號簡有"策櫃"之文,"策櫃"《望山楚簡》一書疑當讀爲"簀虡",謂指"床簀所用之几",可以參考。①"羿使子毋"前的一個缺文從照片看就是"令"字,應補。又"羿使子

---

① 李家浩:《仰天湖楚簡剩義》,《簡帛》(第二輯),上海古籍出版社,2007年,第31～38頁。

毋"後的缺文也可以從文意推定補出一個"射"字。

又揣測文意,該文似有將蛾視爲"羿"之子的意思。蛾和下文提到的鮫、蚑、蠿(蜂)、癰斯五兄弟似乎都被視爲后羿之子。這是我們以往不知道的新知識。

十

《雜療方》第 67～70 行,馬王堆漢墓帛書整理小組編《馬王堆漢墓帛書〔肆〕》釋文如下:

● 即不幸爲蛾虫蛇蠿(蜂)射者,祝,唾之三,以其射者名名之,曰:"某,女(汝)弟兄五六七人,某索智(知)其名,而處水者爲鮫,而處土者爲蚑,栖木者爲蠿(蜂)、癰斯,蜚(飛)六八而之荆南者爲蛾。而晉□未□,璽(爾)妓(教)爲宗孫。某賊,璽(爾)不使某之病已六九且復□□□□□□□□□□□□七〇。

文中"璽(爾)妓(教)爲宗孫"一句中的所謂"妓"字作:

细審形體,字左邊所從爲"女"字,非"爻"字,右邊不從"攴"旁,而是從"又"。"又"字乃"拿"字的前身"挐"的表意初文。挐、奴音近,把"奴"寫作從"又",是把表意偏旁改成形近的音符。① 在戰國和秦漢文字中,"奴"字大部分還都是寫成從"又"作的,如《戰國文字編》和《秦漢魏晉篆隸字形表》中所收的如下"奴"字:

---

① 此爲裘錫圭先生的説法。見陳劍《柞伯簋銘補釋》,載《甲骨金文考釋論集》,綫裝書局,2007 年,第 4 頁。

馬王堆漢墓帛書《雜療方》校釋札記　165

[圖]高奴權　[圖]六年上郡守戈　[圖]秦印　[圖]廿五年上郡守戈　[圖]睡虎地秦簡　[圖]馬王堆帛書《老子》乙本　[圖]滿城漢墓銅鐙　[圖]馬王堆帛書《相馬經》　[圖]流沙簡　[圖]漢印

所以上揭《雜療方》中的"[圖]"字只能是"奴"字,絕不會是"教"字。不過"璽(爾)奴爲宗孫"一句的句意該如何解釋,筆者還沒有確定的意見。

十一

《雜療方》殘片 4 作:

[圖]

以往無人考釋,可作釋文如下:

　　☐魚齿(腦)☐石=(?)脂等冶☐

其中"魚齿(腦)"兩字較爲重要。傳統醫方中有"鯉魚腦"一味藥,見於《普濟方》、《外臺秘要》、《醫方類聚》、《醫心方》等醫書。因帛書"魚腦"前有缺文,不知是否即"鯉魚腦"。民國時期佚名著《男女特效良方》中有《治女人陰瘡方》,謂"紫葳爲末,用鯉魚腦或膽調搽之,效",可資參考。

　　原載《古文字研究》第二十八輯(中華書局,2010 年),今據以收入。

《岳麓書院藏秦簡(壹)》考釋一則

——兼談"肯"字

《岳麓書院藏秦簡(壹)》"占夢書"部分簡0049正有如下一段話：

夢蛇入人口，■不出，丈夫爲祝，女子爲巫。

《岳麓書院藏秦簡(壹)》釋文將"■"字隸定作上從"古"下從"肉"的"肯"，並在紅外綫掃描版的注釋(一)中解釋説：

此字在楚簡中或釋爲"舌"，可參考。

按這一隸定和解釋都不正確。

首先，古文字中的"古"字下部皆從"口"作，而"■"字上部所從明顯是一個近似橢圓的圓圈，並不是"口"。其次，古文字"古"字上部的一橫一般都寫得很平直，而此字上部所從並非一筆寫成的一橫，而分明是由兩筆寫成的向兩側下垂的形狀。

又注釋所謂楚簡中的"舌"字作如下之形：

■ 郭店楚簡《語叢》四

字從"舌"從"肉"作，"肉"爲累加的義符，一般皆隸定作"胄"。另外楚文字中又有從"胄"的兩個字分別作：

▣ 鄂君啓節舟節"䏍"字　　▣ 清華簡《楚居》"䐓"字

以上三個楚文字中的"胄"字和偏旁中的"胄"字上部，都寫作一弧筆上有一豎筆或一弧筆上有兩斜筆的形狀，與岳麓簡的"▣"字上部所從的寫法差別很大，不存在是一個字的可能，因此《岳麓書院藏秦簡（壹）》注釋將"▣"字與楚簡中的"舌"字相比附，顯然是錯誤的。退一步說，即使這種比附是正確的，那也應該將"▣"字隸定爲從"舌"從"肉"的"胄"才是，而不應該隸定爲從"古"從"肉"、不知何字的"胄"。

"▣"字到底是什麼字呢？其實這個字很容易認識，它就是"育"字。《說文・云部》說育字"從云肉聲"，這一解釋與"▣"字的結構完全相合。這應該是目前已知古文字中所見時代最早的"育"字。

下面不避繁瑣，先對古文字中的"育"字及其演變進行一下簡單的梳理。

以往已知確切的"育"字最早見於漢代。《漢印文字徵》"育"字下收有如下9個形體：

1. ▣　2. ▣　3. ▣　4. ▣　5. ▣　6. ▣
7. ▣　8. ▣　9. ▣

其中第7形施謝捷先生認爲不是"育"字，另有考釋。1~6、8諸形皆從云從肉,①字形結構與《説文》對"育"字結構的解釋相合。其中2、6兩形與岳麓秦簡的"▆"字寫法最爲接近。1、4、8三形所從的"云"字有些變形,即下垂的像小兒手臂的兩筆變成了兩頭向上彎曲。第9形形體比較特殊,按《漢印文字徵》摹本的形態,其結構變成了上從"古",下從"肉"的結構。關於此字下文還將進行分析。1~6、8共7例"育"字在印文中皆用爲人名。史書載古有名"夏育"的勇士,即"賁育"之"育",漢代有議郎耿育、孝成皇帝寵臣史育、朔方刺史蕭育、廷尉育,又六安共王慶、平隄嚴侯招和扶陽節侯韋賢的後嗣中都有以"育"爲名者,可見在漢代有不少以"育"爲名的人。

　　除此之外,施謝捷先生還在《〈漢印文字徵〉卷六校讀記》一文中對漢印和漢封泥中的三個"育"字有過考證,②其考釋涉及的印文如下:

1. 2. 3.

1爲"育棃右尉","育"字原或誤釋爲"昌"。此"育"字上部有殘勒,結構已經看不清楚。3"史育"之"育"乃施謝捷先生新釋。"史育"之名見於上文提到的孝成皇帝寵臣史育,不知與此是否爲同一個人。該字字形結構也是從"云"從"肉"。2爲"育陽邑丞"封泥,該"育"字就是上揭《漢印文字徵》所引"育"字的第9字,但《漢印文字徵》的摹寫嚴重失真,從印文看該"育"字上部顯然也是從"云"的,並不從"口"作,

---

① 其中第3形所從"肉"字與"月"字接近,在漢印文字中"肉"、"月"兩個偏旁經常訛混。
② 施謝捷:《〈漢印文字徵〉卷六校讀記》,《中國文字博物館》第2期,第26頁。

尤其最上邊的筆劃向兩側下垂的特點還很明顯。

漢印中有如下一方私印：

《中國篆刻全集》（卷二）658 頁①

左邊一字上從"古"、下從"肉"，原釋爲"胡"，但施謝捷先生認爲漢印中可以確定的"胡"字都是寫成左右結構的，因此懷疑此字可能爲"育"字的變體。這個字的結構，還會讓我們想起在馬王堆漢墓遣策和簽牌中有如下一字：

《馬王堆簡帛文字編》246 頁

字從"木"從"肯"，一種意見認爲此字右上從"古"，應隸定爲"楛"，"肯"與"賈"音近可通，因而釋"楛"爲"櫃"；②一種意見認爲"肯"就是"育"字變體，字應釋爲"楕"。③ 朱德熙和裘錫圭先生認爲"肯"應爲"冑"字變體，這個字應該隸定爲"楕"，在遣策中讀爲"柚"。④ 從秦漢時期文字中"古"與"由"經常訛混的情況以及"楕"在遣策中的用法和語境來看，朱、裘二位先生的考釋無疑是正確的。如此看來上引那方漢代私印中上從"古"、下從"肉"的字，也有是"冑"字變體的可能，不一定就是"育"字的變體。總之，目前還沒有發現一例確定無疑的

---

① 孫慰祖編：《中國篆刻全集(卷二)》，黑龍江美術出版社，2000 年，第 658 頁。
② 周世榮：《關於長沙馬王堆漢墓中簡文——楛(櫃)的考訂》，《茶葉通訊》1979 年第 3 期，第 15～18 頁。
③ 唐蘭：《長沙馬王堆漢軑侯妻辛追墓出土隨葬遣策考釋》，《文史》第十輯，中華書局，1980 年，第 20 頁。
④ 朱德熙、裘錫圭：《馬王堆一號漢墓遣策考釋補正》，《文史》第十輯，中華書局，1980 年，第 67 頁；後收入《朱德熙文集(第五卷)》，商務印書館，1999 年，第 128 頁。

"育"字是可以寫成从"古"从"肉"這一結構的。

又漢簡中的"育"字作如下之形：

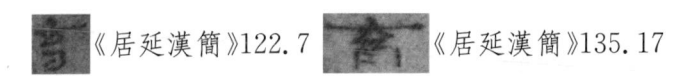

[圖]《居延漢簡》122.7　　[圖]《居延漢簡》135.17

其形體已經接近或基本上演變成比較標準的隸楷寫法了。

《說文·云部》對"育"字的解釋爲"養子使作善也。从云、肉聲。《虞書》曰：教育子。[圖]，育或从每"。甲骨文中的"毓"字作：

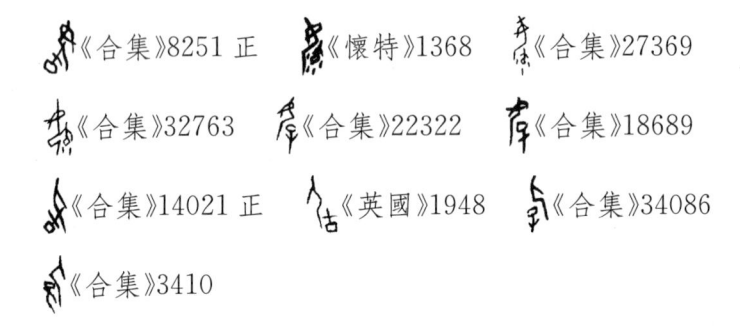

[圖]《合集》8251正　　[圖]《懷特》1368　　[圖]《合集》27369

[圖]《合集》32763　　[圖]《合集》22322　　[圖]《合集》18689

[圖]《合集》14021正　　[圖]《英國》1948　　[圖]《合集》34086

[圖]《合集》3410

"育"字顯然是從甲骨文的"毓"字省變來的，即保留了"云"形，並將"毓"字所从的女旁或人旁或尸旁省去，替換成"肉"聲而成。現在的問題是：這種省變是從什麼時候開始的？爲何從甲骨文到秦文字這一古文字時段內，至今還沒發現明確的"育"字？是當時語言中"育"這個詞是用另外的字形來記錄的還是就用"育"字而只是我們還沒有認出？這些都是需要我們繼續探討下去的。

古璽文字中有如下一字：

[圖]《古璽彙編》1405　　[圖]《古璽彙編》2298　　[圖]《古璽彙編》2274

字从"子"从"肉"，施謝捷先生懷疑這個字就是"育"字，只是將"云"字正過來寫成了"子"字而已。從上引甲骨文"毓"字所从的"云"也經常可以正過來寫成"子"字這一點來看,這一懷疑還是很有道理的。當然,因爲這個字只是用爲人名,如果要認定它就是"育"字,還需有硬證來加以進一步的證明。

論證到此,"育"字的字形及其演變已經基本清楚。現在讓我們再回到上文考釋過的有"育"字的那條岳麓秦簡文意的解釋。

簡文説"夢蛇入人口,育不出,丈夫爲祝,女子爲巫"。文中的"育"字既可以理解爲"繁殖、孕育、生育"之"育",也可以理解爲"生長、生存、存活"之"育"。簡文的意思是説:"夢見有蛇進入人口,在口裏生育或存活,不出來,(如此)則男人將充任祝,女人會成爲巫。"【編按:本文首發在復旦大學出土文獻與古文字研究中心網站,蒙網友"一葦"和劉雲先生指正。劉雲先生將"育"讀爲"抽"的意見比本文將"育"解釋成"生育"或"存活"明顯要更爲合理。】

蛇入人口在今天看來似乎極爲罕見,但在古代卻並非希見的事情。《風俗通義》所載"杯弓蛇影"的故事,就是人們熟知的典故。在歷代醫方中,有不少載有治療蛇入人口或七竅的藥方,如《肘後備急方》卷七載《聖惠方》"治蛇入口并入七孔中"方,《備急千金要方》卷七十六載"治因熱逐涼睡熟,有蛇入口中挽不出方"和"治蛇入人口并七孔中者方"。《醫心方》卷十八也載有《千金方》"蛇入人口中不出方"。《醫方類聚》卷一百六十七"蟲傷門"有如下詩句:"蛇穿人口若爲妖,破尾開皮入漢椒,十粒居中仍裹着,自然倒出没欺蹺。"文中稱蛇爲"妖",更是將"蛇入人口"視爲一種不祥的徵兆。

蛇是古人習慣用來表示徵兆的一個物象,早在《詩經·小雅·斯干》中,就有"維虺維蛇,女子之祥"的詩句。《左傳·文公十六年》曰:"有蛇自泉宫出,入于國,如先君之數。"魯人認爲聲姜薨與蛇出泉臺有關,故毀泉臺。在歷代史書的《五行志》、《祥瑞志》和各種筆記小説中,有不少關於"蛇妖"或"蛇孽"的記載,記録了"蛇"的出現、活動、變化等表示的某種徵兆,預示的某種後果。明張岱《夜航船》卷十四九流部"道教"條載:"漢周亞夫爲河南守,許負相之,曰:'君後三年爲侯。八年爲宰相,持國秉政。九年當餓死。'亞夫笑曰:'既貴如君言,又何餓死?'負指其口曰:'蛇入口故耳。'後果然。"這裏的"蛇"雖然指的是臉上的紋路,並非實指"蛇",但理念還是有相通之處。就連兵書中也會涉及"蛇"這一占驗物象,如唐易靜的《兵要望江南》就有"占蛇"篇,記錄了"蛇"與軍事活動或戰爭勝敗的關係。

　　古代典籍中也有一些有關"蛇夢"的記載,有關這方面的內容,敦煌寫本解夢書中有很多相似的文字,如其中就有夢見蛇入懷、蛇在懷中、蛇入人穀道中等內容,①可以與岳麓簡的記載相比較。

　　原載《第二十二屆中國文字學國際學術研討會論文集》(臺灣逢甲大學中國文學系,2011年),今據以收入。

---

① 參看鄭炳林《敦煌寫本解夢書校錄研究》,民族出版社,2005年,第343～344頁。

説秦簡"右剽"一語並論歷史上的官馬標識制度

湖北雲夢睡虎地秦墓竹簡《封診式》中有一條《盜馬》的案例,《睡虎地秦墓竹簡》一書所作簡文釋文如下:

　　盜馬　爰書:市南街亭求盜才(在)某里曰甲縛詣男子丙及馬一匹,騅牝右剽;緹覆(複)衣,帛裏莽緣領褎(袖),及履,告曰:"丙盜此馬、衣,今日見亭旁,而捕來詣。"①

文中"右剽"一語有些費解。《睡虎地秦墓竹簡》一書注釋謂:

　　剽,疑讀爲瞟,《廣韻》引《埤蒼》:"一目病也。"《居延漢簡甲編》八七八有"□駁乘兩剽,齒十六……",一九三七有"……左剽,齒五歲,高五尺九寸"。②

這一解釋是否正確呢?
按用法相同的"剽"字還見於下列居延漢簡:

　　1. □官□驛馬一匹,驪駮,牡,左剽,齒十四歲,高五尺八寸　中

(231·20)

---

① 《睡虎地秦墓竹簡》,文物出版社,1990年,第151頁。
② 《睡虎地秦墓竹簡》,第151頁。

2. 馬一匹，騂，牡，左剽，齒九歲，高五尺☒
（510·27）

3. ☒一匹，騂，牡，左剽，齒七歲，高五尺八寸。三月辛未入。　　　　　　　　　　　　（乙附4）

4. 馬一匹，驪，牡，左剽，齒四歲=，高五尺八寸。　袁中
（E·P·T51：12）

5. 廿四驛馬一匹，騂，牡，左剽，齒八歲，高五尺八寸。上。　調習。　　　　　　　　（E·P·C：1）

在1990至1992年間發掘出土的敦煌懸泉漢簡中也有相同用法的"剽"字：

6. 建昭元年八月丙寅朔戊辰，縣（懸）泉廄佐欣敢言之：爰書：傳馬一匹駼駿，牡，左剽，齒九歲，高五尺九寸，名曰駼鴻。病中肺，欬涕出䐄，飲食不盡度。即與嗇夫遂成、建雜診：馬病中肺，欬涕出䐄，審證之。它如爰書。敢言之。

（Ⅱ0314②：301）

7. 傳馬一匹，駹騂，乘，左剽，齒九歲，高五尺六寸，名曰蒙華。建昭二年十二月丙申病死，賣骨肉，受錢二百一十。

（Ⅰ0111②：2）

在敦煌懸泉置漢簡中還有一篇共由十支簡組成的《傳馬名籍》，更是集中了許多這種用法的"剽"字：

8. 傳馬一匹，駹，牡，左剽，決兩鼻兩耳數，齒十九歲，高五尺九寸……　　　　　　　　（V1610②：10）

9. 私財務馬一匹，駹，牡，左剽，齒九歲，白背，高六尺一寸，小宵。補縣（懸）泉置傳馬缺。　（V1610②：11）

10. 傳馬一匹，駹，乘，白鼻，左剽，齒八歲，高六尺，駕，翟

聖，名曰全(?)殿。ム卩　　　　　　　　　（V1610②：12）

11. ……尺六寸，駕，名曰葆橐。　　　　（V1610②：13）

12. 傳馬一匹，騧，乘，左剽，決右鼻，齒八歲，高五尺九寸半寸，駿，名曰黃雀。　　　　　　　　　　（V1610②：14）

13. 傳馬一匹，駂，乘，左剽，八歲，高五尺八寸，中，名曰倉（蒼）波，柱。　　　　　　　　　　　　（V1610②：15）

14. 傳馬一匹，騮，乘，左剽，決兩鼻，白背，齒九歲，高五尺八寸，中，名曰佳□，柱，駕。　　　　　（V1610②：16）

15. 傳馬一匹，赤騮，牡，左剽，齒八歲，高五尺八寸，駕，名曰鐵柱。　　　　　　　　　　　　　　　（V1610②：17）

16. 傳馬一匹，騂駒，乘，左剽，齒九歲，高五尺八寸，駿，吕戟，名曰完幸。ム卩　　　　　　　　　（V1610②：18）

17. 私財務馬一匹，駂，牡，左剽，齒七歲，高五尺九寸，補縣（懸）泉置轉馬缺。　　　　　　　　　（V1610②：19）

以上所引漢簡中的"左剽"之"剽"，與前引睡虎地秦簡中的"右剽"之"剽"用法相同，無疑說的是一回事。從上引漢簡中如此多有關馬"左剽"的記載看，很顯然，"剽"字不可能是用爲"一目病"的意思。因爲從常理推想，不可能有如此多的馬都患"一目病"，也不可能大都病在左眼。

關於上引編號 6 懸泉置漢簡中的"剽"字，胡平生、張德芳編撰的《敦煌懸泉漢簡釋粹》注釋解釋說：

左剽，剽，標誌。左剽，即在馬的左部烙上徽記。《集韻·霄韻》："表，識也。或作剽。"《周禮·春官·肆師》："表齍盛。"鄭玄注："故書'表'爲'剽'。剽、表皆爲徽識也。"①

---

① 胡平生、張德芳編纂：《敦煌懸泉漢簡釋粹》，上海古籍出版社，2001 年，第 25～26 頁。

按：這一説法應該是正確的。

"左剽"、"右剽"的"剽"就應該讀爲"標"。馬王堆漢墓帛書《日月風雨雲氣占》中有"木剽"一詞，"剽"即借爲"標"。"木剽"即"木標"，也即"木杪"，乃樹梢之意。① "標"字古又作"檦"，字從"剽"聲，正好體現了"標"與"剽"可以相通的形體關係。"標"的這一用法在典籍中又可用"標"或"表"字來表示，於意皆通。

由以上分析我們可以斷定：秦簡《封診式》"盜馬"案中"騅牝右剽"的"剽"，無疑是指馬的右邊所烙的標識。上引漢簡中有"左剽"的馬，都是用於驛傳的馬，其中絶大部分本來即官馬，個别爲"私財務馬"而補充進官馬行列的馬。本案中的馬右邊烙有標識，這一標識很可能正標明了此馬乃官馬，且基本可以確定就是公家用於驛傳的馬。"市南街亭"的"亭"似應屬於市場内的亭，即"市亭"，但"市亭"也可能兼有驛亭的功能。驛馬經過驛亭，人、馬都需要休息或食宿，有時還需要换馬。上引秦簡描述盗馬賊是在亭旁被抓住的，這説明盗馬賊所盗之馬和衣物，很可能就是從亭中盗出的。當然也存在盗馬賊是從别處盗的馬，到"市亭"來是爲了銷贓的可能。

上引秦簡"騅牝右剽"一句，《睡虎地秦墓竹簡》一書釋文原無點斷，其實應該斷作"騅，牝，右剽"。"騅"是説馬的毛色，"牝"是説公母，"剽"是説明該馬是有"標識"的官馬。

《莊子·馬蹄》引伯樂的話説："曰：'我善治馬。'燒之剔之，刻之雒(烙)之。"文中的"雒(烙)之"就是指爲馬烙上標識而言。這是典籍中最早的有關烙馬的記載。爲馬烙上標識這一習俗，應該有着久遠的來源。出土文獻和出土實物表明：秦漢時期存在着嚴格的公物標識制度，其中對於官馬、官牛的標識就是其中最典型的例子。如上文

---

① 劉釗：《釋馬王堆帛書〈日月風雨雲氣占〉中的"木剽"和"没戠"》，《簡帛》第一輯，上海古籍出版社，2006年，第445~448頁。【編按：此文已收入本書。】

所論用於驛傳的馬,就要烙上表明身份的標識。

關於在官馬身上必須烙上標識,張家山漢簡中的《津關令》中有明確的法律規定。相關的律文如下:①

　　□、御史請諸出入津關者,皆入傳,書 郡 、縣 、里、年、長、物色、疵瑕見外者及馬職(識)物關舍人占者,津關謹閱,出入之。縣官馬勿職(識)物（簡498）

　　☑議,禁民毋得私買馬以出扞〈扜〉關、鄖關、函谷【關】、武關及諸河塞津關。其買騎、輕車馬、吏乘、置傳馬者,縣各以所買（簡506）名匹數告買所內史、郡守,內史、郡守各以馬所補名爲久久馬,爲致告津關,津關謹以藉(籍)、久案閱,出。諸乘私馬入而復以出,若出而當復入者,（簡507)津關謹以傳案出入之。詐僞出馬,馬當復入不復入,皆以馬賈(價)訛過平令論,及賞捕告者。津關吏卒、吏卒乘塞者智(知),弗告劾,（簡510）與同罪;弗智(知),皆贖耐。•御史以聞,制曰:可。（簡511）

　　相國議:關外郡買計獻馬者,守各以匹數告買所內史、郡守,內史、郡守謹籍馬職(識)物、齒、高,移其守,及爲致告津關,津關案閱,（簡509)出,它如律令。御史以聞,請許,及諸乘私馬出,馬當復入而死亡,自言在縣官,縣官診及獄訊審死亡,皆【告】津關,制曰:可。（簡508）

　　相國、御史請郎騎家在關外,騎馬節(即)死,得買馬關中人一匹以補。郎中爲致告買所縣道,縣道官聽,爲質〈致〉告居縣,受數而籍書（簡513）馬職(識)物、齒、高,上郎中。節(即)歸休、繇(徭)使,郎中爲傳出津關。馬死,死所縣道官診上。其詐(詐)

---

① 釋文據彭浩、陳偉、工藤元男主編《二年律令與奏讞書——張家山二四七號漢墓出土法律文獻釋讀》,上海古籍出版社,2007年。

贸易馬及偽診，皆以詐（詐）偽出馬令論。其（簡514）不得買及馬老病不可用，自言郎中，郎中案視，爲致告關中縣道官，賣更買。•制曰：可。（簡515）

其中的"馬職（識）物"就是指馬身上的烙印。"爲久久馬"句中的第一個"久"字用爲名詞，指用於烙馬的烙印，此"久"字與張家山漢簡簡52所說"入門衛木久"的"久"字用法相同，①即如下文揭示的戰國和漢代的烙馬印一類的璽印；第二個"久"讀爲"灸"，指用烙馬印往馬身烙印這一行爲。"灸"字《說文》訓爲"從後灸之"（小徐本），由"灸之"這一動作，又引申擴大爲指所有往器物上灸灼或按捺鈐印的舉動。

上引漢簡《津關令》規定在出入關致籍中要寫明"馬職（識）物、齒、高"三項內容，從其排列順序看，與上引漢簡談到馬"左剽"的簡中以"左剽、齒某歲、高某寸"的順序正合，"左剽"的位置就相當於"馬職（識）物"，這說明所謂的"馬職（識）物"具體就是指"左剽"的"剽"而言，也就是在馬身上所烙的印記。

明陸粲《陸子餘集》卷五《陳馬房事宜疏》中說：

臣惟印烙馬牛，所以分別公私，防閑詐偽，關繫不爲不重。②

可見"分別公私、防閑詐偽"是爲馬、牛烙上印記的主要目的。

歷代典籍中有不少關於往馬身上烙印和使用烙馬印的記載，如

---

① 《漢官六種》"衛尉"條下說："衛尉主宮闕之內，衛士于垣下爲廬，各有員部。〔凡〕居宮中者，皆施籍于掖門，案其姓名。若有醫巫儌人當入者，本官長史爲封啓傳，審其印信，然後內之。人未定，又有籍，皆復有符。符用木，長二寸，以當所屬官名兩字爲鐵印，亦太卿灸符，當出入者，案籍畢，復識齒符，識其物色，乃引內之也。"（中華書局，1990年，第14頁）文中"灸符"之"灸"義爲"燒灼"，與"灸"字用法接近。也有可能此"灸"字就是"灸"字之誤。

② 《四庫全書》，上海古籍出版社影印文淵閣本，2003年，第1274冊，第651頁。文中"關係"一詞作"關繫"，原文如此。

下引典籍：

1.《魏書》卷七《高祖紀》上："是月，劉彧死，子昱僭立。五月丁巳，詔軍警給璽印、傳符，次給馬印。"①

2.《魏書》卷五十一《呂羅漢列傳》："高祖詔羅漢曰：'朕總攝萬幾，統臨四海，思隆古道，光顯風教。故內委群司，外任方牧，正是志士建節之秋，忠臣立功之會。然赤水羌民，遠居邊土，非卿善誘，何以招輯？卿所得口馬，表求貢奉，朕嘉乃誠，便敕領納。其馬印付都牧，口以賜卿。'"②

3. 唐張九齡等撰《唐六典》卷十一在談到"尚乘局"的執掌時說："凡外牧進良馬，印以'三花'、'飛'、'風'之字，而爲誌焉。（注：細馬、次馬送尚乘局者，於尾側依左右閑印以'三花'，其餘雜馬送尚乘者，以'風'字印印左髀，以'飛'字印印左膊。）"③

4. 唐李賀《昌谷集》卷三《昌谷詩·五月二十七日作》："汏沙好平白，立馬印青字。"④

5.《唐會要》卷七十二《諸監馬印》："凡馬駒，以小'官'字印印左膊，以年辰印印右髀，以監名依左右廂印印尾側（注：若形容端正擬送尚乘者則須不印監名）。至二歲起，脊量強弱，漸以'飛'字印印右膊。細馬、次馬俱以龍形印印項左。送尚乘者，於尾側依左右閑印以'三花'，其餘雜馬，齒上乘者，以'風'字印左膊，以'飛'字印左髀。經印之后，簡習別所者，各以新入處監名印印左頰，官馬賜人者，以'賜'字印。諸軍及充傳送驛者，以'出'字印，並印右頰。"又"景雲三年正月十四日勅：'諸王公主家

---

① 魏收：《魏書》，中華書局，1974年，第137頁。
② 魏收：《魏書》，第1139頁。
③ 張九齡等：《唐六典》，中華書局，1992年，第330～331頁。
④ 《四庫全書》，第1078冊，第463頁。

馬印文，宜各取本號。'"①

6.《五代會要》謂："清泰三年十月敕……但勝衣甲，並仰印記，差人管押送納，其小弱病患者，印'退'字，本道收管。"②

7. 宋李心傳撰《建炎以來繫年要錄》卷一百八十七："詔自今三衙取到綱馬，看驗訖，令樞密都承旨用火印撥付逐司。其見管馬，亦依此用印。江上諸軍委總領所江，池州荆南府委守臣，仍自遠及近，<u>以甲字至壬字爲文</u>。<u>戰馬印左</u>，輜重印右。用樞密院請也。"③

8.《宋會要輯稿》"兵廿四"載北宋十七群牧監馬印謂："凡馬群號十七：'<u>左</u>'字（左騏驥院：捧日馬内尾側印、拱聖馬内尾横印、驍騎馬内溝正印）、'<u>右</u>'字（右騏驥院：捧日馬外尾正印、拱聖馬外溝正印、驍騎馬外溝横印、龍猛馬外尾側正印）、'<u>千</u>'字（左騏驥院：龍猛内溝正印、雜使馬内溝横印、遞馬内尾倒印。右騏驥院：雜使馬外硯骨横印、遞馬外尾倒横印）、'<u>上</u>'字（左騏驥院：給諸班直諸軍軍員馬臨時印，無定所。右騏驥院：給諸班直諸軍長行馬外人所印）、'<u>立</u>'字（右騏驥院：給諸班直諸軍軍員馬外人所印）、'<u>永</u>'字（左騏驥院：給諸班直諸軍長行及外諸軍長行馬臨時印，無定所。右騏驥院：外人所印。又，諸監三歲亦'永'字印尾骨）、'<u>官</u>'字（蕃戎所貢及歲吉牧市之馬初用之，牡印其項，牝印其髀，諸監牧駒生二歲亦如之。凡馬骨相應圖法可充御馬者，止以'官'字印其項，令圉師調習之）、'<u>吉</u>'字（兩院諸馬自龍猛馬以上稍駔駿者，印之以備近臣中諫生日所賜及揀選支用。又，坊監馬部送至京及選配他處亦以'吉'字印其汙溝）、

---

① 王溥：《唐會要》，上海古籍出版社，2006年，第1545~1546頁。
② 《五代會要》，上海古籍出版社，1978年，第208頁。
③ 《四庫全書》，第327册，第675頁。

'天'字(國信馬及諸班拱聖馬、驍騎馬用'天'字印。大中祥符三年,令別以字易之)、'主'字、'王'字、'方'字、'與'字、'來'字、'萬'字、小'官'字(自諸班馬而下參給諸用者無定額,或以'主'字至小'官'字,凡七等印號印之)、'退'字(凡諸州軍和市馬不及等及選退斥賣者皆印之)。"①

9.《宋會要輯稿》"兵廿四"說:"(紹興)三十一年正月十五日,樞密院言,欲以殿前司'甲'字、馬軍司'乙'字、步軍司'丙'字、鎮江府'丁'字,健康軍'戊'字、池州'己'字、江州'庚'字、鄂州'辛'字、荊南'壬'字為文。內戰馬左胯,輜重馬並騾馬右胯並用印,退馬右胯'出'字印。"②

10.《宋史》卷四百七十八《南唐李氏世家》:"王師克池州,又破其衆二萬於采石磯,擒其龍驤都虞侯楊收等,獲馬三百匹。江表無戰馬,朝廷歲賜之。及是所獲,觀其印文,皆歲賜之馬也。"③

11. 宋周去非撰《嶺外代答》卷五"財計門"《經略司買馬》條:"自元豐間,廣西帥司已置幹辦公事一員于邕州,專切提舉左右江峒丁,同措置買馬。紹興三年置提舉買馬司于邕。六年,令帥臣兼領今邕州守臣,提點買馬。經幹一員置廨于邕者,不廢也,實掌買馬之財。其下則有右江二提舉,東提舉掌等量蠻馬,兼收買馬印;西提舉掌入蠻界招馬。"④

12.《遼史》卷九十七《耶律喜孫傳》:"重熙中,其子涅哥為近侍,坐事伏誅。帝以喜孫有翼戴功,且悼其子罪死,欲世其官。

---

① 《宋會要輯稿》,中華書局,1957年,第7180頁。
② 《宋會要輯稿》,第7199頁。
③ 脫脫等:《宋史》,中華書局,1977年,第13859頁。
④ 《四庫全書》,第589冊,第430~431頁。

喜孫無所出之部，因見馬印文有品部號，使隸其部，拜南府宰相。"①

13.《元史》卷一百《志》第四十八《兵》三"馬政"條曰："其牧地，東越耽羅，北踰火里禿麻，西至甘肅，南暨雲南等地，凡一十四處。自上都、大都以至王你伯牙、折連怯呆兒，周迴萬里，無非牧地。馬之群，或千百，或三五十，左股烙以官印，號大印子馬。其印，有兵古、貶古、闊卜川、月思古、斡欒等名。"②

14. 明王世貞《弇州續稿》卷一百三十《中大夫太僕寺卿東白顧公神道碑》曰："丞督庫藏，而少卿理京營者，監之東西路。少卿、丞各一，相繼行部，驗烙馬。上可之，著爲令。公又申明六條，優卹種馬，責成寄牧，隆重銓選，嚴督解運。"③

15. 明陸粲《陸子餘集》卷五《陳馬房事宜疏》説："臣惟印烙馬牛，所以分別公私，防閑詐僞，關繫不爲不重。頃者臣等查點過各房馬牛，雖稱有環吉、三尖等字樣，其實通無印號。間有一二，亦多細淺模糊，而太監閻洪奏乞存留，乃假印號相雜爲醉。臣等嘗據所見以折之矣。比聞天閑在内者，亦有盜易之弊，若使防範果嚴，豈應有此？今見在頭畜，已經臣等奏請重加盪烙，此後如有各處貢賀及新收孳生馬匹，俱乞及時印烙，每二年或三年一次。提督官通行點視，但有文理細淺者，即爲照前再印，庶幾真僞可辨，而姦弊不生矣。"④

16. 明何孟春撰《何文簡疏議》卷三《議馬政疏》云："正德初，御史王濟因差印烙馬匹，見得民間雖有種馬之名，無種馬之

---

① 脱脱等：《遼史》，中華書局，1974年，第1411頁。
② 宋濂：《元史》，中華書局，1976年，第2553～2554頁。
③ 《四庫全書》，第1283册，第808頁。
④ 《四庫全書》，第1274册，第651～652頁。

實;有孳生之名,無孳生之用。"①

17. 明黄訓編《名臣經濟録》卷三十六《兵部》"題覆救偏補弊以期裕馬政事"曰:"計臣所點烙馬疋,共該八萬八千五十九疋。"②

18. 明楊時喬《馬政紀》卷三"南京太僕寺折俵馬"條説:"弘治十六年,都御史彭禮、禮科右給事中王績各題稱:'應天府屬及太平、鎮江等府,俱在大江以南,風土不産好馬,難備軍前應用。欲弛舊例,以圖實用,每年印烙馬駒,務要逐一點閘查審,不必拘於八分。果有孳生好駒,量與印烙,聽候補種取用。如遇倒失追賠、本色不堪之數,不必印烙。"③

19.《明會典》卷一百二十二《兵部·馬政》"已上買補"條説:"凡孳生備用騎操折易並進納馬匹俱印烙,以防姦弊。……印中備用馬匹徑解本部,發太僕寺交納,以憑散俵。……凡孳生駒用云字小印,俵散作種用大印,給軍騎操者再用云字印。宣德八年奏準江北陪補馬駒俱從南京太僕寺印烙……成化十六年,奏準凡馬非經官印驗者不收。二十一年奏準買補備用免其用印,止令起解,以備選擇。弘治二年奏準孳牧備用牛,每三年一次,差官印烙。四年,奏準凡印烙馬匹,民馬照舊印左,給軍則印右。如京營邊關馬無右印,即係盜買民間官馬,追究問罪。六年,令孳生兒駒看驗不堪及騾駒多餘者,俱免印烙,從其變賣以充買補備用之數。"④

20. 明楊時喬《馬政紀》卷十"凡印馬字樣"下注:"嘉靖三十

---

① 《四庫全書》,第429册,第78頁。
② 《四庫全書》,第444册,第74頁。
③ 《四庫全書》,第663册,第54頁。
④ 《四庫全書》,第618册,第245頁。

五年，議準寄養馬，印'官'字，五軍等營印'五'字、'樞'字、'機'字、'巡'字、'捕'字，隆慶五年寄養馬，印'寄'字，錦衣衛、勇士營、四衛營印'衣'字、'士'字、'四'字。"①

21. 清傅恒等編《平定準噶爾方略》正編卷四十九"命查審侍衛郭木尼勒圖收匿解送馬匹情罪"條中説："乃郭木尼勒圖是晚移駐，將馬群衝入伊馬群內，以致俱被驚散。次日收聚，據稱倒斃十匹，查係伊馬印記者三匹，餘馬惟餘頭蹄，無憑查驗等語。"②

22. 清吳偉業《綏寇紀略》卷九"通城擊"引黄州陳生謂："'將軍苦人以惡馬易善馬，盡以字烙之，令識別，自爲群邪？'汝才曰：'善！生其爲我行之。'陳生故分前後左右烙馬字，而先烙其左，爲一群，報自成曰：'羅營東通良玉，馬用左字爲號矣。'"③

23. 清張勇《張襄壯奏疏》卷二曰："聞各彝目糾合部落，督造弓箭，印烙馬匹，演放鳥鎗。"④

24.《大清律例》卷二十一《兵律》"隱匿孳生官畜産"條例曰："凡屯莊居住旗人、莊頭，畜養馬匹各用該旗印烙。無印烙者察出，將馬入官，養馬之人杖一百。屯領催不行者，笞五十，首報免罪。"又："口外群內馬匹，盜賣抵換，照監守自盜律科罪。若將有太僕寺滿字印烙馬匹明知故買者，與犯人同罪。"⑤

25.《內蒙古紀要》謂："各旗之馬臀部，或前足之左右側，必一方施以烙印，爲其識別之志。印爲二寸方形，有卍、卐、品、

---

① 《四庫全書》，第663冊，第608頁。
② 《四庫全書》，第358冊，第817頁。
③ 《四庫全書》，第363冊，第1001頁。
④ 《四庫全書》，第430冊，第328頁。
⑤ 《四庫全書》，第672冊，第691頁。

🐎各式之不同，又有以剪耳与烙印並用者。"①

26.《欽定大清會典事例》卷一〇八八《太僕寺·執掌·牧課》謂："（乾隆）二十四年奏準，本寺存儲烙馬四方'太'字印記，系查廠時帶往牧廠稽察馬匹必需之物，難以互相烙用。應行工部另行打造圓鐵漢文'太'字印十把，交統轄總管處存儲，隨時烙用，以杜頂替更換馬匹之弊。"②

27.《欽定大清會典事例》卷六四四兵部《八旗官馬二》謂："先令各按旗分，分別鑄造烙印，將馬匹一一印記。八旗、滿洲、蒙古所用印式各不相同，則烙印后可杜互相充點影射之弊。"③

28.《欽定大清會典事例》卷一一二二兵部《八旗都統一二》謂："官馬火印，定爲長三寸徑二寸。文曰某旗官馬。每旗滿洲五參領。蒙古二參領。定位七樣小火印，凡新換馬匹，俱令都統等驗看，烙該旗火印，再交參領等烙該參領火印。如有不堪用之馬，參領佐領等呈都統驗明，毀其烙印更換。儻有私行更換等弊，查出指名題參。"④

上引典籍25《内蒙古紀要》中説"又有以剪耳與烙印並用者"，又下引《唐會要》中説："骨利幹馬，本俗無印，惟割耳鼻爲記"，可見有時割耳也可作爲給馬牛做標誌的方法。居延漢簡中有如下幾條：

1. 牛一，黑，牡，左斬，齒三歲，久左□☒　　（510·28）
2. ☒黑，牡，左斬，毋久。　　　　　　　　（512·34）
3. 産犢一，白牡，左斬，毋久。　　　　　　（520·2）

---

①　臨川花楞：《内蒙古紀要》，載沈云龍主編《近代中國史料叢刊三編》第二十三輯，臺灣文海出版社，1987年，第93頁。
②　《清會典事例》，中華書局，1991年，第11册，第895頁。
③　《清會典事例》，第8册，第79頁。
④　《清會典事例》，第12册，第164頁。

其中"久"字即用爲"灸",指爲牛烙印標誌。"左斬"以往不解,通過以上所引後世典籍材料的比較,可知應該也是指割耳而言。"左斬"即斬割左耳。2、3是说只斬割左耳,但不烙印。這可能是因爲牛剛出生不久,生長很快而不便烙印的緣故。1則是割耳和烙印同時並存,即"以剪耳與烙印並用"。其與2、3不同,是因爲牛的年齒爲三歲,已經成熟,可以烙印的原因。《宋會要輯稿》中載新生馬駒至三歲分監前需要打烙燙印,其規定需烙印的馬的年齒與上引漢簡中關於牛需烙印的年齒同是三歲,説明這是延續已久的一種慣例。

上引典籍3、5《唐六典》和《唐會要》中,都有在馬身上烙有"飛"、"風"字的記載。加拿大皇家安大略博物館收藏有一匹唐三彩馬(圖一),在馬的左肩部正有"飛風"兩字(圖二),這是唐代有烙印"飛風"二字之馬的實物證據:①

圖一　　　　　　　　　　圖二

宋王溥《唐會要》卷七十二"諸蕃馬印"條載有唐代域外各蕃國之馬所

---

① 梁豐:《三彩馬之"飛風"銘考》,《中國歷史文物》2006年第6期,第41～45頁。

烙之印:①

　　骨利幹馬,本俗無印,惟割耳鼻爲記。結骨馬與骨利幹馬相似,少不如,印"出"。

　　悉密馬與結骨相似,稍不如,印"○"。

　　葛邏禄馬與悉密相類,在金山西,印"○"。

　　已上部落同種類。

　　杖曳固馬與骨利幹馬相類,種多黑點驄,如豹文,在瀚海南幽陵山東杖曳固川。

　　同羅馬與杖曳固馬相類,亦出驄馬種,在洪諾河東南,曲越山北,幽陵山東,印"○"。

　　延陀馬與同羅相似,出駱馬驄馬種,今部落頗散,四出者多,今在幽州北,印"○"。

　　僕骨馬小於杖曳固,與同羅相似,住在幽陵山南,印"ᛂ"。

　　阿跌馬與僕骨馬相類,在莫賀庫寒山東南安置,今雞田州,印"米"。

　　已上部落馬同種類,其印各別。

　　契馬與阿跌馬相似,在閻洪達井已北,獨樂水已南,今榆溪州,印"仝"。

　　康國馬,康居國也,是大宛馬種,形容極大。武德中,康國獻四千匹,今時官馬,猶是其種。

　　突厥馬技藝絶倫,筋骨合度,其能致遠,田獵之用無比。《史記》：匈奴畜馬,即駒騄也。

　　蹛林州匐利羽馬,印"兕"。

　　迴紇馬與僕骨相類,同在烏特勒山北安置,印"瓜"。

---

① 王溥：《唐會要》,第1547～1549頁。

俱羅勒馬與迴紇相類，在特勒山北，印"🔲"。

苾羽馬與迴紇同種，印"🔲"。

餘没渾馬與迴紇相類，印"🔲"。

赤馬與迴紇、苾、餘没渾同類，印"行"。

阿史德馬與蘇農、執失同類，在陰山北，庫延谷北，西政連州，印"🔲"。

恩結馬，磧南突厥馬也，煨漫山西南，閻洪達井東南，於貴摩施岑廬山都督，印"🔲"。

匐利羽馬，磧南突厥馬也，剛摩利施山北，今蹕林州，印"勿"。

契苾馬與磧南突厥相似，在涼州闕氏岑，移向特勒山住，印"🔲"。

奚結馬與磧南突厥馬相類，在雞服山南，赫連枝川北住，今雞禄州，印"坎"。

已上部落馬同種類。

斛薛馬與磧南突厥同類，今在故金門城北陰山安置，今皋蘭門，印"豆"。

奴剌馬與磧南馬相類，今曰登州，印"🔲"。

蘇農馬，印"🔲"。

閨阿史德馬，印"🔲"。

拔延阿史德馬，印"🔲"。

熱馬，印"🔲"。

已上定襄府所管。

舍利叱利等馬，印"🔲"。

阿史那馬，印"🔲"。

葛羅枝牙馬，印"🔲"。

綽馬，印"巳"。

賀魯馬，印"囲"。

已上雲中府管。

阿艷馬，印"○"。

康曷利馬，印"宅"。

安慕路真馬，印"米"。

安賒和馬，印"午"。

沙陁馬，印"β"。

處苾山馬，印"巛"。

渾馬與斛薛馬同類，今皐蘭都督，又分部落在皐蘭山、買浚雞山，印"U"。

契丹馬，其馬極曲，形小於突厥馬，能馳走林木間，今松漠都督，印"兆"。

奚馬，好筋節，勝契丹馬，餘並與契丹同，今饒樂都督北，印"乙"。

近年中央美術學院博士研究生彭慧萍女士一直從事"馬臀燙印與番馬畫鑒定"的研究，連續寫出了四篇系列論文。在《馬臀燙印與番馬畫鑒定——以臺北故宮本〈胡笳十八拍圖〉册爲例的斷代研究》一文中，歸納了傳世畫作馬的形象中描繪出的馬的燙印字樣，並列成了如下的一覽表：

傳世畫作	他畫亦見之馬臀燙記字樣							僅現一畫之獨有字樣				
臺北故宮本《胡笳十八拍圖》册	丙	父	下	金	虫	米	余	亽	人		丙	
大都會博物館本《胡笳十八拍圖》卷	丙	父	下	金	虫	米	余		且	官	丙	今	夷

(續表)

傳世畫作	他畫亦見之馬臀燙記字樣					僅現一畫之獨有字樣	
波士頓美術館《胡笳十八拍圖》册				〔印〕	〔印〕	〔印〕	
臺北故宮藏陳居中《文姬歸漢圖》軸				〔印〕	〔印〕	〔同〕	
波士頓美術館藏《文姬圖》册					〔印〕		
臺北故宮藏《出獵圖》册						〔印〕	〔印〕
臺北故宮藏《回獵圖》册				〔印〕		〔印〕	
大都會博物館藏《蕃族獵騎圖》團扇					〔印〕		
克利夫蘭美術館藏《觀獵圖》團扇					〔印〕		
臺北故宮藏(傳)陳居中《觀獵圖》卷	〔丙〕				〔印〕	〔印〕	〔入〕
臺北故宮藏(傳)陳居中《出獵圖》卷	〔丙〕				〔印〕	〔印〕	〔入〕
臺北故宮藏(傳)陳居中《蘇李別意圖》卷	〔丙〕			〔印〕	〔印〕		

其中多次出現的"米"與上引《唐會要》所載阿跌馬的標誌"米"完全相同,多次出現的"丙"與上引《唐會要》所載熱馬的標誌"央"也很接

近。"☒"與《唐會要》所載契馬的標誌"仝"有部分相同。這些相同或相近的標誌,可能都存在着承繼性或一定的因緣關係。

上引1～28等典籍的時代由魏至清,都是有關烙馬的記載,從中可以約略看出歷代官馬的標識制度,通過這些典籍我們可以歸納出如下幾點:

1. 馬作爲戰爭的主要物資以及驛傳和騎乘的重要工具,受到歷代封建王朝的格外重視。官馬的標識制度,是歷代馬政的重要組成部分,同時也是中央集權下軍事化管理的一種策略。從上引典籍可以知道,歷代封建王朝會派專門的官員負責烙馬事務,並進行定期的檢查和勘驗。

2. 烙馬印是馬匹的永久身份證,通過烙馬印,可以得知馬的資歷背景,便於檢核機構定期統計稽查馬匹的數量,也便於登記造册,定期上報;還可以防止或避免不同等級、不同種類、不同歸屬的馬之間的混淆,防止或避免瞞報及盜買盜賣。

3. 對於烙馬印的尺寸、烙馬印的印文、烙馬印的製作和發放、烙馬印的使用時間及年限等,歷代都有嚴格的規定。烙馬印的印文歷代都有不同,字體有漢字、契丹字、女真字、突厥字、西夏文、滿文等,内容也五花八門,難以勝記。其中有用形容馬之速度的"飛"、"風"等字的,有以天干字爲序的,有用一些字形簡單的吉祥字、符號、花押的,更多的還是以馬所歸屬的部族或機構的名稱的簡稱爲印文的内容。

4. 烙馬印所烙印的馬的部位有很大的差異,但主要集中在馬的左右臀部、左右胯部、左右前足、左右項部及左右頰部。烙印部位的差異,經常是爲了體現馬的年齒、馬的用途、馬的優劣等級的不同。

在馬身上烙上印記,用來識別特定的品種或是擁有者,至今仍是國際社會的普遍習慣。烙印經常代表某個特定的繁育場,就像某個工廠的產品品牌。某個牧場的馬的烙印既代表了這個牧場,又代表了這個品種最優秀的馬匹。烙印通常烙在馬的左前肩,這是目前國際最通用的烙印位置,這與漢代傳馬的烙印一般皆在左邊相同。也有某些地區或品種將烙印烙在馬身體其他的部位,如國產馬很多在臀部上有烙印,阿拉伯馬很多在脖頸鬃毛根部有烙印等。烙印的附近位置或對側位置通常還烙有某些數位,數位代表了該匹馬的出生年份等資料,同樣是出於便於牧場管理、品種登記、判斷年齡的目的。①

今日常用馬的民族如蒙古族還定期舉行烙馬印儀式,或在文化活動中舉行烙馬印章的展示。

最后談談歷代的烙馬印。

烙馬需要烙馬印,歷代出土的璽印中就有一些屬於烙馬印,如戰國古璽"日庚都萃(焠)車馬"(圖四)印和漢"靈丘騎馬"印(圖五)。據羅福頤先生研究,這兩方印都屬於烙馬印。烙馬印比一般的官印尺寸要大,這兩方印的尺寸都爲7釐米見方。"日庚都萃(焠)車馬"印的形制爲鈕上有方銎,其用途是用來裝柄,下半中空,可用來裝炭火加熱,以便於烙印(圖三)。這是秦漢烙馬的實物證據。

下面是目前已知的歷代烙馬印和疑似烙馬印:

1. 戰國"日庚都萃(焠)車馬"印:長7釐米,寬7釐米。日本有鄰館藏。

圖三　　　　　　　　圖四

---

① 見"西祠胡同網",http://www.xici.net/b333416/d20824635.htm。

說秦簡"右剽"一語並論歷史上的官馬標識制度　193

2. 西漢"靈丘騎馬"印：長 6.9 釐米，寬 6.7 釐米，上海朵云軒提供印蜕。

圖五

3. 西漢"官"字印：《中國書畫》副刊《中國印》(中國書畫雜誌社，2003 年)。

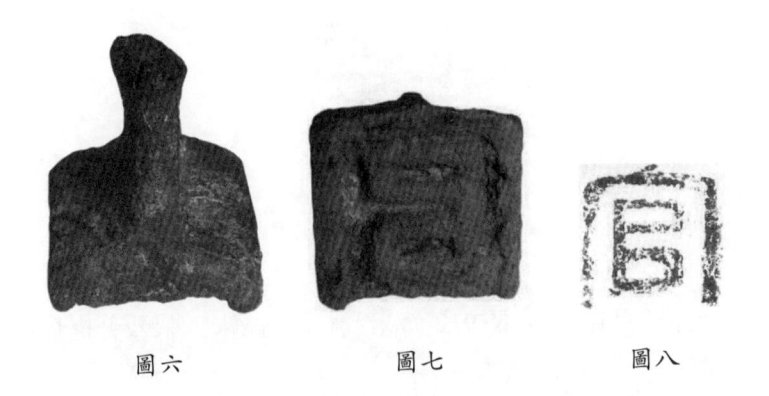

圖六　　　　　圖七　　　　　圖八

4. 西漢"逎侯騎馬"印：長 7 釐米、寬 7 釐米，上海博物館藏。

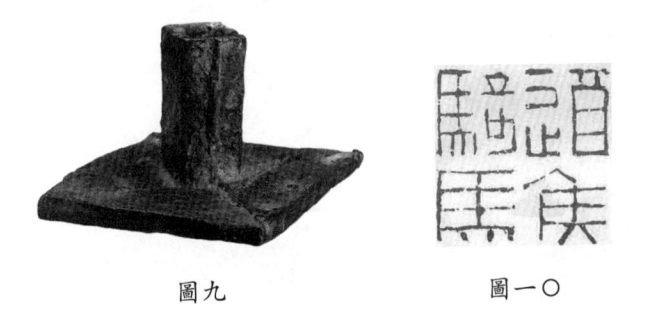

圖九　　　　　圖一〇

5. 西漢"夏騎"印：長 8.5 釐米，寬 7.2 釐米，孫家潭私人藏品。

圖一一　　　　圖一二　　　　圖一三

6. 西漢"常騎"印：長 7 釐米、寬 7 釐米。上海博物館藏。

圖一四

7. 西漢"夏丘"印：長 9.2 釐米、寬 4.9 釐米。朵云軒提供印蜕。

圖一五

8. 西漢"魏石"印：長 7.3 釐米，寬 6.7 釐米，故宮博物院藏。

圖一六

9. 西漢"郝駘"印：長 7.5 釐米，寬 7.7 釐米，故宮博物院藏。

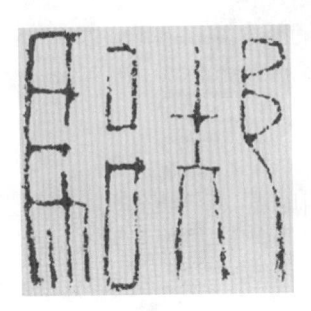

圖一七

10. 西漢"曲革"印：長 7.2 釐米，寬 7.1 釐米，故宮博物院藏。

圖一八

196　書馨集

11. 唐代鐵制"汗赭"印：長 10 釐米、寬 6 釐米、《陝西新出土古代璽印》433(上海書店出版社,2005 年)。

圖一九　　　　　　　圖二〇

12. 西夏"官"字印：高 17.8 釐米,印面直徑 4.5 釐米,澳門珍秦齋藏。

圖二一　　　圖二二　　　圖二三

這些烙馬印的尺寸都比較大，方形的一般都有 7 釐米見方。印文都是陽文。凡可看出紐制的，紐都帶銎。這種紐上的銎是爲裝木柄用的。從印文來看，"日庚都萃(焠)車馬"、"靈丘騎馬"、"道侯騎馬"、"夏騎"、"常騎"、"郣駘"等印從印文即可反映出與"馬"有關。"夏丘"乃地名，"魏石"的内涵尚不清楚，"曲革"或認爲乃往皮革上烙印所用。"汗赭"疑爲馬的種類或馬的名字，如"汗血馬"一類。兩個"官"字印，與典籍記載烙馬印中有"官"字印可以互相印證。

2008 年 10 月寫於滬上

看校追記：

網上藏家藏有如下一方烙馬印：

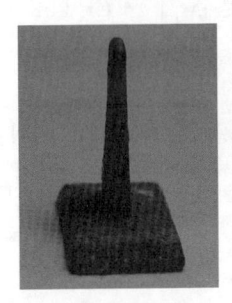

印文與上文所引傳世畫作中的"𠀁"形烙馬印非常接近。該印網上網友"成周八師"跟帖認爲即宋代監馬"天"字印，很可能是正確的。

2011 年 9 月 26 日

原載《出土文獻與古文字研究》第四輯（上海古籍出版社，2011年），今據以收入。

漢簡"𡎺"字小考

漢簡中有很多寫作从土从惡的一個字，其形體可以分成如下三式：

1. ![]《居延漢簡》①173·3 ![]《居延漢簡》173.23+173.10 ![]《居延漢簡》264.32 ![]《居延新簡》②EPT52.467 ![]《居延漢簡》428.8

2. ![]《居延新簡》EPT40.3 ![]《額濟納漢簡》③99ES17SH1∶10

3. ![]《居延漢簡》EPT50.206 ![]《額濟納漢簡》2000ES9SF4∶42 ![]居延漢簡 270.27

所从"惡"字的"亞"旁大部分都有不同的變形。第1式从土从惡，第2式所从"惡"字上部可能受"言"、"度"一類字的影響類化多出一點，第3式所从"惡"字上部可能受"艸"頭一類字或受"蔥"一類字的影響類化多出兩點。漢簡中的"惡"也可以分成三式：

---

① 勞榦編：《居延漢簡·圖版之部》，中研院歷史語言研究所專刊第二十一種，1957年。下文引居延漢簡簡文皆出此書，不另出注。
② 甘肅文物考古研究所等：《居延新簡·甲渠候官》，中華書局，1994年。下文引居延新簡簡文皆出此書，不另出注。
③ 魏堅主編：《額濟納漢簡》，廣西師範大學出版社，2005年。下文引額濟納漢簡簡文皆出此書，不另出注。

漢簡"坙"字小考　199

1. ▯《居延漢簡》254.11　▯《居延漢簡》264.32　▯《居延漢簡》184.11

2. ▯《居延新簡》EPT58.67　▯《額濟納漢簡》99ES18SH1：1

3. ▯《額濟納漢簡》99ES18SH1：2　▯《居延新簡》EPT40：206　▯ EPT40：207

第1式"惡"字上部是一橫，第2式"惡"字上部帶有一點，第3式"惡"字上部帶有兩點。這三式與上揭"堊"所從之"惡"字形體的三種形式正好相對應。

關於漢簡中的"惡"字，王夢鷗在《漢簡文字類編》緒言中曾作爲"依篆增減"的例子有過如下論述：

　　武威漢簡，特牲饋食禮25簡，惡字作▯；乙本服傳37簡作▯；居延漢簡圖版三〇四頁16·11號簡作▯。稽之漢碑，老子銘"人道▯盈"；北海相景君碑"分明好▯"；楊孟文頌"▯虫蔕狩"。皆與此略同。《說文》云："惡，從心，亞聲。"按篆文，亞字作▯，漢人或增筆變之爲▯，爲▯；或則又省變爲▯。陸德明云："五經文字，乖替者多，至如……席下爲帶，惡上安西"（經典釋文敘錄條例），蓋其時即已又省▯爲西也。但考漢人惡字省變爲▯之由，當從隸變惡字爲▯（見武威漢簡日書忌類）；而▯乃又變爲▯，▯。①

其論説"惡"字形體的演變雖非完全正確，但頗值得參考。

裘錫圭先生在《文字學概要》一書中談到"變體字"時曾舉了"恵"與"惡"的例子，對"惡"字寫成"恵"形有另外的解釋，他說：

　　"恵"（惡）"恵"是"德"字右旁的俗寫。據《說文》，"德"本

---

① 王夢鷗：《漢簡文字類編》，藝文印書館，1974年，第13頁。

是从"彳""惪"聲之字,本義是"升"。"惪"字从"直"从"心"會意(段注謂"直"亦聲),是道德之"德"的本字(從古文字看,"德"似是从"心""值"聲之字,"升"並非其本義,"悳"似是"德"之省體)。但是南北朝人有時卻把"惡"寫作"悳"。惡是德的反面,去掉"德"字的"彳"旁來表示"惡",用意跟以"寻"爲"礙"相類(南北朝時代"惡"字比較常見的俗體是"恶"。《顏氏家訓·書證》所説的"'惡'上安'西'",就是指這種俗體而言的。東漢碑刻上又有作"悪"的"惡"字,見楊君石門頌等。這兩種"惡"字的上半既有可能是"亞"的訛形,也有可能是"悳"所從的"直"的訛形。東漢碑刻上的"德"字有時就寫作"徳",見衡方、張遷等碑。所以,以"悳"爲"惡"有可能在東漢時代就已經開始了)。①

如果按照這種理解來解釋的话,從上引漢簡看,則以"悳"爲"惡"很可能從西漢時代就開始了。

"堊"就是"堊"字的初文。字从"土"爲義符,从"惡"爲聲符。"堊"从"惡"聲,而"惡"又从"亞"聲,所以"堊"、"堊"的基本聲符都是"亞"。在出土資料中有"惡"與"亞"相通的例證,典籍中也有"堊"與"惡"相通的例子,都説明了"惡"从"亞"聲,"惡"與"亞"音近,"惡"與"堊"相通的事實,所以"堊"字初文可以寫成从"土"、"惡"聲的"堊"。《集韻·莫韻》有"垩"字,謂"堊,或書作垩"。② 這是字書中殘留的"堊"字可以寫作左右結構的痕跡。從文字學形聲字結構的角度分析,"堊"變爲"堊",可以稱之爲"省聲",即將"堊"字聲旁"惡"省去一部分(心旁),然後將義符"土"填充到省去部分的位置,從而就變成了"堊"。裘錫圭先生在談到古文字中的形聲字時曾舉過一類例子,他

---

① 裘錫圭:《文字學概要》,臺灣萬卷樓圖書有限公司,1995年,第158頁。
② 影印揚州使院重刻本《集韻》,中國書店,1983年,第1033頁。

説:"有很多形聲字,它們的聲旁在先秦古文字和小篆里有繁簡的不同。有時候,古文字的聲旁較繁,它本身就是以小篆的聲旁爲聲旁的一個形聲字。"並舉了如下的例子:

戰國文字	小篆
坽(《古徵》13·3上)	均("勻"是"旬＝旬"的聲旁)
斛(《金文編》14·9下)	斞("臾"是"臂＝腴"的聲旁)
玾(《説文》古文)	玕("干"是"旱"的聲旁)
韇(《説文》古文)	靻("旦"是"亶"的聲旁)①

"壐"與"堊"之間形體上的關係,正與裘錫圭先生所舉以上諸例相同。

當然從"壐"過渡到"堊",也有可能經過了"埊"這一環節,而"埊"變成"堊"只是將左右結構改造成上下結構而已。不過到目前爲止除了在《集韻》中還保留了"埊"字外,我們在傳世典籍和出土資料中還從未見到過用爲"堊"的"埊",所以這一演變只是存在着可能,並不能影響我們已經得出的從"壐"到"堊"的形體演變結論。

《居延漢簡》214·49有如下内容:

第廿四隧長淳于福　　轉櫨毋梔　蓬一不任事　卒十一人茭
　　　　　　　　　　□矢□不堊　小積薪二便頃
　　　　　　　　　　杅辟一听呼
　　　　　　　　　　鈎一不事用

其中的"堊"字作:

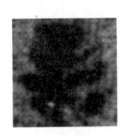

---

① 裘錫圭:《戰國璽印文字考釋三篇》,《古文字研究》第十輯,中華書局,1983年,第81～82頁。

以往各種釋文皆將其釋爲"堊"。這個例子似乎表明漢簡中"垔"字有時也寫作"堊"。但從圖版看,該字下部不是很清楚,也有就是"惡"字的可能,即用"惡"爲"堊"。無論如何,這都是一個孤證且因字形不清楚而無法肯定。

《漢語大字典》第一版"堊"字下收有"亞"字,注明出處爲"居延簡五一四五・一五",《漢語大字典》第二版保留了"亞"這一字形,但將出處改爲"居延簡乙一四五・一五",這是正確的。但是不論是《漢語大字典》的第一版還是第二版,其收錄的"亞"這一字形原來本作"▨","與"亞"有很大的差別,"亞"這一摹寫顯然不可靠。該簡内容作"☑□平毋▨索二地薰索三",從字形和内容綜合來看,這個字無疑應該釋爲"承"。"承索"一詞,《居延新簡釋粹》解釋爲:"承索:備用的繩索。"①所以目前看來,我們只能說在漢簡中還未發現確切無疑的"堊"這一字形。

既然"垔"是"堊"的初文,"垔"、"堊"其實就是一個字,只是有着結構繁簡的不同。從文字學的規律看,顯然"垔"這一結構應該早於"堊"這一結構。漢簡的時代範圍在西漢中晚期至東漢初期,而《說文解字》面世在東漢,所以早期寫作"垔",晚期寫作"堊"可能正標誌着這一形體的變化演進過程。"垔"這一結構既然早於"堊",相信今後在時代早於漢簡的文字資料中,很可能也會發現這一字形。當然"垔"和"堊"也可能反映的是在東漢"垔"已變成一種俗體,而"堊"是經過整理後的正體這一事實。這一問題的答案到底如何,還需有新材料的出現和經過進一步的研究來加以澄清。

按理漢簡中的"垔"就是"堊"字初文這一事實應該已經很清楚了,但是據筆者陋見所及,在目前已知有關漢簡的研究論著中,對

---

① 甘肅省文物考古研究所編,薛英群、何雙全、李永良注:《居延新簡釋粹》,蘭州大學出版社,1988年,第81頁。

"堲"字的處理方法卻並不統一。其中有的論著將其直接釋爲"㞣",還有很多論著採用的是將其隸定爲"堲"的做法。我們懷疑在將其隸定爲"堲"的人中,有些似乎並不十分清楚"堲"與"㞣"的確切關係。有不少論著在將其隸定爲"堲"時,並不提"堲"與"㞣"的關係,似乎以爲就存在着一個與"㞣"字音義不同的"堲"字;有的論著常説"堲通㞣",似乎也不排除以爲"堲"與"㞣"並非一字,兩者間只有假借關係的可能。

因爲學術界對"㞣"字有不清楚的認識存在,使得"堲"與"㞣"的關係始終處於若明若暗的狀態,並因此影響了一些文字編對該字的正確收録和隸釋。雖然如1974年臺灣藝文印書館出版的王夢鷗的《漢簡文字類編》和1991年上海書畫出版社出版的陳建貢、徐敏編的《簡牘帛書字典》都將"堲"字直接釋爲"㞣",[①]但1985年四川辭書出版社出版的漢語大字典字形組編的《秦漢魏晉篆隸字形表》卻將"堲"字以不識字列於附録,[②]1989年上海書畫出版社出版的陸錫興編的《漢代簡牘草字編》則根本就没有收"堲"字。不收的原因不知道是否與不清楚"堲"與"㞣"的關係,以爲"堲"字不見於《説文》有關。

因此我們在此建議,以後學術界對漢簡中"堲"字的處理要統一,即按照古文字研究中釋文的一般處理習慣,將其隸定作"堲",括注"㞣",作"堲(㞣)",有關漢簡或漢代的文字編都應該收録"堲"字並應直接列在"㞣"字下。

堲(㞣)在漢簡中的用法如何?這要先從大型字典詞典對"㞣"字的訓釋説起。

在大型字典詞典,如《漢語大字典》、《漢語大詞典》、《故訓匯纂》

---

① 前者見該書《釋文》部分第4頁,後者見該書第181頁。
② 見該書第1717頁。

等書中,對"堊"字的解釋不甚清楚,且交叉糾纏,①但歸納起來主要就是兩個義項:一個是名詞,指白色的土(或説指泥土);一個是動詞,指用白色塗料粉刷。但是白色的土是什麼土,用白色塗料粉刷的白色塗料是指什麼塗料,卻没有進一步的清楚説明。古書中訓釋"堊"字時經常訓釋爲"白土",這就是今日大型字典詞典訓"堊"爲"白色的土"或"白色泥土"的由來。可是"白土"實際上包含了兩類東西,一類是主要用於製作陶瓷的高嶺土,又稱陶土,現代稱爲瓷土或"白膏泥"。明《天工開物·陶埏·白瓷》:"凡白土曰堊土,爲陶家精美器用。"②説的就是高嶺土。一類是指石灰岩,即石灰,又稱白灰、白善土、堊灰、白堊。這兩種東西在古代的不同時期都可以稱之爲"堊"或"白土",屬於名同實異。但是從古至今的大型字典詞典對"堊"字的訓釋都把高嶺土和石灰攪合在一起,不加分别,造成了"堊"字訓釋的極爲混亂。其實用於塗飾、尤其用於塗飾牆壁的"堊"就是指石灰而言。《釋名·釋宫室》:"堊,亞也,次也。先泥之,次以白灰飾之也。"③因爲刷白灰之前需先抹上一層泥,於是因連帶的關係,"塗堊"之"堊"又常常被誤認爲是指泥。如《莊子·徐無鬼》中著名的"郢人堊慢其鼻端若蠅翼,使匠人斲之。匠石運斤成風,聽而斲之,盡堊而鼻不傷,郢人立不失容"④的故事,就常常有人將文中之"堊"理解或注釋爲"泥"。這其實是不合適的,從感覺上很容易誤導讀者。因爲文中明明説是"若蠅翼",是通過形容其輕薄,來對比顯示匠人的高超技藝。用來塗飾的石灰是水質的,當然很輕薄,如果將其解釋成"泥",就不容易感覺出其"若蠅翼"的質感了。

---

① 分别見上引三書第 449 頁、第 1110 頁、第 424～425 頁。
② 潘吉星譯注:《天工開物校注及研究》,巴蜀書社,1989 年,第 425 頁。
③ 劉熙撰、畢沅疏證、王先謙補:《釋名疏證補》,中華書局,2008 年,第194 頁。
④ 郭慶藩集釋:《莊子集釋》,中華書局,1961 年,第 843 頁。

關於漢簡中的"堊"字,陳夢家先生在《漢簡綴述》中説:

《説文》:"堊,白塗也。"《釋名·釋宮室》:"堊,亞也次也,先泥之,次以白灰飾之也。"《爾雅·釋宮》"墻謂之堊"注"白飾墻也"。以上均釋堊爲白灰飾之,即漢簡之"塗堊"。但載堊,得堊十五石之堊乃是名詞,乃指白灰。《文選·子虛賦》"其土則丹青赭堊"注引張揖、《穀梁》莊廿三釋文並謂"堊,白土也",《西山經》"大次之山,其陽多堊"注"堊似土色甚白"。可知堊乃天然的白土。①

所謂"先泥之,次以白灰飾之也"就是《急就篇》所説的"泥塗堊墍壁垣牆"。② 陳夢家先生在以上論證中,認定漢簡中的"堊"指用白灰飾之,"載堊"之"堊"是指白灰這一點是非常正確的。但是謂"可知堊乃天然的白土"則似乎有問題,因其所引的《山海經》"堊似土色甚白"的"堊"很可能指的是陶土而並不是石灰岩。

孫機先生在《漢代物質文化資料圖説》一書關於"堊"的論述中説:

修整牆壁時,還用灰漿抹面,即《急就篇》所稱:"泥塗堊墍。"顏注:"泥塗,作泥以塗飾之及塞隙穴也。堊,白土也。"墍如《釋名·釋宮》所説:"墍猶煨;煨,細澤貌也。"即精細的塗飾。在《急就篇》中,塗指塗泥,墍指塗堊。各地所見漢代遺址中之屋壁,多抹以草拌泥(即墐。《禮記·內則》鄭注"墐塗,塗有穰草也")或白灰漿。我國早在原始社會晚期已知用石灰。《周禮·掌蜃》中將塗過石灰的牆壁稱爲白盛。《爾雅·釋宮》則徑稱:"墻謂之白灰飾之也。"飾白灰在居延簡中稱爲"塗堊"(214·5)或"蓋堊"

---

① 陳夢家:《漢簡綴述》,中華書局,1980年,第157~158頁。
② 史游著、顏師古注、王應麟補注:《急就篇》,嶽麓書社,1989年,第233頁。

（104·24），可見遠在邊地，也知用此法。漢代所謂堊指石灰石燒成的石灰。而用蚌殼燒成的蜃灰，往往更加潔白光亮。茂陵建築遺址中曾發現一處抹蜃灰的牆壁，其色澤顯然與石灰有別。①

其主要觀點，應該就是來自陳夢家先生的結論。

在其他一些有關漢簡的論著中，對"堊"字的解釋也很不統一。如以《中國簡牘集成》爲例，②第 5 册 285 頁注釋〔一〕謂："堊，用於蒙塗的白泥之類。"第 6 册 257 頁注釋〔四〕謂："堊，通堊。塗白土。"第 12 册 26 頁注釋〔一〕謂："堊，堊爲一種白色的塗料。"第 9 册 203 頁注釋〔一〕謂："堊，粉刷白灰。"王震亞、張小鋒《漢簡中的戍卒生活》一文解釋"堊"字爲："即塗敷於垣屋表壁或積薪垛外的擋風防雨的塗料。"③沈剛《居延漢簡語詞匯釋》一書"堊"字下原封不動引用了這一解釋。④ 王子今先生在《關於額濟納漢簡所見"居延鹽"》一文中引到《額濟納漢簡》2000ES9SF4：21 號簡時説："如果'堊'字釋讀不誤，則'□堊'很可能是指邊塞戍卒基本勞作内容中'塗'所使用的一種以其飽和水溶液粉刷牆壁的房屋建築裝飾材料。"⑤以上所引這些解釋，只有《中國簡牘集成》第 9 册 203 頁注釋〔一〕謂："堊，粉刷白灰。"可以認爲非常準確。

漢簡中記載"堊"的簡有如下一些：

薪火□□上蓋堊不鮮明

什器□□蓋不鮮明　　　　　　　　　　《居延漢簡》104·24

---

① 孫機：《漢代物質文化資料圖説》（增訂本），上海古籍出版社，2008 年，第 189 頁。
② 中國簡牘集成編輯委員會：《中國簡牘集成》1～12 册，敦煌文藝出版社，2001 年；13～20 册，敦煌文藝出版社，2005 年。
③ 王震亞、張小鋒：《漢簡中的戍卒生活》，《簡牘學研究》（第二輯），甘肅人民出版社，1998 年，第 145 頁。
④ 沈剛：《居延漢簡語詞彙釋》，科學出版社，2008 年，第 259 頁。
⑤ 孫家洲：《額濟納漢簡釋文校本》，文物出版社，2007 年，第 280 頁。

漢簡"坚"字小考　207

☒長單威　　六月癸未受檄載塢以己丑到☒

《居延漢簡》173·3

第廿五燧長張奉世　六月癸未受檄載塢以己丑到☐得塢十五石

《居延漢簡》173.23＋173.10

第卅六隧長宋登
　　　　　　　　弦角上☐刋　轉櫨皆毋柅
　　　　　　　　蕉一不事用　洞皆毋容冒
　　　　　　　　鋸一不事用　堠樓不垂塗塢
　　　　　　　　狗籠一頃

《居延漢簡》214·5

第廿九隧長王禹
　　　　　　　　鋸不事用　　小積薪一上便頃
　　　　　　　　膠少　　　　大積薪二上便頃
　　　　　　　　轉櫨皆毋柅　候樓不塢
　　　　　　　　☒☐☐☐☐☐塢

《居延漢簡》214·8

☒不塗塢
☒不事用　　　狗少
☒爲辟蓋解隨　蓬火☐
☒轉櫨皆毋柅　地蓬千頃

《居延漢簡》214·82

望虜隧長充光
　　　　　積薪八毋挌絜不塗塢　塢上樽虜少二
　　　　　大積薪二未更積　　　塢上大表一古惡
　　　　　小積薪二未更　　　　堠上不騷除不馬矢塗
　　　　　毋卒臥挌蓋席　　　　毋候蘭
　　　　　諸水嬰少二☐　　　　毋乾馬牛矢內毋屋
　　　　　汲桐少一　　　　　　狗少一見一不入籠
　　　　　沙少三石見一石又多土　毋角火苣五十

　　　　　　　　　　　　　　　　《居延漢簡》264・32
☐載堠至八日還到署後千人　　　《居延漢簡》270・27
☐七月丙子封符載堠盡☐☐　　　《居延漢簡》283・43
二人堠塗部　　　　　　　　　　《居延漢簡》306・8
☐隧　取堠　　　　　　　　　　《居延漢簡》428・8
　　　　其一人作卒養
　　　　一人徐嚴門稍
己卯卒十一人　三人堠
　　　　五人塗
　　　　一人治傳中　　　　《居延新簡》EPT40.3
☐載堠盡庚寅往來七日還☐　《居延新簡》EPT44.12
元始元年九月丙辰朔乙丑甲渠守候政移過
所遣萬歲燧長王遷爲燧載堠門亭
塢辟市里毋苛留止如律令/掾☐
　　　　　　　　　　　　　《居延新簡》EPT50.171
☐長王護迺戌申受符載堠　　《居延新簡》EPT50.206
　　　其☐☐馬　二人病李☐戴恩　二人徙堠置城上
☐戌廿二人　三人門　二人治几　　一人繩
　　　三人養　二人☐☐　　　　二人作席
　　　二人守閣削　一人謁之亭
　　　　　　　　　　　　　《居延新簡》EPT52.117
☐第十堠及馬相至第十七廿三　《居延新簡》EPT52.467
通歸取枲一宿持枲二稷還到燧則未取堠至月十二日
　　　　　　　　　　　　　《居延新簡》EPT56.20
　　　卒四人
次吞燧長長舒　一人省

漢簡"堊"字小考　209

　　　一人車父在官已見
　　　二人見
　　（以上爲第一欄）
堠戶厭破不事用負二算　　堠塢不塗堊負十六算
木長椎二柄長負二算　　　反笴一幣負二算
直上蓬干柱柜木一解隨負三算　天田埒八十步不塗不負一
　　（以上爲第二欄）
縣索三行一里卅六步幣絕不易負十算
積薪栔皆不堊負八算
縣索緩一里負三算　●凡負卅四算
　　（以上爲第三欄）
　　　　　　　　　　　　　　　　《居延新簡》EPT59.6
☑隧長殷詣官封符載堊七月丁丑☑☑
　　　　　　　　　　　　　　　　《居延新簡》EPT68.217
北併塞北攻第十七隧穿塢西垣壞上堞入堊堠關破折塢戶蜚
橋略　　　　　　　　　　《居延新簡》EPF22.490
☑堊塗亭燧　　　　　　　《居延新簡》EPF22.672
☑堊十五石　　　　　　　《居延新簡》EPC.18
第廿隧長徐彊堊少八石如故☑
　　　　　　　　　　　　《額濟納漢簡》99ES17SH1：10
隧給☑堊廿石致官載居延鹽廿石致呑遠隧倉☑
　　　　　　　　　　　　《額濟納漢簡》2000ES9SF4：21
☑載堊廿石☑　　　　　　《額濟納漢簡》2000ES9SF4：42

從以上的漢簡記載可知，"堊"是漢代邊塞經常使用的一種物品。簡中有"載堊"、"塗堊"（或省稱爲"堊"，或稱"堊塗"）、"取堊"、"得堊"、"入堊"、"徙堊"等。很顯然，當時需要從其他地方運石灰到邊塞，推测当时很可能是定期派專人從外地運石灰到各個烽燧,且有數量和時間的限制。運載的石灰以"石"計。作爲邊塞戍卒的工作,"運載石灰"、"塗抹石灰"、"搬運石灰"應該是經常性的工作。這些工作的數量和質量,是考績戍卒勞作優劣的重要指標。

關於石灰,明《天工開物·燔石第十二》"石灰"條下説:

> 凡石灰經火焚煉爲用。成質之後,入水永劫不壞。億萬舟楫,億萬垣牆,窒隙防淫,是必由之。百里内外,土中必生可燔石,石以青色爲上,黄白次之。石必掩土内二三尺,掘取受燔,土面見風者不用。燔灰火料煤炭居什九,薪炭居什一。先取煤炭泥和做成餅,每煤餅一層叠石一層,鋪薪其底,灼火燔之。最佳者曰礦灰,最惡者曰窯滓灰。火力到後,燒酥石性,置於風中久自吹化成粉。急用者以水沃之,亦自解散。
>
> 凡灰用以固舟縫,則桐油、魚油調厚絹、細羅,和油杵千下塞艙。用以砌牆石,則篩去石塊,水調粘合。甃墁則仍用油灰。用以垩牆壁,則澄過入紙筋塗墁。用以裹墓及貯水池,則灰一分,入河沙、黄土二分,用糯粳米、羊桃藤汁和匀,輕築堅固,永不隳壞,名曰三和土。其餘造澱造紙。功用難以枚述。凡温、台、閩、廣海濱石不堪灰者,則天生蠣蠔以代之。①

對石灰的用途描述甚詳。

石灰是非常重要的建築材料,既可以用於牆壁的塗飾,又可以用於建築用材之間的粘合,所以從古至今都一直在應用。從漢簡記載可知,當時烽燧的建築如簡中提到的名稱候樓、候塢、亭燧等都需要用到"垩"這一材料。從考古發掘看,如《額濟納漢簡》一書所載《額濟納旗漢代居延遺址調查與發掘述要》一文中提到第十六燧時曾有如

---

① 潘吉星譯注:《天工開物校注及研究》,第437頁。

下描述：①

烽燧門道位於東牆之中部，寬六十釐米，進深七十五釐米，現存高度五十餘釐米。門道外原應有一小型房屋，但因遭破壞，僅存西北角牆壁和粉刷的白粉。

……

門廳的南側和西端是兩組房屋建築。南側爲一條通道和三間串聯的房間。其中，門廳南側東端的通道，南北長四點五米，過道寬零點九米，南端向南壁深入零點五米，寬一點五米，殘高一點二米。通道牆壁多次用厚零點五釐米的草拌泥抹過，且每次抹過后均以白粉粉刷，最多處可見有十八層之多。

以上描述中提到的"白粉"應該就是"堊"，也就是石灰。

上引漢簡提到"堊塗亭燧"，《後漢書·西域傳》載："大秦國一名犁鞬，以在海西，亦云海西國。地方數千里，有四百餘城。小國役屬者數十。以石爲城郭。列置郵亭，皆堊墍之。"②文中也提到"亭"需要"皆堊墍之"，與上引漢簡記載的漢地"堊塗亭燧"的做法相同。

《虎鈐經·卷六》烽火臺第六十一載：

高山四顧險絕處置之，無山亦於孤迥平地置之。築羊馬城，高低便常以三十五爲堆。臺高五丈，下闊二丈，上闊一丈，形圓。上建圓屋覆之。屋徑有六尺，一面跳出三尺，以板爲之，上覆下栈，屋上置突灶三所，臺下亦置三所，並以石灰飾其表裏。復誌柴籠三所，流火繩三條，在臺側近。③

---

① 魏堅主編：《額濟納漢簡》，廣西師範大學出版社，2005年，第9頁。
② 范曄：《後漢書》，中華書局，1965年，第2919頁。
③ 許洞：《虎鈐經》，見劉魯民主編，中國兵書集成編委會編《中國兵書集成》第六冊，解放軍出版社、遼沈書社，1993年，第121～122頁。

類似記載還見於《太白陰經》和《武經總要》。文中明確說明"並以石灰飾其表裏",其做法亦與考古發現和其他典籍記載相符合。

上引漢簡還提到積薪需要"塗堊",這是為了什麼呢?按石灰既可驅蟲,又可防潮防濕,防腐消毒,這應該是積薪需要粉刷石灰的主要原因。前引王震亞、張小鋒《漢簡中的戍卒生活》一文解釋"堊"字為"即塗敷於垣屋表壁或積薪垛外的擋風防雨的塗料"。① 其中"防雨"之說近似得之。但是是否還具有"擋風"的作用,目前還不能肯定。上引《居延漢簡》104·24 有"蓋堊不鮮明"的說法,其中的"堊"字考釋目前還有不同意見,或釋為"標"。按其字作" ",與"堊"字近而與"標"字遠。如果釋"堊"不誤的話,說明"塗堊"有時還有為了凸顯其白色以為醒目的目的。譬如在黑夜時,塗了石灰的物體自然會格外醒目,便於確定方位和目標。

除此之外,漢簡中提到的"堊"還有沒有其他用途呢?我們注意到上引漢簡有"徙堊置城上"的記載,而《墨子·備城門》中有"二舍共一井爨,灰、康、粃、杽、馬矢,皆謹收藏也",②又"繁下矢、石、沙、灰以雨之"③的說法。《後漢書·楊琁傳》有"琁乃特製馬車數十乘,以排囊盛石灰於車上,繫布索於馬尾……乃令馬車居前,順風鼓灰,賊不得視"④的文字,說的都是在敵人攻城時和在平地戰鬥時揚撒石灰瞇敵之眼的戰法。因此漢簡的"徙堊置城上"的原因,說不定也有將石灰當作敵人攻城時的防禦武器的目的。

中國從很早開始就有使用石灰的事實。在新石器時代的一些遺

---

① 王震亞、張小鋒:《漢簡中的戍卒生活》,《簡牘學研究》第二輯,甘肅人民出版社,1998 年,第 145 頁。
② 孫詒讓:《墨子閒詁》,中華書局,2001 年,第 423 頁。
③ 孫詒讓:《墨子閒詁》,第 544 頁。"灰"原作"炭",今據王引之說校改,見上引《墨子閒詁》,第 544 頁。《墨子·雜守篇》亦有此句,"灰"亦誤作"炭"。
④ 范曄:《後漢書》,中華書局,1965 年,第 1288 頁。

址中，經常會發現在一些牆壁和地面上塗有"白灰面"。這些白灰面有的是用含有大量石灰質的生薑石製作而成的。① 此外還有很多新石器時代的遺址，房屋建築中出現分間式大型建築，開始用石灰和土坯抹地、築牆。還有的在壁面上抹草拌泥，或在牆壁下部敷抹石灰形成牆裙。河南安陽後崗曾發現石灰渣坑，爲過濾石灰後殘渣的堆積坑。邯鄲澗溝曾發現石灰坑，爲已調好的石灰漿凝固而成。後崗等遺址更發現未燒透的石灰石堆積，有些地方還有燒石灰石的窯，説明當時已經知道開採石灰石礦以燒石灰石了。② 發展到秦漢時期，石灰更是成了當時磚木結構的房屋和長城的主要建築材料。所以漢簡反映出的漢代邊塞經常使用石灰一事，一點也不奇怪。

中國的石灰岩礦在内蒙古和甘肅境内都有大量分佈，因此居延漢簡記載的烽燧在周圍獲得石灰岩礦並燒製成石灰並非難事。新疆的考古發現表明，至少在兩漢時期，石灰已經經常用於建築上。如在新疆尼雅遺址發現的漢晉時期的人工建築的牆壁上，以蘆葦或紅柳枝編成内芯，其上敷泥，泥牆外就用石灰刷成白色。同時期的樓蘭古城建築也使用了石灰。此後從漢到唐，石灰在新疆地區都普遍用於房屋建築和寺廟裝飾。③ 新疆地區的地理位置和氣候與居延地區很接近，因此也同樣會在建築中大量使用石灰。

在吐魯番出土衣物疏中常常見有"石灰"的記載。這些記載中的石灰往往以"斛"或"囊"來計算數量，與漢簡記載石灰用"石"來計算可以對照。石灰在古代高昌地區有多種用途，既可以作爲乾燥劑和

---

① 胡繼高：《"白灰面"究竟是用什麽做成的》，《文物參考資料》1955 年第 7 期，第 120~121 頁。
② 白壽彝、蘇秉琦主編：《中國通史·遠古時代》，上海人民出版社，1994 年，第 312 頁。
③ 韓香：《吐魯番出土衣物疏中"石灰"探析——兼談其在古代高昌地區的運用》，《中華文史論叢》2007 年第 4 輯（總第八十八輯），上海古籍出版社，2007 年，第 117 頁。

消毒劑來使用，又可以作爲建築材料來黏結磚塊、石塊和塗抹牆壁，還可以當成顔料用於墓室及寺廟石窟壁畫和隨葬品的繪製。此外石灰還有一個重要用途，那就是作爲隨葬物，用來防潮防蟲，爲使屍體及棺木不朽。因爲在古代高昌人的觀念中，石灰可以鎮墓辟邪，因此常常將其葬於墓中。① 這些都可以看作是石灰用途的進一步擴大。

　　附記：本文初稿曾經施謝捷、陳劍、郭永秉、周波、程少軒、張傳官、任攀等諸位同仁傳看過，蒙他們指正多處並提供部分資料，在此一併致謝。

2011 年 8 月於復旦大學光華樓

原載《文史》2012 年第 4 期。發表時略有删減，今據原稿收入。

---

　　① 韓香：《吐魯番出土衣物疏中"石灰"探析——兼談其在古代高昌地區的運用》，第 4 輯(總第八十八輯)，上海古籍出版社，2007 年，第 120～122 頁 。

秦"敬老思少"成語璽考釋

王人聰先生編著的《香港中文大學文物館藏印續集二》①編號 77 收錄了如下一方戰國成語璽：

該璽爲銅質，鼻鈕，長寬 2.1×1.6 釐米，通高 1.5 釐米。璽的印面形式爲半通印，從印面形式和印文字體看，該印無疑是一方秦印。印文共四字，王人聰先生所作釋文爲"褱少敬老"，但沒有具體考釋。王輝先生《秦印考釋三則》②一文中的"成語印'鬼（懷）少敬老'"一則對此璽有考釋，因篇幅不長，故全文轉引如下：

> 《香港中文大學文物館藏印續集二》77 爲秦成語印"鬼少敬老"。首字王人聰先生釋爲"褱"。今按此字作"甲"，與睡虎地秦

---

① 王人聰編著：《香港中文大學文物館藏印續集二》，香港中文大學文物館藏品專刊之六，1999 年。
② 王輝：《秦印考釋三則》，載王人聰、游學華編《中國古璽印學國際研討會論文集》，香港中文大學文物館，2000 年，第 49～57 頁。

簡《日書》甲"□而懷之"懷字聲旁作"㞢"、《編年記》昭王"三十九年,攻懷"褢字作"㞢"不類,而與秦昭王二十五年上郡守厝(錯)戈"鬼薪"鬼作"㞢"近,故字當隸作鬼,讀爲懷。古文字、古文獻鬼、懷通用例甚多。伯㦰簋銘:"隹用妥(綏)神褢。"于省吾先生《雙劍誃吉金雜識·釋神褢》讀"神褢"爲"神鬼"。睡虎地秦簡《爲吏之道》:"以此爲人君則鬼,爲人臣則忠,……君鬼臣忠,父茲(慈)子孝,政之本也。"影本注:"鬼,讀爲懷。"《漢書·外戚傳》:"褢誠秉忠。"顏師古注:"褢,古懷字。"

"懷少敬老"是儒家的道德觀念。《論語·公治(冶之誤字——引者注)長》子路問孔子之志,孔子曰:"老者安之,朋友信之,少者懷之。"何晏《集解》:"孔曰:'懷,歸也。'"邢昺疏:"'懷,歸也。'言己願老者安,己事之以孝敬也;朋友信,己待之以不欺也;少者歸,己施之以恩惠也。"《說文》:"懷,念思也。"也就是今天所說的和柔、關愛、關懷。秦人受儒家思想影響甚深,故有此成語印。

按璽文右上一字王輝先生文中摹寫有誤,實際作如下之形:

王輝先生指出王人聰先生釋文釋"㞢"爲"褢"不妥,這是正確的,但是他將此字釋爲"鬼",同樣也不正確。秦文字"鬼"字作如下之形:

睡虎地秦簡《法律答問》110　　睡虎地秦簡《爲吏之道》38　　睡虎地秦簡《日書》乙種90　　睡虎地秦簡《日書》甲種30背　　睡虎地秦簡《日書》乙種176

從"鬼"的"隗"字作如下之形:

[印章圖版]《秦印文字彙編》第 272 頁

從"鬼"的"醜"字作如下之形:

[印章圖版]《秦印文字彙編》第 182 頁

從"鬼"的"巍"字作如下之形:

[印章圖版]《秦印文字彙編》第 182 頁

從"鬼"的"褢"字作如下之形:

[印章圖版]《秦印文字彙編》第 163 頁

從"鬼"的"槐"字作如下之形:

[印章圖版]《戰國文字編》第 358 頁

"鬼"字下部本從"人"作,比較可知,上引秦文字中的"鬼"字及從"鬼"之字所從之"鬼",都與"畀"字下部寫法差別甚大,無法等同,所以釋"畀"爲"鬼"不可信。

其實"畀"字並不難識,它就是"思"字。在秦文字中,"心"字和"心"旁經常可以寫得比較草率,作"𠂉"或"𠂉"形,即看去像一個反向

的"又"字,又在中間一筆的上部或下部加上一筆。如秦文字中"心"字作:

[心字圖] 睡虎地秦簡《日書》甲種 36 背

從"心"旁的"志"、"意"、"應"、"慧"、"懷"、"懼"、"悍"、"怪"、"恢"、"惑"、"忌"、"惡"、"悲"、"恐"、"聰"、"恒"、"快"、"憂"、"惠"、"怨"、"廬"等字分別寫作:

[志字圖] 睡虎地秦簡《日書》甲種 3　　[意字圖] 睡虎地秦簡《封診式》82

[應字圖] 睡虎地秦簡《日書》甲種 34 背　　[慧字圖] 睡虎地秦簡《日書》甲種 82 背

[慧字圖]《秦印文字彙編》第 210 頁　　[懷字圖] 睡虎地秦簡《封診式》84

[懼字圖] 睡虎地秦簡《爲吏之道》7　　[悍字圖] 睡虎地秦簡《法律答問》79

[悍字圖] 睡虎地秦簡《日書》乙種 100　　[怪字圖] 睡虎地秦簡《法律答問》69

[怪字圖] 睡虎地秦簡《日書》甲種 82 背　　[恢字圖]《戰國文字編》第 703 頁

[惑字圖] 睡虎地秦簡《日書》甲種 32 背　　[忌字圖] 睡虎地秦簡《日書》甲種 18

[忌字圖] 睡虎地秦簡《日書》乙種 196　　[惡字圖] 睡虎地秦簡《日書》

乙種 113

 睡虎地秦簡《日書》甲種 13 背　　睡虎地秦簡《日書》甲種 67 背

 睡虎地秦簡《日書》甲種 29　　睡虎地秦簡《封診式》1

 睡虎地秦簡《秦律雜抄》4　　睡虎地秦簡《法律答問》52

 睡虎地秦簡《爲吏之道》12　　睡虎地秦簡《日書》乙種 134

 睡虎地秦簡《日書》乙種 134　　《戰國文字編》第 703 頁

 《秦印文字彙編》第 210 頁　　睡虎地秦簡《日書》甲種 81 反

 睡虎地秦簡《日書》甲種 79 反　　睡虎地秦簡《日書》乙種 2

 《秦印文字彙編》第 211 頁

這種"心"字的寫法帶有典型的秦文字的作風，是秦文字的特徵字。後來漢代文字的"心"字和"心"旁也延續了這種寫法，如馬王堆帛書中"心"字及从心的"志"、"慮"、"愿"、"意"、"患"、"恐"等字分別寫作：

 馬王堆帛書《五行》174　　馬王堆帛書《戰國縱橫家

220　書馨集

書》280

　　　[圖] 馬王堆帛書《戰國縱橫家書》139　　[圖] 馬王堆帛書《戰國縱橫家書》128

　　　[圖] 馬王堆帛書《周易》31　　[圖] 馬王堆帛書《春秋事語》89

　　[圖] 馬王堆帛書《春秋事語》16

銀雀山漢簡中的"心"字及從心的"息"、"志"、"意"、"忠"、"忘"、"忌"、"患"等字分別寫作：

　　　[圖]《銀雀山漢墓竹簡》703　　[圖]《銀雀山漢墓竹簡》946

　　　[圖]《銀雀山漢墓竹簡》393　　[圖]《銀雀山漢墓竹簡》669

　　　[圖]《銀雀山漢墓竹簡》373　　[圖]《銀雀山漢墓竹簡》273

　　　[圖]《銀雀山漢墓竹簡》280　　[圖]《銀雀山漢墓竹簡》24

這些寫作"[圖]"或"[圖]"形的"心"字，就是來源於標準的"心"字作"[圖]"形的寫法。將"[圖]"形寫得草率些，就變成了"[圖]"或"[圖]"形。其筆順是先寫中間一筆，再寫左邊一筆，然後再寫右邊兩筆；或是先寫左邊一筆，再寫中間一筆，最後寫右邊二筆。這樣的寫法就演變成了作"[圖]"、"[圖]"形的"心"字的隸楷形態。

　　比較分析了以上形體，再回過頭來看璽文中的"[圖]"字，很顯然，字釋爲"思"是確切無疑的。秦文字中"思"字作：

　　　[圖] 睡虎地秦簡《日書》甲種 63 背

從"思"的"諰"字作：

䚹 睡虎地秦簡《爲吏之道》8

"思"和"䚹"所從之"思"皆與"思"形很接近,可以比照。

因此,上揭璽文四字應該釋爲"敬老思少"。

璽文的讀序可以兩讀,既可讀爲"敬老思少",也可讀爲"思少敬老",絲毫不影響文意。爲與典籍參照,本文按"敬老思少"的讀序。

璽文中的"敬老"和"少"字好理解,"思"字是何意呢?

很容易先想到的,"思"就是"念"的意思,"思少"就是"惦念"、"掛念"少兒。但是問題似乎還沒有這麼簡單,尤其由同典籍的比較看,"思"字應該有"愛"的意思。

按"思"字在上古漢語中有"憐愛"的意思,這一點以往常常被忽略。如大型工具書《漢語大詞典》"思"字下列有13個義項,就是沒有"憐愛"的義項。《漢語大字典》"思"字下第三個義項爲"相憐哀;悲傷",解釋説:

《方言》卷十:"沅、澧之原凡言相憐哀謂之嘳,或謂之無寫,江濱謂之思。"《樂府詩集·相和歌辭·長歌行》:"無望使心思,遊子戀所生。"《文選·張華〈勵志詩〉》:"吉士思秋,寔感物化。"李善注:"思,悲也。"

這個解釋似乎是將"憐哀"理解爲與"悲傷"相同,這是不全面的。其實這裏的"憐哀"就是"憐愛"。《方言》卷一:"鬱悠、懷、怒、惟、慮、願、念、靖、慎,思也。""思"與"懷"同訓,而"懷"有"安撫"、"關愛"義,《國語·周語中》:"百官以物至,賓入如歸,是故小大莫不懷愛。"此"懷愛"猶如"關愛"。又《廣雅·釋詁》:"鬱悠、慎、靖、瞻、憚、憮、恁、僉,思也。""思"與"憮"、"憚"同訓。"憚"有"愛好"之意,《淮南子·脩務》:"則雖王公大人有嚴志頡頏之行者,無不憚悇癢心而悦其色矣。"高誘注:"憚悇,貪欲也。""貪欲"即"愛好"。"憮"本意爲"愛",《説文》:"憮,愛也。"而"憮"又與其他有"愛"意之詞同訓,《方言》卷一:"憮、俺、憐、牟,愛也。"又"恔、憮、矜、悼、憐,哀也。""哀"、"愛"音義皆近,《吕氏春秋·報更篇》:"人主胡可以不務哀士。"高注:"哀,愛也。"《禮記·樂記》:"肆直而慈愛者。"鄭注:"愛或爲哀。"① 按相愛必相思,故"相思"即"相愛","思慕"也即"愛慕"。《釋名·釋言語》:"哀,愛也,愛乃思念之也。"正是說明"思"與"愛"的關係。"思"、"念"古可互訓,而"念"也有"愛"的意思,《書·多士》:"惟時天罔念聞,厥惟廢元命,降致罰。"孔穎達疏:"惟是桀有惡辭,故天無復愛念,無復聽聞。""思"有"愛"的意思,還可以從"思"與"哀"的關係中看出來。在上古漢語中,"思"與"哀"有時對文或組成同意複詞,如《楚辭·離騷》"長太息以掩涕兮,哀民生之多艱"中"哀民生之多艱"一語,在上博楚簡《用曰》中作:"思民之初生,多險(艱)以難成。"這裏的"思"、"哀"對文,其義相同,正是用爲"哀憐"的意思。② "思"與"哀"又都有"悲"義,③如睡虎地秦簡《日書·詰》篇中有"人有思哀也弗忘"句,"思"與"哀"組成同義複詞,"思"亦"哀"也,"思哀"猶言"悲哀"。或將此句中的"思哀"翻譯成"想悲傷哀痛的事情",則是犯了誤拆同意複合詞的錯誤。④ 既然"哀"與"思"常常對文或組成同意複合詞,則"哀"有"愛"義,"思"自然也該有"愛"義。

知道"思"有"愛"的意思,則璽文"敬老思少"的意思就非常清楚了,

---

① "哀"在中古漢語中仍然用爲"愛"義,見竺家寧《論佛經哀字的詞義》,載臺灣師範大學國文學系、中國訓詁學會編《第二屆國際暨第四屆全國訓詁學學術研討會論文》,1998年,第115~130頁。
② 見拙文《讀〈上博六〉詞語札記三則》,《中國文字研究》2008年第1輯,大象出版社,2008年,第3頁。【編按:此文已收入本書。】
③ "思"有"悲"義的論述見郭在貽《〈漢書〉札記》和《古代漢語詞義札記(一)》兩文,兩文皆收入《訓詁叢稿》一書(上海古籍出版社,1985年),第32~56、177~191頁。又氏著《訓詁學》一書(湖南人民出版社,1986年)第19、27頁也有類似論述。
④ 吴小強撰:《秦簡日書集釋》,嶽麓書社,2000年,第140頁。

"敬老思少"就是"敬老愛少"。"敬老愛少"的意思在早期典籍中作"敬老慈幼",《孟子·告子下》:"三命曰:'敬老慈幼,無忘賓旅。'"典籍又作"敬老慈少",《史記·周本紀》:"西伯曰文王,遵后稷、公劉之業,則古公、公季之法,篤仁,敬老慈少。""慈"正是"愛"的意思,《詩·大雅·皇矣》"克順克比"毛傳:"慈和徧服曰順。"孔穎達疏引服虔曰:"上愛下曰慈。""敬老慈幼"後世又稱爲"敬老懷幼",今日則稱爲"尊老愛幼"。

最後附帶需要指出的一點是,蕭春源先生《珍秦齋藏印·秦印編》①205號收録的一方格言印作如下之形:

釋文作"卑(?)言"。通過上文對"思"字的分析可以知道,該璽璽文中的第一字也應該釋爲"思",不過因爲該"思"字所從的"心"旁反書,與秦印"慧"字作"",所從"心"旁也反書一樣,最下部且有簡省,變得不易辨識。所以該璽璽文應釋爲"思言",應將其從私印類中移到成語印類中去。秦印中有"思言"和"敬事思言"璽,作如下之形:

① 蕭春源:《珍秦齋藏印——秦印編》,臨時澳門市政局、澳門文化暨康樂部,2000年。

其中的"思言"一詞與上釋"思言"璽的用法應該相同。《方言》卷一："鬱悠、懷、怒、惟、慮、願、念、靖、慎,思也。""思"與"慎"同訓,《左傳·昭公五年》有"敬始而思終"句,"思"與"敬"對文,此"思"即用爲"慎"義,或將此"思"字理解爲一般的"思考"義,是不妥的,"慎終"是古代成語,故"思終"即"慎終",所以"思言"就是"慎言"。當然"慎重"與"愛惜"義亦相因相涵,所以"思言"之"思"訓爲"愛"也通,即可以將"思言"理解爲"愛惜言辭"之意。

原載《古文字研究》第二十七輯(中華書局,2008年),今據以收入。

關於秦印姓名的初步考察

　　學術界一般所謂的"古璽",主要是指戰國時期六國的璽印,並不包括秦印在內。秦印通常是被作爲一個專門系列來研究的。從總體上説,以目前學術界的研究水準,從印的形制、字體及風格上辨識秦印已經不是什麼難事,但是如果具體落實到某一方秦印,有時要想知道其到底是戰國的秦印還是秦代的印,甚或是漢初的印,可能並不是一件容易的事。因此本文所謂的秦印,既包括戰國秦國的印,也包括秦代的印,甚至還可能摻雜有極少數漢初的印。

　　每個具體時代的姓名都不只是區別人與人的符號,同時又是文化的鏡像和思想觀念的折射。姓氏在一定程度上反映了當時族氏的來源、分化或融合,而名字可以折射出當時的社會思想、信仰、習俗、道德觀、文化心理及美學觀念。所以姓名研究同時具有歷史學、民族學、社會學和文化史上的意義。本文將試圖對秦印中的姓名做一個初步的考察,並以期通過這一考察,得以窺見秦印姓名中反映出的一些歷史文化現象。

　　目前見於正式著錄的秦印,除去官印、吉語格言印外,姓名私璽約有六千方左右。除此以外,不見於正式著錄的鈐印本還有許多,散見於網上或在私人藏家手中的秦印數量更是難以估計。據施謝捷先生推測,目前已面世的秦印總量不會少於一萬方。我們以下的考察將立足於見於正式著録的約六千方秦姓名印及少量網上公佈的私人藏家手中的秦姓名印。在論證具體的人名時,將會以見於傳世文獻的人名以及出土的同時代或相近時代簡牘、兵器、陶文等資料上的人名作爲參照。

因爲戰國的秦國、秦代以及部分漢初這三個時段的印目前還不能完全區分清楚,所以下邊的討論是將這約六千方姓名私璽的時代當作一個時間段來看待的,其中透露出的歷史文化信息,也視爲主要反映的是秦國或秦代的時代特徵。

在秦姓名印中,單姓印佔絶大多數,複姓印約佔不到十分之一;單名印佔絶大多數,雙名印也約佔不到十分之一。戰國和秦代的姓名印以單名居多,從西漢開始,雙名逐漸增多並最後佔有優勢。從漢末王莽時期起,因政令的規定,起雙名的習慣又一改而爲單名。戰國秦漢時期的雙名人名,並非隨意選用兩個漢字來充當,而是兩個字所構成的詞是有特定含義的,是可以訓釋的。

秦姓名印的格式大都爲"姓＋單名"、"姓＋雙名"、"複姓＋單名"、"複姓＋雙名"、"單名",還有的爲"名＋印"、"姓＋名＋印"、"姓＋名＋私印""姓＋名＋之印"、"名＋璽";極少數爲"雙名"、"姓"、"姓＋氏"。所以一般情況下見到單字的秦印時,基本可以斷定就是"單名"印。

秦姓名印中還有一些特殊的格式,如個別有"名＋肖形"的樣式。還有一些穿帶雙面印,一面是"姓＋名",一面是"臣＋名";或一面是"姓＋名",一面是"臣＋吉語",如"臣幸"。或一面是"姓＋名",一面可能是"姓＋字"。個別的還有一面是"姓＋名",一面是吉語,如"仁士"、"行吉"、"信"等。還有的穿帶雙面印一面是"姓＋名",一面是鶴鳥或單鸕銜魚或雙鸕銜魚的肖形圖案。這些特殊格式的姓名印年代都偏晚,有些可能應該屬於漢初。

秦姓名印中的姓氏很多,如按其在目前已見秦姓名印中的數量看,排在前十位的姓氏是:

1. 王
2. 李
3. 張
4. 趙
5. 楊
6. 任
7. 徐、公孫
8. 高
9. 橋、呂、郭
10. 蘇、韓、司馬、董

其中值得注意的如排在第五的"楊"姓、排在並列第七的"公孫"和排在並列第九的"橋"姓。

楊姓乃出自姬姓,是以國爲氏。楊本爲山西的一個小國(今山西洪洞縣東南),周武王分封其弟叔虞於唐邑(今山西翼城),叔虞的兒子燮繼位後,因唐地有晉水,就改稱晉侯。春秋時晉國滅楊,晉武公時封次子伯僑於楊,稱楊侯,是爲楊姓人的受姓始祖。伯僑之孫突食采於羊舌,爲羊舌大夫,是爲羊舌氏。突之孫肸,字叔向,又稱叔肸,被分封於楊氏邑,其子伯石(字食我)以封邑作爲自己的姓氏,人稱楊石,又叫楊食我。公元前514年,晉滅羊舌氏,伯石的後代逃往華山仙谷,遂居華陰,稱爲楊氏,史稱楊氏正宗。楊姓一開始在陝西、河南一帶發展,從西晉末年開始遷入福建,並於元朝遷入廣東。楊姓的主要聚居地有:華陰、修武、河內、扶風、梅縣等。《萬姓統譜》謂楊姓出自弘農、天水二郡。楊姓目前在中國大陸姓氏中排在第六位。

公孫姓望族有兩個郡望,一爲扶風郡,一爲高陽郡。公孫姓目前在中國大陸姓氏排名中没有進入前一百名。

橋姓也出自姬姓,是以山爲氏。據《元和姓纂》及《萬姓統譜》所載,相傳中原各族的共同祖先黄帝死後葬於橋山(今陝西省黄陵縣城北),子孫中有留在橋山守陵看山的,於是這些人就以山爲姓,稱爲橋氏。橋姓後又分出"喬"姓。喬姓目前在中國大陸姓氏排名中没有進入前一百名。

秦印中的希見姓氏也有不少,如比較多見的"駱"姓和數見的"爨"姓。

駱姓的來源一説出自嬴姓。據《史記》所載,秦的先祖惡來革之玄孫稱大駱,子孫乃以名爲氏。

河南宜陽爨氏的始祖據載就是由陝西華陰縣南園村遷來的,至今陝西省華陰市孟源鎮溝李村還保留着一個爨家自然村。

以上所論列的姓氏都與陝西,即秦的地域有關。

秦印中的複姓有如下一些:

上官後來《珍秦》　陽成(又作城)他《珍秦》　赤章兼《珍秦》　右行戎《珍秦》　令狐夭《珍秦》　司馬如《珍秦》　大夫陰《珍秦》　苦(又作古)成裹《珍秦》　公子逐《珍秦》　馬適士《珍秦》　東門脱《珍秦》　公耳異《珍秦》　外宅窯《珍秦》　信徒間《珍秦》　毋丘得《珍秦》　將匠安《珍秦》　乘馬遫《珍秦》　商忌將□《珍秦》　公孫賀《珍秦》　閭丘勝《珍秦》　高居樛競《珍秦》　公白敢《珍秦》　淳于齊《珍秦》　夏侯偃《珍秦》　公虎籍《珍秦》　中郭偃《珍秦》　仲(又作中)山賀《珍秦》　胡毋偃《珍秦》　鮮于何《珍秦》　下池登《印典》　王史(又作使)應《印典》　王孫危相《印典》　五鹿多《鶴廬》　中山武強《西泠》　仁士宣《集粹》　公上舍《印典》　公羊買《印典》　公乘聚《印典》　毋支番《印頪》　毋(又作母)婁更《赫連》　冬酉慶忌‧臣冬酉《鶴廬》　台王盈意《印典》　成工奢《集粹》　成公耤《集古》　吾丘穿《印典》　走馬贛《集粹》　車成闌‧臣闌

《印典》　延陵悁《印典》　尾生僕《印典》　治成治(?)《印典》　空桐(又作銅)慧《續百》　表孫帶《印典》　東門癸《印類》　邯鄲難《印典》　東野魁《鶴廬》　姑陶媿《印典》　室(又作窒)中買《印典》　窒孫係《印典》　祝父廬《鶴廬》　相里疥《集林》　柏公間印《集粹》　南郭更《印典》　段幹義《集粹》　斿于癰《集粹》　浩生免《印類》　夏侯偃《印典》　馬矢莫如《印典》　乘馬甲《印典》　桑丘登《印典》　淳于得《黃釋》　訢相恩《樂只》　桼周(又作漆雕)望《印典》　乾胡不恬《印類》　陶丘襄《印典》　單于壽《印類》　梁丘睪《西泠》　新垣中《輯存》　綦(又作其)母昌《印舉》　酸棗毋死《印典》　諸葛偃《印典》　歐陽商《衡齋》　憲丘中意《印典》　稟治勝《印典》　鮮于他《印類》　闕門至《印典》　甘士慶《印典》　公佳鮨《衡齋》　橋垣去疾《津藝》

其中的大部分複姓，都可以在漢印中找到。

秦印中的雙名大體有如下一些：

有關吉祥如意一類的：

趙多羊《印典》　啓多羊《輯存》　董多牛《印典》　張多禾《印典》　其多禾私人收藏　牛如意《印彙》　就如意《印典》　李如意《印典》　台王盈意《印典》　憲丘中意《印典》　淳于中意《魏石》　楊獨利《印典》　楊子得志《津藝》　魏得之《印典》　上官勝之《印彙》　孫買之《印典》　高成之印《印典》　呂得之《印典》　張捐之《西泠》　李澤(釋)之《印典》　孟擇(釋)之(孟寵)《印典》　渑毋澤(釋)《印典》　棱毋澤(釋)《印典》　暴毋擇(釋)《印典》　田毋鐸(釋)《印類》　司馬中時《書道》　宮中時《衡齋》　笵當時《印典》　害當時《手拓》　善安成《集林》　苑安成《印典》　蔡成安《印典》　簡安平《魏石》　徐安國《印舉》　顏安國《西泠》　徐樂成《輯存》　可成金《印類》　石定德《十六》　力將安《印典》　王當道私人收藏　張啓方《印典》　楊高處《印典》　王冬(終)可《印典》　王運孚《印

典》 王果成《衡齋》 司馬富居私人收藏 啓買臣《印典》 孫可多《鐵選》 鮑可舍《印典》 聶益耳《印典》 于長幸《集粹》

有關志向人品的：

王官人《印典》 王賢士《印彙》 成玉人《衡齋》 貳玉子《集粹》 程穗人《上博》 侯鉅志《印類》 紀强息《印典》 朗異人（臣異人）《印典》 郭異人《印彙》 過衆《印典》 中山武强《西泠》 來肩正《印典》

有關延年益壽長生不死的：

王延壽《印彙》 胡延年《印類》 季延年《手拓》 解延年《衡齋》 酸棗毋死《印典》 孔千秋《西泠》 淳辟死《印典》

有關無傷無害的：

泠毋害《印典》 徐毋害《印典》 李毋害《書道》 陳不害《印典》 女不害《印類》 王毋傷《印典》 鮑毋傷《印典》 尹毋畏《印典》 毋憂《印典》 張未央《衡齋》 霍未央《印彙》 宮毋忌《印典》 陳毋忌《陝續》 王毋忌《印彙》 啓毋忌《衡齋》 趙毋忌印《印彙》 露毋忌《印典》

有關除病的：

公孫去病《黃釋》 曹去病《黃釋》 姚去病《印典》 去病《集粹》 王病巳（已）印《印典》 觸病巳（已）《印典》 潘去疢《印典》 孟疾巳（已）《印類》 高疾巳（已）《印典》 焦擇（釋）疢《印典》 王去疢私人收藏 申去疢《印典》 去疢《印典》 去疢《印彙》 橋垣去疾《津藝》 江棄疾私人收藏 棄疾《印典》 毋死《集粹》 蟲不疵《集粹》

有關出身地或身份的：

上官越人《印典》 韓越人《印典》 郢人《印典》 夏杜人《印彙》 王中山《印典》 徐胡囚《印典》 姚戎臣《印典》 馮戎臣《港續》 任戎人《港

續》 員胡人《印典》 辛義渠《印類》 蘇渠黎《印典》 郭馬童《印典》 張小奴《印典》 高小奴《印典》 蒯小臣《印典》 成涓中《印典》

有關打擊匈奴的：

敦狐（胡）《印典》 張敦胡《集粹》 從淳（敦）狐（胡）《印典》 王掔狐（胡）《印典》 張破戎《珍秦》 巧罷師《黃釋》

有關買賣奴僕的：

郭得臣（臣得臣）《印典》 高得臣《魏石》 賈市人《印典》 買臣《珍秦》 買臣《印典》 張得奴《衡續》 泠求僕《印彙》

有關相貌的：

樂醜夫《集粹》 任醜夫《印典》 醜夫《魯庵》 惡夫《印典》 毋苦夫《印典》

"醜"、"惡"、"苦"都是醜的意思。漢代大將"周亞夫"即"周惡夫"，也是以相貌醜來命名。秦昭襄王時宣太后嬖人叫"魏醜夫"，起名的寓意相同，可資比較。

有關職官執掌的：

刀右車（臣右車）《齊魯》 雋左車《印典》 盛右車（臣右車）《集林》 毛左車《濱壐》 龍長左《印類》 享將軍《集粹》

有關追慕古人的：

王彭祖《港續》 彭沮（祖）《印典》 彭祖《印彙》 趙相如印《印類》 楊相如《印藪》 相如《集粹》 相如私人收藏 相如《方氏》 即相若《印典》 淳于慶忌《印典》 冬酉慶忌（臣冬酉）《鶴廬》 劉莫邪《鶴廬》 垣羊舌《印典》 公孫聞尼私人收藏 衛非子《印類》 李非子《赫連》 馮非子《印典》 梁非子《印典》 宋負芻《印典》

一些固定成詞的：

王母人《珍秦》 王毋時《印典》 李不敬《印典》 李不建《印典》 杜莫然《印典》 鞏莫欲《印典》 楊毋智《鐵選》 羌毋智《印典》 毋智《珍秦》 毋智《鶴廬》 李不識《印典》 辛不敢《印典》 不識《印典》 不識《集粹》 駱毋地《印典》 毋地《印典》 毋地私人收藏 毋期《印典》 桓不梁《印典》 鞠毋望《印典》 趙莫如《印典》 胡莫如《印典》 馬矢莫如《印典》 乾胡不恬《印類》 張不問《集古》 張何齊《印典》 徐非人《印類》 樂亡奴《衡齋》 趙毋他《集粹》 李夫胥《集粹》 錡强良《集古》 文毋來《印類》 區廬客《印典》 成過期《印彙》 時翁須《手拓》 逢次公《印類》 笱樊於《輯存》 尉公孫《印類》 寒扶人《印典》 馮台更《印帛》 董他人《印典》 王它人《珍秦》 史兔人《印典》 史少齒《印典》 寶鼠乳《印類》 公孫將始《印典》 公孫橐生《印典》 李次非《印典》 郭嬰齊《印典》 輔嬰隋《印典》 嬰隋《印典》 郭京閒《印典》 韓將馬《赫連》 裏方山《印典》 高方山《印典》 上官它居《印典》

義訓待考的：

李可其《港續》 薛間如《印典》 蕭中巳《印典》 臨闌多《印典》 關闌多《印典》 紀闌多《印典》 王孫危相《印典》 東野未姓《鶴廬》 相里狐邪私人收藏 傷平里《印典》 解桑何《印典》 紀闌友（?）《魏石》 案期人《印典》 郎安豎《伏藏》 祝從生《印典》 啓餘虛《印類》 杜魚耆《印類》 矢旟宗印《集粹》 中渠且印《印彙》 意諸己《印典》 陳呂臣《印典》 麻可頑（?）私人收藏 隗如□私人收藏 趙部耆《印典》 趙率□《印典》 蘇猜決《印典》 鐘青決《印典》 公孫空□《十六》 公孫□得《十六》 呂脊□《集粹》 朱□客《印舉》 宋九酉《魏石》 李母人《印典》 李丞黑《印典》 王潰中《印典》 王滿氏《集粹》 王務特《印典》 司馬□魁《印典》 李是家印《印典》 高革寺（?）《衡齋》 曹亭耳《印典》

笵□徐《印典》　張女先(?)《印典》　楊皮氏《印典》　楊沮票《集粹》

秦姓名印中單名印里最常用的人名用字，按其出現的次數多寡爲序有如下一些：

1. 得

   蔡得《集林》　得·董得《印典》　韓得《魏石》　顏得《印彙》　蘇得《印典》　公孫□得《十六》　姚得《港續》　高得《印典》　夏得《印典》　徐得《書道》　陳得《印典》　馮得《集粹》　焦得《印典》　楊得《印典》　趙得《印典》　趙得《夢庵》　王得《印典》　王得私人收藏　王得《印典》　毛得《印典》　宋得《印典》　杜得私人收藏　李得《印典》　周得《十六》　孟得《印類》　薛得《印典》　靡得·臣得《印典》　觸得《印典》　大夫得《集粹》　毋丘得《印類》　馬矢得《印典》　淳于得《黃釋》　黃得《衡齋》　耿得《印彙》　雋得《印典》　孟得《伏藏》　䄑得《輯存》　芒得《港續》　克得《伏藏》　牛得《印典》　路得《印典》　樂得《印典》　楊得《印類》

2. 昌

   孫昌《衡齋》　許昌·臣昌《印典》　莊昌《十六》　張昌《集粹》　張昌《印典》　馮昌《集粹》　趙昌《港續》　王昌《印典》　王昌私人收藏　王昌《印彙》　成昌《印典》　呂昌《印彙》　宋昌《印彙》　李昌《印典》　李昌《印典》　龍昌《鉄選》　戴昌《印典》　綦母昌《印舉》　昌《印典》　昌《臺歷》　始昌《印典》　令昌私人收藏　蓬昌《印典》　廚昌《印典》　智昌《集粹》　媚昌《印典》　頓昌《印典》

3. 嬰

   公孫嬰《印典》　公孫嬰《印典》　矦嬰《珍秦》　張嬰《印典》　焦嬰《印典》　趙嬰《書道》　趙嬰《絜齋》　王嬰《印典》　王嬰《津藝》　王嬰《印

典》 呂嬰《集古》 李嬰《印典》 鮑嬰《印典》 射嬰・陳嬰《印典》 竇嬰《印頪》 嬰《集粹》 嬰《集粹》 嬰《印典》 桓嬰《印典》 臣嬰《集古》 虎嬰《印彙》 汪嬰《印典》 尹嬰《集古》 虞嬰《集粹》 程嬰私人收藏

4. 勝

橋勝《集粹》 韓勝《印典》 黃勝《印頪》 張勝《印舉》 陳勝《印典》 馮勝《印典》 趙勝《印藪》 王勝《集粹》 臣勝《印典》 任勝《港集》 李勝《港續》 古成勝《印彙》 司馬勝《續衡》 閭丘勝《印典》 橐治勝《印典》 勝《集粹》 勝《輯存》 季勝《印典》 邢勝《黃釋》

5. 偃

潘偃《印典》 淳于偃《印典》 矣偃《印典》 徐偃《夢庵》 曹偃《印典》 趙偃《臺歷》 趙偃《書道》 王偃《印典》 成偃《西泠》 中郭偃《印典》 胡毋偃《印頪》 夏侯偃《印典》 綦母偃私人收藏 諸葛偃《印典》 段偃《集粹》 留偃《印典》 茅偃《印典》 后偃《印典》 左偃《契齋》

6. 嘉

橋嘉私人收藏 顏嘉《印典》 孫嘉《印典》 楊嘉《印彙》 趙嘉《印典》 趙嘉《印典》 王嘉《集粹》 史嘉《集粹》 李嘉《印典》 嘉《印典》 狼嘉《齊魯》 恒嘉《印典》 垣嘉《印典》 枚嘉《首都》 任嘉《印頪》 臣嘉《印頪》 楊嘉《印頪》 孫嘉《輯存》

7. 禄

駱禄《印典》 賈禄《印典》 楊禄《珍秦》 趙禄《印典》 田禄《印典》 任禄《印典》 宋禄《印典》 杜禄《珍秦》 李禄《印典》 禄《印頪》 弦

禄《印典》　兒禄《印典》　宋禄《印彙》　榮禄《印典》　賈禄《印彙》　禄印《輯存》

8. 章

矣章《印典》　高章《集粹》　徐章《印典》　張章《珍秦》　楊章《印典》　趙章《印典》　趙章《赫連》　橋章《輯存》　章《珍秦》　章《印典》　章《港集》　章印《集粹》　李章《書道》　解章《集粹》　笵章《衡齋》

9. 豎

董豎《首都》　橋豎私人收藏　司馬豎《印藪》　馬豎《集古》　張豎私人收藏　張豎《印類》　趙豎《赫連》　王豎《印典》　王豎《印典》　呂豎《印典》　朱豎《印典》　茅豎《印典》　丁豎《湖南》　拏豎《印類》

10. 黽

橋黽《集粹》　蘇黽《印典》　郭黽《印典》　趙黽《印典》　趙黽《印典》　王黽私印《港續》　任黽《印典》　李黽《印典》　李黽《印典》　黽《集粹》　黽《印典》　李黽《輯存》　傅黽《印典》

其他的常用字還有：他、係、達、欣、穿、慶、午、欬、甲、歇、齊、悍、爲、臧、狀、徹、疾、僕、競、義、舍等。

秦姓名印中有許多以疾病名或從"疒"旁的字來命名的人名，如：

病

袁病《印典》

疾

上官疾私人收藏　秦疾《印典》　王疾《印彙》　宋疾《印典》　高疾《印類》　垣疾《印典》　牛疾《印典》　傅疾《集粹》

疥
樂疥《珍秦》 蘇疥《印類》 司馬疥《集粹》 蘇疥《印類》 相里疥《集林》 疥《衡齋》

痹
樂痹《集粹》

疵
矣疵《印典》 徐疵《印典》

癰
癰孫癰私人收藏 李癰《印典》 斿于癰《集粹》 癰《印典》 癰《港續》 宦癰《衡齋》

疤
張疤《印類》 王疤《印類》 醫疤《印典》

癃
陳瘁（癃）《印典》

瘀
賈瘀《印典》

瘜
楊瘜《印典》 秦瘜《印類》 筍瘜《集粹》

瘣
楊瘣《印典》 邢瘣《伏續》

疢
王疢《印類》 王疢《印類》 廚疢《輯存》

瘨
田瘨《衡齋》

痞
李痞《集粹》

瘖

  瘖《衡齋》

在戰國古璽中，這種以疾病名和以从"疒"旁的字來命名的人名也很多，這體現了疾病是當時人們苦惱的一個大問題。揣測古人這種命名在寓意上是取其正言若反，或是以毒攻毒。也可能古人在心目中大概有這樣的觀念，即如果名字中用了某一種疾病名，就代表這個人已經得過這種疾病，從此就不會再得這種疾病了。

  秦姓名印中還有一個突出現象，就是以"齒"字或从"齒"旁的字命名的也不少，如：

齒

  史齒《印典》　田齒《印典》　毛齒《印典》　中齒·臣齒《印典》　吳齒《印典》　公孫齒《印典》　番齒私人收藏　段齒《印典》　高齒·臣齒《津藝》　周齒《印典》　史少齒《印典》　其母齒《印典》　齒《港集》

齔

  許齔《印典》　莊齔《鐵選》　王史齔《印典》　窒孫齔《印典》

齟

  高齟《新見》　齟《印典》

齮

  周齮《集粹》　公孫齮《珍秦》　趙齮《集粹》　李齮《印典》　齮印《印類》

齦

  奚齦《印典》

齰

  齰《印典》

這一現象不知是否體現了古人對牙齒的關注。

秦姓名印中的名字有時會反映出對從某一個聲旁的字格外偏愛的傾向。如對"奇"或從"奇"得聲的字似乎格外偏愛,如:

奇

丙奇《印典》 任奇《印典》 王奇《印典》 趙奇《夢庵》

錡

王錡《印彙》 女錡《珍秦》

齮

公孫齮《珍秦》 趙齮《集粹》 李齮《印典》 周齮《集粹》 姚齮《珍秦》 齮印《印類》 齮《印典》

踦

公孫踦《印典》 竹踦《印典》 周踦《山東》

畸

司馬畸《印典》 秦畸《印典》 趙畸《印典》 畸《契齋》

猗

姚猗《印典》

觭

徐觭《印典》 王觭《印典》 燕觭《印典》 公佳觭《衡齋》

骑

骑《印類》 骑《集粹》

旖

李旖者印《珍秦》

倚

憲倚《印典》 姚倚《秦代》

琦

李琦《珍秦》

還有對從"昔"得聲的字也似乎比較喜好,如:

王䛒《印典》 䛒《印典》 王籍《印典》 李錯《集粹》 我錯《印典》 帶錯《印典》 錯《印典》 郜《印典》 井耤《印典》 耤《印典》 趙《輯存》

秦姓名印中透露出的歷史文化信息很多,以下再舉幾個例子。

秦姓名印中以"黑"字或以從"黑"字爲偏旁的字命名的人名很多,如:

黑

成黑《港集二》 任黑《秦代》 張黑《秦代》 戴黑《秦代》 □黑《秦代》 黑《秦代》 樂黑《印典》 □黑《印典》 楊黑《印典》 宋黑《印典》 馬黑《印彙》 恒黑《集粹》 黑臣《集粹》

點(《說文》:小黑也)

魯點《珍秦》

黝(《說文》:微青黑色)

董黝《珍秦》 楊黝《秦代》 李黝《秦代》 黝私人收藏 郝黝私人收藏

黟(《說文》:黑木也)

趙黟《秦代》 符黟《秦代》

黱(《說文》:黱者忘而息也)

□黱《秦代》 畢黱《印典》

黔(《說文》:黃黑也)

張黔《秦代》

默(《說文》:犬暫逐人也;《廣韻》:黑也)

費默《秦代》

黑夫

黑夫印私人收藏(睡虎地秦簡家書木牘中有人名"黑夫",可資比較)

黑章

湯黑章私人收藏 家黑章私人收藏

點

 點《集粹》

黚

 沈黚《集粹》

這些以"黑"字或以從"黑"字爲偏旁的字命名的人名,其起名之始是出於什麼考慮?是否與秦的"尚黑"習俗有關?這是非常值得考慮的問題。

秦姓名印中有許多人名都是从"頁"旁的字,如:

頭(《説文》:首也)

 郭頭《秦代》　卑頭私人收藏　黃頭私人收藏

頯(《集韻》:頯,頯頡,頭長貌)

 徒頯《珍秦》

頡(《玉篇》:頭不正也)

 刑頡《珍秦》　楊頡《秦代》　任頡《秦代》　弋頡《印典》　薦頡《印典》
 趙頡私人收藏　頡《集粹》　頡私人收藏

頰(《玉篇》:頤下;《説文》:䩉也)

 陰頰《秦代》　高頰《契齋》　秦頰《契齋》

顥(《説文》:顛頂也)

 趙顥《秦代》　王顥《秦代》　邵顥《印典》　解顥《印典》　顥《印典》
 顥《中州》

顛(《説文》:頂也)

 杜顛《秦代》　王顛《秦代》　收顛《輯存》　矦顛《印典》　邢顛《印典》
 顛私人收藏

頗(《説文》:出額也)

 史頗《秦代》

顡(《玉篇》：癡顡，不聰明也。《五音集韻》：他怪切，顡惡也。《說文》：不聰明也)

　　顡印《秦代》　任顡《秦代》　顡《秦代》　顡《印典》

頑(《說文》：梱頭也)

　　□頑《秦代》　頑印《黃釋》

頜(《說文》：秃也)

　　頜印《秦代》　郝頜《集粹》　啓頜《黃釋》

頛(《說文》：頭不正也)

　　張頛《秦代》　郭頛《秦代》

顆(《說文》：小頭也)

　　南顆《秦代》　王顆私人收藏

頏(《說文》：直項也)

　　任頏《秦代》　耿頏《印典》

碩(《說文》：頭大也)

　　臣碩《秦代》

頎(《說文繫傳》：頭佳兒)

　　朱頎《秦代》　頎《輯存》　頎《輯存》

頗(《說文》：頭偏也)

　　頗《秦代》

煩(《說文》：熱頭痛也)

　　煩璽私人收藏　楊煩私人收藏　師煩印私人收藏

顒(《說文》：大頭也)

　　趙顒私人收藏　啓顒《印典》

顯(《說文》：頭明飾也)

　　熒顯私人收藏

顰(《說文》：涉水頻蹙也)

　　　　任犟_{私人收藏}　焦犟《印彙》

頯

　　　　胡頯《秦代》　趙頯《秦代》　秦頯《秦代》

煩

　　　　煩印_{私人收藏}

以上這些人名的含義大都與頭、臉、頸有關，其中與頭有關的最多。這體現的是一種什麼現象呢？頭是人體中特徵最爲明顯的部位，古代的相術就經常以頭爲對象進行占測。這種常常以頭部特徵來命名的習慣應該與古人相術中重視頭部特徵的習慣有關。

　　"頜"義爲禿頭，秦印中還有許多以"穨"命名的人，如：

　　　　郝穨《珍秦》　王穨《秦代》　穨《秦代》　穨《秦代》　王穨《秦代》　蘇穨《集粹》　楊穨_{私人收藏}　王穨《印典》　王穨《輯存》　橋穨《輯存》　穨《珍秦》　程穨《黃釋》　穨璽_{私人收藏}

"穨"也是禿頭的意思，其取名立意相同。

　　秦印人名中有以"馬"爲名的，如"王馬"（私人收藏）、"公孫馬"（《印藪》）。複姓中還有"走馬文印"（私人收藏）。另外還有許多人名用的是以"馬"爲偏旁的字，如：

駔

　　　　王駔《珍秦》　任駔《珍秦》　王駔《秦代》　駔《珍秦》　駔《珍秦》　甘駔_{私人收藏}　駔《印典》

騰

　　　　騰《珍秦》　梁騰《印典》　臣騰_{私人收藏}　騰_{私人收藏}　黃騰《印典》　王騰《印彙》

驚

　　　　達驚《珍秦》　驚《輯存》　輔驚《印典》　王驚《珍秦》　王驚《秦代》

驚《輯存》

驊

臣驊《珍秦》 韓驊私人收藏 王驊《印典》 原驊《印彙》 和驊私人收藏 江驊《印典》 驊《印典》 驊《印彙》

鷟

公孫鷟《珍秦》 李鷟《秦代》 郭鷟《秦代》 郭鷟《秦代》 韓鷟《秦代》 任鷟《秦代》 啓鷟之印《印類》 石鷟《集粹》 鷟《集粹》 鷟私人收藏

駘

李駘《秦代》 李駘《秦代》 駘《秦代》 莊駘之印《秦代》 楊駘《印彙》 綦母駘《印彙》 駘《印典》 焦駘私人收藏 莊駘之印《印典》 趙駘《栔齋》

騷

弓騷《珍秦》 李騷《秦代》 趙騷《秦代》 騷《秦代》 騷《珍秦》 騷《印典》 芇騷《伏廬》

駕

楊駕《秦代》 王駕《秦代》 韓駕《秦代》 杜駕《輯存》 莊駕《印典》 疏駕私人收藏

騂

楊騂《秦代》 應騂《秦代》 騂《輯存》

騫

宋騫《秦印》 楊騫私人收藏

騅

楊騅私人收藏 杜騅《集古》

駢

冀駢《秦代》 駢《印類》

騧

　　田騧《衡齋》　騧私人收藏

騅

　　王騅《秦代》

騁

　　李騁《秦代》

駭

　　淳于駭《秦代》

馳

　　馳《秦代》

驢

　　王驢《秦代》

駒

　　駒印私人收藏　李駒私人收藏

騎

　　蘇騎《港集》

騧

　　莊騧《印典》

驕

　　趙驕《方氏》

駃

　　王駃《印頮》

騷

　　李騷《印典》

這應該體現了秦國或秦代重視"馬"的觀念。戰國至漢代戰爭頻仍,馬是戰爭的重要物資,所以重視馬應該是當時社會的普遍習尚。秦國的歷史與馬有着千絲萬縷的聯繫,史載秦的祖先大費之玄孫費昌當夏桀時,去夏歸商,爲湯御,以敗桀於鳴條。大費之子大廉之玄孫仲衍爲帝大戊御而妻之。造父習御,幸於周穆王,取遠道而馬不罷。得驥纖離、驊騮、騄耳之駟,西巡守。徐偃王作亂,造父御,長驅歸周,一日千里以救亂。非子居犬丘,好馬及畜,善養息之。犬丘人言之周孝王,孝王召使主馬於汧、渭之間,馬大蕃息。善於相馬的伯樂也是秦國人。以上這些都清楚地表明了秦國與馬的緊密聯繫,所以秦印中出現如此多的以馬爲偏旁的人名就很正常了。

睡虎地秦簡《盜者》章有如下内容:

盜者:
子,鼠也。盜者兑(鋭)口,希(稀)須(鬚),善弄,手黑色,面有黑子焉,疵在耳,臧(藏)於垣内中糞蔡下。・多鼠䑕孔午郢。

丑,牛也。盜者大鼻,長頸,大辟(臂)臑而僂,疵在目,臧(藏)牛厩中草木下。・多徐善趣以未。

寅,虎也。盜者壯,希(稀)須(鬚),面有黑焉,不全於身,從以上辟(臂)臑梗大,疵在辟(臂),臧(藏)於瓦器閒,旦閉夕啓西方。・多虎豻貙豹申。

卯,兔也。盜者大面,頭頯,疵在鼻,臧(藏)於草中,旦閉夕啓北方。・多兔㷒陘突垣義西。

辰,盜者男子,青赤色,爲人不榖(穀),要(腰)有疵,臧(藏)東南反(阪)下。車人,親也,勿言已。・多獲不圖射亥戌。

巳,蟲也。盜者長而黑,蛇目,黄色,疵在足,臧(藏)於瓦器下。・名西茝亥旦。

午,鹿也。盜者長頸,小胻,其身不全,長耳而操蔡,疵在肩,臧(藏)於草木下,必依阪險,旦啓夕閉東方。・名徹達禄得獲錯。

　　未,馬也。盜者長須(鬚)耳,爲人我我然好歌無(舞),疵在肩,臧(藏)於芻稾中,阪險,必得。・名建章丑吉。

　　申,環也。盜者圜(圓)面,其爲人也鞞鞞然,夙得莫(暮)不得。・名責環貉豺干都寅。

　　酉,水也。盜者脅而黃色,疵在面,臧(藏)於園中草下,旦啓夕閉。夙得莫(暮)不得。・名多酉起嬰。

　　戌,老羊也。盜者赤色,其爲人也剛履,疵在頰。臧(藏)於糞蔡中土中。夙得莫(暮)不得。・名馬童龏思辰戌。

　　亥,豕也。盜者大鼻而票(剽)行,馬脊,其面不全。疵在要(腰),臧(藏)於園中垣下,夙得莫(暮)不得。・名豚孤夏穀□亥。

　　甲盜名曰耤鄭壬鬠强當良。・乙名曰舍徐可不詠亡悥(憂)・丙名曰轄可癸上。・丁名曰浮妾榮辨僕上。・戊名曰匽爲勝殀。己名曰宜食成怪目。・庚名曰甲䣝相衛魚。・辛名曰秦桃乙忌慧。・壬名曰黑疾齊諈。・癸名曰陽生先智丙。

可將文中干支與名字的對應列爲以下兩個表:

子	多鼠鼹孔午郢
丑	多徐善趢以未
寅	多虎犴貆豹申
卯	多兔㹞㹷突垣義酉
辰	多獲不圖射亥戌
巳	名西苴亥旦
午	名徹達禄得獲錯

未	名建章丑吉
申	名責環貉豻干都寅
酉	名多酉起嬰
戌	名馬童犇思辰戌
亥	名豚孤夏穀□亥
甲	䊪鄭壬鬵強當良
乙	舍徐可不詠亡悥(憂)
丙	轄可癸上
丁	浮妾榮辨僕上
戊	匽爲勝殎
己	宜食成怪目
庚	甲郢相衛魚
辛	秦桃乙忌慧
壬	黑疾齊謠
癸	陽生先智丙

據學者研究,第一個表中"名徹達祿得獲錯"句中漏寫了"子"字,"名多酉起嬰"句中的"多"可能是"卯"字之誤,"名豚孤夏穀□亥"句中的漏字應該就是"巳"字。① 從這個表中可以看出,某一干支日對應名字中的某個干支字是有一定規律的,即子—午、丑—未、寅—申、卯—酉、辰—戌、巳—亥、午—子、未—丑、申—寅、酉—卯、戌—辰、亥—

---

① 見劉樂賢《睡虎地秦簡日書研究》,臺灣文津出版社,1994年,第276~277頁。

巳。這體現的是"支衝破"的組合。《五行大義》卷二第十三"衝破"條說:"支衝破者,子午衝破,丑未衝破,寅申衝破,卯酉衝破,辰戌衝破,巳亥衝破。此亦取相對,其輕重皆以死生言之。"①

從《盜者》章我們可以知道,古人常常用干支字來命名,這些用干支字所起的名字,有很多与曆日中的干支存在着某種關係,其中一定含有某種寓意。當時肯定存在着一種類似起名手册一類可供翻查的東西,可以知道生在哪一天起什麼名字最合适。秦國或秦代的人名中也有許多是用干支字來命名的,這在秦印中也有體現。如:

秦印中有許多以干支字命名的人名,如:

甲

衛甲《印典》 張甲《印典》 王甲《集粹》 史甲《印典》 任甲《衡齋》 李甲《津藝》 李甲《集古》 周甲《印典》 孟甲《印彙》 乘馬甲《印典》 千甲《印類》

乙

馬乙《秦代》 郭乙私人收藏 張乙《集粹》 楊乙《印典》 王乙私人收藏 成乙《印典》 李乙《西泠》 鄒乙《印典》 扁乙《印典》

丙

據丙《秦代》 楊丙私人收藏 邵丙私人收藏 張丙《契齋》

丁

韓丁《印典》 賈丁《西泠》 李丁《印典》 矦丁《印彙》 段丁《集古》 烏丁《印典》 單丁《印彙》 任丁《珍秦》 如丁私人收藏

戊

橋戊《集粹》 黃戊《印典》 楊戊《集粹》 李戊《印典》 輔戊私人收藏 王戊《珍秦》

---

① 關於"衝破"的解釋蒙程少軒同學提示,謹致謝忱。

己
鮑己《印類》　王己私人收藏

庚
王庚《秦代》

壬
田壬《秦代》

癸
公癸《珍秦》　郭癸《珍秦》　趙癸印《秦代》　王癸印《秦代》　李癸《輯存》　吳癸私人收藏　趙癸《十六》　李癸《輯存》　東門癸《印類》　癸《珍秦》　癸璽《集粹》　秦癸《集粹》

子
□子《珍秦》　駱子《珍秦》　訇子《珍秦》　王子《秦代》　援子《秦代》　呂子私人收藏　杜子《印典》　翁子《印舉》

寅
任寅《新出》　臣寅《秦代》　田寅《秦代》　寅私人收藏　王寅私人收藏　寅私人收藏　馮寅私人收藏　王寅《印典》　臣寅《印典》　令狐寅《印典》

卯
杜卯《秦代》　笵卯《秦代》　李卯私人收藏　王卯私人收藏　史卯《集古》　成卯《印典》　悼卯《印典》

辰
辰《珍秦》　壺辰《秦代》　辰印私人收藏　潘辰《印典》　癱辰《集粹》　王辰《印典》

午
丁午《珍秦》　張午《秦代》　焦午《秦代》　趙午《秦代》　和午《秦代》　張午私人收藏　王午《輯存》　曹午《印典》　焦午《集林》　趙午《印

典》 李午《印類》 曩午《集粹》 莊午《印類》 病午《臺歷》 殷午《印典》 和午《衡齋》

未

王未《印典》 胡未《印典》 干未《珍秦》 午未私人收藏

申

殷申《秦代》 申私人收藏 任申《衡齋》 啓申《珍秦》 申《印典》 救申《印典》

酉

王酉《珍秦》 李酉私人收藏 王酉《印典》 王酉《印類》 楊酉《印類》 期酉《集粹》

戌

張戌私人收藏 張戌《印典》 李戌《印典》

亥

衛亥《珍秦》 趙亥《秦代》 媪亥私人收藏

如此多以干支命名的名字，與睡虎地秦簡《盜者》章的記載正好吻合。

將傳世典籍中秦的人名以及出土文獻中如秦陶文和秦兵器上的人名與上論秦印中的人名相比較，會發現很多相同的人名。這説明這些人名的確是當時非常流行的常見人名，體現了秦國和秦代的起名習慣和風尚。

1. 秦史中的人名：

費昌：若木玄孫，爲湯御。子孫或在中國，或在夷狄。

季勝：蜚廉子。

非子：大駱子，事周孝王。分土爲附庸，邑之秦。爲秦受土有號之始。

憲公時官大庶長弗忌。

穆公時白乙丙，一名申。

子車氏三子之一鍼虎。

左傳成公十一年有史顆。

左傳襄公十二年有無地。

左傳成公十年有醫緩。

秦懷公時有庶長鼂。

秦獻公時有大夫監突。

獻公時有章蟜。

孝公時有公孫鞅、公孫壯。

惠文王時有樗里疾、司馬錯、魏章、陳壯、馮章、孟卯、秦越人。

昭襄王時有行願、庶長壯、宣太后嬖人魏醜夫、芊戎、白起、司馬昌、胡傷、客卿竈、大將王齕、上卿蒙驁、蜀郎中令嬰、韓他。

孝文王時有呂不韋。

始皇帝時有將軍桓齮、將軍王翦、中大夫令齊、內史騰、羌瘣、博士黃疵、冶鑄者程鄭、丞相隗狀、卿王戊、成侯趙亥、陳馳、任固、五大夫趙嬰、公子高、右丞相去疾、中庶子蒙嘉、史禄、常頟。

三世皇帝時有駱甲。

二世時有皇帝胡亥，又有趙高、司馬欣、呂齮。

2. 秦陶文上的人名：

宮得、宮係、宮臧、宮欱、宮䵻、宮頗、頗、咸陽慶、咸陽午、咸陽高、申、甲、小遫、上造慶忌、博昌去疾、左午、戎、嘉、左䵻、左得、右司空係、右司空嬰、右嘉寺係、寺嬰、寺顛、宮章、宮甲、宮順、宮得、宮錯、宮丁、都船工疕、都昌癸、欱、嘉、戉、芷陽工癸、頻陽狀、楊工䵻、杜建、咸原少申、鹹邑如戉、咸郦里駈、咸沙里疪、咸沙□壯、司御不更頟。

3. 秦兵器上的人名：

廿七年上郡戈：上守造　　工隸臣䵻

廿四年上郡戈：上郡守臧　　高工師竈　　丞申

七年上郡戈：工師嬰

四十八年上郡假守戈：上郡假守量　工駆

十九年殳鐓：聱鄭

十三年相邦義戟：工穨

王四年相邦張義戟：工卯

卅三年相邦冉戟：工固

四年相邦呂不韋戟：工嘉

五年相邦呂不韋戟：公寅　工戍

七年相邦呂不韋戟：工竞

十七年丞相啓、狀戈：工邪

元年丞相斯戟：工去疾

三十六年工師癲鼎：工師癲

十五年寺工鈹：工黑

五年相邦呂不韋戟：工寅

卅八年上郡守戟：上郡守慶

四十年上郡守起戟：隸臣庚

四十年上郡守起戟：工隸臣突

十二年上郡守壽戟：工更長猗

二十五年上郡守𨟻造戟：工師竃、丞申

二十七年上郡守𨟻造戟：工隸臣𥯤

七年上郡守閒造戟：工師嬰

三年上郡守冰照戟：漆工壯

四年相邦呂不韋矛：丞申

八年蜀郡戟：工悍

六年漢中守造戟：丞齊

廿二年臨汾守戟：庫係、工歆

這些人名大都可以在上邊論述過的秦印中的人名中找到相同的例子。有些人名的重複率還是相當高的,這充分體現了秦人起名的習慣和風尚。

秦印姓名中所體現出的歷史文化現象肯定還不只這些,本文只是一個初步的考察,相信隨着研究的深入和新資料的增多,在這一領域一定還會得到更多的發現。

本文引用秦印著録簡稱表

(按簡稱音序排列)

《濱璽》 黄質輯:《濱虹草堂璽印釋文》,《黄賓虹文集・金石編》收録,上海書畫出版社,1999年。

《方氏》 方清霖輯:《方氏集古印譜》,鈐印本,(清)光緒年間。

《伏藏》 陳漢第輯:《伏盧藏印》,臺灣中研院歷史語言研究所據民國年間鈐印本印重裝本,1973年。

《伏續》 陳漢第輯:《伏盧藏印續集》,上海涵芬樓影印本,民國十五年(1926年)。

《港集二》 王人聰編:《香港中文大學文物館藏印續集二》,香港中文大學出版社,1999年。

《港集》 王人聰編《香港中文大學文物館藏印集》,香港中文大學文物館,1980年。

《港續》 王人聰編:《香港中文大學文物館藏印續集一》,香港中文大學文物館,1996年。

《赫連》 羅振玉輯:《赫連泉館古印存》,上海書店"中國歷代印譜叢書"重印本,1988年。

《鶴廬》　葉豐、葉肇春選編：《鶴廬印存》，榮寶齋出版社影印本，1998年。
《衡齋》　黃濬輯：《衡齋藏印》，鈐印本，民國二十五年(1936年)。
《湖南》　高至喜、陳松長編：《湖南省博物館藏古璽印集》，上海書店影印本，1991年。
《黃釋》　浙江省博物館編：《黃賓虹古璽印釋文選》，上海書畫出版社，1995年。
《集粹》　[日]菅原石廬輯：《中國璽印集粹》十六卷，二玄社影印本，平成八年(1996年)。
《集古》　顧從德輯：《顧氏集古印譜》六卷，西泠印社據所藏殘存四冊本重印，1998年。
《集林》　林樹臣輯：《璽印集林》，上海書店"中國歷代印譜叢書"影印本，1991年。
《輯存》　牟日易輯：《古代璽印輯存》，香港集古齋影印本，1999年。
《津藝》　李東琬主編：《天津市藝術博物館藏古璽印選》，文物出版社，1998年。
《樂只》　高時敷輯：《樂只室古璽印存》，上海書店"中國歷代印譜叢書"重印本，1999年。
《魯盦》　張咀英輯：《魯盦小印》，孝水望雲草堂鈐印本，民國三十三年(1944年)。
《夢庵》　[日]太田孝太郎輯：《夢庵藏印》，鈐印本，大正十五年(1926年)。
《齊魯》　高慶齡輯：《齊魯古印攈》四卷續一卷，上海書店"中國歷代印譜叢書"重印本，1989年。
《契齋》　商承祚輯：《契齋古印存》，鈐印本，民國二十三年(1934年)。
《秦代》　許雄志編：《秦代印風》，重慶出版社"中國歷代印風系列"叢書本，1999年。

《山東》　賴非主編:《山東新出土古璽印》,齊魯書社,1998年。
《上博》　上海博物館編:《上海博物館藏印選》,上海書畫出版社,1978年。
《十六》　吳大澂輯:《十六金符齋印存》二十六卷,上海書店"中國歷代印譜叢書"重印本,1989年。
《手拓》　陳介祺輯:《陳簠齋手拓古印集》,上海書店影印本,1990年。
《首都》　羅隨祖編:《首都博物館藏古璽印選》,首都博物館鈐印本,1992年。
《書道》　[日]下中彌三郎編:《書道全集》第二十七卷·印譜篇,平凡社,昭和七年(1932年)。
《臺歷》　王北岳編:《"國立"歷史博物館藏印選輯》,臺灣"中華叢書"編審委員會,1978年。
《鐵選》　徐敦德編:《鐵雲藏印選》,西泠印社影印,1990年。
《魏石》　周進輯:《魏石經室古璽印景》,上海書店"中國歷代印譜叢書"重印本,1989年。
《西泠》　西泠印社輯:《西泠印社百年藏銅印精選》,西泠印社出版社影印本,2003年。
《陝續》　王翰章、王長啓編:《陝西出土歷代璽印選編》,三秦出版社,1993年。
《新見》　董珊輯:《新見戰國古璽印一百一十七方》,《中國古文字研究》第一輯,吉林大學出版社,1999年。
《續百》　吳大澂輯:《續百家姓印譜》一卷,上海書店出版社《叢書集成續編》第九十四冊影印本,1994年。
《續衡》　黃濬輯:《續衡齋藏印》,江夏黃氏尊古齋鈐印本,民國三十三年(1944年)。

《印典》　康殷伯寬、任兆鳳輯，國際文化出版公司，1993～1994年。
《印彙》　傅嘉儀輯：《篆字印彙》，上海書畫出版社，1999年。
《印舉》　陳介祺輯：《十鐘山房印舉》，中國書店影印本，1985年。
《印類》　[日]小林斗盦編：《中國璽印類編》，天津人民美術出版社影印本，2004年。
《印藪》　顧從德輯：《顧氏印藪》六卷，刻本，(明)萬曆三年(1575年)。
《印帚》　王獻唐輯：《兩漢印帚》，山東省圖書館鈐印本，民國二十三年(1934年)。
《珍秦》　蕭春源編：《珍秦齋藏印·秦印篇》，臨時澳門市政局文化暨康樂部，2000年。
《中州》　牛濟普輯：《中州古代篆刻選》，中州書畫出版社，1983年。

　　附記：本文寫作中曾蒙施謝捷先生提供部分秦印資料，特此鳴謝。

　　原載《出土文獻與傳世典籍的詮釋——紀念譚樸森先生逝世兩周年國際學術研討會論文集》(上海古籍出版社，2010年)，今據以收入。

古璽格言璽考釋一則

某私人藏家手中藏有如下一方格言璽：

璽面基本爲正方形，從字體看，國別應屬於三晉。

該璽印文共四字，右邊兩字爲"敬事"二字，其中"事"字因璽面佈局的關係偏旁有些割裂移位，本該作"🔣"形的"事"字被割裂寫成了"🔣"形。在戰國古璽中，因出於佈局匀稱美觀考慮將字形割裂移位的情況很多見，如《古璽彙編》所收如下幾方璽印：

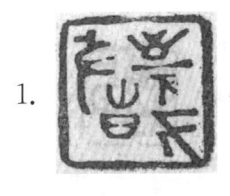

1. 4193"敬事" 2. 4233"敬守"

3. [印文圖] 4248"敬□"①

其中1的"事"字和2、3的"敬"字也都被割裂移位，與上舉"[字]"字被割裂移位作"[形]"形的情況相似。

左邊兩字中的下一字從黑白打本看，第一眼很容易被誤認爲是"乃"字。但是從彩色照片看，即可知其實應爲"夕"字，只是字上部近似三角形的部分被填實了而已。《戰國文字編》所收"夕"字作：

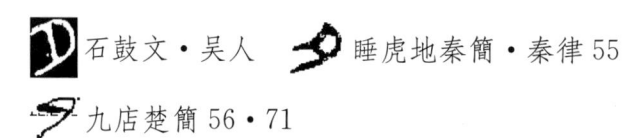

[字形] 石鼓文·吳人　　[字形] 睡虎地秦簡·秦律55

[字形] 九店楚簡56·71

從"夕"的"外"字、"夢"字、"夢"字、"多"字和"㚛"字分別作：

[字形] 睡虎地秦簡·日書乙8　　[字形] 楚帛書　　[字形] 包山楚簡63

[字形] 包山楚簡278反　　[字形] 包山楚簡139

這些"夕"字和從"夕"之字所從的"夕"，與上揭印文中的"[字]"字形體和筆勢都極爲接近，應該是一字無疑。將文字中呈輪廓形的筆劃填實本來是西周金文中的書寫習慣，到了戰國時期，這一書寫手法還可以偶爾見到，如"福"字作"[形]"，"留"字作"[形]"，"遹"字作"[形]"，"範"字作"[形]"又作"[形]"，"巽"字作"[形]"又作"[形]"，"巳"字作"[形]"又作"[形]"等，都是例證。所以"夕"字被部分填實寫成"[字]"形並不足怪。

---

① 該璽"敬□"之"□"，吳振武先生釋爲"塚"，讀爲"重"，見氏著《試説齊國陶文中的"鍾"和"溢"》，《考古與文物》1991年第1期，第67～75頁。

左邊上一字是個難字，需要費些筆墨來論證。此字構形上從"聿"，下從"甘"，可以隸定作"𦘠"。考釋這個字可以從以下幾個思路來分析。

一是將"𦘠"字視爲"畫"字之訛。目前已知古文字中的"畫"字結構皆爲從"聿"從"日"，作如下之形：

1. ▨《合》22942　2. ▨屯南 2392　3. ▨尗簋
4. ▨九店楚簡 56・71　5. ▨楚帛書

如果將"𦘠"字視爲"畫"字之訛，就要在古文字構形演變規律中，找出"日"可訛爲"甘"的一些例證。可是我們找不到這樣的例證。可見這一思路目前還行不通。當然，不論如何，"𦘠"爲"畫"字之訛，仍然是最大的可能。

一是將"𦘠"字視爲"書"字之省。戰國三晉古璽文字中的"書"字作：

1. ▨《古璽彙編》2020　2. ▨《古璽彙編》2541
3. ▨《古璽彙編》5187　4. ▨《古璽彙編》5189
5. ▨《湖南省博物館藏古璽印集》30

構形皆爲從"聿"，"者"聲。雖然 1、3、5"者"字下部也都變爲從"甘"，與"𦘠"字下部從"甘"相同，但是上揭 5 個"書"字所從之"聿"下部皆有省略，而且所從之"者"也從不徹底地省成"甘"。這兩點與"𦘠"形差別很大，形體上恐怕難以比附。在漢魏晉的一些文字中，"書"字也有省得比較嚴重的，寫法已經與楷書的"書"字基本無別，如《秦漢魏晉篆隸字形表》所收如下"書"字：

1. ▢ 定縣竹簡 45　2. ▢ 流沙簡·屯戍六·一六
3. ▢ 永和二年鐵　4. ▢ 景北海碑陰

這類寫法的"書"倒是與"▢"字很接近。可是考慮到戰國時期"書"字所從之"者"不可能簡省到如此程度,所以將"▢"視爲"書"字之省從形體上看也説不過去,因此這一思路也行不通。

一是將"▢"字就視爲"聿"字的異體或從"聿"字分化出的一個字。古文字中常常有加"口"爲羨符或加"口"爲偏旁分化的現象,所從之"口"有些後來又訛混爲"曰"或"甘"。這類例子很常見,不贅舉。"▢"字是否就是"聿"字加羨符"口"的異體或加"口"分化出的一個字呢? 這一可能也不能完全排除。①

總之,在後世字書中,目前我們還無法確定一個與"▢"字相對應的字。

即使"▢"字暫時我們還不認識,可這個字的結構很清楚,並不影響我們在此基礎上對其在印文中的讀法進行一些推測。我們在前邊曾提出過將"▢"字視爲"畫"字之訛的設想,雖然這一設想從字形上看還行不通,但我們認爲將"▢"字在印文中讀爲"畫"卻是可以的。要論證這一點,還需要從"畫"字的構形説起。

《説文·畫部》:"畫,日之出入與夜爲界,从畫省,从日。▢,籀文畫。"歷來的《説文》學家和古文字研究者,大都相信《説文》將"畫"字列入會意字的分類,其實從古文字構形來看,這樣的分類是錯誤的。②

---

① 《集韻》有"啤"字,音義皆與此無關。
② 宋鎮豪先生有《釋督書》一文(《甲骨文與殷商史》第三輯,上海古籍出版社,1991年,第34～39頁),認爲甲骨文中的"畫"的本意"或是立木測度日影以定時辰",將其視爲會意字。按其説不可信。

1982年出版的《古文字研究》第七輯上，載有何琳儀、黃錫全兩位先生的《猷殷考釋六則》一文，文中對猷簋中的"晝"字及古文字中從"聿"的幾個字的結構有過詳盡的分析。爲説明問題，下面不避繁瑣，徵引如下：

晝原篆作[畫]，金文中僅此一見，應爲畫之初文。《説文》："晝，日之出入與夜爲界，从畫省，从日。[畫]，籀文晝。"王國維謂："卜辭有[字]字，吳尊蓋之[畫]，彔伯敦之[畫]，毛公鼎之[畫]皆从之。[人]象又持筆，[字]象畫文，殆畫之初字。籀文[畫]所從之[人]當爲[字]之譌變矣。"按：許慎所謂"从某省形"之説多有疑問，何況"日之出入"乃晝夜之分界，怎知其必指"晝"而言呢？故晝"从畫省"一語殊爲含混。王國維雖于字形譌變之説略有可取，但由于他未見晝之初文，且泥于許慎"从畫省"，故終不得其解。

甲骨文無晝字。（羅振玉釋[日]爲晝，不確；葉玉森釋其爲暉即暈，可備一説。）金文[畫]分明从日从聿，不可能是象形，也不可能是會意。因爲，如果是會意，即从日从聿；聿，古筆字，但太陽或抽象的"日"（即白天）與筆全然無涉，豈有意可會？所以對晝字只能從形聲上考慮。

晝字日爲義符，表示白天；聿則爲音符。聿，余律切，屬以紐合口三等；曾運乾歸喻紐四等，并謂當讀定紐。晝、涉救切，屬知紐開口三等；古舌上歸舌頭，故當讀端紐。端、定均舌尖音，唯清濁之別。董同龢以聿屬〔d〕，晝屬〔t〕。故以音理而言，聿、晝雙聲。證以典籍古讀育爲胄，《尚書·堯典》"舜命夔典樂教胄子"，《周官·大司樂》鄭注引作"育子"（《説文》引同）。按：育，余六切；屬喻紐四等，古當讀定紐。胄，直祐切，屬澄紐；古亦當讀定紐。然則育胄雙聲猶聿晝雙聲。

金文畫何以演變爲篆文畫？試觀左列各形體即可知其原委：

書 獣篚　　書 長沙帛書　　書《說文》籀文　　書《說文》篆文

長沙帛書與《說文》籀文之間是形體演變的癥結所在。王國維所謂"八當爲冬之譌變"，實則應是隶演變爲隶。這與黍金文作 ，小篆作 ；者金文作 ，小篆作 的演變規律完全吻合。"殷代通常稱晝爲日，稱夜爲夕"。周代出現了以日夕爲義符的形聲字"晝夜"，這種由象形演化爲形聲的文字發展規律，頗值得注意。

附帶也談談畫和夙、肅的關係。殷銘的"晝夜"與金文屢見的"夙夜"（或作"夙夕"，越王鐘作"夙暮"）應是一音之轉。夙、息逐切，屬心紐。心紐每與其濁音邪紐相通。錢玄同謂邪紐古當讀定紐，故夙、畫亦雙聲。夙、肅音同（均息逐切）義近（《毛詩·大雅·生民》"載震載夙"箋："夙之言肅也。"）。《說文》："肅，持事振敬也；从聿在淵上戰戰競競（引者注：當作"兢兢"）也。"殊爲不辭。按：肅亦由聿得聲之字。攸，以周切，古讀定紐；筱，先了切，古屬心紐。筱由攸得聲猶肅从聿得聲。肅、畫均从聿得聲，且同屬古幽部字，決非偶然。

另外，金文屢見的肈字也是从聿得聲的形聲字。《說文》："肇，擊也；从支，肈省聲。""肈，上諱；从戈，肁聲。""肁，始開也；从戶，从聿。"許說三字音義一無是處。段注"聿于語詞有始義，故从聿"，附會許說尤屬牽強。聿作爲語詞當是欥字的同音假借，聿乃古筆字，何嘗有始義？按：肈，治小切，屬澄紐，古當讀定紐。聿亦古讀定紐，然則肈、聿雙聲。肈古宵部字，宵、幽關係密切,故肇、畫聲韻均近。這也是值得注意的現象。總之,肇依《說文》體例當云:"肇,始開也;从攴,聿聲。"

由于金文第一次出現了晝字,使我們對其造字原理有了新的理解。通過音韻分析,按照《說文》體例當云:"晝,明也。从日,聿聲。"同時我們也附帶解決了肅、肇的聲符問題。晝、肅、肇均从聿得聲,這無疑也就澄清了自許慎以來的錯誤認識。①

以上論證中除了"甲骨文無晝字"的提法與事實不符外,我們認爲其主旨,即"晝"、"肅"、"肇"三字皆是以"聿"爲聲的結論,是非常正確的。我們以前還曾論證過从"聿"作的"盡"字也應該是以"聿"爲聲的,②現在看來,漢字中从"聿"作的字,其所从之"聿"基本上都是作爲聲符存在的。

1996 年,《古漢語研究》第一輯登載了何琳儀先生的《幽脂通轉舉例》一文,全面揭示分析了上古漢語中的幽脂通轉現象。在文中的"諧聲"部分,又將"晝"从"聿"聲作爲例子提出:

晝—聿 《說文》:"晝,日出入與夜爲界,从畫省从日。"按,許說迂曲難通。晝,猷簋作🖼,長沙帛書作🖼,《古文四聲韻》4.37晝作🖼。日爲形符,聿爲聲符。晝,陟救切,知紐;聿,余律切,喻紐。晝與聿爲舌音幽脂通轉。

何琳儀先生所謂"幽脂通轉"中的幽部和脂部,是按江有誥的韻部劃分,其中幽部涵蓋了王力韻部劃分中的幽部和覺部,脂部涵蓋了王力韻部劃分中的脂部、質部、微部和物部。如按王力的韻部劃分,晝字在端紐幽部,聿字在喻紐質部。何琳儀先生文中"異文"類指出的輖

---

① 何琳儀、黄錫全:《猷毁考釋六則》,《古文字研究》第七輯,中華書局,1982 年,第109~122 頁。
② 劉釗:《古文字構形學》(修訂本),福建人民出版社,2011 年,第 94 頁。

和輊、蓼和栗、庖和虙(宓、密),"方言"類指出的膠和謞,"異體"類指出的袖和褏,"聲訓"類指出的噯和噎、拗和抑、周和至都是幽部與質部相通的例子,與"畫"與"聿"的音轉關係相同。

關於幽覺與微物文(脂質真)相通的問題,自清代乾嘉以來就不斷有學者論及,如段玉裁、王念孫、宋保(《諧聲補逸》"蒐"字條)、章太炎(《文始》"隹"字條)等。① 後來孫玉文的《"鳥"、"隹"同源試證》②、龍宇純的《上古音芻議》③、何琳儀的《幽脂通轉舉例》、④孟蓬生的《上古漢語同源詞語音關係研究》⑤等論著亦有補充證明。近年來由於出土資料的日益豐富,又有張富海的《楚先"穴熊"、"鬻熊"考辨》、⑥史傑鵬的《由郭店〈老子〉的幾條簡文談幽、物相通現象暨相關問題》、⑦李家浩的《楚簡所記楚人祖先"鬻熊"與"穴熊"爲一人説——兼談上古音幽部與微、文二部音轉》⑧等幾篇文章重申或深入論證了這一問題。這些論證所列舉的例證中雖然有個別的還不完全可靠,但總的思路是不錯的。因此可以説,不論是傳世典籍和出土資料,都充分證明了上古漢語中幽覺與微物文(脂質真)之間相當常見的音轉現象。

---

① 見簡帛網(http://www.bsm.org.cn/bbs/simple/?t2411.html2010-11-10,14:31)mpsyx(孟蓬生)的跟帖。
② 孫玉文:《"鳥"、"隹"同源試證》,《語文研究》1995年第1期,第174~175頁。
③ 龍宇純:《上古音芻議》,《歷史語言研究所集刊》第六十九本第二分,1998年,第331~397頁。
④ 何琳儀:《幽脂通轉舉例》,《古漢語研究》第一輯,中華書局,1996年,第348~372頁。
⑤ 孟蓬生:《上古漢語同源詞語音關係研究》,北京師範大學出版社,2001年,第48~50、176~178頁。
⑥ 張富海:《楚先"穴熊"、"鬻熊"考辨》,《簡帛》第五輯,上海古籍出版社,2010年,第209~213頁。
⑦ 史傑鵬:《由郭店〈老子〉的幾條簡文談幽、物相通現象暨相關問題》,《簡帛》第五輯,上海古籍出版社,2010年,第123~139頁。
⑧ 李家浩:《楚簡所記楚人祖先"鬻熊"與"穴熊"爲一人説——兼談上古音幽部與微、文二部音轉》,《文史》2010年第3輯,第5~44頁。

通過以上從音韻學角度的分析,可以這樣説:認定"晝"字从"聿"得聲,並由此將上舉古璽成語璽"畫夕敬事"中的"畫"字讀爲"晝",應該是没有任何問題的。

"畫(晝)夕敬事"的"晝夕"一詞見於傳世文獻和出土文獻:

1.《吴越春秋·越王無余外傳》:"啓生,不見父,晝夕呱呱啼泣。"

2. 長沙子彈庫楚帛書:"又(有)宵又(有)朝,又(有)晝又(有)夕。"

3. 睡虎地秦簡《日書》乙種:"朝兆(逃)不得,晝夕得。"

4. 馬王堆漢墓帛書《老子》甲本卷後古佚書《九主》:"是故□□□□□□不出其身,晝夕不離其職。"

"晝夕"指早晚,即白天加晚上。又稱爲"夙夕"、"夙夜"、"朝夕"和"日夜"。

"敬事"乃古代常語,爲"恭敬奉事"、"謹慎處事"的意思。"奉事"指奉事於鬼神或人,人一般即指君王;"處事"是指臣下爲君王服務,爲公家辦事。在中國古代家天下的背景下,奉事於君王和爲公家辦事實際是一回事。《論語·衛靈公》:"子曰:'事君,敬其事而後其食。'"《白虎通義·嫁娶》:"勉之,敬之,夙夜無違宫事。"《毛詩·大雅·烝民》:"夙夜匪解,以事一人。"這是從服務君王的角度説的;《漢書·禮樂志》:"百官濟濟,各敬厥事。"《逸周書·職方》:"王將巡狩,則戒于四方,曰:'各脩平乃守,考乃職事,無敢不敬戒。'"這是從忠於職守的角度説的。

"敬事"一詞除了多見於歷代典籍外,在出土資料裏也很常見,如古璽中就有很多"敬事"璽,還有"相思敬事"、"思言敬事"等内容。

古人認爲對待"事"都要"敬",尤其當這個事是指祭祀或爲君王、國家辦事時更是如此。《荀子·議兵》説："凡百事之成也,必在敬之。"《大戴禮記·武王踐阼》説："凡事,不強則枉,弗敬則不正。"如果對事不敬,會帶來不好的結果,《大戴禮記·曾子立事》："臨事而不敬,居喪而不哀,祭祀而不畏,朝廷而不恭,則吾無由知之矣。"

　　古人認爲"敬事"是君子做事的準則。《論語·季氏》："孔子曰:'君子有九思:視思明,聽思聰,色思温,貌思恭,言思忠,事思敬,疑思問,忿思難,見得思義。'"《論語·公冶長》："子謂子產:'有君子之道四焉:其行己也恭,其事上也敬,其養民也惠,其使民也義。'"《論語·子路》："樊遲問仁。子曰:'居處恭,執事敬,與人忠。雖之夷狄,不可棄也。'"因此能"敬事"與否就成了判斷君子或臣下優劣的標準。在典籍中如果對一個臣下評價較高時,也常常會提到其能"敬事"。如謝承《後漢書·王博傳》評價王博爲"在臺曆載,夙夜敬戒,内外不漏",評價王黨爲"事無不敬,勞於求賢訪能,化清於上,事緝於下"。"敬事"的要求不光施於臣下,對待君王也是如此,《鹽鐵論·散不足》："古者,人君敬事愛下,使民以時。"《漢書·五行志》："人君行己,體貌不恭,怠慢驕蹇,則不能敬萬事,失在狂易,故其咎狂也。"《後漢書·五行志》："又曰:'貌之不恭,是謂不肅。'"李賢注引《洪範五行傳》鄭玄注："肅,敬也。君貌不恭,則是不能敬其事也。"又引《洪範》曰:"貌曰恭。"所以典籍在歌頌禹時,就會提到"勤勞天下,日夜不懈"(《吕氏春秋·古樂》),"日夜不懈"就是"敬事"。甚至對一個國家而言,也會要求要"敬事",《論語·學而》："子曰:'道千乘之國:敬事而信,節用而愛人,使民以時。'"

　　"晝夕敬事"也是成語。《國語·周語下》："成王不敢康,敬百姓也,夙夜,恭也。"注:"夙夜敬事曰恭。""夙夜敬事"就是"晝夕敬事"。《詩·商頌·那》："温恭朝夕,執事有恪。""晝夕敬事"可以看作"温恭朝夕,執事有恪"的簡略説法。將"温恭朝夕,執事有恪"省去"温恭"

和"有"字,剩下"朝夕"、"執事"、"恪"。"恪"訓爲"敬","朝夕執事恪"就是"朝夕執事敬",也就是"朝夕敬事"。

這一成語在典籍中有不同的寫法,或作"夙夜維敬"、"夙夜敬止"、"虔恭夙夜";或作"夙夜維寅","寅"亦訓"敬"。對事敬,具體説來就是勤勉,所以又作"夙夜匪懈"、"夙夜不怠"、"夙夜罔或不勤"、"夙夜在公"、"晝夜密勿"、"亹亹不舍晝夜"。又變作"祗事不怠","祗"也訓爲"敬"。

在金文中有很多類似的成語。與典籍中"夙夜匪懈"、"夙夜不怠"等格式類似的作"夙夜不墜"(史牆盤)、"亡康晝夜"(胡簋)、"夙夜無怠"(伯康簋)、"夙夜不懈"(中山王鼎)。與"夙夜維敬"、"夙夜敬止"、"虔恭夙夜"等格式近似的作"虔夙夜"(番生簋蓋)、"虔夙夕"(毛公鼎)、"恪夙夕"(毛公鼎)、"敬夙夕"(四十三年逑鼎)等。又作"用夙夜事"(師望鼎)、"用夙夕事"(狱盤)、"穆穆夙夜"(㝬方鼎)、"敬夙夜用事"(伯穌父敦)等。

前文引何琳儀先生説認爲"肅"字亦从"聿"得聲,而"肅"、"夙"又音同意近(《詩·大雅·生民》"載震載夙"箋:"夙之言肅也。"),則"書夕敬事"的"書"讀爲"夙"也是完全可以的,"書夕敬事"也就是"夙夕敬事"。"晝夕"與"夙夕"從意義上講差別不大,所以讀爲"晝夕敬事"或"夙夕敬事"都可以講通。

附記:本文蒙裘錫圭先生和陳劍教授審看並是正多處,謹致謝忱。

原載《出土文獻》第二輯(中西書局,2011年),今據以收入。

關於幾組戰國格言璽的解釋

　　戰國格言璽是戰國璽印中的一類,是研究戰國時期思想觀念的一項重要資料,歷來受到學界的重視。但是其中有些格言璽的內容,始終沒有得到深入的認識。本文將對幾組戰國格言璽的意蘊進行一些探討,以期引起學術界的興趣。

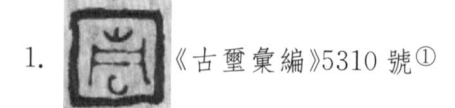

一

1. 《古璽彙編》5310 號①

2. 5374

3. 4651　　5385　　4643

---

① 故宮博物院編、羅福頤主編:《古璽彙編》,文物出版社,1981 年。下文引《古璽彙編》所著錄璽印,皆直接標明號碼,不再另標注書名。

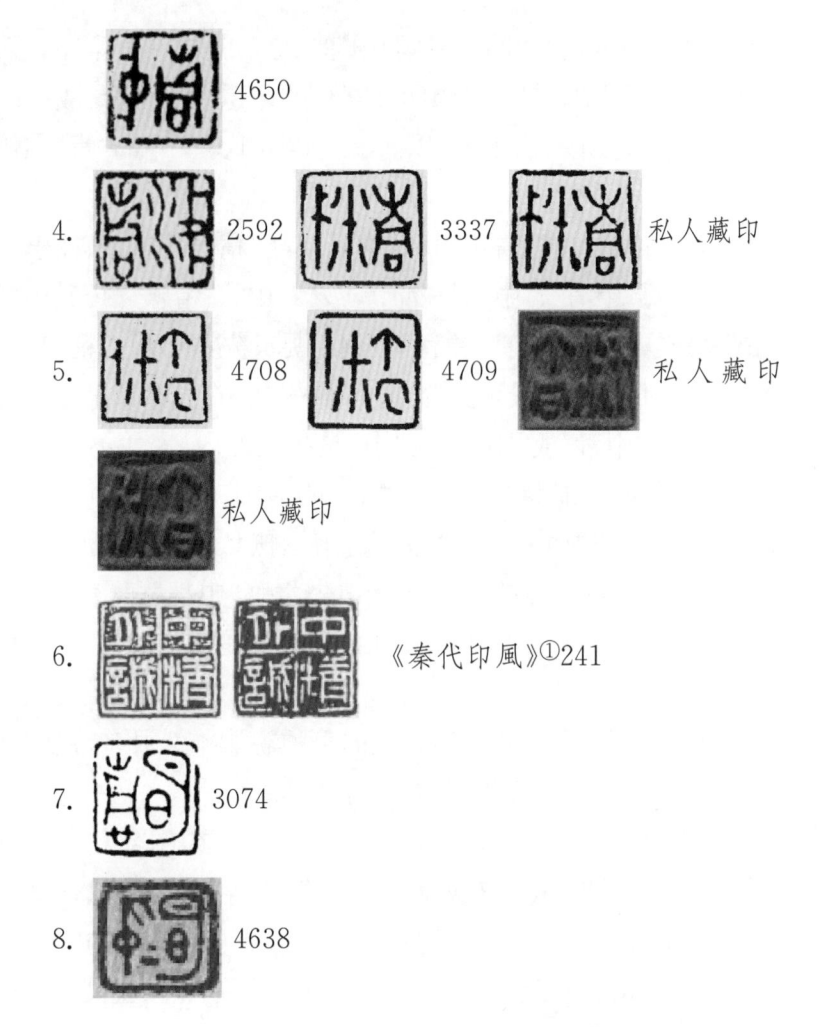

關於幾組戰國格言璽的解釋　269

4650

4. 2592　3337　私人藏印

5. 4708　4709　私人藏印

私人藏印

6. 《秦代印風》①241

7. 3074

8. 4638

以上格言璽的印文,1爲"青"字,2爲"精"字,3爲"中青"(或"青中")二字,4爲"中清"(或"清中")和"中精"(或"精中")二字,5爲"中精"(或"精中")二字的變形之體,②6爲"中精外誠"四字,7爲"青明"(或

---

① 許雄志編:《秦代印風》,重慶出版社,1999年。
② 蕭毅:《"中清"璽考》,《古文字研究》第二十七輯,中華書局,2008年,第341~345頁。

"明青")二字,8 爲"中明"(或"明中")二字。其中 6 爲秦印。因目前學術界對於戰國時期的秦國印和秦代的印還很難區分,故在此暫將其視爲戰國時期秦國的印加以討論。其中 1、3、7 中的"青"字無疑應該讀爲"精"或"清"。

關於"中青"(或"青中")和"中精"(或"精中")璽,以往學術界大都將其讀爲"中清"、"中精"、"沖青"或"精中"、"精忠"。① 其中"精忠"的讀法影響很大。其實"沖青"一詞不見於先秦典籍,"精忠"一詞也出現較晚,目前已知最早見於《抱朴子》一書,在先秦似乎還没有發現用例,而且"中青"或"中精"的"中"是指人的内心,並不用爲動詞的"忠",這也是不能將其讀爲"精忠"的原因。王輝先生讀"中精外誠"的"中精"爲"中清",謂"即本身廉潔無私"。② 蕭毅先生贊同這一説法。③ 由我指導的博士陳光田先生將"中精"與《管子·心術》"中不精者心不治"的"中不精"相聯繫,也是富有啓發意義的一種意見。④

以上王輝先生和陳光田先生的兩種説法雖然很有啓發意義,但是對這一古人的格言理解得還不夠完全深入。

我們認爲以上的"青"、"青中"、"精中"應該讀爲"精"、"中精"或"精中"。但是問題遠没有如此簡單,將"青"讀爲"精"只是從一個角度進行的理解,而這一格言還可能藴含着更爲豐富的内容。對這一格言璽的理解,"精"字的訓釋是個關鍵。説到"精",我們可以從"精"字的訓釋和通假習慣入手,從幾個不同的角度談其藴意。

在稷下道家著作《管子》的《心術》上、下和《内業》篇裏,"精"(也

---

① 蕭毅:《"中清"璽考》,第 341~345 頁。
② 王輝:《古文字通假釋例》,藝文印書館,1993 年,第 425 頁。
③ 蕭毅:《"中清"璽考》,第 341~345 頁。
④ 陳光田:《戰國秦漢吉語格言璽集釋》,吉林大學碩士論文(指導教師:劉釗教授),1999 年,第 11 頁。

稱"精氣")是被論述的一個綜合主題。裘錫圭先生在《稷下道家精氣說的研究》一文中,對體現稷下道家思想的《管子》中的《心術》上、下和《內業》三篇中所反映出的"精氣"思想進行了充分的考證。他在文中概括地綜述《心術》、《內業》所代表的稷下道家精氣說的內容時說:

> 這些稷下道家認爲天有一種特別精微的氣,叫做精。物得到精氣才能有生命,人得到精氣才能有思維。鬼神就是流動於天地間的精氣形成的,人爲了保持精氣,並不斷得到新的精氣,應該正靜寡欲,不要過分用心,不要爲憂悲喜怒等情所擾,飲食也要節制。這樣精氣才會進入他的身體,停留在他的心中,他才能健康聰明。精氣積累到某種程度,就會成爲其智若神而且不會遭逢天災人害的聖人。

裘錫圭先生還指出在上引典籍中,"精"字有時還與"靈"、"靈氣"、"神"、"道"等相通,有時甚至就是指"德"。① 典籍中,"精"字又訓爲"正"、"善"、"好"、"明"、"妙"、"神"、"精爽"等偏於褒義的解釋,可能都與"精"字又可用爲"道"、"德"等高等級正面含義的用法有關。在早期典籍中,"精"字在很多場合下用爲指人心的狀態和人的品德,也應該與"精"最早多用爲指藏於人心的"精氣"之義,在語詞用法上有着某種延續的因緣關係。

典籍"精"字可訓爲"誠"。"精誠"一詞爲同意複合詞。《荀子·解蔽》"則挫其精"楊倞注:"精,精誠也。"②《管子·心術下》"中不精者心不治"尹知章注:"精,誠至之謂也。"③而"誠"乃誠實、老實之意。因此"中精"或"精中"就是內心誠實的意思,"中精外誠"就是表裏如一、

---

① 裘錫圭:《稷下道家精氣說的研究》,《文史叢稿》,上海遠東出版社,1995年,第16~50頁。
② 王先謙:《荀子集解》,中華書局,1988年,第403頁。
③ 黎翔鳳:《管子校注》,中華書局,2004年,第778頁。

真心誠意的意思。

典籍"精"與"情"字相通,"精"、"情"皆从"青"聲,自可通假。《管子·水地》"瑕適皆見,精也",郭沫若《集校》引孫星衍云:"《事類賦》注九引精作情。"①《吕氏春秋·察賢》"弊生事精",②《潛夫論·德化》"心精苟正則姦匿無所生",汪繼培箋:"精,《治要》作情。"③《諸子平議·吕氏春秋三》"弊生事精",俞樾按:"生與性、精與情,古字並通。"④《荀子·修身》"術順墨而精雜汙"楊倞注:"精當爲情。"⑤而"情"字古代正有"實情、真實、誠"的意思,如《墨子·非攻上》:"今至大爲不義,攻國則弗知非,從而譽之,謂之義。情不知其不義也,故書其言以遺後世。"孫詒讓《閒詁》引王念孫曰:"情、誠通用。"⑥《讀書雜志》卷五之七《精也》:"瑕適皆見,精也。"王念孫案:"精與情同,情之言誠也。"⑦如此"中精外誠"中的"精"既訓爲"誠",又通爲"情",而"誠"、"情"意義又相近相涵,正可互證。

典籍"精"字又通爲"靜","精"从"青"聲,"靜"爲雙聲字,"青"、"爭"皆聲,故"精"可通"靜"。《易·文言》"純粹精也",《易·繫辭上》"精氣爲物"、"非天下之至精,其孰能與於此",《繫辭下》"精義入神以致用也",焦循《章句》皆謂:"精、靜也。"又謂:"靜猶定也。"⑧《白虎通·性情》:"精神者,何謂也?精者,靜也,太陰施化之氣也。"⑨古代

---

① 郭沫若等:《管子集校(二)》,《郭沫若文集·歷史編(六)》,人民出版社,1984年,第483頁。
② 許維遹:《吕氏春秋集釋》,中華書局,2009年,第586頁。
③ 汪繼培:《潛夫論箋校正》,中華書局,1985年,第371~372頁。
④ 俞樾:《諸子平議》,世界書局,1958年,第282頁。
⑤ 王先謙:《荀子集解》,第28頁。
⑥ 孫詒讓:《墨子閒詁》,中華書局,1986年,第119頁。
⑦ 王念孫:《讀書雜志》,江蘇古籍出版社,2000年,第473頁。
⑧ 焦循:《易章句》,《皇清經解》卷一千八十五《文言傳》頁四上,卷一千八十三《繫辭上傳》頁四上、十一上,卷一千八十四《繫辭下傳》頁五上。
⑨ 陳立:《白虎通疏證》,中華書局,1994年,第390頁。

道家講究虛靜正定,如《老子》第十六章:"致虛極,守靜篤。"①《管子·心術上》:"動則失位,靜乃自得,道不遠而難極也。""紛乎其若亂,靜之而自治。""位者,謂其所立也,人主者立於陰,陰者靜。故曰動則失位。陰則能制陽矣,靜則能制動矣,故曰靜乃自得。""世人之所職者精也,去欲則宣〈寡〉,宣〈寡〉則靜矣,靜則精,精則獨立矣。""天之道虛,地之道靜,虛則不屈,靜則不變,不變則無過,故曰不伐。"《管子·心術下》:"人能正靜者,筋肕而骨強。能戴大圓者,體乎大方。鏡大清者,視乎大明。正靜不失,日新其德,昭知天下,通於四極。"《管子·內業》:"凡道無所,善心安愛,心靜氣理,道乃可止。""彼道之情,惡音與聲。脩心靜音(意),道乃可得。""天主正,地主平,人主安靜。……能正能靜,然後能定。定心在中,耳目聰明,四枝堅固,可以爲精舍。""形不正,德不來。中不靜(《心術下》作"精"),心不治。""凡人之生也,必以其歡,憂則失紀,怒則失端,憂悲喜怒,道乃無處,愛慾靜之,遇亂正之。勿引勿推,福將自歸。彼道自來,可藉與謀。靜則得之,躁則失之,靈氣在心,一來一逝。其細無內,其大無外,所以失之,以躁爲害,心能執靜,道將自定。"②馬王堆帛書《老子》乙本卷前古佚書《道法》:"至正者靜,至靜者取(聖)。"③馬王堆帛書《老子》乙本卷前古佚書《正亂》:"上人正一,下人靜之,正以待天,靜以須人。"④其中《白虎通》的"精者,靜也"和《管子·內業》的"中不靜(《心術下》作"精"),心不治",正可說明"精"與"靜"的關係。

典籍中"誠"又訓爲"一"或"專一"。《説苑·反質》:"在我能因自

---

① 樓宇烈:《老子道德經校釋》,中華書局,2008年,第35頁。
② 黎翔鳳:《管子校注》,第759、764、767、770、783、935、937、950頁。
③ 國家文物局古文獻研究室:《馬王堆漢墓帛書〔壹〕》,文物出版社,1980年,釋文第43頁。
④ 國家文物局古文獻研究室:《馬王堆漢墓帛書〔壹〕》,釋文第67頁。

深結其意於一，故一心可以事百君，百心不可以事一君，是故誠不遠也。夫誠者，一也。一者，質也。君子雖有外文，必不離內質矣。"①《呂氏春秋·精通》："伯樂學相馬，所見無非馬者，誠乎馬也。"②賈誼《新書·道術》："志操精果謂之誠，反誠爲殆。"③以上兩例"誠"字皆"專一"之意。典籍有"誠壹"一詞，"誠"亦"壹"也。《史記·貨殖列傳》："賣漿，小業也，而張氏千萬。灑削，薄技也，而郅氏鼎食……此皆誠壹之所致。"④

從這個角度考量，"中精"或"精中"又可以讀爲"中靜"或"靜中"，"中精外誠"又可以理解成"內心靜定，外事專一"。此猶《管子·內業》所謂"血氣既靜，一意摶（專）心"。

典籍中"精"也可訓爲"專"或"純粹"、"純至"。《書·大禹謨》："人心惟危，道心惟微，惟精惟一，允執厥中。"孔傳："危則難安，微則難明，故戒以精一，信執其中。"⑤"精一"連言，"精"亦"一"也。《淮南子·脩務》"心意不精"高誘注："精、專也。"⑥《素問·靈蘭秘典論》"余聞精光之道"⑦和《素問·八正神明論》"血氣始精"⑧中的"精"，舊注有的就訓爲"純粹"、"純至"。"純粹"、"純至"也就是"專"。古漢語中有"淳精"一詞，意爲純粹不雜，又有"精念"一詞，意爲"一心不變亂"，也是"精"可訓爲"專"的旁證。上文講過"誠"可訓爲"一"或"專一"，從這個角度看，"中精"又可以理解爲"內心專一"，"中精外誠"也可以理解爲專精誠摯，表裏如一。而"專一"即"慎獨"（見下文）。

---

① 向宗魯：《說苑校證》，中華書局，1987年，第513頁。
② 許維遹：《呂氏春秋集釋》，第213頁。
③ 閻振益、鍾夏：《新書校注》，中華書局，2000年，第304頁。
④ 司馬遷：《史記》，中華書局，1959年，第3282頁。
⑤ 孔安國、孔穎達：《尚書正義》，上海古籍出版社，2007年，第132頁。
⑥ 何寧：《淮南子集釋》，中華書局，1998年，第1354頁。
⑦ 張志聰：《黃帝內經素問集注》，浙江古籍出版社，2002年，第68頁。
⑧ 張志聰：《黃帝內經素問集注》，第199頁。

典籍"精"字又訓爲"明",故上引格言璽 7 之"青明"就應讀爲"精明",以往讀爲"明清"是不對的。"精明"本指"五臟之精神見於聲色也",①即精力旺盛,耳目聰明。漢董仲舒《春秋繁露·循天之道》:"是故身精明,難衰而堅固,壽考無忒,此天地之道也。"②後由指人身體擴展到用來指人品德上的"明潔至誠"或"聰明純潔"。《禮記·祭統》:"是故君子之齊也,專致其精明之德也……齊者,精明之至也,然後可以交於神明也。"③《白虎通·雜錄》:"齊者,言己之意念專一精明也。"④馬王堆帛書《老子》乙本卷前古佚書《道原》有"前知大古,后(後)□精明"⑤句,"精明"似也用於形容品德。從這個角度考慮,"中精"也可以理解爲"内心聰明純潔"。上揭格言璽 8 爲"中明","中明"與"中精"寓意相同。

典籍"精"又通爲"清"或"潔","精"、"清"皆从"青"聲,自然可以相通。"清"與"潔"意本相因,所以"中精"當然可以讀爲"中清"。《楚辭·哀時命》:"形體白而質素兮,中皎潔而淑清。"⑥"中皎潔而淑清"就是"中清"。《吕氏春秋·論人》:"離世自樂,中情潔白,不可量(墨)也。"⑦"中情潔白"也就是"中清"。

馬王堆帛書《老子》乙本卷前古佚書《經法》中有"【強生威,威】生惠(慧),惠(慧)生正,【正】生靜。靜則平,平則寧,寧則素,素則精,精則神"⑧的説法,其中的"靜、素、精、神"皆與上文的論述有關,可以從一定程度上窺見這些不同概念間的關係。

---

① 張志聰:《黃帝内經素問集注》,第 116 頁。
② 蘇輿:《春秋繁露義證》,中華書局,1992 年,第 445 頁。
③ 孫希旦:《禮記集解》,中華書局,1989 年,第 1239 頁。
④ 陳立:《白虎通疏證》,第 598 頁。
⑤ 國家文物局古文獻研究室:《馬王堆漢墓帛書〔壹〕》,釋文第 87 頁。
⑥ 洪興祖:《楚辭補注》,中華書局,1983 年,第 266 頁。
⑦ 許維遹:《吕氏春秋集釋》,第 75 頁。
⑧ 國家文物局古文獻研究室:《馬王堆漢墓帛書〔壹〕》,釋文第 53 頁。

以上將"精"字訓爲"誠",訓爲"專",訓爲"明",通爲"情",通爲"靜",通爲"清",這諸多義訓和通假都輾轉相因,意義相關,反映出圍繞着以"精"爲中心,古人相關思想觀念的豐富與精深。

二

[印章圖]《香港中文大學文物館藏印續集一》①177

上揭格言璽印文原釋爲"白中",放在格言璽部分。這方璽印還不能完全排除是私璽的可能。但是目前戰國古璽中似乎尚未發現有"白"姓,故在此仍將此璽視爲格言璽。

我們認爲印文釋爲"白中"或"中白"皆可。"中白"的"中"仍然是指內心,所以"中白"或"白中"就是"白心"。《管子》有《白心》篇,學術界或認爲屬於宋鈃、尹文學派的著作,或認爲屬於慎到、田駢學派的著作,裘錫圭先生認爲都嫌證據不足,而是同意蒙文通先生將其稱爲"黃老派學説"的説法。但裘錫圭先生本人則將《白心》、《心術》上下和《內業》篇的作者稱爲"稷下道家"。②

關於"白心"一詞,近年由於新出土資料的啓發,有許多學者都作過深入的考證。如周鳳武先生指出《上海博物館藏楚竹書》(三)《彭祖》中的"遠慮用素,心白身澤(懌)"中的"心白"與《管子·白心》有關,又指出郭店楚簡《性自命出》簡六三"貌欲莊而毋拔,欲柔齊而泊"中下一"欲"字上或可補"心"字,讀作"心欲柔齊而泊","心泊"即"心

---

① 香港中文大學文物館,1996年。
② 裘錫圭:《稷下道家精氣説的研究》,《文史叢稿》,上海遠東出版社,1995年,第16~50頁。

白",似與"白心"之説有關。① 這都是非常重要的發現。在近年對《管子·白心》篇和"白心"一詞的考證中,林志鵬先生的研究最爲深入。他指出:"白心"意爲人應守心不昧,拋棄智巧而純任本心,"白"可引申爲"空素之意"。②《説文》:"素,白緻繒也。"③引申爲實物之本然,《莊子·刻意》云:"素也者,謂其無所與雜也。"④

"白心"就是"使心白",也就是學者們指出的《國語·周語》上的"是故袚除其心,以和惠民"中的"袚除其心"。⑤ "白"就是"素",就是"虛",也就是"精"、"靜"、"清",指讓心去除雜念,質素虛靜,意念專一。古人認爲人心在這種狀態中,才能排除干擾,更爲清楚準確地認識外界外物。《管子·心術》上説:"虛其欲,神將入舍。掃除不絜,神乃留處。""絜其宫,開其門,去私言,神明若存。"⑥"掃除不絜"和"絜其宫"就是指"使心白"。"使心白"就是讓心空虛白素,即如《楚辭·哀時命》:"形體白而質素兮,中皎潔而淑清。"王逸注:"言己自念形體潔白,表裏如素,心中皎潔,内有善性,清明之質也。"⑦又《管子·心術上》:"故曰:君子恬愉無爲,去智與故,言虛素也。"⑧《吕氏春秋·分職》:"夫君也者,處虛服素而無智,故能使衆智也。"⑨

要使内心空虛白素,就要排除雜念,驅逐機心。《莊子·天地》:

---

① 周鳳五:《上海博物館楚竹書〈彭祖〉重探》,載《南山論學集——錢存訓先生九五生日紀念》,北京圖書館出版社,2006年,第13頁、第15頁注5。
② 林志鵬:《宋鈃學派遺著考論》,臺灣萬卷樓圖書股份有限公司,2009年,第104、238頁。
③ 許慎:《説文解字》,中華書局,1963年,第278頁上。
④ 郭慶藩:《莊子集釋》,中華書局,1961年,第546頁。
⑤ 李鋭:《論帛書〈二三子問〉中的"精白"》,《簡帛釋證與學術思想研究論集》,臺灣書局,2008年,第191頁。
⑥ 黎翔鳳:《管子校注》,第759、764頁。
⑦ 洪興祖:《楚辭補注》,第266頁。
⑧ 黎翔鳳:《管子校注》,第776頁。
⑨ 許維遹:《吕氏春秋集釋》,第666頁。

"吾聞之吾師,有機械者必有機事,有機事者必有機心。機心存於胸中,則純白不備;純白不備,則神生不定;神生不定者,道之所不載也。"①《淮南子·精神》:"治其内不識其外,明白太素,無爲復樸,體本抱神,以游於天地之樊,芒然仿佯於塵垢之外,而消摇於無事之業。浩浩蕩蕩乎,機械之巧弗載於心。"②《淮南子·原道》:"故機械之心藏於胸中,則純白不粹,神德不全,在身者不知,何遠之所能懷!"③《抱朴子外篇·詰鮑》:"純白在胷,機心不生。"④説的都是這個道理。

古人常用"玉"來形容人之品質或心之狀態,因"玉"所含之"精氣"較多,且温潤潔淨,内外如一,故常常用來形容君子之德和君子之心。如《楚辭·七諫·怨思》:"厭白玉以爲面兮,懷琬琰以爲心。"王逸注:"言己施行清白,心面若玉,内外相副。"⑤又如《太平經》卷七十一"真道九首得失文訣第一百七"説:"其二爲虚無自然者,守形洞虚自然,無有奇也;身中照白,上下若玉,無有瑕也。"⑥"懷琬琰以爲心"和"身中照白,上下若玉"都可以看作"白心"的另一類説法。

上博七《凡物流形》篇中有"人白爲識。奚以知其白?終身自若"一段。⑦ 不知"人白"與"白心"是否有關,存以待考。

形容"心"之狀態和人之品德,古人還用"精白"一詞。"精白"最

---

① 郭慶藩:《莊子集釋》,中華書局,1961年,第433～434頁。
② 何寧:《淮南子集釋》,第521頁。
③ 何寧:《淮南子集釋》,第30～31頁。
④ 楊明照:《抱朴子外篇校箋(下)》,中華書局,1997年,第499頁。
⑤ 洪興祖:《楚辭補注》,第249頁。
⑥ 王明編:《太平經合校》,中華書局,1960年,第716、282頁。
⑦ 馬承源主編:《上海博物館藏戰國楚竹書(七)》,上海古籍出版社,2008年,第256頁。曹峰:《〈凡物流形〉"心不勝心"章疏證》一文將本句"察"字釋爲"執",謂:"'人白爲執'很可能意爲人能執持'白心'。"載《楚地出土文獻與先秦思想研究》,臺灣書房出版有限公司,2010年,第167頁。

初應該是指人身體中的"精氣"一類的物質,《老子想爾注》:"魄,白也,故精白,與元〔炁〕同色。身爲精車,精落故當載營之。神成氣未(來),載營人身。"①又:"精白與元炁同,同色,黑,太陰中也。於人在賢(腎),精藏之。安如不用爲守黑,天下常法式也。"②《老子想爾注》一書的時代雖然並不很早,但是其中對"精白"含義的解釋,應該來自很早的觀念。

馬王堆帛書《二三子問》有如下一段:

> 孔＝(孔子)曰:"'根(艮)亓(其)北(背)'者,言任事也。'不獲亓(其)身'者,精白【□□】【33上】□也。敬宮〈官〉任事,身【□】□者鮮矣。亓(其)占曰:'能精能白,必爲上客;能白能精,必爲古(?)正。'以精白長衆者,難得也,【33下】故曰'【行】亓(其)庭,不見亓(其)人'。"③

此處之"精白"是對"長衆"的"上客"和"古(?)正"管理"衆"之品德的評價。"精白"一詞已經由指人身體中的"精氣"開始用爲指人心之狀態和人之品德。"精白"在這一段中,不外乎應是"真誠"、"專一"或"清白"的意思。《漢書·賈山傳》曰:"天下之士莫不精白以承休德。"顏師古注:"厲精而爲潔白也。"④《鹽鐵論·訟賢》:"文學曰:'二公懷精白之心,行忠正之道,直己以事上,竭力以徇公,奉法推理,不避強禦,不阿所親,不貴妻子之養,不顧私家之業。'"⑤馬王堆帛書《老子》乙本卷前古佚書《君正》有"精公無私而賞罰信,所以治也"一句,⑥其

---

① 饒宗頤:《老子想爾注校證》,上海古籍出版社,1991年,第12頁。
② 饒宗頤:《老子想爾注校證》,第36頁。
③ 此《二三子問》釋文爲陳劍先生提供最新的釋文,謹此致謝。
④ 班固:《漢書》,中華書局,1962年,第2335頁。
⑤ 王利器:《鹽鐵論校注》,中華書局,1992年,第285頁。
⑥ 國家文物局古文獻研究室:《馬王堆漢墓帛書〔壹〕》,釋文第47頁。

中"精"字的用法可資比較。又漢代鏡銘有"潔精白而事君"句,①"潔精白"也就是"潔清白"。

馬王堆帛書《老子》卷前古佚書《道法》有"故能至素至精,恬(浩)彌無刑(形),然後可以爲天下正"的話,②"至素至精"中的"素"和"精"其實就是"精白",正可以與上引馬王堆帛書《二三子問》中的"能精能白,必爲上客;能白能精,必爲古(?)正"相比照。

以上對"白中"或"中白"璽的考釋,可以發現其與本文第一條"中精"璽的内容互相參照。既然"精"就是"素",也就是"白",因此從某個角度説,"中精"也是"中白","中白"也就是"中精",兩者内容一樣可以視作相涵相因,意義接近。

三

1. 《秦代印風》246　　《秦代印風》245

2. 《秦代印風》241　　《秦代印風》241

上揭四方格言璽都是秦印,印文 1 爲"中壹"二字,2 爲"壹心慎事"四字。"中壹"的"中"仍然是指内心。"壹"字古通爲"一","中壹"即專心一意,或一心一意之意。"壹心慎事"的"壹心"也是專心致志,一心一意之意。《銀雀山漢墓竹簡·晏子》曰:"高子問晏……心壹与

---

① 王士倫:《歷代鏡銘選録》,《浙江出土銅鏡》(修訂本),文物出版社,2006 年,第 47 頁。

② 國家文物局古文獻研究室:《馬王堆漢墓帛書〔壹〕》,釋文第 44 頁。

(歈),夫子之心三与(歈)?'晏子曰:'善戋(哉)!問事君。嬰聞之,一心可以事百君,三心不可事……嬰心非三也。"①文中"心壹"即"心一",也就是"中壹"。

"一"本來即道家所謂"道"之別稱,《老子》三十九章:"昔之得一者:天得一以清,地得一以寧,神得一以靈,谷得一以盈,萬物得一以生,侯王得一以爲天下正。"②上博七《凡物流形》有"守一以爲天地旨"③的話,馬王堆帛書《老子》乙本卷前古佚書《成法》説:"黄帝曰:一者一而已乎?其亦有長乎?力黑曰:一者,道其本也,胡爲而無長?□□所失,莫能守一。一之解,察於天地。一之理,施於四海。何以知紃之至,遠近之稽?夫唯一不失,一以騶(趨)化,少以知多。夫達望四海,困極上下,四鄉(向)相枹(抱),各以其道。夫百言有本,千言有要,萬言有蔥(總)。萬物之多,皆閲一空。夫非正人也,孰能治此?罷(彼)必正人也,乃能操正以正奇,握一以知多,除民之所害,而寺(持)民之所宜。絆〈總〉凡守一,與天地同極,乃可以知天地之禍福。"④早期典籍常見"執一"、"守一"、"抱一"的説法,有時是指道家養生的一種手段,如《管子·内業》:"大心而敢,寬氣而廣,其形安而不移,能守一而棄萬苛。"⑤這一點也被後世的道教所繼承,如《太平經》卷一百三十七至一百五十三壬部曰:"古今要道,皆言守一,可長存而不老。人知守一,名爲無極之道。人有一身,與精神常合并也。形者乃主死,精神者乃主生。常合即吉,去則凶。無精神則死,有精神則

---

① 銀雀山漢墓竹簡整理小組編:《銀雀山漢墓竹簡〔壹〕》,文物出版社,1985年,釋文第102頁。
② 樓宇烈:《老子道德經校釋》,第105~106頁。
③ 馬承源主編:《上海博物館藏楚竹書(七)》,上海古籍出版社,2008年,圖版第94頁。參鄔可晶:《〈上博(七)·凡物流形〉補釋二則》,復旦大學出土文獻與古文字研究中心網,2009年4月11日。
④ 國家文物局古文獻研究室:《馬王堆漢墓帛書〔壹〕》,釋文第72頁。
⑤ 黎翔鳳:《管子校注》,第948頁。

生。常合即爲一,可以長存也。常患精神離散,不聚於身中,反令使隨人念而遊行也。故聖人教其守一,言當守一身也。念而不休,精神自來,莫不相應,百病自除,此即長生久視之符也。"①

古人常將"知"和"思"與"一"的關係加以聯繫,如《管子·内業》:"精也者,氣之精者也。氣,道乃生,生乃思,思乃知,知乃止矣。凡心之形,過知失生。一物能化謂之神,一事能變謂之智,化不易氣,變不易智,惟執一之君子能爲此乎!執一不失,能君萬物。君子使物,不爲物使。"②又:"摶氣如神,萬物備存。能摶乎?能一乎?能無卜筮而知吉凶乎?能止乎?能已乎?能勿求諸人而得之己乎?思之思之,又重思之。思之而不通,鬼神將通之。非鬼神之力也,精氣之極也。四體既正,血氣既靜,一意摶心,耳目不淫,雖遠若近。"③

上一條中說過,古人認爲人心在"虛壹而靜"的情況下,即讓心去除雜念,質素虛靜,意念專一的狀態下,才能排除干擾,更爲清楚準確地認識外界外物。關於這一點,《荀子·解蔽》有很長一段話說得很清楚:

> 人何以知道?曰:心。心何以知?曰:虛壹而靜。心未嘗不臧也,然而有所謂虛;心未嘗不滿(兩)也,然而有所謂一;心未嘗不動也,然而有所謂靜。人生而有知,知而有志;志也者,臧也;然而有所謂虛;不以所已臧害所將受謂之虛。心生而有知,知而有異;異也者,同時兼知之。同時兼知之,兩也,然而有所謂一,不以夫一害此一謂之壹。心,臥則夢,偷則自行,使之則謀。故心未嘗不動也;然而有所謂靜;不以夢劇亂知謂之靜。未得道而求道者,謂之虛壹而靜。作之,則將須道者之虛則人,將事道

---

① 王明編:《太平經合校》,第716頁。
② 黎翔鳳:《管子校注》,第937頁。
③ 黎翔鳳:《管子校注》,第943頁。

者之壹則盡,盡將思道者靜則察。知道察,知道行,體道者也。虛壹而靜,謂之大清明。萬物莫形而不見,莫見而不論,莫論而失位。坐於室而見四海,處於今而論久遠,疏觀萬物而知其情,參稽治亂而通其度,經緯天地而材官萬物,制割大理而宇宙裹矣。恢恢廣廣,孰知其極?睪睪廣廣,孰知其德?涫涫紛紛,孰知其形?明參日月,大滿八極,夫是之謂大人。夫惡有蔽矣哉!

心者,形之君也,而神明之主也,出令而無所受令。自禁也,自使也,自奪也,自取也,自行也,自止也。故口可劫而使墨云,形可劫而使詘申,心不可劫而使易意,是之則受,非之則辭。故曰:心容其擇也,無禁必自現,其物也雜博,其情之至也不貳。詩云:"采采卷耳,不盈頃筐。嗟我懷人,寘彼周行。"頃筐易滿也,卷耳易得也,然而不可以貳周行。故曰:心枝則無知,傾則不精,貳則疑惑。以贊稽之,萬物可兼知也。身盡其故則美。類不可兩也,故知者擇一而壹焉。①

文中"心未嘗不滿(兩)也,然而有所謂一","然而有所謂一;不以夫一害此一謂之壹","類不可兩也,故知者擇一而壹焉",皆可作爲格言璽"中壹"的注腳。

"中壹"又與古代"慎獨"觀念有關,所謂專心致志,一心一意其實也就是"慎獨"。林志鵬先生在校理《管子·心術》"靜則精,精則獨矣"一句時説:

張舜徽謂"獨與一同義",並引《韓非子·揚權》"道無雙,故曰一,是故明君貴獨道之容"爲説。鵬按,郭店楚簡《五行》第16簡引《詩·曹風·鳲鳩》"淑人君子,其儀一也",並謂"能爲一,然後能爲君子,君子慎其獨也",亦可證"獨"與"一"同義。《廣雅·

---

① 王先謙:《荀子集解》,第395頁。

釋詁》:"蜀,弌也。"《方言》:"一,蜀也。南楚謂之獨。"錢繹《疏證》:"《管子·形勢篇》云:'抱蜀不言,而廟堂既修。'惠氏定宇云:'抱蜀'即《老子》'抱一'也。""慎獨"及"精則獨"之"獨"皆訓爲純一,皆指內心的專一及真實狀態,與"誠"相通。①

他在論述"一"與"獨"的關係時又說:

>　　宋銒論心之修爲往往以"一"說之,見於《白心》者如"內固之一,可以久長",又如"和以反中,形性相葆(抱)。一以無貳,是謂知道。將欲服之,必一其端而固其所守"。所謂"一"皆專一、純一不雜之意,實與儒家子思一派"慎獨"之"獨"相通。……《禮記·中庸》、《大學》皆見"慎其獨"。戴君仁指出,此語又見《荀子·不苟》、《禮記·禮器》,鄭玄注:"少其牲物,致誠慤。""致誠慤"正解"慎獨"。《說苑·反質》:"誠者,一也。"一即是獨。戴氏進一步說:"慎訓誠,乃動詞之誠;獨即誠體,純一不雜,乃名詞之誠。慎其獨即誠其誠,亦即致其誠。"他並認爲《大學》、《中庸》即荀子所言之"慎獨"應當都作"致誠"講,並認爲荀子及《大學》所說之"慎獨"乃受道家的影響(舉《莊子·大宗師》"見獨"爲例),而改變道家所使用術語的意義,使趨於平實。鵬按,"慎獨"與"致誠"內涵相通,戴氏說是。……
>
>　　學者對儒家"慎獨"之義頗有爭論,筆者以爲梁濤所論最近實,他說:"《大學》、《中庸》的慎獨是對'誠'而言,而《五行》則是對'仁義禮智聖',但根據《五行》的規定,'德之行五,和爲之德'、'形於內'的五行也就是一種內心之德,它與'誠'在精神實質上仍是一致的。……所以根據《大學》、《中庸》、《五行》等篇的內

---

① 林志鵬:《宋銒學派遺著考論》,臺灣萬卷樓圖書股份有限公司,2009年,第209～210頁。

容,慎獨的"獨"應理解爲內心的專一,內心的真實狀態,慎獨即不論在獨處時還是在大庭廣衆下,均要戒慎地保持內心的專一,保持內心的誠。"所論正與戴君仁說相合。①

這些解釋我們認爲都非常精到。

上文第一節說過"誠"可訓爲"一"或"專一",因此"中精"又可以理解爲"內心專一","中精外誠"也可以理解爲專精誠摯,表裏如一。這樣看來"中精"和"中精外誠"與"中壹"也可以互相印證。

以上討論的幾組戰國格言壐,其思想觀念大都與"稷下道家"或稱黃老思想有關。近年隨着出土文獻中關涉黃老思想的內容越來越多,學術界重新掀起研究黃老思想的熱潮。相信本文的探討會對這一研究有所幫助。

原載《中華文史論叢》2012 年第 3 期。發表時略有刪減,今據原稿收入。

---

① 林志鵬:《宋銒學派遺著考論》,第 399～401 頁。

齊國文字"主"字補證

在古文字考釋的實踐中，相信有許多學者和我一樣都遇到過這樣的情況：即正爲了考釋出一個疑難字而沾沾自喜，不久卻發現其實前人或他人早就得出過相同的結論。這種情況多了，說明我們對前人或他人成果的總結和歸納工作做得還很不夠，對某一正確意見的重視程度還很不夠。有時前人或他人對某個疑難字早就提出了正確的考釋意見，卻因爲沒有引起學術界的重視而始終得不到廣泛承認。對這些尚未被學術界廣泛承認的正確意見，我們需要給予補證和申論，以避免這些正確的意見被長期埋沒，並使其儘快爲學術界所接納。本文就將對齊國文字中早就被考釋出來卻始終未被學術界廣泛承認的"主"字進行補證，以期引起學術界的重視。

在戰國時期的齊國陶文中，有如下一些大家熟悉的例子：

1. 《古陶文彙編》①3·725　《陶文圖錄》②2·46·3
《陶文圖錄》2·47·1　《陶文圖錄》2·47·2

---

① 高明：《古陶文彙編》，中華書局，1990年。
② 王恩田：《陶文圖錄》，齊魯書社，2006年。

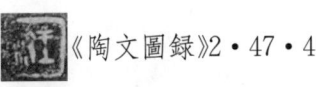

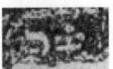

齊國文字"主"字補證　287

　　［印］《陶文圖錄》2・47・4

2.　［印］《古陶文彙編》3・724　　［印］《陶文圖錄》2・42・4

　　［印］《陶文圖錄》2・43・3　　［印］《陶文圖錄》2・43・1

　　［印］《陶文圖錄》2・43・2

3.　［印］《古陶文彙編》3・726　　［印］《陶文圖錄》2・43・4

　　［印］《陶文圖錄》2・44・1　　［印］《陶文圖錄》2・44・2

　　［印］《陶文圖錄》2・44・3　　［印］《陶文圖錄》2・44・4

　　［印］《陶文圖錄》2・45・2　　［印］《古陶文彙編》3・727

　　［印］《陶文圖錄》2・45・3　　［印］《陶文圖錄》2・45・4

4.　［印］《古陶文彙編》3・23　　［印］《古陶文彙編》3・22

　　［印］《古陶文彙編》3・24　　［印］《陶文圖錄》2・14・2

　　［印］《陶文圖錄》2・14・4　　［印］《古璽彙考》[①]42頁

[①] 施謝捷：《古璽彙考》，2006年安徽大學博士學位論文（指導教師：黃德寬教授）。

《陶文圖録》2·46·2　　　　《陶文圖録》2·1·1

在上引陶文1的"秆(升)"字、2的"豆"字、3的"區"字、4的"䇫(釜)"字前,都有一個寫作"王"字形上有一點(或一小横)的字。這個字從丁佛言的《説文古籀補補》開始就被釋爲"王",直到近十幾年,相關的工具書還是將其釋爲"王"。如1991年出版的由高明、葛英會編著的《古陶文字徵》仍將該字列在"王"字下。《古陶文字徵》因爲不用拓本而用摹寫的辦法,摹寫又不夠準確,造成失真嚴重。如在同一個字頭下,將上引《陶文圖録》2·1·1中的"▨"字既摹作"王",又摹作"王",不知何意。1998年出版的由李零分類考釋的《新編全本季木藏陶》的釋文仍然將該字釋爲"王";2001年出版的由湯餘惠主編的《戰國文字編》將《古陶文彙編》3·727"▨"中的"▨"字列在"王"字下;2007年出版的王恩田編著的《陶文字典》將上引《陶文圖録》中2·14·1、2·47·3、2·42·1、2·1·1、2·46·3、2·44·1、2·42·1中的七例該字列於"王"字下;2008年安徽大學張振謙的博士學位論文《齊系文字研究》下編《齊系文字編》更是將以上所引陶文中所有該字都列在了"王"字下。

因爲將該字釋爲"王",致使有些學者在處理這個字的字形時,常常會忽視該字上部所从的一點。如王恩田編著的《陶文字典》"王"字下收《陶文圖録》2·14·1中的"▨"字時,就漏掉了上部的一點,①而張振謙的《齊系文字編》在收録《陶文圖録》2·14·1、2·13·2、

---

① 見徐在國《〈陶文字典〉中的序號錯誤》,"全球視野下的中國文字研究國際研討會"論文,華東師範大學,2008年11月1日~3日。

2·14·3中的三例該字時,將三個形體上部所從的一點全部漏掉。

高明、葛英會編著的《古陶文字徵》在"王"字下引《古陶文彙編》3·724的"▉"字時加有按語説:

> 此非主字,匋文主作▉,此陶文上部著一小横,乃古時的一種書寫習慣。

這一説法與事實正好相反。

其實這個字不是"王"字,就是"主"字,而且早在1935年張政烺先生就釋該字爲"主",可謂獨具慧眼。卻不知爲何過去快八十年了,直到現在仍不見有人相信並申論該説,致使這一正確意見始終被埋没。①

1935年張政烺先生在《〈平陵陳旻立事歲〉陶考證》一文中指出:

> "主▉"二字向無釋,考《簠齋藏陶》有▉(第七册二十四葉),與此文相同,特僅兩字。又有▉(第七册四十一葉)、▉(第八册十一葉、五十葉、五十九葉)、▉(又見《鐵雲藏陶》八十七頁及《綴遺齋彝器考釋》卷二十八十六頁)。方濬益釋"▉"爲"王"。按"▉釜"與"公釜"對言,當是"主釜"。"▉"字雖與《説文》作"▉"不合,然漢器銘之較早者猶間如此,如杜陵東園鍾作"▉"(《愙齋集古録》第二十五册五葉),十六年鐾作"▉"(《愙齋集古録》第二十五册九葉)。且金文"王"字最多,曾無作"▉"形者,尤可證。②

張政烺先生雖然將"▉"釋爲"主"是非常正確的意見,可是没有在形體上加以嚴密的論證,這可能也是這一正確説法始終未被廣泛採納

---

① 據筆者所知,似乎只有吴振武先生在《試説齊國陶文中的"鍾"和"溢"》一文中(《考古與文物》1991年第1期)將該字隸定爲"主";又裘錫圭先生在《戰國文字中的"市"》(《考古學報》1980年第3期)一文中將該字釋爲"王",但在字後加括問號。

② 張政烺:《〈平陵陳旻立事歲〉陶考證》,載《史學論叢》第二册,北京大學出版社編,1935年。後收入《張政烺文史論集》,中華書局,2004年,第46~57頁。

的重要原因。下面我們就從形體上對張政烺先生的説法加以補證。

在齊國陶文中,從辭例上可以卡死的"王"字見於"王卒"、"王孫"、"王毁(嚴)"三類辭例和姓名中的"王"姓之"王",其形體如下:

1. 王卒之"王":

《陶文圖録》2·300·1　　《陶文圖録》2·298·3

《陶文圖録》2·299·1　　《陶文圖録》2·299·2

《陶文圖録》2·293·1　　《陶文圖録》2·299·3

《陶文圖録》2·295·3　　《陶文圖録》2·46·4

《陶文圖録》2·673·1

2. 王孫之"王":

《陶文圖録》2·5·3　　《陶文圖録》2·8·2

《陶文圖録》2·8·3　　《陶文圖録》2·8·4

《陶文圖録》2·9·2　　《陶文圖録》2·12·1

《陶文圖録》2·4·3

3. 王毁(嚴)之"王":

《陶文圖録》2·305·2　　《陶文圖録》2·305·3

4. 王姓之"王"：

[图]《古陶文彙編》3·743　　[图]《古陶文彙編》3·785

[图]《陶文圖錄》2·409·1　　[图]《陶文圖錄》2·403·1

[图]《陶文圖錄》2·397·1　　[图]《陶文圖錄》2·259·2

[图]《陶文圖錄》2·403·3　　[图]《陶文圖錄》2·397·3

[图]《陶文圖錄》2·261·4　　[图]《陶文圖錄》2·398·3

[图]《陶文圖錄》3·583·4　　[图]《陶文圖錄》2·406·3

[图]《陶文圖錄》2·397·4　　[图]《陶文圖錄》2·398·4

[图]《古陶文彙編》3·784　　[图]《陶文圖錄》2·408·1

[图]《陶文圖錄》2·398·1　　[图]《陶文圖錄》2·396·4

[图]《陶文圖錄》2·166·4　　[图]《陶文圖錄》2·26·5

[图]《陶文圖錄》2·42·3　　[图]《陶文圖錄》2·26·6

[图]《陶文圖錄》2·50·1　　[图]《陶文圖錄》2·42·1

[图]《陶文圖錄》2·26·4

除此之外，齊系銅器銘文中有"君王"之"王"，戰國齊璽有"王敄(卒?)"、"王句(后)"的辭例和很常見的姓氏之"王"：

1. 君王之"王"：

叔夷鐘　庚壺　陳貼簠

2. 王歔(卒?)之"王"：

《古璽彙編》0063

3. 王句(后)之"王"：

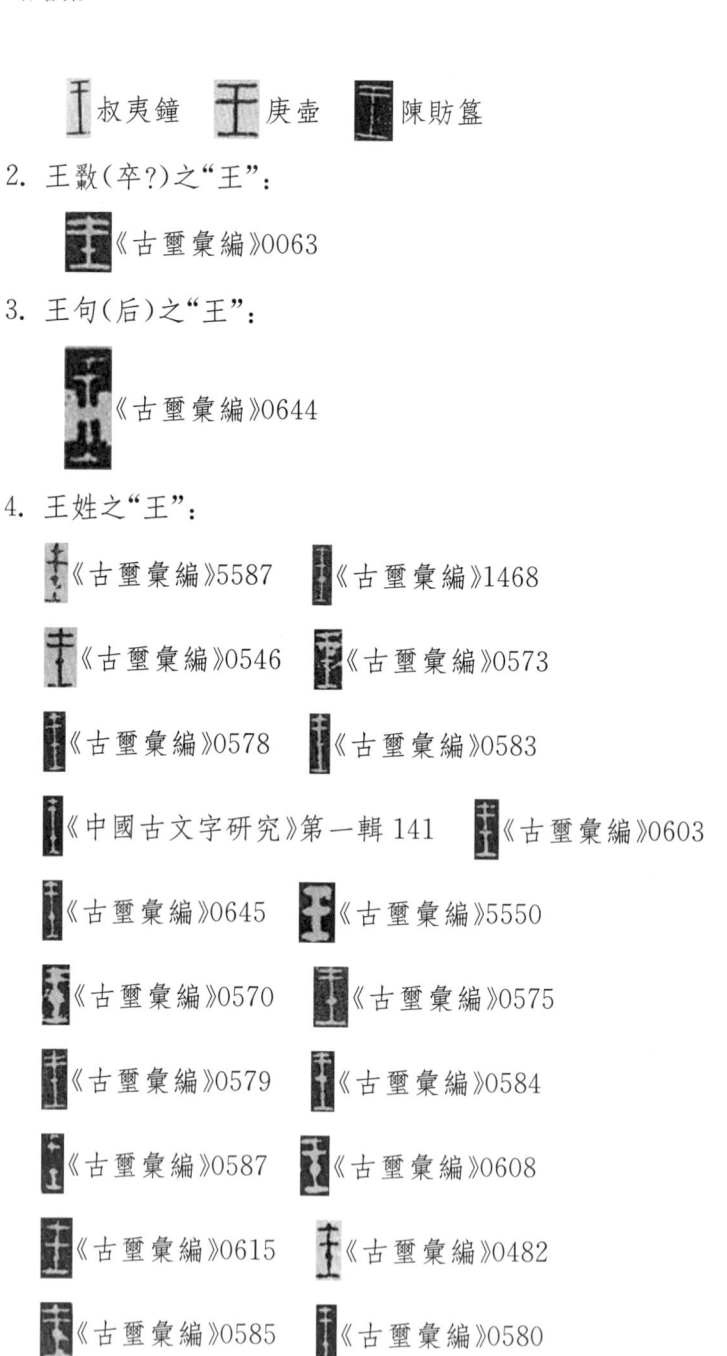

《古璽彙編》0644

4. 王姓之"王"：

《古璽彙編》5587　《古璽彙編》1468

《古璽彙編》0546　《古璽彙編》0573

《古璽彙編》0578　《古璽彙編》0583

《中國古文字研究》第一輯141　《古璽彙編》0603

《古璽彙編》0645　《古璽彙編》5550

《古璽彙編》0570　《古璽彙編》0575

《古璽彙編》0579　《古璽彙編》0584

《古璽彙編》0587　《古璽彙編》0608

《古璽彙編》0615　《古璽彙編》0482

《古璽彙編》0585　《古璽彙編》0580

齊國文字"主"字補證　293

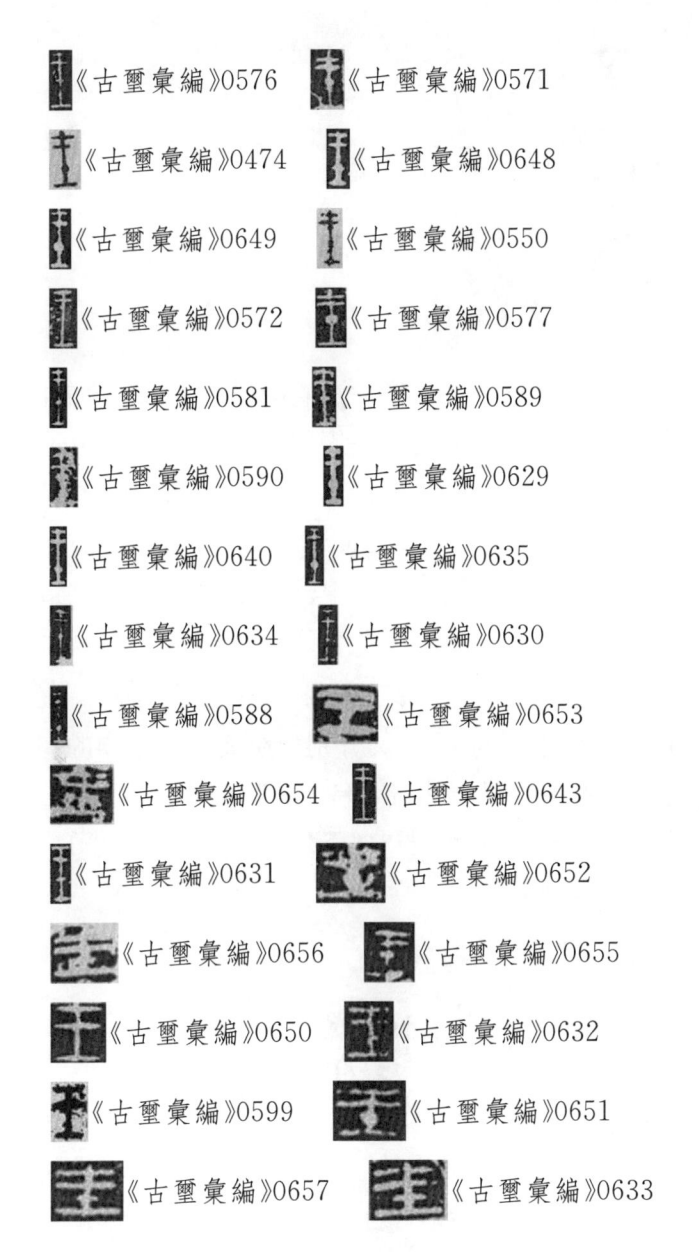

《古璽彙編》0576　《古璽彙編》0571
《古璽彙編》0474　《古璽彙編》0648
《古璽彙編》0649　《古璽彙編》0550
《古璽彙編》0572　《古璽彙編》0577
《古璽彙編》0581　《古璽彙編》0589
《古璽彙編》0590　《古璽彙編》0629
《古璽彙編》0640　《古璽彙編》0635
《古璽彙編》0634　《古璽彙編》0630
《古璽彙編》0588　《古璽彙編》0653
《古璽彙編》0654　《古璽彙編》0643
《古璽彙編》0631　《古璽彙編》0652
《古璽彙編》0656　《古璽彙編》0655
《古璽彙編》0650　《古璽彙編》0632
《古璽彙編》0599　《古璽彙編》0651
《古璽彙編》0657　《古璽彙編》0633

　　考察以上所引齊國文字中用辭例可以卡死的全部"王"字形體，可以發現齊國文字中的"王"字字形可以歸納爲下列四種形態：

1. ![] 庚壺

2. ![] 《古璽彙編》0651

3. ![] 《陶文圖錄》2·26·5

4. ![] 《古璽彙編》0546

1爲最普通的三橫一豎,2在三橫一豎的兩橫下、一豎上增加一個小點(或演變成一橫)飾筆,3爲三橫一豎,但一豎衝出上部出頭,4爲三橫一豎,一豎衝出上部出頭,兩橫下、一豎上也增加一小點(或演變成一橫)飾筆。

　　這些可以用辭例卡死的"王"字中,沒有一例寫成本文最開始所引的寫成三橫一豎上有一點的"![]"字形的,而"![]升"、"![]豆"、"![]區"、"![]釜"中的"![]"字,又從没有寫成上列王字的"![]"、"![]"、"![]"、"![]"四種形態的。兩種不同的字形,又分别對應着兩類不同的句式組合形式,這説明什麽呢?很顯然,這説明"![]"字與"![]"、"![]"、"![]"、"![]"不是一個字。既然已知"![]"、"![]"、"![]"、"![]"一定是王字,則"![]"就一定不是"王"字。

　　《陶文圖錄》2·46·2收有如下一件陶文:

![]

其中的"![]"字很容易被誤認爲是"王"字而讀其文字爲"王釜",其實只要認真觀察就會發現,"![]"字上也是有一點的,只不過一點與上邊邊欄融合在一起了而已。

　　張振謙的《齊系文字編》在"王"字下收有兩例字形,一例爲《陶文圖録》2·599·2：

《新編全本季木藏陶》釋文將該陶文"豆"字前一字釋爲"王",張振謙從其說,這是非常錯誤的。這類陶文還有多件,如：

《陶文圖録》2·599·3　《陶文圖録》2·599·4

《陶文圖録》2·600·1　《陶文圖録》2·600·2

很顯然,"豆"字前一字上部並不從一横,王恩田先生將其釋爲"土"是正確的。《陶文圖録》2·601·1～2·603·1 有九例文字爲"城圖土"的陶文,"土"字非常清楚,這些"城圖土"與上揭幾例"城圖土豆"中的"城圖土"顯然指的是一回事。

還有一例爲《陶文圖録》2·758·1：

張振謙的釋文爲"昌里王豆……",其中"豆"字的考釋也是錯誤的。仔細觀察會發現,"王"字下一字很不清楚,從殘留的部分筆劃看,該字應該是"卒"字,無論如何絶對不會是"豆"字。

至此我們可以再重複一下上邊得出的結論,即通過字形分析可以明確地肯定：在齊國文字中,可以用辭例卡死的"王"字,没有一例寫成三横一竪上有一點的"🇮"字形的,而"升"、"豆"、"區"、"釜"幾個量名前的"■"字，又從沒有寫成"王"、"王"、"王"、"王"等形態的"王"字的。所以"■"字不是"王"字，而應按張政烺先生所釋釋爲"主"。

認真觀察"■"字會發現，有些形體最上部的一橫寫得並不完全平直，而是有些向中間傾斜。如■、■、■、■、■、■諸形皆如此。《陶文圖錄》2·42·1 著錄了如下一件陶文：

其中的主字作"■"形，與同在一器的王字作"王"區別明顯。"■"字最上部的橫劃就不是平直的，而是向中間傾斜。

網上某私人藏家藏有一件"主枡"陶文：

照片上"主"字上部的一點很明顯，最上一橫由兩側向中央傾斜的筆勢也很清楚。尤其上引《陶文圖錄》2·1·1中的主字作"■"，字最上部的橫劃並不作一筆，也是分別向中間傾斜，與一豎相連，且非常明顯。而這正是"主"字的特徵。《陶文圖錄》3·294·5 收錄的是一個單字"主"字陶文，主字作：

《陶文圖錄》列在卷三鄒國上。這個"主"字的寫法與"■"形很接近，只是上部一橫的傾斜角度更大而已。

秦印"主"字作：

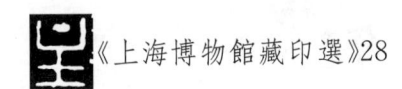

[印] 《上海博物館藏印選》28

睡虎地秦簡中"主"字作：

[字] 《睡虎地秦簡·效律》17　[字] 《睡虎地秦簡·效律》17

與上釋陶文主字作"[字]"形體也非常接近。

漢代銅器上的主字作：

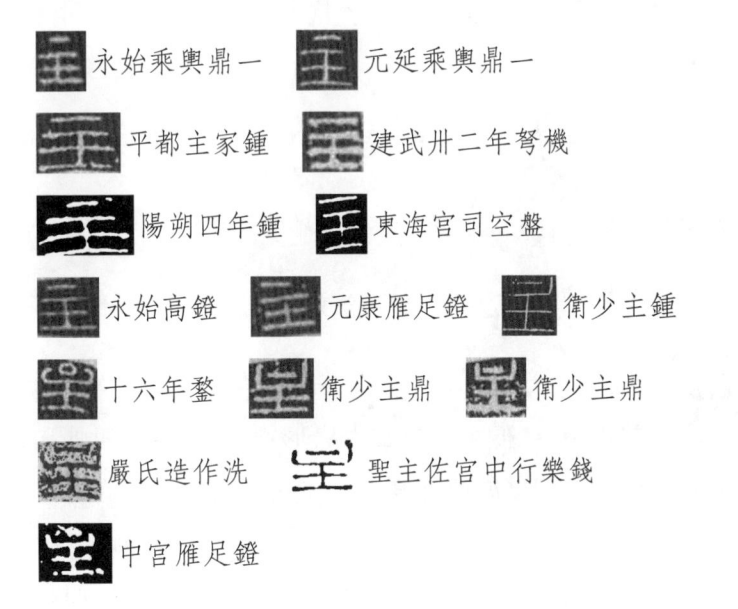

[字] 永始乘輿鼎一　　[字] 元延乘輿鼎一

[字] 平都主家鍾　　[字] 建武卅二年弩機

[字] 陽朔四年鍾　　[字] 東海官司空盤

[字] 永始高鐙　　[字] 元康雁足鐙　　[字] 衛少主鍾

[字] 十六年鍪　　[字] 衛少主鼎　　[字] 衛少主鼎

[字] 嚴氏造作洗　　[字] 聖主佐官中行樂錢

[字] 中宮雁足鐙

其寫法分爲兩類：一類是作三橫一豎，上邊再加一小橫；一類是三橫一豎的最上一橫兩邊翹起，上邊再加一小橫或一個圓點。這兩類寫法與上邊論證過的齊國文字中的"主"字的寫法正可以一一對應。這種寫法的"主"字，就是《説文》小篆主字寫作"坓"的字形來源。

在認定齊國的"主"字之前，戰國文字中似乎還真找不到明確的

單獨存在的"主"字。以往戰國文字中"宔"字很常見,作:

[包山楚簡 202]　　[郭店楚簡《老子・甲本》6]

[中山王鼎]　　[中山圓壺]

[侯馬盟書]　　[侯馬盟書]　　[侯馬盟書]

其所从的"主"字與上釋齊國文字中的"主"字的差別是下部還沒有加上一橫。古文字中有些字的演變,就會常常在一豎筆的下邊加上一橫,如過去我在《古文字構形學》中舉過如下金文中的例子:

還如金文"戜"字作:

——《金文編》829 頁

其所从之"呈"的下部後來就加上了一橫,這與"主"字的演變相同。

我們曾指出,一個古文字基本構形獨立存在時,與其和其他構形組成複合形體後的發展速度是不一樣的。獨立存在的構形的發展速度要明顯快於其與其他構形組成複合形體後的發展速度。戰國時期當"主"字獨立存在時,其下部就逐漸變成加上了一橫,而當"主"字與"宀"旁構成複合形體後,"主"字的發展就會變慢,所以下部並沒有變得加上一橫。

通過以上分析,可以將"主"字字形的發展脈絡圖示如下:

1 丁 —— 2 丅 —— 3 丅 —— 4 主 —— 5 主

齊國文字"主"字補證　299

　　齊國文字中的"主"字，其形體的發展階段正處於上揭發展脈絡圖示的 4～5 之間。這一形體的發展速度是很快的。齊與秦的"主"字寫法基本相同，兩者之間是齊影響了秦，還是秦影響了齊，或是兩個地點同時發展到這個階段，因爲目前還不知道除了齊和秦外其他國家"主"字的寫法如何，所以其間的關係還有待在出現新材料之後加以進一步的研究。

　　從古文字看，"主"和"宔"顯然應該是從一個字分化而成的。《説文》訓"主"爲"鐙中火主(炷)"，訓"宔"爲"宗廟宔祏"，是後世分化後的結果。從古文字看，"主"和"宔"最初都應該是用爲"宗廟宔祏"的意思。從目前已知的材料出發立論，我們可以推測除了齊國和秦國外，其他國家都是用"宔"爲"主"的，這可能就是至今在齊國和秦國之外的國家沒有發現"主"字的原因。

　　《陶文圖錄》收錄有如下幾件同文陶文：

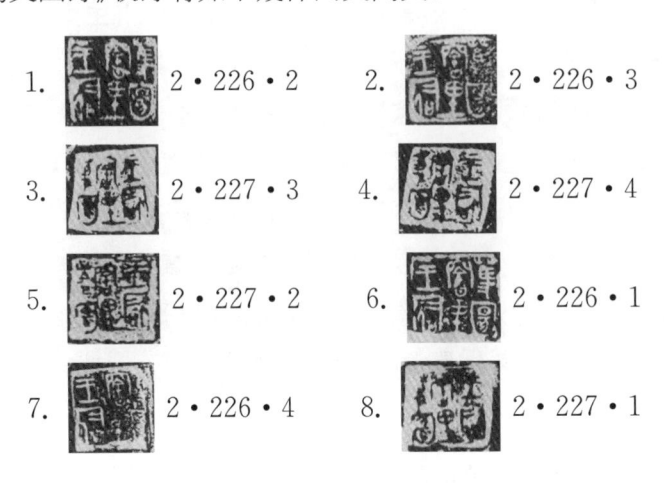

1. 2·226·2　　2. 2·226·3
3. 2·227·3　　4. 2·227·4
5. 2·227·2　　6. 2·226·1
7. 2·226·4　　8. 2·227·1

　　王恩田將這些陶文都釋爲"蒦陽鏿里王佑"。仔細觀察會發現，上引 1～4 四件陶文中的所謂"王"字其實是作三橫一豎、上部有一小橫的形狀。這與我們前邊所釋齊國"主"字的寫法相同。其他四件陶文中，8 不甚清楚，5 的上部有一橫還可以約略看出，6、7 的一小橫因爲與上邊邊框融合在一起，變得不甚明顯。既然這是同文陶文，銘文中的所謂"王佑"就是指一個人無疑。所以這八件陶文中所謂"王佑"的"王"字，其實都是"主"字的誤釋，所謂"王佑"應改釋爲"主佑"。秦印中有"主壽"印，三國時期有"主亢"，可證古代有"主"姓。

齊國陶文中另有"公豆"、"公區"、"公釜"，與"主豆"、"主區"、"主釜"相對，應該屬於兩個不同的量器系統。《左傳·昭公三年》："齊舊四量：豆、區、釜、鐘。四升爲豆，各自其四以登於釜，釜十則鐘。陳氏三量，皆登一焉，鐘乃大矣。以家量貸，而以公量收之。"我們認爲"公豆"、"公區"、"公釜"就相當於齊舊量，而"主豆"、"主釜"、"主區"、"主升"就相當於陳氏家量。

上引張政烺先生的文章説：

> 主釜、主豆、主料、主區，皆量名（料爲量名見《説文》），與公量實相對，古者"大夫稱主"（《晉語》"再世以下主之"《注》、《左》襄十九年《傳》"事吳敢不如事主"《注》，又《秦策》"攻趙襄王于晉陽"《注》並同）。又稱"家"（《孟子·梁惠王上》"大夫曰何以利吾家"，又"千乘之國弑其君者必百乘之家"《注》"天子建國，諸侯立家，百乘之家謂大國之卿"），則主釜等器爲家量又奚疑焉。蓋自田氏大夫臨下言之，宜曰"主"；自晏嬰言之，別於公量，故曰"家"，其實一也。合觀陶文，其義至顯，而平陵大夫田惠子得一人之器，公量、家量具備，尤稽古之所尚矣。

這一解釋非常精彩。

關於齊國量制新舊量的量值和進位關係的變化，學術界衆説紛紜，迄今尚無定論。① 不過無論如何，陳氏家量的量值大於齊舊量是絕

---

① 參看莫枯《齊量新議》，《上海博物館集刊》第三期，上海古籍出版社，1986年，第62～63頁。

無問題的。非常希望今後能夠在發掘出更多完整的齊國陶文量器後,對"公"量和"主"量兩個系統的量器加以實測,以確定兩者的性質和關係。

除了以上考釋的齊國文字的"主"字外,齊國的"主"字還見於陳璋壺和架可忌豆。

陳璋方壺銘文説:

唯𠂤五年,鄭昜陳得再立事歲,孟冬戊辰,大臧□孔(?),陳璋內伐匽勝邦之隻(獲)。

銘文中的"𠂤"字《金文編》、《金文形義通解》等工具書都列在"王"字下。其實這個字也是"主"字,不是"王"字。陳夢家在《美帝國主義劫掠的我國殷周青銅器集錄》中對此有過考釋,他説:

此銘之"主"指齊宣王。顧炎武《日知録》卷廿四據《左傳》昭公二十九年齊侯使高張來唁公稱主君,證卿大夫春秋時稱主。但《左傳》的編纂在戰國時,故其稱主只可以推證戰國時諸侯稱主。《左傳》昭元、昭廿八,定十四,哀二十,哀廿七和《戰國策》魏策,皆稱趙、魏、智之主爲主或主君。"佳主五年"不是周王五年而是作器者陳璋之主之五年,乃是齊宣王五年,周赧王元年。是年,秦、魏攻韓,敗之岸門,齊師乘諸國戰疲,命章子襲燕。齊破燕事,世有異説,我們在《六國紀年》叁貳節曾加考定,以爲當在宣王五年。《戰國策·燕策》曰:"孟軻謂齊宣王曰:'今伐燕,此文、武之時,不可失也。'王因令章子將五都之兵以因北地之衆以伐燕,士卒不戰,城門不閉,燕王噲死,齊大勝燕,子之亡。"《孟子·梁惠王下》曰:"齊人伐燕,勝之,宣王問曰……以萬乘之國伐萬乘之國,五旬而舉之……"《齊策》則曰:"齊因起兵攻燕,三十日而舉燕國。"據此銘所載,則在宣王五年孟冬之月。伐燕的主將,此器稱陳璋,即《齊策》的章子,亦即《秦策》"趙且與秦伐齊，齊懼，令田章以陽武合于趙而以順子爲質"之田章。《孟子·離婁下》所謂"匡章通國皆稱不孝焉"，亦稱章子，即此人。始用事於齊威王時，《齊策》曰："秦假道韓、魏以攻齊，齊威王使章子將而應之，齊兵大勝。"徐州之會，章子責惠施，見《呂氏春秋·愛類》篇。其人歷事威、宣二王，與惠施、孟軻同時。①

我們認爲以上的分析是非常有道理的。陳璋乃作器者，從他的角度說，齊宣王就是他的"主"，所以當然可以稱"隹主五年"。

1992年孫貫文先生發表《陳璋壺補考》一文，②否定陳夢家讀"壬"爲"主"的意見，在文章最後"附注一"部分圖表"戰國匋文王字例"一欄中摹寫了"𪱛"、"𪱜"、"𪱝"三例陶文，並與《季木藏陶》中的另兩件陶文比較：

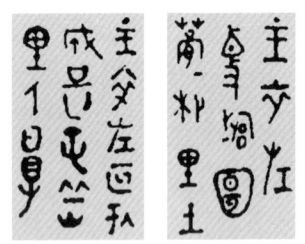

非常奇怪的是，他將這兩件陶文中作三橫一豎、一豎出頭的形體，都摹寫成"𪱝"形作三橫一豎、上有一點的形態，並以此作爲陳璋壺的"壬"字就是王字的證據。這是非常嚴重的疏忽。因此他否定陳夢家先生說法的意見也就不能成立。

1987年山東淄博出土了一件時代相當於春秋或戰國時期的銅豆，上有銘文如下：

---

① 陳夢家編：《美帝國主義劫掠的我國殷周青銅器集錄》，科學出版社，1962年，第138~139頁。
② 孫貫文：《陳璋壺補考》，北京大學考古系編：《考古學研究》（一），文物出版社，1992年，第287~300頁。

原報告釋爲:隹王正九月辰在丁亥桨(椒?)可忌作厥元子仲姞媵錞。①

後來何琳儀先生發表《節可忌豆小記》,將"桨(椒?)"字改釋爲"柳",讀爲"節",認爲是姓氏。② 最近董珊先生和我說,他有一個想法,認爲此字上部從"夗",字可以隸定作"架","架可忌"可以讀爲"苑何忌"。"苑何忌"是個人名,見於《左傳·昭公二十年》,是齊國的一位大夫。我們認爲將銘文中的"▨"字釋爲"架"還不能讓人無疑,豆的時代屬於戰國的可能性更大,因此這一説法僅可備一説。

巧的是1991年張光裕先生在香港古玩市場亦購置一件同銘的豆,其銘文如下:③

---

① 張龍海:《山東臨淄出土一件有銘銅豆》,《考古》1990年第1期。
② 何琳儀:《節可忌豆小記》,《考古》1991年第10期。
③ 張光裕:《雪齋新藏可忌豆銘識小》,載《雪齋學術論文二集》,臺灣藝文印書館,2004年,第67~72頁。

拓本更爲清晰。其中的所謂"王"字作三横一豎上有一小横之形,與前邊考釋過的齊國"主"字形體相同。我們認爲這個所謂"王"字其實也應該釋爲"主"。前邊說過,"苑何忌"見於《左傳·昭公二十年》,昭公二十年相當於齊景公二十六年,如果董珊釋"𩰽"爲"架",讀"𩰽可忌"爲"苑何忌"的意見不誤,則銘文中所謂"隹(唯)主正九月",很可能就是指齊景公紀年的九月。如果董珊的說法不對,則"隹(唯)主正九月",就應該是指戰國時齊國的某位君主的紀年的九月。

齊國在紀年上頗有自己獨到的特色,如紀月有"歑(?)月"(陳純釜)、"飯耆月"(公孫竈壺)、"饋月"(陳喜壺)、"冰月"(陳逆簠)、"一之日"(國佐甔)等。陳璋壺的"唯主五年"和𩰽可忌豆的"唯主正九月",也可以視爲紀年上有獨到特色的一個表現。

在以往編著的相關古文字字編中,戰國時期一直没有"主"字的字例。如今考釋出齊國的"主"字後,就可以填補這一空白了。

2009 年 7 月寫於復旦大學光華樓

原載《出土文獻與古文字研究》第三輯(復旦大學出版社,2010年),今據以收入。

"瘸"字源流考

一

"瘸"字在字書中最早見於《玉篇》。宋本《玉篇·疒部》中的"瘸"字結構爲从疒、从目、从侖,作"瘸"。音爲步結切,訓爲"不能飛也"和"枯病也"。張氏澤存堂宋本《廣韻》入聲屑韻和薛韻兩見"瘸"字,結構與宋本《玉篇》相同,作"瘸"。周祖謨《廣韻校勘記》薛韻"瘸"字下校語説:"此字巾箱本、黎本作'瘸',是也。"①可見《廣韻》不同的本子中"瘸"字結構有从"目"與从"自"的不同,而周祖謨顯然是認爲"瘸"字的正確結構應該爲从疒、从自、从侖作"瘸"。

《鉅宋廣韻》薛韻中的"瘸"字从疒、从自、从冊,作"瘸"。《集韻·薛韻》中的"瘸"字作"瘸",《類篇·疒部》中的"瘸"字作"瘸",《篆隸萬象名義》中的"瘸"字作"瘸",以上三種字書中的"瘸"字結構都爲从疒、从自、从冊,與《鉅宋廣韻》相同。《龍龕手鏡》疒部"瘸"字下收"瘸"、"瘸"二體,謂:"瘸或作瘸。"其結構的不同是一从冊,一从侖。可見"瘸"字結構除了有从"目"與从"自"的不同外,還有从"冊"

---

① 周祖謨:《廣韻校本》(下册),中華書局,2004年,第545頁。

與从"侖"的不同。① 目前的大型字書、詞書如《漢語大字典》、《漢語大詞典》等都只收了"癗"這一種字形。

"癗"、"癗"、"癗"三種字形中究竟哪種字形代表了"癗"字比較早的構形呢？

《馬王堆帛書·五十二病方》"痒(癃)"部分收有如下一方：

□□及■不出方：以醇酒入□，煮膠，廣□□□□□□□，燔叚□□□□火而焠酒中，沸盡而去之，以酒飲病【者】，□□□□□□□飲之，令□□□起自次(恣)殹(也)。不已，有(又)復□，如此數。令。

其中的"■"字作：

字形結構很清楚：从疒、从自、从冊。

由馬王堆漢墓帛書整理小組編寫的《馬王堆漢墓帛書》一書注釋將其隸定作"癗"，謂："癗，字見《玉篇》，此處應讀爲閉，即小便不通。"②

按將"■"字隸定作"癗"有四個錯誤：一是字形明顯从"自"，不从"百"；二是字下部明顯从"冊"，不从"侖"；三是即使按"癗"字後

---

① 黎本《廣韻》屑韻中的"癗"字下部所从之"侖"訛變成了"俞"。俗書中"侖"、"俞"二字經常相混。故宮本《王仁煦刊謬補缺切韻》屑韻中的"癗"字所从的"侖"字上部的"人"形訛變成了"大"。因這兩類字形不多見，情況特殊，故本文不予論列。

② 馬王堆漢墓帛書整理小組編：《馬王堆漢墓帛書〔肆〕》，文物出版社，1985年，第45頁。

來的結構隸定，也只能隸定爲從"侖"而不是從"龠"，因爲"侖"和"龠"雖然在俗書中經常混淆，但是兩者是不同的兩個字；四是"龠"字中間從三"口"，即使隸定爲從"龠"也不應該像《馬王堆漢墓帛書》那樣隸定成從兩"口"，因爲"龠"這一類形體只在俗書里出現，隸定時使用俗體不合適。

馬繼興《馬王堆古醫書考釋》將該字隸定作"瘨"，謂："原作'瘨'，當係'瘨'之形訛。"並謂："故假爲閉。"①雖然隸定時將"龠"字寫成從三"口"沒有錯，但是相關解釋並不正確，錯誤依舊。

魏啓鵬、胡翔驊《馬王堆漢墓醫書校釋》將該字直接釋爲"瘨"，訓釋與上兩書相同。②

周一謀、蕭佐桃《馬王堆醫書考注》承襲《馬王堆漢墓帛書》一書的錯誤，將該字隸定作"瘨"，解釋其義訓爲："疑爲方言，如長沙人在溺脹急忍不住而立即欲解時，常稱爲'憋溺'或'憋了一脬溺'，憋溺當即'瘨溺'，恰好與淋證的小便脹急證狀相符。"③

周一謀、蕭佐桃的隸定雖然承襲了《馬王堆漢墓帛書》的錯誤，但是對"瘨"字在帛書中用法的解釋卻顯然比前述諸書都要好。"瘨"與"憋"讀音相通絕無問題，意義上也有一定的關聯。"憋"既有抑制、忍耐意，又有"急"意，尿頻尿急，總像是在憋尿，可又尿不出，這正是古代謂之"癃"，今日稱爲前列腺炎的突出徵狀。

通過以上字形的分析，尤其是馬王堆帛書"瘨"字字形的考定，我們可以得到一個新認識，那就是"瘨"字較早的字形結構應該是從疒、從自、從冊的，即《鉅宋廣韻》、《集韻》、《類篇》、《篆隸萬象名義》中"瘨"字的寫法以及《龍龕手鏡》中"瘨"字的第一種寫法才是正確的，

---

① 馬繼興：《馬王堆古醫書考釋》，湖南科學技術出版社，1992年，第450頁。
② 魏啓鵬、胡翔驊：《馬王堆漢墓醫書校釋》，成都出版社，1992年，第85頁。
③ 周一謀、蕭佐桃：《馬王堆醫書考注》，天津科學技術出版社，1988年，第120頁。

應該代表了較早的構形形態。而巾箱本、黎本《廣韻》中从疒、从自、从侖的"瘺"和宋本《玉篇》、宋本《廣韻》中从疒、从目、从侖的"瘺"則都是稍晚的訛體。其中巾箱本、黎本《廣韻》中从疒、从自、从侖的結構又稍早於宋本《玉篇》和宋本《廣韻》中从疒、从目、从侖的結構。从字形上看,"自"與"目"只差一筆,寫得很接近,由"自"漏掉一筆訛變成"目"很正常;"侖"字結構中包含有"冊",由"冊"訛變增繁爲"侖"也很自然。

概括以上論證,下邊將"瘺"字的形體演化過程圖示如下:

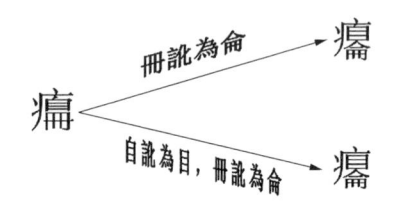

$$瘺 \begin{array}{c} \xrightarrow{冊訛爲侖} 瘺 \\ \xrightarrow{自訛爲目,冊訛爲侖} 瘺 \end{array}$$

二

對"瘺"字形體的探究到此並沒有結束,我們還必須向上追溯。

首先我們需要考慮的是:"瘺"字所从的"鼻"是個什麼字?既然目前已知"瘺"字的較早構形作"瘺",因此我們需要知道的也就是:"鼻"是個什麼字?

從"瘺"字字形看,按一般的文字構成分析,很顯然,其所从的"鼻(鼻)"在"瘺"字中應該是一個聲符,同時也應該是一個可以獨立成字的構形成份。字書中其他从疒的字,其構成形式大都也是如此。可是除了"瘺"字和字書中一個結構尚有疑問的"瀺"字外,除此我們還未見過"鼻(鼻)"可以單獨存在或與其他構形成份組合成複合形體的例子，①也就是說，"扁（龕）"是個很奇怪的形體，是個我們不知其所以然的字形。

要想弄清楚"扁（龕）"的來源，在這裏有必要先弄清楚"扁"字的早期構形及其演變。

在《郭店楚簡·六德》篇中，有三個寫作如下之形的字：

1. [圖]　2. [圖]　3. [圖]

三個形體中 1、2 結構相同，都从"攴"作；3 从"彳"作。三個形體都有一個相同的部分，寫作中間一個"日"，上下各有一個"冊"的形狀。其細節從第三個形體可以看得很清楚。

這三個字分別對應如下辭例（通用字直接釋出）：

1. 是故先王之教民也，始於孝悌。君子於此一[圖]者無所癈。

2. 是故先王之教民也，不使此民也憂其身，失其[圖]。

3. 道不可[圖]也，能守一曲焉，可以違其惡，是以其斷獄速。

劉國勝在一篇名爲《郭店楚簡釋字八則》的文章中，將 3 形釋爲"徧"，他認爲 3 形右邊从二冊从曰，應是"冊"字的繁寫，故應隸定作"䀇"，釋爲"徧"。② 其後受劉國勝一文的啓發，陳偉在《〈大常〉校釋》一文中，對 1、2 兩形也進行了分析，他同意劉國勝認爲 3 形右邊所从爲

---

① 宋本《玉篇·水部》有"瀹"字，上从洎，下从龕，《集韻》至韻作"瀹"，故宫本王仁煦《刊謬補缺切韻》至韻兩見，作"瀹"和"瀹"。可見此字結構可以有兩種不同的切分。胡吉宣《玉篇校釋》、周祖謨《廣韻校勘記》、余迺永《新校互注宋本廣韻》（增訂本）皆以爲字應作"瀹"，爲从"水"从"龕"。

② 劉國勝文見《武漢大學學報》（哲學社會科學版）1999 年第 5 期，第 42~44 頁。

"冊"的意見,指出 1、2 兩形从冊从攴,"疑當釋爲'編',指編連竹簡、柵欄一類物品,在此似讀爲'偏'"。①【編按:以上論楚簡《六德》三個形體从"扁"作,恐難成立。】

對於簡文"道不可 ▨ 也,能守一曲焉",劉國勝舉《莊子·天下》"不該不徧,一曲之士也"相比照。在解釋簡文"君子於此一 ▨ 者無所癈"時,陳偉舉《荀子·天論》"萬物爲道一偏,一物爲萬物一偏,愚者爲一物一偏"爲證。由此看來,將 1、2、3 形讀爲"徧"和"偏",按之辭例,非常順暢,結論應該是正確的。不過劉國勝對字形的分析還有缺欠,即他認爲 3 形右邊从二冊雖然不錯,但是認爲从"曰"則非是。字中間所从明明是"日"不是"曰"。他將字形隸定作"䎡",無視右旁字形中所从之"日"也不妥。如果嚴格隸定的話,1、2、3 三形應該分別隸定作"敞"和"徧",而所从的不識偏旁應該隸定作"䨻"。

"䨻"是什麽字呢?我們認爲它不是"冊"字的繁寫,應該就是"扁"字。"扁"字怎么會寫成中間从"日",上下各从一個冊的形態呢?這就需要我們進行一些推論。

在古文字中,當一個字的整體筆劃偏少,或一個字的一個偏旁筆劃偏少,與另一個偏旁的筆劃多少相差較多因而造成疏密不均,或是兩個偏旁的長寬比例不協調時,偶爾會將整個字重複書寫或是常常重複書寫某一個偏旁,以使字的整體看上去方正豐滿及長寬比例勻稱。相反,當一個筆劃較多的字中有相同的重複偏旁時,常常會省去相同的重複偏旁,以使得字的整體看去清楚疏朗。前一種情況如:

1. ▨ 文 2. ▨ 詶 3. ▨ 胎 4. ▨ 胐

---

① 陳偉:《〈大常〉校釋》,《郭店竹書別釋》,湖北教育出版社,2002 年,第132 頁。

後一種情況如：

1. 㱃—潛 2. 圖—宜 3. 㗊—曹
4. 𤔔—𤔨 愛甯

上揭《郭店楚簡・六德》中的"𤔔"和"𤔨"字所從的"㗊"，後來很可能就變成了"晶"，即從"日"從"冊"。由"㗊"變成"晶"正應了以上所論古文字中相反的兩種構形規律。字既有可能本來作"晶"，到戰國時期偶爾加以繁化，重複書寫了一個"冊"旁；也有可能字本來做"㗊"，後來省略了一個重複的"冊"旁變作"晶"。比較起來，後一種變化的可能性應該更大。

再進一步推測，"晶"形後來就變成了"扁"，即"晶"上所從的"日"變成了"戶"。"日"字訛混成"戶"字，在古文字形體演變中確有其例。如"牖"字最早作：①

1. 牖 睡虎地秦簡《日書》甲種143反

2. 牖 睡虎地秦簡《日書》甲種18反

3. 牖 《馬王堆漢墓帛書・老子甲本及卷前古佚書》20

4. 牖 《馬王堆漢墓帛書・老子乙本及卷前古佚書》158上

結構皆爲从爿、从日、从用，其構形應該分析爲从爿、从日、用聲。後來

---

① 下列"牖"字中1形張守中《睡虎地秦簡文字編》第108頁誤摹爲从"戶"作；3形《秦漢魏晉篆隸字形表》第470頁也誤摹作从"戶"作。

其結構中的"日"形"變形義化"爲"戶",以迎合字義中"戶牖"的意思,"用"聲則訛成了"甫"。因爲"甫"字構形中包含有"用",所以"用"會訛爲"甫"。《說文》謂:"牖,穿壁以木爲交窗也,从片、戶、甫。譚長以爲甫上日也,非戶也。牖,所以見日。"觀察上引秦漢時期的"牖"字就可以知道,譚長認爲牖字結構"甫"上應該是"日"不是"戶"的說法是正確的。①

漢代的"編"字和"偏"字或作下列之形:

1. 馬王堆三號墓牘

2. 《漢印文字徵》13·5

3. 謝家橋 1 號漢墓木牘

所从之"扁"上部雖然已經變爲从"戶",但仍然可以看出原本从"日"作的一些跡象。

在《說文》从"戶"作的字中,"肩"字所从的"戶"也是訛變來的。②看來古文字中有不止一個不同的形體訛成"戶"的例子,這也爲"扁"字本从"日",後來訛變爲从"戶"提供了一個參證。

可是坦率地講,我們認爲"扁"字最早的結構應該是从日、从冊的分析,完全是據現有的字形,依照古文字演變規律進行的一個大膽推測,其中還存在的最大疑難是:如果這種推測是正確的話,就要面對从日、从冊這一字形該如何解釋的問題。如果"扁"字从日、从冊是會意結構,我們至今還想不出一個較爲令人滿意的解釋;如果"扁"字从冊是義符,从日是聲符,韻按"扁"歸真部,"日"屬質部,則可以對轉相

———————

① 關於"牖"字構形的分析見拙作《談考古資料在〈說文〉研究中的重要性》,《中國古文字研究》第一輯,吉林大學出版社,1999 年,第 223～241 頁。

② 關於"肩"字字形的演變見徐寶貴《石鼓文整理研究》(上),中華書局,2008 年,第 833～834 頁。

通;聲則一屬"幫",一屬"日",似乎有些遠隔。但是如《說文》有"汨"字,謂"冥省聲",讀莫狄切,又有"魃"字,謂"昔省聲",讀爲"魄"。經研究表明,《說文》所謂省聲的說法大都不可信,"汨"和"魃"就應該从"日"聲,①這是从"日"聲的字可讀爲唇音的例證,由此看來"扁"从"日"聲的可能也不能完全排除。

如果我們做出的"扁"字最初構形應該是从日、从冊的推論不錯的話,就可以接着在此基礎上做出另一個推論,即"癟"字所从的扁(扁)就應該是從"扁"字訛變來的,即最早的"癟"字很可能就應該作"癟",後來"扁"字初形所从的"日"訛變成了"自","冊"又訛變成了"侖",於是就出現了"癟"這種形體。"冊"訛成"侖"已見上述論證,"日"訛爲"自"的例子如金文"呈"字作:

字从土,日聲。《說文》無"呈"字,但"涅"字下說:"黑土在水中也,从水从土日聲。"因爲金文"自"字異體寫作:

1. 番君鬲　2. 番仲萬匜　3. 白者君盤

《說文》作"自",形體與"日"很接近,極易訛混。因此戰國文字中"呈"字所从的"日"大都訛變成了"自",如下列諸字:②

1. 呈　《古璽彙編》0187

---

① 關於"汨"、"魃"从"日"聲的論證見李家浩《說垩》,《漢字研究》第一輯,學苑出版社,2005年,第488~491頁。
② 關於有關戰國文字中从"呈"諸字的考釋見朱德熙、裘錫圭《戰國文字研究(六種)》,《朱德熙古文字論集》,中華書局,1995年,第31~53頁。

2. ▣ 涅　《三代吉金文存》20·57

3. ▣ 瘨　《古璽彙編》2402

4. ▣ 誣　《古璽彙編》3859

又戰國文字中"習"字从"日"作：

▣《古璽彙編》2181

又从"自"作：

▣《郭店楚簡·語叢三》

也是"日"、"自"易混的佳證。

"自"字在甲骨文中就用爲"鼻"，"鼻"、"瘺"二字音近，"鼎（鬲）"由从"日"訛變爲从"自"，也有可能屬於一種"變形音化"。

以上就"鼎（鬲）"是由"扁"字訛變來的推論進行了字形證明，下面再從音義的角度對"瘺"字最初是从"扁"作的推論做些分析。

從中古音上推，"瘺"字的上古音在並紐質部，而"扁"字的上古音聲在幫紐，韻或歸元部，或歸真部。如此"瘺"和"扁"聲爲一系，韻爲對轉或旁對轉。從開合口和韻等上看，"瘺"和"扁"都是開口呼重紐四等字，因此可知"扁"作爲"瘺"的聲符應該沒有問題。

從意義上看，"瘺"有"乾瘺"的意思，而"扁"及从"扁"的字大都有"薄扁"的意思，兩者的含義相因。《説文·疒部》有"瘺"字，釋義謂："半枯也。从疒，扁聲。"段玉裁注："瘺之言偏也。"王筠《説文解字句讀》謂："群書皆作偏，王砅注《素問》曰偏枯，半身不隨。"而"瘺"字《玉篇》和《廣韻》的釋義皆爲"枯病也"。一謂"半枯"，一謂"枯病"，兩者所說很可能指的是一回事。

　　總括以上,我們的結論是:"癘"字所從之"畐(鬲)"最初很可能是由"扁"字訛變而來的,"癘"字與《說文》的"瘺"字很可能本爲一個字,後來因字形的訛混或詞義的區別,才分化出了"瘺"字。

三

　　通過以上的分析和論證,下邊試對秦陶文和秦印中的幾個未識字進行考釋。

　　古文字中"冊"和"枾"兩個字的字形有些接近,因此有時會產生訛混,如金文"散"字或作:

　　　　[字形] 散姬鼎

所從的"枾"字下部連寫,變得有些近似"冊"。智鼎中有一個從"枾"的字寫作:

　　　　[字形]

所從之"枾"加上了二橫,下部變得更像是"冊",介於"枾"和"冊"之間。這與下列"麻"字的寫法可以相比照:

　　　　[字形] [字形] [字形]《戰國文字編》第 492 頁

三晉官璽中有一方"疋蔴嗇夫"印:

"疋䕻"應讀作"胥靡","胥靡嗇夫"就是管理奴隸或刑徒的嗇夫。其中"䕻"字作"▨",與下列古璽中的"䕻"字寫法相近:

　　　《古璽彙編》2292

所從之"林"形下部也都加上了兩橫,變得類似於"冊"。

　　戰國中山王器中"嗣"字在方壺上寫作:

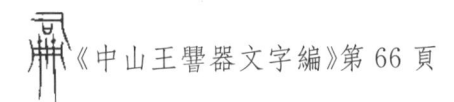

　　　《中山王䥑器文字編》第 66 頁

在圓壺上寫作:

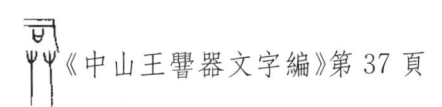

　　　《中山王䥑器文字編》第 37 頁

以往皆以爲"冊"字從"卄"。其實"冊"字所從之"卄"很可能就是由寫成介於"冊"與"林"之間的那種形體訛變來的。如果將"▨"所從的"▨"形再省去中間的兩橫筆,就會變得與"卄"完全相同。

　　同時從"冊"的字或在上邊加上兩點,或是上邊出現兩歧的筆劃,如:

　　　師酉簋　　　虢弔鐘

這種形態如果省去下部的兩橫筆,就會變得與"林"很接近。

　　"冊"與"林"可以訛混的最好例證,莫過於戰國文字中"典"字的寫法:

　　1.　《古璽彙編》3232

"瘺"字源流考　317

2. ![] 陳侯嬰齊敦

3. ![]《包山楚簡》3

4. ![]《望山楚簡》1·1

5. ![]《包山楚簡》7

6. ![]《包山楚簡》13

7. ![]《包山楚簡》16

"典"本從"冊"，但上引楚文字中的"典"已經都變成了從"林"。秦文字中這種現象也比較突出，例如秦文字的"搶"字作：

![] ![]《秦印文字彙編》第234頁

其所從的"冊"字也寫成既像"林"，又像"冊"的形態。

秦印中有如下一方半通印：

![]《澂秋館印存》37

印文爲"駱![]"。其中的"![]"字以往不識，《秦印文字彙編》列入附錄，《戰國文字編》隸定作"瘺"，列入疒部。通過比較可以看出，"![]"字下部所從的"![]"，正是作既像"林"，又像"冊"形。既然已知古文字中"冊"和"林"極易發生訛混，秦文字中這種現象又很突出，就完全

可以將"㾗"字所從的"🔲"直接視爲"冊",如此"㾗"字从疒、从自、从冊,與前邊論證過的"㾗"字的早期構形完全相同,因此"🔲"無疑就是"㾗"字。這是目前所見時代最早的"㾗"字字形,彌足珍貴。

某藏家藏有如下一件秦陶文,上有一字:

字从疒、从自、从林,與上邊考釋的"🔲"字結構完全相同,顯然也應該釋爲"㾗"。

某藏家收有如下二方秦印:

第一方爲半通印,印文爲"杜🔲",其中的"🔲"字舊不識,或釋爲"翿",不可信。其實這個字的左旁與上邊考釋過的"㾗"字作"🔲"形的中間部分"🔲"形完全相同,因此字可以隸定作"翿"。這是除了"㾗"和"瀉"字外,目前所見"扁(扁)"與其他構形成份組合成複合形體的唯一例子。前邊論證過"㾗"字所從之"扁"最早可能是由"扁"字訛變來的推論。如果這一推論不誤，則"🐦"既可能是从"癝"之省，也可能就是从"扁"。不論字形如何解析，"🐦"字从"鼻"从羽，都可以釋爲"翩"。第二方是一方單字璽，字从鼻从羽，鼻字下部寫成了"林"，所从羽字寫成了上下結構。這個字與上釋的"🐦"字無疑是一個字，所以也應該釋爲"翩"。

最後還需交待一句，那就是："癝"字所从之"鼻"本是一個獨立存在的字，與"扁"並無關係的可能性還是很大的。從上釋秦文字中的"癝"和"翩"所从之"鼻"都从"林"來看，"鼻"有可能最初就从"林"，是後來才訛混成从"冊"的。"鼻"最初可能就是从"自"从"林"的一個形聲字，即从"自"（鼻）爲意符，或既是意符又有表音作用，从"林"爲聲符，表示"憋氣"一類的意思的可能同樣也是存在的。因爲我們目前所見的資料還很不夠，所以以上的推論還需得到進一步的驗證。

2009 年 2 月寫於復旦大學光華樓

原載《第二十屆中國文字學國際學術研討會論文集》（臺灣中山大學中國文學系，2009 年），今據以收入。

説"韝"

一

说到"韝",要從《説文》的有關説解説起。

《説文·韋部》:"韝,射臂決也。"又《説文·韋部》:"韘,射決也。"《説文》"韝"、"韘"兩字相鄰,説解文字亦相近。清人早就指出,"韝"字訓釋"射臂決也"中的"決"乃是涉"韘"字訓釋"射決也"而誤的錯字。

《文選》卷四一李陵《答蘇武書一首》有"韋韝毳幕,以禦風雨"句,李善注引《説文》謂:"韝,臂衣也。"可見今本《説文》韝字訓釋"射臂決也"中的"決",很可能就是"衣"字之誤。

《玉篇·韋部》:"韝,古侯切,結也;臂沓也。"《太平御覽》卷三五〇《兵部》八一"射捍"條下引《説文》謂:"韝,射臂揹也。"由此,又可知今本《説文》"射臂決也"的"決"也有可能是"沓"或"揹"字之誤。按"臂沓"即"臂揹",在古漢字中,"沓"及從"沓"的字大都有"冒"、"蒙"的意思(《集韻·合韻》:"揹,冒也。"),所謂"冒"、"蒙"就是今日常言的"套"。説到"沓"、"揹"與"套"的關係,可以舉《説文》對"揹"和"鍇"的説解爲證。《説文·手部》:"揹,縫指揹也。一曰韜也。"段玉裁《注》謂:"縫指揹者,謂以鍼絑衣之人恐鍼之契其指,用韋爲箍,韜於指以藉之也。"王筠《説文句讀》云："要皆套物之物,故通其名。揩,今謂之套。"此"揩"即今日縫紉時所用之"頂針"。不過今日的頂針一般用金屬製成,與《説文》所説最早用皮革製成的"揩"不同。目前已知考古出土的"揩"也都是用金屬製成的,如遼寧瓦房店馬圈子漢墓出土的銀頂針和遼寧北票房身晉墓所出的金頂針即是(圖一：1、2)。①又《説文・金部》："錔,以金有所冒也。""錔"是金屬套,《史記・魯周公世家》"邱氏金距"裴駰《集解》引漢服虔曰："以金錔距。"所以王筠《説文句讀》謂："是知古所謂錔,即今所謂套也。"

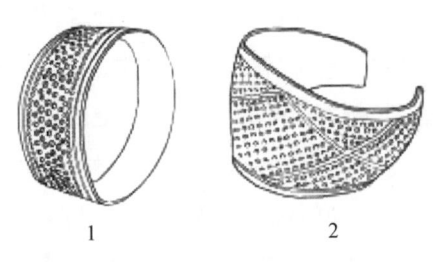

圖一：金頂針

从語言學上看,"沓"、"冒"、"韜"、"套"幾個字都有"冒蒙"、"套合"的意思,應該是一組同源詞。

概括地説,"韝"就是指射箭時爲防止弓弦磨破衣袖或皮膚,同時也爲讓手臂活動更爲方便而在手臂上戴的套袖。在古書中,"韝"除了用於指射箭時戴的套袖,還可以指以下幾種套袖：① 幹活時爲手臂活動方便,同時也爲防止弄髒衣袖所戴的套袖;② 作爲一種服飾的套袖;③ 架鷹時戴的一種套袖。這幾種套袖雖然都可以稱爲

---

① 圖一：1 見於大連市馬圈子漢魏晉墓地考古隊《遼寧瓦房店市馬圈子漢魏晉墓發掘》,《考古》1993 年第 1 期,圖版伍：6；綫圖見高春明《中國服飾名物考》,上海文化出版社,2001 年,第 506 頁。圖一：2 見於陳大爲《遼寧北票房身村晉墓發掘簡報》,《考古》1960 年第 1 期,圖版叁：6 右；綫圖見高春明《中國服飾名物考》,上海文化出版社,2001 年,第 507 頁。

"韝",但其用途卻大爲不同,形制和質料也偶有差別。除此而外,古書中的"韝"字還用爲以下兩個義項:① 指皮革製的鼓風囊;② 指給馬等牲口套上鞍具。鼓風囊的形狀與套袖有類似之處,馬鞍的形制和作用與套袖也有可比性,加上給牲口套上鞍具有"套"這一動作,所以這兩個義項與上邊所引"韝"字用爲"套袖"的義項之間,顯然存在着意義上的聯繫。

《漢語大詞典》對"韝"字的解釋爲:"臂套。用皮製成。射箭、架鷹時縛於兩臂束住衣袖以便動作。"《漢語大字典》的解釋爲:"臂套。用皮製成,射箭、架鷹時套在左臂,或套於兩臂,束衣袖以便動作,婦女亦用以爲裝飾。"按兩書對"韝"字的訓釋非常接近,可以看出其承襲的痕跡。但兩書對"韝"字的訓釋都不夠準確,甚至還存在着問題。首先"韝"並非全爲皮製,古代的韝有許多爲錦製的(論證詳下),就難以概括其中。其次無論是射箭還是架鷹,都只在一隻臂上套上套袖,一般射箭時套在左袖,架鷹時套在右袖,這是因爲通常情況下右手比左手更爲有力。射箭時用右手拉弓,將套袖套於左臂,以防引弦或縱弦時弓弦磨破衣袖或皮膚,也防止衣袖有所羈絆,因此通常不存在"縛於兩臂"或"套於兩臂"的情況。在架鷹時,一般也是以套在右袖爲主,"架鷹時套在左臂"只是變例。另外僅用"束住衣袖以便動作"來概括"韝"的用途,似乎也不完備。尤其是《漢語大字典》將"婦女亦用以爲裝飾"的"韝"與射箭和架鷹的"韝"放在一起解釋,更是不妥。因爲婦女戴的"韝"是服飾的一種,並不是用皮革製成的。

作爲射箭時用的"韝",在古書中有多個異名。《周禮·夏官·繕人》説:"繕人掌王之用弓、弩、矢、箙、繒、弋、抉、拾。"鄭玄注:"鄭司農云:'抉者,所以縱弦也。拾者,所以引弦也。'《詩》云:'抉拾既次。'《詩》家説或謂抉謂引弦彄也,拾謂韝扞也。玄謂抉,挾矢時所以持弦飾也,著右手巨指。《士喪禮》曰:'抉,用正王棘若檡棘。'則天子用象骨與？韝扞著左臂裏，以韋爲之。"《儀禮·鄉射禮》："司射適堂西，袒、決、遂，取弓于階西，兼挾乘矢，升自西階。"鄭玄注："遂，射韝也，以韋爲之，所以遂弦者也。其非射時，則謂之拾。拾，斂也，所以蔽膚斂衣也。"《禮記·內則》："右佩：玦、捍、管、遰、大觿、木燧。"鄭玄注："捍謂拾也，言可以捍弦也。"由以上典籍及其注釋中的記載，可知"韝"又可稱爲"拾"、"遂"、"捍"。"捍"字又有異體作"釬"、"釺"，《管子·戒》有"弛弓脫釬"句，賈誼《新書·春秋》有"丈夫釋玦釺"句，孫詒讓《周禮正義》指出"釬"和"釺"都應爲"捍"字異體。孫詒讓《周禮正義》對"韝"字的幾個異名有過總結，他說："凡拾、遂、韝、捍，四者同物。韝爲凡袒時蔽膚斂衣之通名，《史記·滑稽傳》云'帣韝鞠䠯'，又《張敖傳》云'朝夕袒韝蔽上食'，是也。其射時箸之，取其捍弦，故謂之捍；亦取其遂弦，故又謂之遂。非射時，則無取捍遂之義，故謂之拾。"這一區分和總結應該說是可信的。

二

作爲射箭時用的"韝"到底是什麼樣子呢？傳世典籍中保存有古人觀念中"韝"的圖像。宋聶崇義《三禮圖集注》卷八"遂"下收有"韝"的圖形如下（圖二），明劉績《三禮圖》卷四也繪有"韝"的形象（圖三）：

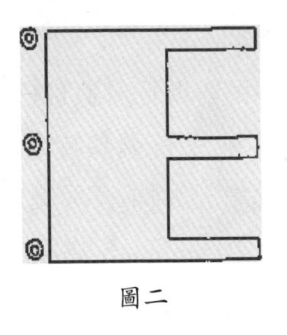

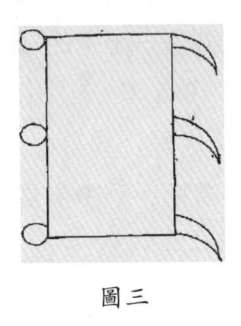

圖二　　　　　　圖三

清乾隆《欽定儀禮義疏》卷四三《禮器圖》三(圖四)和清乾隆《欽定周官義疏》卷四八《禮器圖》四"遂"下也分別收有"韝"的圖像(圖五):

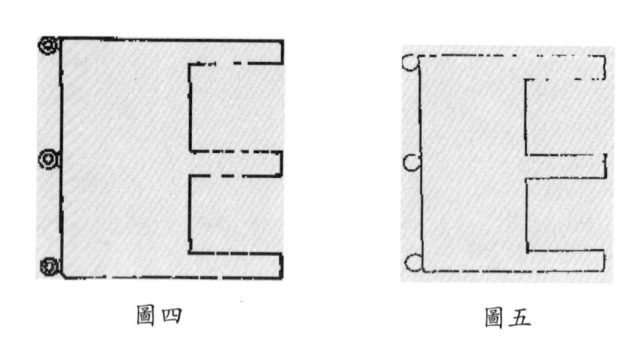

圖四　　　　　圖五

其圖形正是承襲自宋聶崇義的《三禮圖集注》。

上引古人觀念中"韝"的圖形,表示的是一幅長方形的皮革,在一側有三個環套,另一側有三條延伸出去的繫帶。其佩戴方法顯然是將其纏束在左臂上,然後用三條繫帶穿過三個環套拉緊繫住。這個圖形與古代實際上的"韝"的形狀是否吻合呢?

考古發現中似乎尚未發現漢代以前的"韝"。雖然在戰國楚墓中曾出土過類似的皮革製品,但因其形制和用途一時還難以確定,故在此暫不論列。早期的"韝"在考古發掘中不易被發現,一個主要原因就是皮革製品易於腐朽的緣故。

目前已知考古出土的"韝"共有兩件。

一件為1995年10月出土於新疆民豐縣尼雅遺址(漢代精絕國遺址)的一座夫婦合葬墓(95MNIM8)中。① 該墓葬時代約相當於東漢末到魏晉時期。墓中男屍右側隨葬弓矢等物,其旁還出土一幅被

---

① 新疆文物考古研究所:《新疆民豐縣尼雅遺址95 MN1號墓地M8發掘簡報》,《文物》2000年第1期。

發掘者稱爲"護膊"的織錦(圖六)。該"織錦"作長方形,幅長 18.5、寬 12.5 釐米,四周以白色絹布鑲邊,左右緣各連綴三條黃白色絹帶,長約 21 釐米。織錦色澤艷麗,圖案中有孔雀、鴕鳥、辟邪、獅子等動物形象,並用漢字織出"五星出東方利中國"的文字穿插於圖案之間。①發掘者推測其用途是"引弓者護膊之物",是非常正確的,但其名稱,其實應該按古代的稱呼稱之爲"韝"。該織錦經鑒定被認定是漢代的蜀錦,宋方岳《秋崖集》卷十五《閱視賞射》詩謂:"邊角悲鳴霜撲地,將校甯甘潑寒戲。熊旗引隊柳營曉,大羽插腰生意氣。虎皮半卷并鐵刀,臂韝蜀錦團鵰袍。士不敢喘那敢驕,肅聽號令惟所操。"可見在宋代,還有用蜀錦製作"韝"的習慣。

圖六:採自《文物》1997 年第 10 期封底

將這一用織錦製成的"韝"同上引宋聶崇義《三禮圖集注》等傳世典籍所載的"韝"相比,兩者的相同之處是形狀都作長方形,右邊也都有連綴的三條繫帶,只是《三禮圖集注》等書所載之"韝"的左邊沒有與右邊相同的三條繫帶,而是有三個環套。其實三個環套和三個繫帶所起的作用是一樣的,所以從基本形狀和功能來說,兩者並無本質的不同。這也說明《三禮圖集注》等書所載的古代"韝"的圖像,應該

---

① 見李零《"五星出東方利中國"織錦上的文字和動物圖案》,《文物天地》1999 年第 6 期,又收入氏著《入山與出塞》,文物出版社,2004 年,第 358~363 頁。

是來源有自的。

另一件爲 1995 年出土於新疆尉犁縣營盤墓地 15 號墓中。①該墓時代相當於東漢中晚期。墓中男屍左臂肘部繫紮着一幅縑織物。該織物形狀爲長方形，長 14、寬 8 釐米，是用兩塊質地和紋飾相同的縑拼縫而成（圖七：1、2）。縑爲精細的平紋織物，比較厚重。該織物以藍色縑爲坯料，用土黃、薑黃、棕、深綠等顏色的絲綫以鎖繡法繡出蔓草紋樣，周邊鑲有淡黃色絹邊，四角各縫綴一條淡黃色絹帶，繞繫在手臂上。據發掘者分析，墓主人可能是來自西方從事貿易的富商。

這件縑織物顯然也是"韝"。從其被繫紮在墓主人左臂上這一點，也可以説明其用途。該縑織物質料和形制與上邊介紹的尼雅遺址出土的"韝"非常接近，只是左右兩邊的繫帶是兩條而不是三條。

1. 採自《文物》1999 年 1 期封底。　2. 採自《文物》1999 年第 1 期第 13 頁圖十四：2

圖七

以上介紹的兩件"韝"的質料都是紡織品，可見古代的"韝"並

---

① 新疆文物考古研究所：《新疆尉犁縣營盤墓地 15 號墓發掘簡報》，《文物》1999年第 1 期。

不都是用皮革製成的。這兩件"講"都出自新疆,而且墓主人都是西域人,但所出"講"的形制與中國古代典籍記載的"講"的形制非常接近,由此可見中原文化對西域的影響。這一點,通過兩座墓所出文物中體現出的濃厚的中西文化雜糅的風格,也可以得到深切的感受。

三

作爲服飾的一種的"講",其最普通的用途,就是幹活時佩戴,以爲防止弄髒衣袖和活動更爲便捷。這也是今日"套袖"的主要功能。宋戴侗《六書故》卷十八謂:"講,古侯切,臂沓也,以韋韜袖以便執事也。"宋丁度等《附釋文互注禮部韻略》卷二"講"條謂:"講,射臂決。釋云縛左右手以便事。"元黄公紹原編、熊忠舉要《古今韻會舉要》卷九謂:"講,《說文》:'射臂決。'又蔡邕《獨斷》曰:'董偃青講綠幘。'崔豹《古今注》:'韜攘衣,厮徒之服,取其便於用,乘輿進食者服之。'徐曰:'攘,揎衣袖,蓋以韋韜其袖,恐污食飲。'"《漢書‧東方朔傳》"董君綠幘傅講",應劭曰:"宰人服也。"韋昭曰:"講形如射講,以縛左右手,於事便也。"顏師古注:"綠幘,賤人之服也。傅,著也。講即今之臂講也。"由上引典籍記載,可知"講"是從事厮徒雜役之人或常人從事居家勞作時佩戴的服飾。宋蘇軾《東坡全集》卷五《古纏頭曲》有"翠鬟女子年十七,指法已似呼韓婦。輕帆渡海風掣回,滿面沙塵和淚垢。青衫不逢溢浦客,紅袖漫插曹綱手。爾來一見哀駘佗,便著臂講躬井臼"的詩句,即是將"講"與汲水舂米一類家務勞作相聯繫。宋李新《跨鼇集》卷二九"任夫人墓誌銘"有一段說:"令狐君晚歲治臺榭日,延賢賓客,飲以醇酒,烹臡擊鮮,不厭久恩。夫人講臂短襦,俛首探右,飪和鼎鎬,機砧磕然。"

也是描寫任夫人帶"韝"從事烹爨的記載。河北宣化遼代張文藻壁畫墓 M7 前室東壁有一幅備茶圖,圖中右側有一跪跽之人,左臂正帶有"韝"(圖八),這可作爲從事廝徒雜役之人或常人從事居家勞作時佩戴"韝"的證明。①

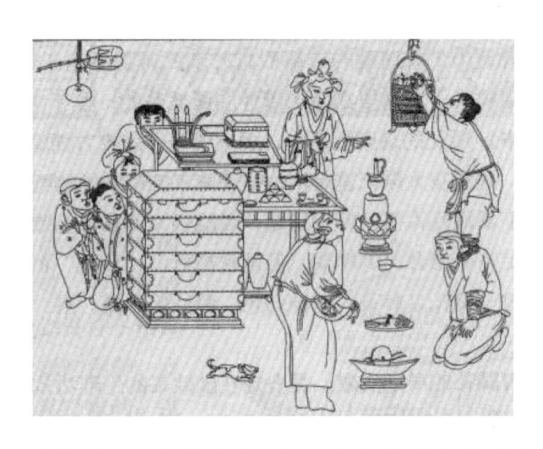

圖八:備茶圖。採自李清泉《宣化遼墓中的備茶圖與備經圖》,《藝術史研究》第四輯,中山大學出版社,2002 年,第 375 頁圖 12。

"韝"既然作爲從事廝徒雜役之人或常人從事居家勞作時佩戴的服飾,故典籍中常常有戴"韝"服侍皇帝和父母,以顯示服侍者的忠誠和孝順的記載。《史記·張耳陳餘列傳》說:"漢七年,高祖從平城過趙,趙王朝夕袒韝蔽,自上食,禮甚卑,有子婿禮,高祖箕踞詈,甚慢易之。"趙王對漢高祖而言,兼有臣下和子婿的雙重身份,故執禮甚恭,戴韝上食。《遼史》卷五五《儀衛志》一說:"輿以人肩之,天子用韝絡臂綰。"也是講天子乘輿時,肩輿者要戴"韝"的規定。《史記·滑稽列傳》記淳于髡的話謂:"若親有嚴客,髡帣韝鞠䗪,侍酒於前,時賜餘瀝,奉觴上壽,數起,飲不過二斗徑醉矣。"明

———————
① 河北省文物研究所、張家口市文物管理處:《河北宣化遼張文藻壁畫墓發掘簡報》,《文物》1996 年第 9 期。

唐順之《荆川集》卷十一《薛翁八十壽序》說："且薛氏父子既有聞於仁義道德之說矣，則較修短於彭聃殤子之間，豈足以爲翁壽。而韝臂曲膝，饋漿酯爵，亦何足以壽其親也哉？"明徐紘《明名臣琬琰續錄》卷一三楊璿《戒軒先生傳》曰："初先生父以註誤備邊，母悲哭喪明，先生希韝侍養，躬自洗濯，衣不解帶者十年。"這些典籍中侍親至孝的記載，都提到了"韝"。這裏的"韝"，已經成了代表孝行的一種標誌物。

在古代，作爲服飾的一種"韝"，經常出現在儀仗或樂舞的裝束中。從隋至明，這個習俗一直延續不斷。《隋書》卷二六《百官志》上謂："其尚書令、僕、御史中丞，各給威儀十人。其八人武冠絳韝，執青儀囊在前。""絳韝"之"絳"是指深紅色，而古代軍服就常常用"絳色"。《後漢書》卷三九《輿服志》載："驛馬三十里一置，卒皆赤幘絳韝。""赤幘絳韝"中的"絳"就是軍服的顏色。《新唐書》卷二三上《儀衛志》說："次左右威衛折衝都尉各一人，各領掩後二百人步從，五十人爲行，大戟五十人，刀、楯、穳五十人，弓箭五十人，弩五十人，皆黑鍪、甲、覆膊、臂韝、橫行。"又："又有夾轂隊，廂各六隊，隊三十人，胡木鍪、毦、蜀鎧、懸鈴、覆膊、錦臂韝、白行縢、紫帶、鞋韈、持穳、楯、刀。"《宋史》卷一四三《儀衛志》一載："執紼人並錦帽、五色紬繡寶相花衫、錦臂韝、革帶。"《宋史》卷一二九《樂志》四載："引武舞人，武弁、繡緋鸞衫、抹額、紅錦臂韝、白絹袴、金銅革帶、烏皮履。"《元史》卷七九《輿服志》二載："吏兵旗，黑質，赤火焰腳，繪神人，具甲兜鍪、綠臂韝，杖劍。"《明史》卷六七《輿服志》三謂："王府樂工冠服，洪武十五年定。凡朝賀用大樂宴禮，七奏樂。樂工俱紅絹彩畫胸背方花小袖單袍，有花彭吹冠，錦臂韝，皂鞾，抹額以紅羅彩畫，束腰以紅絹。"又："文舞生及樂生，黑介幘，漆布爲之，上加描金蟬；服紅絹大紬袍，胸背畫纏枝方葵花，紅生絹爲裏，加錦臂韝二，皂皮四縫鞾，黑角帶。"由上引典籍可知，在儀仗和樂舞裝束中的"韝"，都是用錦製成，顏色主要爲紅色，間或有絳色和綠色。關於其形制，《元史》卷七八《輿服志》一説："臂韝，制以錦，綠絹爲裏，有雙帶。"從"有雙帶"這一點看，其形制很可能與上文介紹的新疆尉犁縣營盤墓地15號墓中出土的"韝"相接近。

敦煌壁畫中有不少樂舞的形象，下列圖像中奏樂的七人中，有六人戴有三種不同顏色的"韝"（圖九）：

圖九：採自沈從文《中國古代服飾研究》，上海書店出版社，1997年，第227頁插圖七一。

在河北宣化遼代壁畫墓的散樂圖中（圖一〇），①有一腰繫杖鼓、腳穿皁靴正在表演的樂手，臂上正戴有織有黑色斜象眼紋的紅色臂韝。在河北宣化遼代張文藻墓中，也有与上圖戴有織有黑色斜象眼紋的紅色臂韝在演奏的相同圖像（圖一一）。在河北宣化遼代張文藻墓中的大曲壁畫中，演奏杖鼓和花腔教坊大鼓的樂手也戴有織有紅色斜象眼紋的白色臂韝。

---

① 張家口市宣化區文物保管所：《河北宣化遼代壁畫墓》，《文物》1995年第2期。

圖一〇　採自《文物》1995年第2期封面。

圖一一　採自吳釗《追尋逝去的音樂綜跡——圖說中國音樂史》，東方出版社，1999年，第286頁圖下2·6。

　　宋梅堯臣《宛陵集》卷五一《莫登樓》云："莫登樓，腳力雖健勞雙眸，下見紛紛馬與牛。馬矜鞍彎牛服輈，露臺歌吹聲不休。腰鼓百面紅臂韛，先打六么後梁州。棚簾夾道多夭柔，鮮衣壯僕獰髭虯。寶撾呵叱倚王侯，誇妍鬥豔目已偷。天寒酒釅誰爾俯，倚檻心往形獨留，有此光景無能遊。粉署深沉空翠幬，青綾被冷風颼颼。懷抱既如此，何須望樓頭。"又宋曾慥編《樂府雅詞》卷下《玉樓春》云："弄晴數點梅梢雨，門外畫橋寒食路。杜鵑飛破草間煙，蛺蝶惹殘花底露。臂韛紅錦鳴腰鼓，寒雁影斜天上柱。妝成不管露桃嗔，舞罷從教風柳妒。"上引兩首詩詞都有戴臂韛演奏腰鼓的描寫，可見演奏鼓一類的樂器是常常要戴"韛"的。揆其原因，很可能是因爲擊鼓時要搖動手臂，如果穿着帶有寬大袖口的衣服，會不便於活動的緣故。

　　用錦製成的"韛"，可以在上邊織出圖案和詩。宋江少虞《事實類苑》卷五載："魯人李廷臣頃官瓊管，一日過市，有獠子持錦臂韛鬻於市者，織成詩一聯，取視之，乃仁廟景祐五年賜新進士詩也，云：'恩袍草色動，仙籍桂香浮。'嗚呼！仁宗文章淡麗，固足以流播荒服，蓋亦仁德醇厚,有以深浹夷獠之心,故使愛服如此也。廷臣以千錢易得之,帖之小屏,致几席間,以爲朝夕之玩。"文中"獠子"指南方少數民族之人。清阿桂等《八旬萬壽盛典》卷八九《萬壽恭紀演連珠一百首》之六九有"天格麗日,荒服織於錦韝;玉宇照躔,榮光起於銀漢"句,其中的"荒服織於錦韝"就是以上引宋江少虞《事實類苑》"獠子鬻韝"爲本事的。在"韝"上織出詩句,與上文介紹的東漢時期織有"五星出東方利中國"文字的蜀錦臂韝的做法非常接近。

　　古代典籍中有很多女人戴"韝"的記載,甚至以"韝"作爲女人服飾的代表。如宋任廣《書敘指南》卷八"嚴飾結果"條説:"服鮮曰巾韝鮮明。"就是以"韝"指代女人的服飾。明文徵明《甫田集》卷三《春曉曲》有"起來臨鏡悄無言,含情自理雙鶯夢。夢回生怕守宮殘,捲袖移韝獨自看"句,描寫的是一位女子夜裏作了一個春夢,醒來後獨自回味,忽然想起臂上塗的守宮砂,害怕因夜裏的春夢而使代表貞節的守宮砂消退,急忙卷起衣袖、解開臂韝進行查看的情景。明宋濂《文憲集》卷三二《蛟門春曉圖歌》有"清都中有十二樓,往來盡入瓊姬儔。金符玉節錦臂韝,白台度曲彈箜篌"句,説明女人戴的"韝"也是用錦製成的。宋李呂《澹軒集》卷四《前調》:"玉笙吹遍古梁州,暗學芙蓉一樣愁。倚牕重整金條脱,對鑒不卸紅臂韝。"又説明女人戴的"韝"常常是紅色的。

　　在這種用紅色的錦製成的"韝"上,常常纏綴有珍珠,典籍中稱爲"珠韝"或"珍珠臂韝"。宋陸游《劍南詩稿》卷一六《無題》詩曰:"珠韝玉指擘箜篌,誰記山南秉燭遊。結綺詩成江令醉,蘘泉夢斷沈郎愁。天涯落日孤鴻没,鏡裏流年兩鬢秋。不用更求驅豆術,人生離合判悠悠。"宋趙汝鐩《野谷詩稿》卷一《纏頭曲》有"阿蠻妙舞翠袖長,臂韝珠絡帶寶裝"的描寫,金王寂《拙軒集》卷四《感皇恩·贈妓》有"寶髻綰雙螺,蹙金羅抹,紅袖珍珠臂韝匝。十三弦上,小小剥蔥銀甲。陽關三疊遍,花十八"的詞句。又明劉炳《劉彥昺集》卷三《河中之水歌寄劉子雍程伯羽同賦》有"鬢偏斜戴金團鳳,臂弱不勝珠絡鞲"句,明朱存理編《珊瑚木難》卷二《遊汾湖記》引陸恒詩有"臂脱珠鞲明越白,燕衡烏帽濕吳綾"句,明袁華《玉山紀遊·次韻》有"乳燕初飛藕作花,秋娘二八髻雙了,臂鞲紅露珍珠絡,疑是錢塘舊內家"句,清黃之儁《香屑集》卷六集唐人詩句有"侍婢奏箜篌,真珠絡臂鞲"句,都是有關女人佩戴纏綴有珍珠的臂鞲的描寫。

女人戴的臂鞲不光可以纏綴珍珠,還可以纏綴金絲。清王士禛《香祖筆記》卷九載:"德州四牌坊西,居人掘地得古塚,中一石枕,上鋟詩云:百寶裝腰帶,金絲絡臂鞲。笑時花近眼,舞罷錦纏頭。""金絲"應即用金子製成的金綫,纏綴在鞲上,金光閃閃,與纏綴珍珠一樣起到裝飾的作用。

在女人戴的"鞲"中,有一種被稱爲"半臂鞲"。推測這可能是一種比一般正常的"鞲"在長度上稍短的"鞲"。明汪砢玉《珊瑚網》卷一七《法書題跋》有詩云:"仙女吹簫忽下樓,問年十七尚含羞。五銖錢串同心結,百和香勻半臂鞲。鏡裏見人驚卻步,夢中索母學梳頭。起來笑點花簪戴,多子先教采石榴。"西安南里王村韋泂墓出土的石刻綫畫中有如右一個唐代婦女的形象(圖一二):①

該婦女身着圓領小袖長衣,腰佩承露囊,手捧一圓盤,手臂上戴着繡有花紋圖案的"鞲"。該"鞲"比一般的鞲要小,推測很可能就是所謂的"半臂鞲"。

圖一二:採自沈從文《中國古代服飾研究》,上海書店出版社,1997年,第260頁圖一二四

---

① 陝西省文物管理委員會:《長安縣南里王村唐韋泂墓發掘記》,《文物》1959年第8期。

上引有關女人戴"韝"的典籍記載,有許多是描寫女人跳舞和演奏箜篌等樂器的情景的,可見在跳舞和演奏樂器時是常常要戴"韝"的。明李裒《宋藝圃集》卷一八《宮詞三首》引宋代宮詞有"舞袖何年絡臂韝,蛛絲網斷玉搔頭。羊車一去空餘竹,紈扇相看不到秋"的詞句。元方回《桐江續集》卷二一《孟君復贈王侯元俞詩兩皆英妙神奇次韻》有"歌豈有檀板,舞亦無珠韝"句,都揭示了"韝"與"舞"的關係。

四

最後要説的是架鷹時戴的"韝"。

在中國古代,很早開始就有了養鷹馴鷹的習俗。據研究,甲骨文中就有用鷹逐兔的記載。① 《後漢書》卷三十四《梁統傳》載梁統玄孫梁冀:"性嗜酒,能挽滿、彈棊、格五、六博、蹴鞠、意錢之戲,又好臂鷹走狗,騁馬鬪雞。"又《後漢書》卷七十五《袁術傳》載袁術:"少以俠氣聞,數與諸公子飛鷹走狗,後頗折節,舉孝廉,累遷至河南尹、虎賁中郎將。"所謂"臂鷹走狗"和"飛鷹走狗"中的"臂鷹"和"飛鷹"就是指養鷹、馴鷹、架鷹而言。有的時候養鷹馴鷹成了紈綺子弟公子哥放浪生活的主要內容,正如唐無名氏《河東記·李自良》所描寫的:"落拓不事生業,好鷹鳥,常竭囊貨爲韝紲之用。"這一風俗導致侈靡浪費,玩物喪志,因此有時需要用政令加以禁止。《東觀漢記》卷六《和熹鄧皇后傳》載:"太后臨朝……上林鷹犬,悉斥放之。"魏高祖延興五年四月,詔"禁畜鷹鷂",北齊文宣帝天保八年四月乙酉,詔"公私禁取鷹鷂",玄宗開元二年四月辛未,詔"諸陵所有供奉鷹狗等,並宜即停",都是這類禁止的顯例。

---

① 此據黃天樹先生2008年4月6日在復旦大學出土文獻與古文字研究中心所作的名爲《關於商代文字構造的幾個問題》的講演稿。

漢代以後,典籍中常見"韝紲"和"韝鷹紲犬"的說法,就是用來形容紈綺子弟放浪遊樂的文字。《北齊書》卷八《幼主傳》:"屬之以麗色淫聲,縱韝紲之娛,恣朋淫之好。"《宋書》卷九《後廢帝紀》:"犬馬是狎,鷹隼是愛,阜歷軒殿之中,韝緤宸扆之側。"《隋書》卷八〇《列女傳·劉昶女》:"每韝鷹紲犬,連騎道中,毆擊路人,多所侵奪。""韝"指馴鷹的臂韝,"紲"指牽狗的繩索。"韝紲"連言,猶如"鷹犬"連言。古代田獵中最常見的輔助獵人的動物就是鷹和犬,所以辭彙中才會有"韝紲"和"鷹犬"兩詞。清代以降,北京城內的"養獾狗,玩大鷹"是八旗紈綺子弟及富人階層的兩種娛樂癖好,當時社會俗語中有"獾狗大鷹"一詞,即傳統的"韝鷹紲犬"習俗的流風。

說到漢代以後尤其是唐宋時期養鷹馴鷹之盛,可以從考古發現的這一時期的圖像資料中得到印證(圖一三、一四)。

下邊的四個圖像(圖一五〜一八),則是"韝鷹紲犬"的最好寫照。

圖一三:唐代臂鷹獵兔圖。採自《花舞大唐春》"鎏金侍女狩獵紋八瓣金杯"展開綫圖,文物出版社,2003年,第73頁。

圖一四:宋人摹唐《西嶽降靈圖》。採自沈從文《中國古代服飾研究》,上海書店出版社,1997年,第226頁圖一一四。

圖一五：唐李重潤墓壁画《臂鷹圖》。採自沈從文《中國古代服飾研究》，上海書店出版社，1997年，第228頁插圖七二。

圖一六：敦煌八五窟唐壁画。採自沈從文《中國古代服飾研究》，上海書店出版社，1997年，第225頁圖一一三。

圖一七：宋人摹唐《西嶽降靈圖》。採自沈從文《中國古代服飾研究》，上海書店出版社，1997年，第226頁圖一一四。

所謂"鷹"，其實是鷹類猛禽的總稱，其概念有寬狹之別。廣義的鷹包括體型最大的雕、體型次大的鷹和鶻以及體型最小的隼。狹義的"鷹"把雕和鶻排除在外，而專指捉兔的"大鷹"。① 上引圖一四中

---

① 王世襄：《錦灰堆》，三聯書店，1999年，第662~684頁《大鷹篇》。

圖一八：唐李重潤墓壁畫《臂鷹緤犬圖》。採自沈從文《中國古代服飾研究》，上海書店出版社，1997年，第228頁插圖七二。

最左邊的鷙鳥應該是"鶻"，右邊兩個體型較小的鷙鳥以及圖一五中的鷙鳥很可能屬於隼一類較小的鷹。

架鷹時必須在右臂戴上"韝"，其主要用途是防止鷹爪抓傷人臂，同時也是爲鷹確立一個標誌物，以便讓鷹一見到"韝"就知道這是它回到主人身邊的落腳點。

古代典籍中有許多關於架鷹之"韝"的描寫。如元傅習編《元風雅》前集卷八《野鷹來》説："野鷹來，霜風高，山寒鳥死狐兔逃。我有鮮肉肥爾膏，軟皮爲韝絲爲條，山中忍飢良獨勞。"可知"韝"可用"軟皮"製成，這一點與早期典籍的記載相合。而更爲常見的是用錦製成，稱爲"錦韝"，如明曹學佺編《石倉歷代詩選》卷九四引晚唐薛逢《俠少年》詩云："緑眼胡鷹踏錦韝，五花驄馬白貂裘，往來三市無人識，倒把金鞭上酒樓。"宋吳曾《能改齋漫録》卷一六《樂府塵土黄詞》詩云："一騎翩翩錦臂韝，紅羅百丈作纏頭。"元虞集《道園遺稿》卷二《金人出塞圖》詩云："海東之鷙王不驕，錦韝金鏃紅絨條。"元王惲《秋澗集》卷九《惡鴟行》詩云："直出六合分鸞梟,錦韛脫落青絲絛。"明李昌祺《運甓漫稿》卷二《題白海青圖》詩云："絨條繫足錦韛臂,韋籠冒首朱衣擎。"明唐之淳《唐愚士詩》卷四《鷹攫鳥呈公相》詩云："海西黃鷹雙翅團,繡帽錦韛霜日寒。"明林弼《登州集》卷二《題吳希貴爲徐將軍畫海青圖》詩云："錦韛金旋不可縶,憶我掛席東海東。"明周嘉胄《香乘》卷二八《顔氏香史序》云："然黃冠緇衣之師,久習靈壇之供；錦韛紈袴之子,少躭洞房之樂。"清乾隆《欽定熱河志》卷九十五《物産四‧鷹》御制詩云："白露爲霜秋氣冷,蒼鷹祭鳥雙眸炯。錦韛玉絡忽在臂,回思故處失林嶺。"

這種錦韛大都也是紅色的,如宋徐積《節孝集》卷二六《雪》詩云："白面韝鷹紅錦臂,烏山圍獸赤繒斿。"明管時敏《蚓竅集》卷五《敬賦白鷹》詩云："出籠一脫紅錦韛,隨人指顧無虛擲。"偶爾也有紫色的"韛",如元張憲《玉笥集》卷六《棲鶻岩》詩云："銀黃兔鶻不下擊,紫韛空明金旋條。"

這樣的錦韛上有時也繡有圖案花紋,如清乾隆《御制詩集‧初集》卷一七《秋蒐雜紀詩五首》之五云："雁行狗監牽絲鞚,馬上鷹師臂繡韛。"

與上邊論述的女人所佩戴的"韛"相同,架鷹的韛也有纏綴有珍珠的,如宋張孝祥《于湖集》卷三《重入昭亭賦十二韻》詩云："蒼鷹著珠韛,側腦思高騫。"

古代用於架鷹的"韛"到底是什麼樣子,因缺乏圖像資料,目前還不得而知。上引了許多古代繪有架鷹場面的圖像,遺憾的是其中並沒有清楚地畫出"韛"的形狀。好在現代架鷹的"韛"的形象卻並不乏見,從中可以略窺古代架鷹之"韛"的影子(圖一九～二三)。

當代文物學家王世襄先生在《錦灰堆》卷二《大鷹篇》中曾對當代架鷹的"韛"有過描述,①現轉引如下：

---

① 王世襄：《錦灰堆》,三聯書店,1999年,第662～684頁。

圖一九：採自互聯網，原始出處不詳

圖二〇：採自互聯網，原始出處不詳

圖二一：採自互聯網，原始出處不詳

圖二二：採自互聯網，原始出處不詳

圖二三：採自王世襄《錦灰堆》，三聯書店，1999年，第貳卷814頁圖71

> 架鷹也叫舉鷹，右臂戴"套袖"，長約二尺，即古人所謂的"韝"（元稹詩"韝鷹暫脱鞲"）。"韝"从"韋"，亦从"革"，知古人多以皮革爲之。考究的則用錦，"錦韝"亦常見於古詩。北京多用紫花布縫製，内絮棉花，黑色綫納斜象眼紋，套之可防鷹傷人臂。

文中指出北京多用紫花布製"韝"，這與上引元張憲《玉笥集》卷六《棲鶻岩》詩"銀黄兔鶻不下擊，紫韝空明金旋條"中的"紫韝"正可相印證。又所説"韝"用黑色綫納成斜象眼紋，其紋飾與上引圖一〇和圖一一遼代壁畫墓圖像中的"韝"的圖案也完全相同。這充分體現出"韝"這一名物在歷史發展中的延續性。

原載《新果集——慶祝林澐先生七十華誕論文集》（科學出版社，2009年），今據以收入。

説　"魃"

《説文·鬼部》:"魃,鬼服也。一曰:小兒鬼。从鬼,支聲。《韓詩傳》曰:'鄭交甫逢二女魃服。'"①

《説文》對"魃"字的訓釋有兩個義項,一個是"鬼服",一個是"小兒鬼"。"鬼服"既可以理解爲"鬼穿的衣服",②也可以理解爲"冥衣",即死人穿的衣服。如果從"人死爲鬼"的觀念出發,這兩者並無區別。從歷代典籍中"魃"字的用法來看,"魃"字似乎只有"小兒鬼"這一種用法。除了《説文》所引《韓詩傳》的"魃服"義爲"鬼服"外,③在歷代典籍中實際並無"魃"字用爲"鬼服"的例證。後世典籍中偶爾有用"魃服"一詞的,義爲"冥衣",代指死去之人,乃是對《説文》所引《韓詩傳》"魃服"的借用。其實《説文》"魃"字的所謂"鬼服"之訓很可能是由對《説文》所引《韓詩傳》中"魃服"一詞的連帶誤解而來。《韓詩傳》的"魃服"中的"魃"泛指鬼,"魃服"就是"鬼穿的衣服"或"死人穿的衣服","鄭交甫逢二女

---

① 許慎:《説文解字》,中華書局,1963年,第188頁。
② 《説文》另有訓爲"鬼衣"的"褮",《説文·衣部》:"褮,鬼衣。从衣,熒省聲。讀若《詩》曰'葛藟縈之'〔小徐本"縈"作"褮"〕。一曰:若静女其袾之袾。"清錢大昕《答問八·説文》:"問:《説文》訓'褮'爲鬼衣,'褮'字未見所出。曰:《士喪禮》:'幎目用緇。'鄭讀幎爲'葛藟縈之'之'縈',而許亦讀褮如'葛藟縈之',則褮即幎也。幎者覆面之衣,小斂所用,故有鬼衣之稱。"錢説似不可信。
③ 《太平御覽》卷六二、《初學記》卷七引《韓詩》記該故事皆説鄭交甫過漢皋"遇二女妖服佩兩珠"。文作"妖服"不作"魃服"。

魅服"就是"鄭交甫遇見兩個女人,穿着鬼的衣服(或穿着死人穿的衣服)"的意思。"魅服"是偏正結構,"魅"是修飾"服"的,可是"魅"自"魅","服"自"服",怎麼能從"魅服"一詞得出"魅"有"鬼服"之訓呢?換言之,就是"魅服"可以訓爲"鬼服",但是"魅"卻絕對没有"鬼服"的意思。《説文》在訓"魅"爲"鬼服"時,實際上是無意中將被訓者"魅"置换成"魅服"了。由此可見《説文》對"魅"字的第一個義訓是因誤解而衍生出來的,實際並不存在。反倒是《説文》的"一説",即訓爲"小兒鬼"的義項,應該才是"魅"字早期的唯一義訓。

馬王堆帛書《五十二病方》有驅"魅"的部分,列有兩個祝由方:

魅:禹步三,取桃東枳(枝),中别爲□□□之僧,而弁門户上各一。442

祝曰:"濆(坌)者魅父魅母,毋匿□□□,北□巫婦,求若固得,□若四脰(體),編若十指,投若443□水,人=殹=[人殹(也)人殹(也)]而比鬼。"每行□,以采蠢爲車,以蔽箕爲輿,乘人黑豬,行人室家,□□444□□□□□□若□□徹脂,魅□魅□,□□□所。445①

其中的個别字詞需稍加解釋。爲何"桃"可驅鬼?應該與戰國秦漢時期講究"諧音",語言中多"通假"和"音訓"有關。"桃"、"逃"音同,古人認爲"桃"可令"鬼"逃跑,所以常常用"桃"來驅鬼。《九店楚簡·叢辰》"逃人不得",②睡虎地秦簡《日書》甲種楚除絶日占辭作"桃人不得"。③

---

① 馬王堆漢墓帛書整理小組編:《馬王堆漢墓帛書〔肆〕》,文物出版社,1985年,圖版第36頁。
② 湖北省文物考古研究所、北京大學中文系編:《九店楚簡》,中華書局,2000年,第48頁。
③ 睡虎地秦墓竹簡整理小組編:《睡虎地秦墓竹簡》,文物出版社,1990年,圖版第89頁。

《左傳·昭公四年》："其出之也，桃弧棘矢，以除其災。"《正義》引服虔云："桃，所以逃凶也。"①《韓詩外傳》卷十："齊桓公出游，遇一丈夫，哀衣應步，帶著桃殳。桓公怪而問之曰：'是何名？何經所在？何篇所居？何以斥逐？何以避餘？'丈夫曰：'是名戒桃，桃之爲言亡也。'"②這與"桑樹"也可驅鬼，"桑"通"喪"，"喪"有逃亡的意思取意理念相同。

"桃東枝"指桃樹朝東的枝條，即馬王堆帛書《五十二病方》中所謂"桃支（枝）東鄉（向）者"。古人認爲東方當少陽之位，屬陽，《白虎通義》卷八"性情"說："東方者，陽也。"③而"鬼"屬陰，《說文·鬼部》："鬼，人所歸爲鬼。从人，象鬼頭。鬼，陰氣賊害。从厶。"④陽可殺陰，故用朝東的桃樹枝條來驅鬼。既有東，又有桃枝，無疑具有雙重的殺傷力。

"中別爲□□□"幾個字，我們懷疑是指將桃樹枝條從中劈開，做成人形，即做成"桃人"。馬王堆漢墓1號墓在內棺蓋板上及縫隙中，曾出土33個"桃人"。這些"桃人"高8～12釐米，其中一組22件，以麻繩編結。麻繩分上下兩道，交錯編聯（見下頁圖）。另11件零放。這種"桃人"係以一小段桃樹枝條劈成兩半，一段削成三棱形，中間的脊作爲鼻子，兩側用墨色點出眉目，其餘部分未事砍削。還有少數甚至用現成的桃樹枝充當。⑤這種"將一小段桃樹枝條劈成兩半"的做法，也就是帛書所謂的"中別爲□□□"。

"桃人"在典籍中又稱爲"桃梗"、"桃枝"或"桃杖"。秦漢時期

---

① 《春秋左傳正義》，十三經注疏整理本，北京大學出版社，2000年，第1377頁。
② 許維遹校釋：《韓詩外傳集釋》，中華書局，1980年，第354頁。
③ 陳立疏證：《白虎通疏證》，中華書局，1981年，第384頁。
④ 許慎：《說文解字》，第188頁。
⑤ 見《長沙馬王堆一號漢墓》（上集），文物出版社，1973年，第100頁。又張明華：《長沙馬王堆漢墓桃人考》，《文史》第七輯，中華書局，1979年，第96頁。

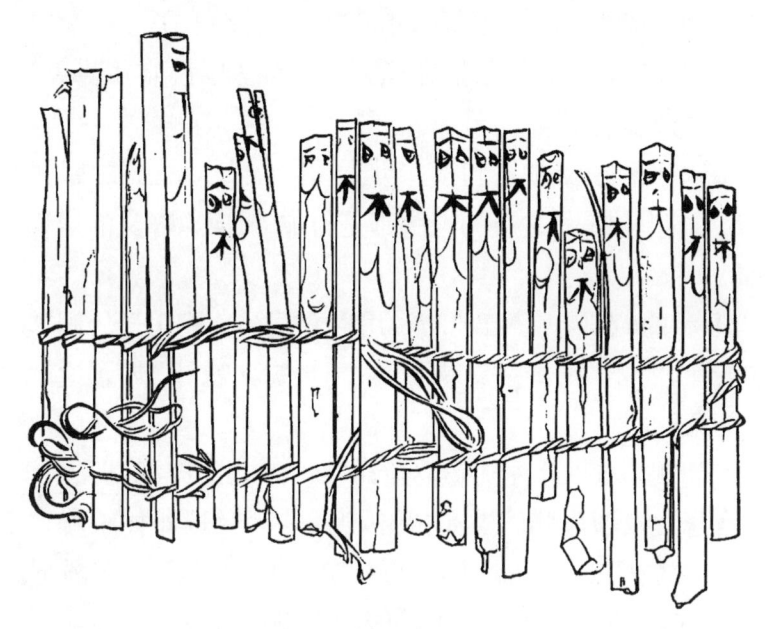

"支"字與"丈"字字形非常接近,容易訛混,所以我們懷疑有些"桃杖"就是"桃枝"之變。

"僧"字原釋爲"倡",此從裘錫圭先生的改釋。① "僧"在此的用法,既可以讀爲"會",指插在門户上的"桃人"兩兩相對的意思。因爲作爲驅鬼道具的桃人如同後世的門神,常常都是兩兩相對的。又可以讀爲"禬",指祈福除殃的祭祀。《左傳·昭公元年》:"趙孟適南陽,將會孟子餘。"楊伯峻注引楊樹達説:"會讀爲禬。"②《管子·幼官》:"會請命於天地,知氣和,則生物從。"郭沫若等《集校》引尹桐陽曰:"會同禬,除疾殃祭也。"③"會"可通"禬","僧"自然也可以通"禬"。

---

① 裘錫圭:《馬王堆醫書釋讀瑣議》,《湖南中醫學院學報》1987年第4期;後收入《古文字論集》,中華書局,1992年,第533頁。
② 楊伯峻:《春秋左傳注》(修訂本),中華書局,1990年,第1225頁。
③ 郭沫若:《管子集校》,《郭沫若全集·歷史編5》,人民出版社,1984年,第244頁。

"笄"字用爲動詞,意爲"插",指將"桃人"插在門戶上。將"桃人"插在門戶上,就如同將簪子插在頭髮上一樣。"笄"字用爲動詞,與"簪"可用爲動詞相似。

第二條我們重新加以句讀,"毋匿□□□"、"北□巫婦"、"若□□徹胠"、"魃□魃□"之後的逗號都是新加的,與原釋文的處理有些不同。

"潰者"的"者"字疑讀爲"諸",用爲介詞"於"或用爲代詞"之"和介詞"於"的合音,"潰者魃父魃母"即"潰於魃父魃母"或"潰之於魃父魃母"的意思。

"編"字周一謀、蕭佐桃認爲讀爲"斷",①馬繼興認爲"編"即"束結"的意思。按讀爲"斷"非是,馬説近之。② "編"即如編聯竹簡之"編",指纏結、捆扎。"編若十指"疑指類似後世拶指一類的酷刑。

"北"字及其後一字懷疑應是表示地點或方位的一個詞,如"北山"或"北方"一類。

"人也人也而比鬼"大意爲"本來是人卻像鬼一樣"。此句文意很怪,有些難以理解,存以俟考。

"采蠡"之"采",《馬王堆漢墓帛書〔肆〕》注釋認爲乃"奚"字之誤,"奚蠡"即大腹的瓢。③ 按此説未必是。"采蠡"讀爲"彩蠡"亦可。在古代漢語中"蠡"常與"蠃"通,例多不舉。"蠃"即"螺"。海螺常常是色彩斑斕的,所以"彩蠡"就是有花紋的海螺。《太平廣記》卷一三五"帝堯"條載有"秦始皇時,宛渠國之民,乘螺舟而至"的故事。④ 用螺作車與用螺作船類似。

---

① 周一謀、蕭佐桃:《馬王堆醫書考注》,天津科學技術出版社,1983年,第223頁。
② 馬繼興:《馬王堆古醫書考釋》,湖南科學技術出版社,1992年,第637頁。
③ 馬王堆漢墓帛書整理小組編:《馬王堆漢墓帛書〔肆〕》,文物出版社,1985年,釋文注釋第74頁。
④ 李昉等編:《太平廣記》,中華書局,1961年,第962頁。

"胠"字,日本學者赤堀昭和山田慶兒認爲應讀爲"胠",指"脅"。① 該字到底應該讀爲何字暫不能定,但是不論讀爲何字,顯然都是指"魃"的某個肢體。"徹"古訓爲"達",即"徹骨"之"徹"。此句大意是說用某種方法對"魃"的某一部分肢體進行摧折。

"魃□魃□"中的缺文日本學者赤堀昭和山田慶兒認爲應補爲"魃父魃母",其說是。"□□□所"則應該是"走歸其所"的意思。②

《馬王堆漢墓帛書〔肆〕》的釋文,周一謀、蕭佐桃的釋文以及馬繼興的釋文都將這一段帛書的引號從"漬者"始,至"而比鬼"止。但是從文意看,後一段也應是祝詞,尤其是後邊的"魃父魃母,走歸其所"一句,更是標準的詛咒之詞的結尾,所以這一段可能都是祝詞,都應該放到引號內。

從這一段記載我們還可以看出以下兩點:

1. 從"以采蠡爲車"和"以蔽箕爲輿"來看,"魃"的身量不大,此即下文所引《搜神記·池陽小人》條所謂"操持萬物,大小各自稱",即鬼所使用的物品與其身體大小相適應。"魃"的確應如《說文》所說是"小兒鬼"。

2. 從"投若□水"一句看,"魃"的原居處可能是在水中。

睡虎地秦簡《日書》甲種《詰咎》篇曾提到"鬼嬰兒":

> 鬼嬰兒恒爲人號曰:"鼠(予)我食"。是哀乳之鬼。其骨有在外者,以黃土漬(塗)之,則已矣。③

王子今先生認爲文中的"鬼嬰兒"應該與典籍中的"嬰鬼"有關,④其說甚是。典籍中"魃"又稱爲"小兒鬼"、"嬰鬼"或"童鬼",此"鬼嬰兒"

---

① 赤堀昭、山田慶兒:《中國新發現科學史資料の研究·譯注篇》,京都大學人文科學研究所,1985年,第284頁。
② 赤堀昭、山田慶兒:《中國新發現科學史資料の研究·譯注篇》,第284頁。
③ 睡虎地秦墓竹簡整理小組編:《睡虎地秦墓竹簡》,圖版第105頁、釋文第215頁。
④ 王子今:《睡虎地秦簡〈日書〉甲種疏證》,湖北教育出版社,2003年,第429~430頁。

應該就是指"魃"。文中"哀乳"之"哀"用爲"思念"意。《文選·范曄〈後漢書皇后紀論〉》"哀窈窕而不淫其色"和《文選·卜商〈毛詩序〉》"哀窈窕"中的兩個"哀"字,唐李周翰一個注爲"思也",一個注爲"念也"。① 又"哀"也可以訓爲"求"。因"哀"、"求"常常並用,受詞義之感染,"哀"慢慢也有了"求"義。清蒲松齡《聊齋志異·劉姓》:"未幾,苗至,細陳所以,因哀李爲之解免。"又《聊齋志異·牛成章》:"女哀婿假數十金付兄。"②皆是其證。

睡虎地秦簡《日書》甲種《詰咎》篇又説:

> 鬼恒羸(裸)入人宮,是幼殤死不葬,以灰漬(垔)之,則不來矣。③

此"幼殤死不葬"者,就是"小兒鬼",也應該就是"魃"。

典籍中記載有不少形象爲小兒的鬼,如《搜神記》卷十六《蕡羊》條:

> 季桓子穿井,獲如土缶,其中有羊焉。使問之仲尼曰:"吾穿井而獲狗,何耶?"仲尼曰:"以丘所聞,羊也。丘聞之:木石之怪,夔蛧蜽蝄;水中之怪是龍罔象;土中之怪曰蕡羊。"《夏鼎志》

---

① 蕭統編,李善、呂延濟等注:《六臣注文選》,中華書局,1987年,第935、854頁。
② 蒲松齡著、任篤行輯校:《聊齋志異全校會注集評》,齊魯書社,2000年,第1311、1380頁。又中古常見"哀求"(又作"求哀")一詞,如① 失譯《大方便佛報恩經》卷2《對治品》:"復有智者,見我如是遇衆苦難,便往我所,善言誘喻,告言:'莫愁苦也。我當爲汝求哀國王,若諸大臣,若供給財賄,若設余方便,令汝解脱,使無衰惱。'我聞是語,心生歡喜。"(CBETA, T03, no. 156, p. 131, b26-c1)② 三國吳康僧會譯《六度集經》卷1:"爾化爲鴿,疾之王所,佯恐怖,求哀彼王。彼王仁惠,必受爾歸。"(CBETA, T03, no. 152, p. 1, b18-20)中土典籍也有"求哀",如《漢書·江充傳》:"於是貴戚子弟惶恐,皆見上,叩頭求哀,願得入錢贖罪。"也有"哀求",用例稍晚,如唐趙遷撰《唐故大德贈司空大辨正廣智不空三藏行狀》:"三請大師,哀求灌頂。"(CBETA, T50, no. 2056, p. 292, c16)以上中古用例蒙方一新教授賜示,謹致謝忱。
③ 睡虎地秦墓竹簡整理小組編:《睡虎地秦墓竹簡》,圖版第107頁、釋文第214頁。

曰："罔象如三歲兒，赤目，黑色，大耳，長臂，赤爪，索縛則可得食。"①

又《池陽小人》條：

王莽建國三年，池陽有小人景，長一尺餘，或乘車，或步行，操持萬物，大小各自稱，三日止。

《管子》曰："涸澤數百歲，谷之不徙，水之不絕者，生慶忌。慶忌者，其狀若人，長四寸，衣黃衣，冠黃冠，戴黃蓋，乘小馬，好疾馳。以其名呼之，可使千里外一日反報。"然池陽之景者，或慶忌也乎？②

又《傒囊》條：

諸葛恪爲丹陽太守，出獵。兩山之間，有物如小兒，伸手欲引人。恪令伸之，仍引去故地，去故地即死。既而參佐問其故，以爲神明。恪曰："此事在《白澤圖》內，曰：'兩山之間，其精如小兒，見人則伸手欲引人，名曰傒囊，引去故地則死。'無謂神明而異之，諸君偶未之見耳。"衆咸服其博識。③

又《太平御覽》卷八八六"妖異部"二引《白澤圖》：

又曰：左右有石，水生其間，水出流千歲不絕，其精名曰喜。狀如小兒，黑色。以名呼之，可使取飲食。

又曰：室之精名傒龍，如小兒，長一尺四寸，衣黑衣，赤幘大冠，帶劍持戟。以其名呼之即去。④

---

① 李劍國：《新輯搜神記 新輯搜神後記》，中華書局，2007年，第263頁。
② 李劍國：《新輯搜神記 新輯搜神後記》，第272頁。
③ 李劍國：《新輯搜神記 新輯搜神後記》，第274頁。
④ 李昉等：《太平御覽》（據商務印書館1936年影印），上海書店出版社，1985年。

其中罔象如"三歲兒",小人景"長一尺餘",慶忌"其狀若人,長四寸"。徯囊也"如小兒",喜"狀如小兒",徯龍"如小兒"。其中"徯囊"與"徯龍"顯然應爲一名之變。因小兒喜游戲,故文中所説"或乘車,或步行"、"衣黄衣,冠黄冠,戴黄蓋,乘小馬,好疾馳"可能都是體現了這一背景。這與帛書謂魃"以采蠡爲車,以蔽箕爲輿,乘人黑猪,行人室家"正可以比照。

上引《搜神記》和《白澤圖》中列舉的"罔象"、"慶忌"、"徯囊"、"喜"和"徯龍",我們懷疑應該都與"魃"有關,最起碼早期可能都來自一個源頭或一個形象。尤其其中的"罔象"、"慶忌"和"喜",形象都是小兒,且都來自水中,這與馬王堆帛書對"魃"的描寫相同,不應是簡單的巧合。

又《搜神記》卷十六《犀犬》條説:

《尸子》曰:"地中有犬,名曰地狼;有人,名曰無傷。"《夏鼎志》曰:"掘地而得豚,名曰邪;掘地而得人,名曰聚。聚,無傷也。"①

其中"無傷"與上文所論"罔象"從聲音上看,存在着密切的聯繫。早有學者指出"水無傷"就是"水罔象",②這無疑是正確的。

其實"罔象"和"無傷"也就是"蝄蜽",《説文·虫部》:"蝄蜽,山川之精物也。淮南王説:'蝄蜽,狀如三歲小兒,赤黑色,赤目,長耳,美髮。'从虫、网聲。《國語》曰:'木石之怪夔、蝄蜽。'"③其中所引淮南王對"蝄蜽"的描述,與上引《夏鼎志》對"罔象"的描述正相同。

"罔象"、"無傷"、"蝄蜽"也就是"方良",《周禮·夏官·方相氏》:

---

① 李劍國:《新輯搜神記 新輯搜神後記》,第265頁。
② 劉樂賢:《睡虎地秦簡〈日書〉研究》,臺灣文津出版社,1994年,第244頁。
③ 許慎:《説文解字》,第282頁。

"及墓,入壙,以戈擊四隅,驅方良。"鄭玄注:"方良,罔兩也。"①

戰國秦漢時人喜歡以神鬼來命名,如戰國秦漢璽印中名"慶忌"、"無傷"者就有很多。"無傷"又寫作"何傷"、"奚傷"。上引《搜神記》中的"傒囊"可能就是"奚傷"。

古代有關"鬼"的記載來源多途,傳聞異詞;輾轉糾纏,歧説迭出。因此造成"鬼"的記載會出現"同鬼異名"、"異名同鬼"或"同鬼異事"、"異事同鬼"的混亂現象,這在今天看來實屬正常。

古代所謂的"鬼",有很多最早都屬於山水之怪或草木之妖。正如神仙一樣,有很多自然神慢慢變成祖先神,鬼也如此,有很多屬於自然物的鬼慢慢被擬人化成了人形的鬼。"蝄蜽"等字由從"虫"逐漸變爲從"鬼"並通行,正説明了這一趨勢。

《抱朴子内篇·登涉》説:

> 抱朴子曰:"山中山精之形,如小兒而獨足,走向後,喜來犯人。人入山,若夜聞人音聲大語,其名曰蚑,知而呼之,即不敢犯人也。"②

文中提到的"如小兒"的"蚑",應該也是指"魃",只是在這裏由水怪又變成了山精。

典籍中"魃"與"蜮"常常並稱,如張衡《東京賦》:"殘夔魖與罔象,殪野仲而殲游光。八靈爲之震慴,況魃蜮與畢方。"③馬王堆帛書《療射工毒方》④部分有如下一段:

> 即不幸爲蜮虫(蟲)蛇蠚(蜂)射者,祝,郵(唾)之三,以其射

---

① 孫詒讓:《周禮正義》,中華書局,1987年,第2495頁。
② 王明:《抱朴子内篇校釋》(增訂本),中華書局,1986年,第303頁。
③ 蕭統編、李善注:《文選》,上海古籍出版社,2006年,第124頁。
④ 《療射工毒方》與《房中記》原寫於一幅帛上,被整理者統一命名爲《雜療方》。這一命名並不合適。現將其分爲兩種書並分別命名。

者名=（名名）之，曰："某，女（汝）弟兄五₆₇人，某索智（知）其名，而處水者爲鮫，而處土者爲蚑，栩木者爲蠭（蜂）、䘏斯，蜚（飛）₆₈而之荆南者爲蟘。而晉□未□，壐（爾）奴爲宗孫。某賊，壐（爾）不使某之病巳（已）₆₉且復□□□□□□□□□□□□₇₀。"

文中將"蟘"、"鮫"、"蚑"、"蜂"、"䘏斯"稱爲"弟兄五人"。其中的"鮫"和"蚑"《馬王堆漢墓帛書〔肆〕》注釋謂：

> 《名醫別録》云蚑爲水蛭別名。陶弘景《本草經集注》謂蚑有數種，中有水中馬蜞及山蚑。《嘉祐本草》載水蛭、草蛭兩種；《蜀本草》則在水蛭外，另有石蛭、泥蛭二種。本帛書鮫、蚑當爲兩種蛭。①

從"蟘"後來又寫作"魖"來看，"䘏囊"和"蚑"極有可能後來也變成了"魖"。由此我們懷疑"魖"這一鬼怪的原型就是水蛭。

《急就篇》説："射魖辟邪除群凶。"顏師古注："射魖、辟邪，皆神獸名也。魖，小兒鬼也。射魖，言能射去魖鬼。辟邪，言能辟禦妖邪也。謂以寶玉之類，刻二獸之狀以佩戴之，用除去凶災，而保衛其身也。一曰：射魖，謂大剛卯也，以金玉及桃木刻而爲之。一名毅改，其上有銘，而旁穿孔，系以彩絲，用係臂焉，亦所以逐精魖也。"②按顏注羅列諸説，没有定見，又前後所説不免自相矛盾。既説"射魖"和"辟邪"是神獸名，又分別將其拆開解釋成動賓結構。其實從"射魖"、"辟邪"和"除群凶"三個短語的格式看，"射魖"只能理解爲"射殺魖鬼"的意思。上引馬王堆帛書《療射工毒方》將"鮫"和"蚑"視爲與"蟘"一樣可

---

① 馬王堆漢墓帛書整理小組編：《馬王堆漢墓帛書〔肆〕》，文物出版社，1985年，釋文注釋第129頁。

② 史游著、顏師古注、王應麟補注：《急就篇》，嶽麓書社，1989年，第193～194頁。

以"射"人的鬼怪,故"以其道還治其身",也是用"射"的辦法來驅除它。

漢印中有如下兩方印:

《十六金符齋印存》① 　　《澂秋館印存》②

第一方爲小型玉印,印文爲"辟非射魖"。"辟非"正相當於《急就篇》的"辟邪"。此印文中的"射魖"也只能理解成"射殺魖鬼"。吴大澂《古玉圖考》以爲該印之"魖"義指"鬼衣",並引《漢書·王莽傳》杜陵便殿乘輿虎文衣從匣中自出一事比附③,甚爲不經。此亦是受《説文》"魖"字"鬼服"之訓的迷惑而致誤。另一方印文爲"射魖"。這兩方印都應該是佩戴在身上作爲護身符來用的。

某藏家收藏有如下一方漢印:

印文爲"張射魖"。這應該是一方姓名私璽。以"射魖"爲名,與魏晋時期的"劉殺鬼"、"孫唸鬼"等名字取意相同。④

---

① 《十六金符齋印存》,上海書店出版社,1989年,第110頁。
② 陳寶琛編:《澂秋館印存》,上海書店出版社,1988年,第137頁。
③ 吴大澂:《古玉圖考》,清光緒十五年上海同文書局石印本。
④ 劉釗:《古文字中的人名資料》,《吉林大學學報》(哲學社會科學版)1999年第1期,第60～69頁。

《文選·東京賦》"爾乃卒歲大儺,毆除群厲"李善注引《漢舊儀》曰:"昔顓頊氏之有三子,已而爲疫鬼,一居江水爲瘧鬼;一居若水爲罔兩蜮鬼;一居人宮室區隅,善驚人,爲小兒鬼。"①這裏提到的"小兒鬼"的表現是"善驚人",並沒有説是"善驚小兒",但是睡虎地秦簡《日書》甲種《詰咎》篇説:

> 人恒亡赤子,是水亡傷(殤)取之,乃爲灰室而牢之,縣(懸)以葢,則得矣;刊之以葢,則死矣;享(烹)而食之,不害矣。②

前文論證過"水無傷"就是"魃",這由此條記載可以得到進一步的證明,即"魃"經常加害於"赤子"(即嬰兒)。可見這種觀念從很早開始就已經有了。

"魃"雖然爲小兒鬼,但其加害的對象起初並無一定,應該是逐漸變爲只針對嬰兒的。這一變化,體現的應該是鬼找人"以自代",即找尋"替死鬼"的觀念。

馬王堆帛書《五十二病方》中雖然列有治"魃"的祝由術,但是並沒有提到具體的用藥。在傳世醫書中,大概從隋代開始出現了治療"魃"病的方藥,之後一直延續不絶。隋巢元方《諸病源候總論》卷四十七"被魃候"提到"魃"病致病之由時説:

> 魃病者,婦人懷胎孕,有鬼神導其腹中,胎嫉妒小兒致令此病。其狀微微下利,寒熱往來,毛髮鬠鬠,情思不悦也。③

又《備急千金要方》卷五"小兒魃方"説:

> 論曰:凡小兒所以有魃病者,是婦人懷娠,有惡神導其腹中胎,妒嫉他小兒令病也。魃者,小鬼也。妊娠婦人不必悉招魃

---

① 蕭統編、李善注:《文選》,第 123 頁。
② 睡虎地秦墓竹簡整理小組編:《睡虎地秦墓竹簡》,圖版第 107 頁,釋文第 214 頁。
③ 段逸山編著:《諸病源候論通檢》,上海辭書出版社,2008 年,第 259 頁。

魅，人時有此耳。魅之爲疾，喜微微下痢，寒熱或有去來，毫毛鬢髮髻鬖不悦，是其證也。宜服龍膽湯。凡婦人先有小兒未能行，而母更有娠，使兒飲此乳，亦作魅也。令兒黄瘦骨立，髮又落壯熱，是其證也。①

又《本草綱目》卷四十九"伯勞"條云：

毛　[氣味]平，有毒。　[主治]小兒繼病，取毛帶之。繼病者，母有娠乳兒，兒病如瘧痢，他日相繼腹大，或瘥或發。他人有娠，相近亦能相繼也。北人未識此病。李時珍曰：繼病亦作魅病，魅乃小鬼之名，謂兒羸瘦如魅鬼也，大抵亦丁奚疳病。②

以上所引，代表了醫方中對"魅"病的主要解釋。從歷代醫方看，醫書對"魅"病的解釋由惡神引導腹中胎嫉妒小兒致病到嬰兒未生又孕，又到客忤邪氣，解釋"魅"爲"繼"，謂可以互相傳染等，最後歸結爲小兒積食驚癇等具體病症，類似當今的小兒黄疸病，③呈現出逐漸脱離鬼怪的致因，從而歸結爲真實病癥的求實的趨勢。

又傳世醫方中除了記載有得"魅"病的小兒母親佩戴"白馬眼"算是與祝由方類似的治療手段外，其餘都是具體的方藥。這也反映出對"魅"病的認識和治療越來越理性求實的一種變化。

古代關於"鬼"的記載同神話和傳説一樣，常常呈現出虛幻奇詭，荒誕不經的狀態。有時一個時代異説並存，很難讓人理出頭緒，分清脈絡。"魅"字從自然物中可以蜇人的"水蛭"，演變成擬人的山川之怪，又逐漸變成專門加害於小兒的鬼，最後歸結爲小兒的一種疾病，

---

① 李景榮等：《備急千金要方校釋》，人民衛生出版社，1998年，第100頁。
② 李時珍：《本草綱目》（第四册），人民衛生出版社，1981年，第2655頁。
③ 黄疸病之比照蒙李零先生提示。

其間的衍生變化糾纏複雜,可能遠非我們以上所論而能説清。"魅"字之訓雖然是個小問題,但是可以從一個角度讓我們觀察到古人鬼神觀念的起源和演變,往大裏説,亦關乎思想史、觀念史的研究和探索。所以"其論雖微",而"大道存焉"。

原載《中國典籍與文化》2012年第4期,今據以收入。

談"一沐三捉髮"的"捉"*

"一沐三捉髮"是大家熟知的一句古代成語,用來表示禮賢下士、求賢若渴和爲公事辛勤操勞之意。該成語屢見於魏晉以前的古書,其動作主體或爲大禹,或爲周公,如:

《吕氏春秋·謹聽》:"昔者禹一沐而三捉髮,一食而三起,以禮有道之士,通乎己之不足也。"①

《史記·魯周公世家》:"周公戒伯禽曰:'我文王之子,武王之弟,成王之叔父,我於天下亦不賤矣。然我一沐三捉髮,一飯三吐哺,起以待士,猶恐失天下之賢人。'"②

《淮南子·氾論》:"當此之時,一饋而十起,一沐而三捉髮,以勞天下之民,此而不能達善效忠者,則才不足也。"③

這一成語又可以寫作"一沐三握髮",如:

《韓詩外傳》卷三:"成王封伯禽於魯,周公誡之曰:'往矣!子其無

---

* 本文得到國家社科基金重大項目《馬王堆漢墓簡帛字詞全編》(批準號:10ZD&120)、復旦大學"985"三期整體推進人文學科研究項目"近十年網絡所見出土古文字資料選萃摹釋"(批準號:2011RWXKZD001)的資助。
① 許維遹:《吕氏春秋校箋》,中華書局,2009年,第294頁。
② 司馬遷:《史記》,中華書局,1959年,第1518頁。
③ 劉文典:《淮南鴻烈集解》,中華書局,1989年,第437頁。

以魯國驕士。吾文王之子,武王之弟,成王之叔父也,又相天下,吾於天下亦不輕矣,然一沐三握髮,一飯三吐哺,猶恐失天下之士。'"①

《説苑·敬慎》:"昔成王封周公,周公辭不受,乃封周公子伯禽於魯,將辭去,周公戒之曰:'去矣!子其無以魯國驕士矣。我,文王之子也,武王之弟也,今王之叔父也,又相天子,吾於天下亦不輕矣。然嘗一沐三握髮,一食而三吐哺,猶恐失天下之士。'"②

《論衡·書解》:"文王日昃不暇食,此謂演易而益卦。周公一沐三握髮,爲周改法而制。"③

《列女傳》卷一《魯季敬姜》:"周公一食而三吐哺,一沐而三握髮,所執贄而見於窮閭隘巷者七十餘人,故能存周室。"④

上引《韓詩外傳》一文,屈守元先生《韓詩外傳箋疏》謂:

《册府元龜》八一六用此文"握"字作"捉",《文選·王子淵〈聖主得賢臣頌〉》"昔周公躬吐握之勞",日本古鈔本及《集注》本"吐握"皆作"吐捉"。《集注》本注云:"今案五家本'捉'爲'握'。"《集注》所載李善注引此亦作"捉"。⑤

上揭《論衡》一文,劉盼遂《集解》曰:

"握髮",他書並同。朱校元本,上文及此並作"捉髮",《群書治要》引《説苑》同,與今本亦異。《書鈔》十一引《帝王世紀》云:"一沐三捉,一食三起。"蓋傳書有作"捉髮"者。⑥

---

① 許維遹:《韓詩外傳校釋》,中華書局,1980年,第117頁。
② 向宗魯:《説苑校證》,中華書局,1987年,第240頁。
③ 黄暉:《論衡校釋(附劉盼遂集解)》,中華書局,1990年,第1153頁。
④ 王照圓:《列女傳補注》,華東師範大學出版社,2012年,第24~25頁。
⑤ 屈守元:《韓詩外傳箋疏》,巴蜀書社,1996年,第323頁。
⑥ 黄暉:《論衡校釋(附劉盼遂集解)》,第1153頁。引者按:此處"上文"是指《論衡·書解》中位於我們所引文句之前的如下文句:"文王日昃不暇食,周公一沐三握髮,何暇優游爲麗美之文于筆札?"其中的"一沐三握髮"《集解》曰:"並注見下。"

後世引用上揭《史記》一文,"捉髮"亦有作"握髮"者,見於《後漢書·馬援傳》"天下雄雌未定,公孫不吐哺走迎國士"、《後漢書·陳元傳》"是以文王有日昃之勞,周公執吐握之恭"和《後漢書·趙壹傳》"以貴下賤,握髮垂接"等注文所引。① 在漢魏典籍中,"捉髮"和"握髮"的"捉"和"握"互爲異文的情況還有不少。這説明漢代以後,人們已經將"握髮"等同於"捉髮"了。

後世也用"捉髮"或"握髮"來比喻爲國求賢,如三國魏應璩《薦和慮則牋》:"方今海内企踵,欣慕捉髮之德;山林投褐,思望旌弓之招。"②晉陸雲《晉故豫章内史夏府君誄》:"豈方伊類,捉髮躬勤。"③東晉葛洪《抱朴子外篇·逸民》:"夫周公大聖,以貴下賤,吐哺握髮,懼於失人。"④《抱朴子外篇·交際》:"若夫程鄭、王孫、羅裒之徒,乘肥衣輕,懷金挾玉者,雖筆不集劄,菽麥不辨,爲之倒屣,吐食握髮。"⑤等。這裏的"捉髮"和"握髮"分别是"一沐三捉髮"和"一沐三握髮"的縮略,其用意完全相同。

對於"一沐三捉髮"的"捉"和"一沐三握髮"的"握",傳世典籍没有清楚明白的訓釋。其原因很可能是歷史上一直以爲"捉"和"握"是常見字,用的也是常用義,因此不必解釋。在當代論著中,對"一沐三捉髮"和"一沐三握髮"中的"捉"和"握"的解釋可以分成兩大類:一類是按"捉"和"握"的常訓來理解,將二者理解爲一般的"握持"義,把"一沐三捉髮"和"一沐三握髮"翻譯成"一次沐浴三度握住頭髮"、"一次沐浴需三次握其已散之髮"、"握住散亂的頭髮"、"握住濕漉漉的頭髮"、"挽起/束起頭髮"等。其中將"捉"和"握"譯成"挽起"或"束起"

---

① 范曄:《後漢書》,中華書局,1965年,分别見第829~830、1233~1234、2633頁。
② 嚴可均輯:《全上古三代秦漢三國六朝文》,中華書局,1958年,第1218頁。
③ 嚴可均輯:《全上古三代秦漢三國六朝文》,第2058頁。
④ 楊明照:《抱朴子外篇校箋》,中華書局,1991年,第71頁。
⑤ 楊明照:《抱朴子外篇校箋》,第423頁。

的意見,是脫離訓詁從文意出發的一種猜測,很不可信。一類是揣摩文意,將"捉"和"握"理解成一個帶有結果的動作,把"捉髮"和"握髮"理解成"握乾頭髮"或"擰乾頭髮",把"一沐三捉髮"和"一沐三握髮"翻譯成"一次洗頭三次握乾頭髮"或"一次洗頭三次擰乾頭髮"。

我們利用網上中文資料庫檢索了有關"一沐三捉髮"、"一沐三握髮"、"捉髮"、"握髮"等資料,共檢得相關資料1800多條。除去無關或没有解釋的之外,共收得可用資料331條,其中將"捉髮"和"握髮"的"捉"和"握"解釋或翻譯成"握持"義的共有302條,將"捉髮"和"握髮"的"捉"和"握"解釋或翻譯成"握乾"、"擰乾"義的共有29條,①兩

---

① 這些論著大致可按出版時間羅列如下:地球出版社編輯部:《如何捷進中國文學造詣》,臺北地球出版社有限公司,1981年,第252頁;李如鸞:《古代詩文名篇賞析》,北京出版社,1985年,第36、57頁;王瑩:《中國文學作品選·一(古代部分)》,北京大學出版社,1986年,第132頁注21;裴球璠、陽海清編:《古今詞語新編》,新華出版社,1987年,第31頁;顏之推原著,聞遠、張帆今譯:《白話顏氏家訓》,三秦出版社,1991年,第60頁;滿天澄編著:《中國軍旅文學鑒賞》,江蘇教育出版社,1992年,第26頁;吳戰壘、王翼奇主編:《毛澤東欣賞的古典詩詞》,浙江古籍出版社,1992年,第59頁注10;哲麟:《周公吐哺、天下歸心》,《公共關係》1993年第5期,第51頁;本社編委會:《高山仰止:中華美德故事(上)》,民主與建設出版社,1994年,第8頁;才曉予:《二十四史掌故辭典》,中國發展出版社,1995年,第358頁;許嘉利:《中華典故大觀》,中國青年出版社,1997年,第310頁;陳愛平:《古代帝王起居生活》,嶽麓書社,1997年,第152頁;王聯斌:《中華武德通史》,解放軍出版社,1998年,第341頁;遲文浚主編:《唐宋八大家散文廣選新注集評·韓愈卷》,遼寧人民出版社,1999年,第313頁;劉康得:《淮南子直解》,復旦大學出版社,2001年,第684頁;吕薇芬:《全元曲典故辭典》,湖北辭書出版社,2001年,第478頁;林之滿主編:《中華典故》,中國戲劇出版社,2002年,第1665頁;易維農編著:《新世紀文言文詞典(青少年版)》,北京師範大學出版社,2002年,第702頁;勞璧:《報人勞璧文選》,中國文聯出版社,2002年,第139頁;周瓊:《大學語文導讀》,雲南民族出版社,2003年,第83頁;人民教育出版社、課程教材研究所、中學語文課程教材研究開發中心編著:《高中課程標準語文2(必修)教師教學用書》,人民教育出版社,2004年,第85頁;史良昭:《百世一斷:歷史的第二種讀法》,上海古籍出版社,2007年,第17頁注2;李朝全點校、譯注:《明心寶鑒》,華藝出版社,2007年,第222頁;王興康:《論語:仁者的教誨》,上海古籍出版社,2008年,第103頁;張廣雷編著:《文化中國·哲學卷》,人民文學出版社,2008年,第8頁;唐惠忠主編:《三練一測大聯盟:語文2必修》,機械工業出版社,2009年,第25頁;李景祥:《"沐"不是洗澡》,《咬文嚼字》2010年第6期,第42頁;陳君慧、徐繼素編著:《中華典故(繡像精裝本)》(第二冊),綫裝書局,2010年,第302頁。王聯斌:《中華傳統武德發展史略》,軍事科學出版社,2011年,第303頁。

者的比例是91.2%比8.8%。可見將"捉髮"和"握髮"的"捉"和"握"理解成一般的"握持"義的意見佔絕對優勢。

　　《辭源》收有"捉髮"條,解釋爲:"手持其髮。形容忙迫,不暇整治。"①《漢語大詞典》收有"捉髮"一詞,解釋爲:"以手執髮。謂急迫中無暇整治。"②《漢語大詞典》的解釋應該是直接脫胎於《辭源》。這種解釋與上文統計的第一種解釋相合。

　　"一沐三捉髮"和"一沐三握髮"中的"捉"和"握"到底該怎樣解釋呢? 換句話說,上文統計的兩種解釋哪種意見是正確的呢?

　　我們認爲第二種解釋,即將"捉"和"握"理解成"握乾"、"擰乾"的意見是正確的,應該更接近古人的原意,而佔比例優勢的第一種解釋,即將"捉"和"握"理解成一般的"握持"義的意見則是錯誤的。

　　從情理上看,首先,"一沐三捉髮"和"一沐三握髮"是與"一飯三吐哺"相對稱的事例,用"三"字強調因洗頭的過程接連被打斷,從而造成必須反復重新開始的煩擾,以此來凸顯動作主體不厭其煩的態度。如果將"捉髮"和"握髮"的"捉"和"握"理解成一般的"握持"義,似乎體現不出與"沐"的必然聯繫,與"吐哺"的關係也有些不對等。其次,如果按照《辭源》和《漢語大詞典》的解釋,"手持其髮"是因爲"形容忙迫,不暇整治",那就任頭髮披散着見客豈不更顯得忙迫? 爲何一定要"以手執髮"? 典籍並未見有"披散着頭髮見人不敬"一類的記載。而且作爲動作主體,三番兩次地握着頭髮去見客,似乎也很令人奇怪。難道將散開的頭髮握攏就表示敬客? 難道見客時一直用手

---

　　① 廣東、廣西、湖南、河南辭源修訂組,商務印書館編輯部編:《辭源(修訂本)》(合訂本),商務印書館,1988年,第683頁。
　　② 漢語大詞典編輯委員會、漢語大詞典編纂處編纂:《漢語大詞典》,上海辭書出版社,2008年,第六卷第612頁。

握着可能還在滴水的頭髮？這於己於客都很難堪的舉動豈不是更爲失禮？而如果將"捉"和"握"理解爲"握乾"、"擰乾"的意思，就沒有這些疑問了。"一沐三捉髮"和"一沐三握髮"是説洗一次頭髮多次被打斷，剛洗一會就爲了見來客而擰乾，見過客後還要重新洗，如此反復多次。可見"一沐三捉髮"和"一沐三握髮"這一成語想表達或强調的重點，是動作主體爲接見客人致使洗頭的過程反反復復，以此來反襯動作主體的不厭其煩，並非主要强調因忙迫而致使頭髮無暇整治，或爲了怕失敬於客人而握攏散髮。所以僅從情理上看，也會得出將"一沐三捉髮"和"一沐三握髮"中的"捉"和"握"解釋成一般的"握持"義不合理的結論。而這也正是以往雖然並没有找到"捉"和"握"有"握乾"或"擰乾"義的證據，僅從文意推測出發，就有人把"一沐三捉髮"和"一沐三握髮"翻譯成"一次洗頭三次握乾頭髮"或"一次洗頭三次擰乾頭髮"的原因所在。

　　上文提到的將"捉髮"和"握髮"的"捉"和"握"正確地解釋或翻譯成"握乾"、"擰乾"義的 29 種論著有兩個共同的特點，一是輾轉抄襲的痕跡很明顯，二是雖然解釋没錯，但僅僅是從文意出發的揣摩意會，並没有提出任何訓詁學上的根據和書證。而這正是本文需要解决的問題。

　　在古代漢語中，"捉"、"搤"、"握"三字的含義十分接近，《説文·手部》："捉，搤也。从手、足聲。一曰：握也。"又："搤，捉也。"又："握，搤持也。"①古漢語中以"益"爲聲的"嗌"、"隘"、"縊"皆有狹隘、收束、勒緊意。②《廣雅·釋詁三》："捉，持也。"③《宋本玉篇·手部》："捉，

---

① 許慎：《説文解字》，中華書局，1963 年，第 252 頁。
② 幾個从"益"之字的例子蒙王立軍先生提示，謹此致謝。
③ 王念孫：《廣雅疏證》，上海古籍出版社，1983 年，第 394 頁。

搤也，一曰握也。"①《文選·王襃〈聖主得賢臣頌〉》"昔周公躬吐握之勞"吕延濟注："握，捉。"②可見"捉"、"搤"、"握"三字可以互訓。這三個字字義很近，音亦不遠，應該是同源詞。值得注意的是"搤"（又寫作"扼"）不光是指一般的"握持"，而是有"掐住"、"用力扼住"的意思，古代典籍中有"搤吭"、"搤殺"、"搤腕"、"搤臂齧指"等詞語，其中的"搤"都不是一般的"握持"，而是"使勁掐住"、"用力扼住"的意思。《説文》訓"捉"爲"搤"，訓"搤"爲"捉"，在"捉"字下説"一曰：握也"，説明"捉"字與"搤"字更近。既然"搤"字有"掐住"、"用力扼住"的意思，則"捉"字也應該有類似的意思。王鳳陽先生在《古辭辨》"捉"字下説：

  "捉"與"促"同源，《釋名·釋恣（引者按：應作"姿"）容》："捉，促也，使相促及也。"正因爲"捉"來自"促"，所以除了把握義之外，又附加了急促義，是緊緊地握住。《世説新語·賢媛》"許便回入内，既見婦，即欲出。婦料其此出無復入理，便捉裾停之"，又《德行》"巨卿見仲山，驚捉臂謂曰：子非孔仲山耶"，"捉"都是急促地、緊緊地握住的意思。③

其説正確可從。

  古漢語中又有"搦"字，《説文·手部》："搦，按也。从手弱聲。"④段注："按者，抑也。《周禮·矢人》'橈之以眡其鴻殺之稱'注曰：'橈搦其榦。'謂按下之令曲，則强弱見矣。玄應書曰：'搦猶捉也。'"⑤釋慧琳《一切經音義》"起世因本經"第一卷"搦取"條謂："上女厄反。

---

① 顧野王：《宋本玉篇》，中國書店，1983年，第116頁。
② 蕭統編、李善等注：《六臣注文選》，中華書局，1987年，第883頁。
③ 王鳳陽：《古辭辨（增訂本）》，中華書局，2011年，第686頁。本條材料蒙沈培先生提比，謹此致謝。
④ 許慎：《説文解字》，第255頁。
⑤ 段玉裁：《説文解字注》，上海古籍出版社，1988年，第606頁。

《聲類》：搦,捉也。《説文》：按也。从手弱聲。"①"搦"與"捉"一樣,既有"緊攥"、"按壓"義,又有"握持"義。《齊民要術·雜説》謂："河東染御黄法,碓搗地黄根,令熟,灰汁和之,攪令匀,搦取汁。"②文中"搦"即用爲"緊攥"、"按壓"的意思。"搦"與"捉"、"握"、"搤"音義皆近,應該也有同源關係。

《釋名·釋姿容》："捉,促也,使相促及也。"③"促"在古漢語中有迫近、緊急、狹隘、收攏等義,與"捉"的"緊攥"義義本相因,也應該是同源詞。

以上所論是"捉"字用爲"緊攥"義在訓詁學上的證據,下邊列舉"捉"字用爲"緊攥"義的具體書證。

二十世紀七十年代在湖南長沙出土的時代爲漢代初年的馬王堆帛書醫書中有如下用法的"捉"字和讀爲"捉"的"足"字：

1. 字者巳(已),即以流水及井水清者,孰(熟)泂(洗)骹(澣)其包(胞),孰(熟)捉,令毋(無)汁,以故瓦甗毋(無)津者盛,善密蓋以瓦甌,令蟲勿能入,狸(埋)清地陽處久見日所。使嬰兒良心智,好色,少病。(《房内記》④41~42)

2. 一,傷者,以續斷(斷)根一把,獨□長支(枝)者二廷(梃),黄芩(芩)二梃,甘草【□】廷(梃),秋烏豢(喙)二□【□□

---

① 徐時儀校注：《一切經音義三種校本合刊》,上海古籍出版社,2008年,第1437頁。玄應《一切經音義》亦有類似説法,作"搦猶捉取也"、"搦猶捉也,取也"。見上引書第250、1435頁。
② 賈思勰著、石聲漢校釋：《齊民要術今釋》,中華書局,2009年,第292頁。
③ 劉熙撰、畢沅疏證、王先謙補：《釋名疏證補》,上海古籍出版社,1984年,第134頁。
④ 馬王堆帛書《房内記》爲原名《雜療方》的一部分。原《雜療方》的内容分爲兩篇,在兩篇之間留有很大的空隙,所以雖然兩篇書寫在一卷帛上,但從内容上看,應該分成各自命名、互不統屬的兩種書,將其合爲一種書是不妥當的。原《雜療方》的標題是整理者根據内容擬定的,從内容上看並不合適。現根據内容將其分爲《房内記》和《療射工毒方》兩篇。

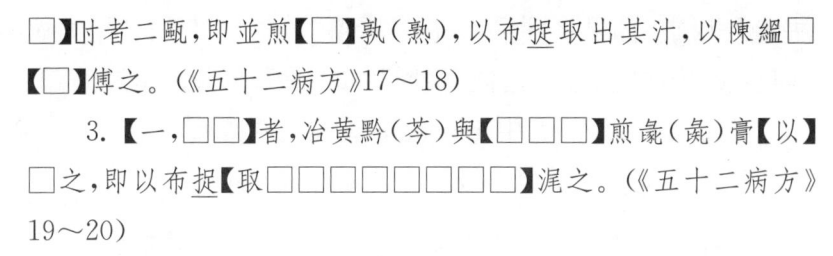

□】叶者二甌,即並煎【□】孰(熟),以布捉取出其汁,以陳緼□【□】傅之。(《五十二病方》17～18)

3.【一,□□】者,冶黃黔(芩)與【□□□】煎彘(豨)膏【以】□之,即以布捉【取□□□□□□□】涒之。(《五十二病方》19～20)

4. 一,冶黃黔(芩)、甘草相半,即以彘(豨)膏財足以煎=之=(煎之。煎之)潰(沸),即以布足(捉)之,取其汁,啹傅【□】。(《五十二病方》44)

5. 一,闌(爛)者,爵〈壽(搗)〉蘗米,足(捉)取汁而煎,令類膠,即冶厚柎,和,傅。(《五十二病方》317/307)①

上引 1 的"熟"字,古有仔細、認真之義,"孰捉"即仔細地攥、擠、擰,爲的是"令無汁"。2、3 的"以布捉取",《馬王堆漢墓帛書〔肆〕》注〔五〕謂:"用布包盛藥物,加壓濾汁。"②其説大致不誤。2 的"以布捉取出其汁"、4 的"以布足(捉)之,取其汁"和 5 的"足(捉)取汁"也就是上引《齊民要術·雜説》的"搦取汁"。從這些例子可以看出,其中的"捉"字表示的是"緊攥"、"用力擠壓"、"用力按壓"、"擰緊"之類的動作,其目的是爲了用布瀝出藥汁。"捉"字的這種用法在後世的醫書中也偶有保留,如唐孫思邈《備急千金要方》卷五下《少小嬰孺方下》:"以水二升,煮取半升,以綿著湯中,捉綿滴兒口中,晝夜四五過與之,節乳哺。"③文中"捉"字的用法與上引馬王堆漢墓帛書醫書中"捉"字的用

---

① 上引帛書文字的圖版和原釋文分別見馬王堆漢墓帛書整理小組編:《馬王堆漢墓帛書〔肆〕》,文物出版社,1985 年,圖版第 75 頁,釋文注釋第 126 頁;圖版第 14 頁,釋文注釋第 28 頁;圖版第 14～15 頁,釋文注釋第 28 頁;圖版第 16 頁,釋文注釋第 31～32 頁;圖版第 30 頁,釋文注釋第 60 頁。需要説明的是,本文所引釋文採用了由裘錫圭先生主編的《馬王堆漢墓簡帛集成》中廣瀨薰雄和劉釗的最新釋文,與原釋文有些不同。

② 馬王堆漢墓帛書整理小組編:《馬王堆漢墓帛書〔肆〕》,釋文注釋第 28 頁。

③ 孫思邈著、李景榮等校釋:《備急千金要方校釋》,人民衛生出版社,1998 年,第 106 頁。

法完全相同。如果將"捉"字這一"緊攥"、"用力擠壓"、"用力按壓"、"擰緊"的用法施用於"一沐三捉髮"中的"捉",無疑是非常合適的。

最後來談談《左傳》中的一處"捉髮"。《左傳》僖公二十八年說:

> 衛侯先期入,寧子先,長牂守門以爲使也,與之乘而入。公子歂犬、華仲前驅。叔孫將沐,聞君至,喜,捉髮走出,前驅射而殺之。①

其中的"捉",前人也多訓爲"握",如洪亮吉引舊說,謂:"《說文》:'捉,搤也。一曰:握也。'《廣雅》:'捉,持也。'"②楊伯峻先生亦謂:"捉,握也。"③《左傳》此處所記並非禮賢下士之事,而是覲見君王,這裏的"捉髮"表示的是動作主體的急迫之狀。這裏的"捉髮走出"應該理解爲"捉髮"和"走出"兩個同時進行的動作,即不是"握着頭髮跑出去"的意思,而是"一邊攥乾頭髮一邊跑出去"的意思。

沈玉成先生將上引文中的"叔孫將沐,聞君至,喜,捉髮走出"一句翻譯作"叔武正要洗髮,聽說國君來到,很高興,握着頭髮跑出來。"④如果按照沈先生的理解,《左傳》此處記載似乎與我們上邊對"捉"字的解釋相矛盾:只是將要洗髮而尚未洗髮,如何需要攥乾擰乾呢? 其實不然,關鍵在於如何理解其中的"將"字。

古籍中"將"固然有"將要、正要"之意,但也多訓爲"方"或"始",表示正在進行或剛剛開始(做某事)之意,如《漢書·兒寬傳》:"將建大元本瑞,登告岱宗。"顏師古注引蘇林曰:"將,甫始之辭。"⑤孫經世《經傳釋詞補》亦稱"將"爲"甫始詞",⑥關於這一點,學者如裴學海、

---

① 楊伯峻:《春秋左傳注(修訂本)》,中華書局,1990年,第470頁。
② 洪亮吉:《春秋左傳詁》,中華書局,1987年,第336頁。
③ 楊伯峻:《春秋左傳注(修訂本)》,第470頁。
④ 沈玉成:《左傳譯文》,中華書局,1981年,第119頁。
⑤ 班固:《漢書》,中華書局,1962年,第2632頁。
⑥ 王引之:《經傳釋詞(附補及再補)》,中華書局,1957年,第294頁。

王叔岷、蕭旭等皆有詳盡的論述，①此不贅引。正因爲如此，典籍中屢見"方將"同義連言的例子。②《左傳》此處的"將"字訓爲"方、始"也是文從句順的。蕭旭先生在其所著《古書虛詞旁釋》一書中將《左傳》此例之"將"直接列在"方"的訓釋之下，③可謂慧眼獨具。我們還可以在典籍中找到與上文相對照的例子，《新序·雜事》謂：

  公子重耳返國，立爲君，里鳧須造門願見，文公方沐，其謁者復，文公握髮而應之。④

文中的"握髮而應之"與《左傳》的"捉髮走出"句式可以比照，也是表示兩個同時進行的動作，只不過中間加上了一個"而"字連接。文中的"方沐"與《左傳》之"將沐"正好對應。因此，所謂"將沐"，不是正要洗髮，而是正在洗髮或剛剛開始洗髮，顯然其時已經澆水至頭了。因此，上引《左傳》"捉髮"的"捉"字仍然是攥乾、擰乾的意思，這與我們的解釋是不矛盾的。

  綜上所論我們認爲，以往將"一沐三捉髮"的"捉"理解成一般的"握持"義是不正確的，"捉"應該是"緊攥"的意思，在"一沐三捉髮"這一成語中，是指"攥乾頭髮"、"擰乾頭髮"而言。至於"一沐三捉髮"中的"捉"這一動作實際所指是用手擰乾、攥乾頭髮還是指用毛巾一類的東西包住頭髮擰乾、攥乾頭髮，就不得而知了。"一沐三捉髮"在漢代以後又被寫成"一沐三握髮"，原因可能是當時"捉"字的"緊攥"義已經逐漸不顯，人們因"捉"和"握"皆有握持義，因而用了一個同義詞來替代，從而使這一成語出現了異文。而因這一改寫，更增加了後人

---

  ① 裴學海：《古書虛字集釋》，上海書店1989年影印（上海）商務印書館1935年版，第618頁。王叔岷：《古籍虛字廣義》，中華書局，2007，第361～362頁。蕭旭：《古書虛詞旁釋》，廣陵書社，2007年，第275頁。
  ② 參看王叔岷《古籍虛字廣義》，第362頁。
  ③ 蕭旭：《古書虛詞旁釋》，第275頁。
  ④ 石光瑛：《新序校釋》，中華書局，2001年，第674頁。

對"一沐三捉髮"中"捉"字的誤解。上引馬王堆帛書醫書寫成於漢初,"捉"字還保留着古義,爲我們正確理解"一沐三捉髮"中的"捉"提供了新的語料和書證。凡是先秦兩漢典籍中"一沐三捉髮"有"一沐三握髮"的異文的,大都應以寫成"捉"字的爲代表早期的面貌。

原載《復旦學報》(社會科學版)2013年第6期,今據以收入。

論中國古代的"軍市"

軍市,是指在軍隊駐扎地或屯戍地臨時設立的市場。一般情況下,軍市主要由軍隊掌管,設有專門的職官,其功能主要是提供士兵間或兵民間的商品交易以及軍需品的買賣。軍市的稅收一般歸軍隊所有,主要用於貼補軍費及對士兵的賞賜,但偶爾也會被朝廷調爲他用。軍市是一種特殊的"市",軍市的稅收在一定程度上對中國古代經濟,尤其是軍事經濟起到了補充和調節作用。在中國歷史上,軍市的起源很早,且歷代都有存在,但因書闕有間,典籍中保存下來的相關記載非常少,又多爲重複。然而即使是吉光片羽,亦彌足珍貴,足以讓我們對中國古代軍市進行某些角度的探索。本文即試圖利用傳世典籍,同時結合出土資料,對中國古代的軍市進行一番粗淺的論述。不妥之處,敬請指正。

一

軍市是伴隨着軍隊和戰爭產生的,而軍隊和戰爭在中國都有着悠久的歷史,所以中國歷史上的軍市也應該起源很早。目前學術界大都認爲軍市起源於戰國時期,其根據是有軍市記載的傳世典籍如《商君書》、《周禮》、《戰國策》、《史記》等所記載的最早的軍市就是戰國時期的軍市。① 其實這種認識是不正確的。這些典籍的記載只能說明記載最早的軍市是戰國時期的軍市，並不能證明歷史上真正的軍市就起源於戰國。

---

① 朱鴻林：《周禮中商業管理制度研究》，吉林文史出版社，2003年，第162～163頁。

時代相當於西周晚期的兮甲盤有如下銘文："唯五年三月既死霸庚寅,王初格伐玁狁于彭衙,兮甲從王,折首執訊,休,亡㞢。王錫兮甲馬四匹、駒車。王命甲征司成周四方積,至于南淮夷。南淮夷舊我帛畮人,毋敢不出其帛、其積,其進人、其賈,毋敢不即次、即市。敢不用命,則即刑,撲伐。其惟我諸侯百姓,厥賈毋不即市,毋敢或入蠻宄賈,則亦刑。兮伯吉父作盤,其眉壽萬年無期,子子孫孫永寶用。"①

銘文記載了周宣王五年(公元前 823 年)三月庚寅日,周宣王征伐玁狁,兮甲從王征討,斬首擒敵,戰功顯赫,王賞賜兮甲車馬並命令他到南淮夷徵收糧草的事。"四方積"之"積"即"委積"之"積",《周禮・秋官・大行人》在談到天子以禮迎接五等諸侯來朝時説"出入五積,三問三勞",鄭司農云:"出入五積,謂餼之芻米也。"②銘文"南淮夷舊我帛畮人"以下大意是説南淮夷本是向周貢納之臣屬,不敢不獻上其布帛、糧草。其進獻人和商品交易不敢不到軍次和市場。如果不按命令執行,就會蒙受刑罰並被征討。其商賈如果不到市場進行交易,或交易行奸使詐,也會蒙受刑罰。文中"進人"是指進獻奴隸,也就是向周朝的部隊進獻用於廝役或炮灰的南淮夷人,因此進獻要到"軍次"進行。"蠻宄"的意思近似《周禮・地官・司徒》"司市"所説的"以賈民禁偽而除詐"中的"偽"和"詐"。

此篇銘文的主旨是講兮甲奉命率部到南淮夷地區徵收糧草,而文中又"次"、"市"並提,則這個"市"無疑就是指"軍市"之"市"。如果此説不誤,則表明至遲在西周時期,已經有實際的軍市存在。

南淮夷是周朝的"藩屏",但與周的關係時好時壞,反復無常,所以西周金文中有不少周朝征伐南淮夷的記載。在南淮夷之地設立軍

---

① 馬承源:《商周青銅器銘文選》(三),文物出版社,1988 年,第 305 頁。爲排印方便,銘文釋文采用寬式隸定,通用字和通假字直接寫出。

② 《周禮注疏》,《十三經注疏》(整理本),北京大學出版社,2000 年,第 1166、1168 頁。

市，説明周朝與南淮夷已經有了商品貿易的關係。

　　在華夏之外與異族接壤之地設立市場進行商品交易，是歷代中原王朝經常採用的措施。這種措施兼有政治、經濟和軍事的多重作用。漢代就經常在固定地點與匈奴、鮮卑互市。《後漢書·孔奮傳》曰："時天下擾亂，唯河西獨安，而姑臧稱爲富邑，通貨羌胡，市日四合。"①安帝永初中，"令止烏桓校尉所居寧城下，通胡市，因築南北兩部質館，鮮卑邑落百二十部，各遣入質"。② 元和元年"北單于乃遣大且渠伊莫訾王等，驅牛馬萬餘頭來與漢賈客交易"。③ 劉虞任幽州牧時，"開上谷胡市之利"。④ 以上記載都是在邊郡設立市場，與接壤的異族互市交易的實例。其中"烏桓校尉所居寧城下通胡市"的"市"應該就具有軍市的性質。

　　在已出土的考古資料中，與軍市有關的還有下揭兩方璽印：

　　1. 羅福頤主編的《古璽彙編》5708 號著録了一方長方形小璽，璽面爲朱文，璽文爲"軍市"二字。從字體風格看，這是一方秦璽。這方璽應該是職掌軍市的官吏所用之印。秦有"軍市"，與《商君書》的記載正合。

　　2. 羅福頤主編的《秦漢南北朝官印徵存》147 號著録了一方方形璽，璽面爲白文，璽文爲"軍市之印"，其時代相當於西漢。這方璽也

---

① 范曄：《後漢書》，中華書局，1965 年，第 1098 頁。
② 范曄：《後漢書》，第 2986 頁。
③ 范曄：《後漢書》，第 2950 頁。
④ 范曄：《後漢書》，第 2354 頁。

應該是管理軍市的官吏所用之印。這是證明西漢"軍市"唯一的實物資料。

《周禮·地官·司徒》"司市"謂:"凡通貨賄,以璽節出入之。"可知上揭二璽正是爲"通貨賄"所用。"通貨賄"之璽可作爲通行證或稅後證明來使用,如交過稅者可以用璽印對貨物進行封檢,這樣的貨物方可自由出入市場。

居延漢簡資料表明,居延當地居民或邊塞吏卒到市場上買賣貨物,必須向居延縣或軍事系統的候官申請符傳。這些符傳的作用與上揭璽印的作用相同。

漢代在西北邊塞的軍屯也設有市,這些市對於屯軍備邊起到了十分重要的作用。這些市雖然只稱"市",並不稱"軍市",但從其所處位置和功能來看,顯然具有軍市的性質。據統計,在這些軍市買賣交換的商品共有"糧食"、"衣物"、"布帛"、"牲畜"、"牛肉"、"蔬菜"、"農具"、"兵器"、"田宅"、"車"、"木材"、"酒"、"皮革"等,基本囊括了所有生活用品,還包括武器。從中可以看出當時軍市貿易的興旺和發達。① 宋趙汝愚編《宋名臣奏議》卷六十四所收孫何《上真宗乞參用儒將》文説:"歷觀前代之備邊也,或振旅薄伐,或整兵深入;或取贍於軍市,或因糧於敵境;或以屯田周給,或以輕賫自隨。而士皆宿飽,師出無敵。亦有旁招小國,近撫諸蕃;或厚賂以結其心,或反間而收其

---

① 徐樂堯:《居延漢簡所見的市》,《秦漢簡牘論文集》,甘肅人民出版社,1989年,第49~69頁。

效。不困己之士卒,不竭己之饋餉。"①文中即將"取贍於軍市"列爲"備邊"的一種策略。

漢代的財政在戰爭狀態下具有較强的軍事經濟的特點,用於戰爭和軍事的支出佔財政收入的很大比重。其中軍市的税收是被納入漢代財賦的總體框架之内的。宋章如愚編《群書考索》後集卷五十二"税賦"條曾對漢代的主要財政收支有過總結:"田租以給軍食,算賦錢則治庫兵車馬。而又取口賦,養天子之餘以補之。過更錢以給更卒,酎金以供祭祀,關税以給關市,罰錢以給北軍之用,而鹽鐵舟車緡錢之利與夫郡國租入之類,則以供軍興。至於軍市租,則又或以給士卒焉。觀此,則漢財賦之斂藏調用之目,略可睹矣。"②這段論述,正是從包括軍市税收在内的漢代財賦的基本格局,對漢代財政收支狀況作出的總體估價。

二

軍市位於軍中,而軍營的設置則比照民居。《周禮·夏官·量人》云:"營軍之壘舍,量其市朝、州、涂、軍社之所里。"吕飛鵬注:"量人營軍壘,倣匠人營國之制而爲之。國中面朝後市,故此亦有市朝。"孫詒讓正義謂:"吕説是也。市即謂軍市。"③所謂"軍社之所里",是説軍營亦如民居一樣按里社來劃分。清惠士奇撰《禮説》卷十《夏官一》謂:"大將居之,其數則量人之所量也。蓋營壘以里計,所謂軍社之所里者即此。孫臏曰:燒其積聚,虚其市里。然則軍市軍社之所

---

① 趙汝愚:《宋名臣奏議》,《文淵閣四庫全書》第 431 册,(臺灣)商務印書館,1986 年。
② 章如愚:《群書考索》,《文淵閣四庫全書》第 936 册。
③ 孫詒讓:《周禮正義》,中華書局,1987 年,第 2379~2380 頁。

在皆曰里也。"①又《周禮·地官·司徒》"司市"云:"凡會同、師役,市司帥賈師而從,治其市政,掌其賣價之事。"賈公彥疏:"王與諸侯行會同及師役征伐之等,或在畿内,或在畿外,皆有市。"②

軍隊凡"師役征伐",按理皆應設軍市。從戰爭勝算上看,當然設軍市者勝算多,不設者勝算少。《册府元龜》卷四一八《將帥部》"嚴整"條下説三國時大將潘璋:"爲右將軍,爲人粗猛。禁令肅然,好立功名,所領兵馬不過數千,而其所在常如萬人。征伐每止頓,(便)立軍市。他軍所無,皆仰取足。"③可見並非所有"師役征伐"皆設軍市。故"他軍所無"者,必須仰仗設有軍市之部隊以補充軍需給養,則設軍市之軍便中取足,已先立於不敗之地。《舊唐書》卷一三一《李皋傳》謂:"皋以上蒙塵于外,不敢居城府,乃於西塞山上游大洲屯軍,從近縣爲軍市,商貨畢至。"④此乃因軍中不便設市而將軍市設於臨近之縣的例子。

軍中設軍市,可使軍隊内部的商品交换和買賣就近解决,方便快捷,利於管理。清施閏章撰《學餘堂文集》卷一六《李忠肅傳》載:"復請募兵,以固重鎮。多建營房、馬厩,置戰守車械畢備,又設軍市,使兵不離伍,商民以安。"⑤説的正是軍市的這一優點。

《戰國策》卷一二《齊五》載蘇秦游説齊閔王曰:"彼戰者之爲殘也,士聞戰,則輸私財而富軍市,輸飲食而待死士,令折轅而炊之,殺牛而觴士,則是路軍之道也。"⑥文中"輸飲食而待死士"揭示出戰爭狀態下以財利激勵士氣、收買人心的統軍謀略。這一謀略在中國歷

---

① 惠士奇:《夏官一》,《禮説》,《文淵閣四庫全書》第 101 册。
② 孫詒讓:《周禮正義》,第 1075 頁。
③ 王欽若等:《册府元龜》,臺灣中華書局股份有限公司,1996 年,第 4982 頁。
④ 劉昫等:《舊唐書》,中華書局,1975 年,第 3639 頁。
⑤ 施閏章:《李忠肅傳》,《學餘堂文集》,《文淵閣四庫全書》第 1313 册,第 192～193 頁。
⑥ 諸祖耿:《戰國策集注彙考》,江蘇古籍出版社,1985 年,第 636～637 頁。

代的治兵實踐中都得到廣泛的應用。

漢代的李牧和魏尚是用軍市之稅收勞軍養士的典範,在傳世文獻中屢被提及。《史記·馮唐傳》在記述馮唐與漢文帝的對話時有下面一段:"乃卒復問唐曰:'公何以知吾不能用廉頗、李牧也?'唐對曰:'臣聞上古王者之遣將也,跪而推轂,曰閫以内者,寡人制之;閫以外者,將軍制之。軍功爵賞皆決於外,歸而奏之。此非虛言也。臣大父言,李牧爲趙將居邊,軍市之租皆自用饗士,賞賜決於外,不從中擾也。委任而責成功,故李牧乃得盡其智能,遣選車千三百乘,彀騎萬三千,百金之士十萬。是以北逐單于,破東胡,滅澹林,西抑彊秦,南支韓、魏。……今臣竊聞魏尚爲雲中守,其軍市租盡以饗士卒,出私養錢,五日一椎牛,饗賓客軍吏舍人。是以匈奴遠避,不近雲中之塞。'"①

此後歷代在上意爲"將在外,君令有所不受"之諫或論議守邊之策時,常常會援引此段以爲證據和支撐。以下所引典籍是歷代有關軍市稅收歸軍隊自由掌握的記載:

1. 宋王稱撰《東都事略》卷四七《楊億列傳》:太祖命姚内斌領慶州,董遵誨領環州,二人所統之兵裁五六千而已,閫外之事一以付之,軍市之租不從中覆,用能士卒效命,羌夷畏威。

2. 宋袁燮撰《絜齋集》卷一五《馮湛行狀》:趙濟戰船多壞,不劾其罪,卒與協力修治無闕。軍市所入費,於犒享豪傑慷慨之士,厚貲給之,多自己出,未嘗少靳。

3. 宋曾鞏撰《元豐類稿》卷四九《本朝政要策》"任將"條:西北邊軍市之租,多賜諸將,不問出入。往往賞齎又輒以千萬。李漢超守關南屬州,錢七八萬貫悉以給與,又加賜齎。漢超猶私販

---

① 司馬遷:《史記》,中華書局,1959年,第2758頁。

権場,規免商算。有以事聞者,上即詔漢超私物所在悉免關徵。故邊將皆養士,足以得死力,用間足以得敵情。以居則安,以動則勝,此可謂富之以財矣。

4. 宋胡宿撰《文恭集》卷三六《鄭戩墓志銘》:及在軍中,士有疾病,行自省恤。軍市之入,厚於犒軍。下伍有勞,多見拔用。纖微坐法,闊略不問。故衆莫不思奮焉。

5. 元程文海撰《雪樓集》卷一七《碑銘》"冀國王忠穆公墓碑":在軍中與士卒同甘苦。晝則擐甲執兵,身與敵遌;夜則引車環列,卧不解衣。贊畫經略,小大仰成。暇則俾士卒爲軍市,縱其懋遷,故連年暴露,而軍中富強。

6. 明程敏政撰《新安文獻志》卷七三《金安節家傳》:自古備邊之道,代有不同。莫如我太祖皇帝,淵謀睿略,最爲盡善。蓋其要惟在於擇人而久任,故操術甚簡,而收功甚博。軍市之租,並賜諸將,不問出入,故無拘制,而不乏於用。以之養士,則足以得死力;以之用間,則足以得敵情。

7. 明楊士奇等撰《歷代名臣奏議》卷一百《經國》:如紹興間吳璘在沔,楊政在漢,郭浩在金,皆以戎司兼安撫使,有軍市之租以自饒,有坊場之利以自富,或立家寨,或營屯田,或遣正兵以守重關,或調義士以防支徑,不拘文法,而責以事功。

8. 清孫承澤撰《春明夢餘錄》卷四二《兵部一》"重將權"條:古今得御邊將之法,莫如宋太祖。彼時一巡檢使亦不輕易置。體勢崇重,人莫得危短。每入朝,必命坐,賜晏洽欵,語甚寵。軍市租悉畀之,令得回易。免所過徵税。他賜賫稱是,事不中覆,聽便宜制軍。此數者皆御將之要也,而宋祖皆得之。

9. 清汪森編《粤西詩文載》卷六六《傳》"名宦"條:吳文華字子彬……隨晉右都御史總督兩粤,故事郡邑吏歲時獻遺,稱觴上壽,靡費不貲,公一切禁絕。幕府經用,自軍市租及常賦以奉戰士,其他権稅番舶所入,有司不敢問,公悉歸諸官,毫無染指。

10. 清雍正《山西通志》卷八六《名宦》:孫維城號衛宇……移守宣府,與中丞同心共事,謀畫相參。夷人關市乞賞,一切裁以故事,一餅一蠻,不得浮予。歲積撫賞羨金十四萬,及軍市租五千,皆充年例,將吏悅服。

11. 清乾隆《欽定續通志》卷三〇二《崔翰列傳》:既而班師,命諸將整暇以還,至金台驛,大軍南向而潰。帝令翰率衛兵千餘止之。翰請單騎往,至則諭以師律,衆徐以定,不戮一人。既覆命,帝喜,因命知定州,得以便宜從事。緣邊諸軍並受節制,軍市租儲,得以專用。

當然並非所有將帥皆能用軍市之租勞軍養士,也有反其道而行者。元佚名編《宋史全文》卷二四上《宋孝宗一》所附留正按語曾對此痛加針砭:"曰養兵以待用,平居之日瞻之必周,然後有用之際可以盡其死力。李牧之守邊,軍市租盡以給士卒,諸軍回易爲此設也。後之將帥未能以市租饗士,反以回易之貨抑逼之,拘其廩給,痛刻削以自豐,其可容哉!"①

設立軍市的初衷本爲便軍利民,軍市如果管理不善,就會造成軍民間的對立。《三國志‧魏書》卷一六裴松之注:"至青龍中,司馬宣王在長安立軍市,而軍中吏士多侮侵縣民,斐以白宣王,宣王乃發怒,召軍市候,便於斐前杖一百。"②這是因軍市管理不善造成軍民對立的一個典型例子。

凡事有利即有弊,軍市稅收既然歸軍隊所有,就很難避免被將帥

---

① 佚名:《宋孝宗一》,《宋史全文》,《文淵閣四庫全書》第330册,第284頁。
② 陳壽:《三國志》,中華書局,1975年,第513~514頁。"軍市候"之"候"應作"侯",作"候"乃因形近致誤。

侵吞。宋李燾撰《續資治通鑒長編》卷二二《太宗》載："太子中舍魏羽受詔,乘傳詣瀛州,覈軍市租,得隱没者數萬計。"宋鄭伯謙《太平經國書》卷一一《會計下》曾對漢代官吏假公濟私、巧取豪奪的狀況有過描述:"如贖罪之錢儲於北軍,無名之錢儲於郡内,卒吏之錢寄於州郡,廩犧之錢寄於馮翊,軍市之租委於邊吏。則其涣散尚有未易究者。執掌之官吏、出入之司猶存,不聞有奉公廉平者。糴邊穀百萬而虚數至六十萬斛,僦民牛車而增價至三十萬,甚者或私僦賓客而入多逋負,則其轉移侵藉,尚有未易悉數者。蓋自漢家無計相之官,公卿大臣無有能知錢穀之數,是以人主肆其侈於上,人臣肆其欺於下,而民獨被其害於中。"①由此足見官吏貪贓枉法之甚。而軍市之租盡歸軍隊所有,缺乏監督,其汩没貪冒,則更不待言。明楊士奇等撰《歷代名臣奏議》卷二一四《法令》:"虞允文論金州之弊乞加威令於諸將狀"謂:"臣閏七月二十九日到金州,宣布陛下德意,不敢不盡。而臣以非才,乃使之理軍市,修民政,去大奸蠹,以革四十年不可勝言之弊。大懼不足以奉明詔,稱崇委也。臣自累日來,以所聞見,考賫文簿,則隨一事有一弊,條目至多,不可殫紀。臣嘗行江淮荆襄,歷徧諸軍,較之金州,實所未有也。大抵視民之財即己之財,視官之物即己之物,公取竊取。見於一事,輒以十數萬計。貪墨自肆,上下一律,略無忌憚。至軍民日用食飲之物,一毫不恤也。"②虞允文受詔至金州"理軍市",而所到之處則一片"貪墨自肆"。其實此金州之狀況不過是一個縮影,已充分暴露出軍市之租由軍隊自由掌控的弊端。

因軍市之租對於戰爭和軍隊至關重要,所以國家偶爾要從國家財政角度對軍市的貨幣流通進行調控。宋吕祖謙撰《歷代制度詳説》卷七《錢幣》"詳説"條謂:"總而論之,如周如秦如漢五銖,如唐開元,

---

① 鄭伯謙:《會計下》,《太平經國書》,《文淵閣四庫全書》第 92 册,第 257 頁。
② 楊士奇:《法令》,《歷代名臣奏議》,《文淵閣四庫全書》第 433 册,第 143 頁。

其規或可以爲式,此是錢之正也。若一時之所鑄,如後漢鑄大錢以平軍市之財,第五琦鑄乾元錢,此是錢之權也。"①"後漢鑄大錢以平軍市之財"即國家對軍市經濟的具體調控。

軍市之稅收偶爾也會被國家調爲他用。清雍正《山西通志》卷一九二《唐裴倩神道碑銘》載:"其始受命也,寇劇横厲,三川如毁,陰方出師,慕義助順。代宗焦勞念慮,命德宗以雍邸總戎。賦輿所會,徵繕不給,有詔輟東方軍市之租,移用於中都,屬受鉞之臣。"

古代軍市應有許多規章制度,但今日已不得其詳。《朱子語類》卷五三《孟子三公孫丑中》"尊賢使能"章引朱熹説:"如漢之獄市、軍市之類,皆是古之遺制。蓋自有一箇所在以爲市,其中自有許多事。"②説的正是這個意思。《周禮·夏官·量人》把營建軍市作爲構築軍營的必要項目之一,説明這是一種成規。軍市涉及商品買賣交易,易生糾紛,故需治以嚴刑峻法。宋薛季宣撰《浪語集》卷一五《諭保伍文》中有盜賊"剽殺人於晝,塗炭延於軍市"的記載,"剽殺人於晝,塗炭延於軍市"是強調盜賊膽大妄爲、罪至之極的説法,這從反面證明了軍市在平時因有嚴刑峻法之管理,還是較爲安全之所。宋李正民撰《大隱集》卷四《禮部侍郎謝表》曰:"謂理軍市者固無取於鄉飲之禮。"意思是説治理軍市不能用鄉飲酒禮。"鄉飲酒禮"是《儀禮》中的一章,講的都是答拜揖讓、相敬如賓的儀節,當然與治軍市需嚴刑峻法正好相反。這也反襯出當時治理軍市必須用嚴刑峻法的認識。《商君書·墾令》謂:"令軍市無有女子;而命其商,令人自給甲兵,使視軍興;又使軍市無得私輸糧者,則奸謀無所於伏,盜輸糧者不私稽,輕惰之民不游軍市。盜糧者無所售,送糧者不私,輕惰之民不游軍

---

① 吕祖謙:《錢幣》,《歷代制度詳説》,《文淵閣四庫全書》第 923 册,第 957 頁。
② 朱熹:《朱子語類》,中華書局,1986 年,第 1279 頁。

市,則農民不淫,國粟不勞,則草必墾矣。"①説明早在秦代,有關軍市的律令就已經很豐富。

典籍載漢光武帝以軍市令祭遵爲刺奸將軍,可知軍市設有"令"。上引《三國志·魏書》卷十六裴松之注中提到"軍市候〈侯〉",又可知三國時軍市設有"候〈侯〉"這一職官。

軍市乃軍民會聚之地,人員混雜。宋文天祥《文山集》卷一七《公牘》"授刑節制司與安撫司平寇循環曆"中談到秦孟四爲寇時説:"然兵來則賊散,兵去則賊聚;見吾強則避之,知吾弱則乘之。方官軍之始至也,整趣精明,部分齊一,問寇則失之矣,無可踪迹者。而秦之黨或爲平民,買賣於軍市之間。"②可見軍市還是匪寇或密探時常混迹之所。

三

説到軍市,不能不談到具有"兵陰陽"家意義的星占學上的"軍市"。

在中國古代,"天人合一"與"天人感應"的觀念和思想有着悠久的來源和經久不衰的影響,體現在星占學上,就是星宿或星座的命名常常取象於人世。人間有軍市,天上也有一個對應的軍市。在二十八宿的參宿中,有一個稱爲"軍市"的星座。"軍市"星座形狀近圓形,外圍有環繞的十三顆星,圓形中央有一顆星,稱爲"野雞"或"野雞精"。"野雞精"一名之由來,古人曾有推測,明王應電《周禮傳》卷二下引《周禮》:"凡會同、師役,市司帥賈師而從,治其市政,掌其賣價之事。"注曰:"大衆所聚,不能無所需,商賈亦利於以物粥之,亦有師衆

---

① 《商君書》,《諸子集成》本,上海書店,1986年,第4頁。
② 文天祥:《公牘》,《文山集》,《文淵閣四庫全書》第1184册,第669頁。

各持其方物欲以相易者。故天文參宿之下有軍市,軍市中野雞精即此賈師也。取名於雞者,以其能逐時趨利不失時,如雞之知時,故工商以雞爲贄者以此。市司帥賈師而從治其市政,一如國中,故古稱軍有紀律,曰:市不易肆也。"①

對於"軍市"星座的形狀,《宋史·天文志》說:"軍市十三星,狀如天錢。""天錢"即"天上之錢"。因爲"軍市"星座形狀近圓形,圓形中間還有一星,類似古代圜錢中的孔,所以稱"軍市"的形狀像天錢。典籍又稱爲"軍市通貨而圓綴"。這一天上"軍市"的作用完全比照人間的"軍市"。《晉書·天文志》謂:"軍市十三星,在參東南,天軍貿易之市,使有無通也。"可知此"軍市"是虛擬的天上軍隊進行貿易的"市場"。

在"軍市"星座中央的"野雞精"地位極爲重要,其職掌如《晉書·天文志》所說:"野雞一星,主變怪,在軍市中。"又明唐順之編《荆川稗編》卷四八引明王應電《天皇會通》謂:"軍市,行軍之市。野雞精,主知物價,察奸慝賈人。"又北周庾季才原撰、宋王安禮等重修的《靈臺秘苑》卷二《星總》說:"軍市十三星,在邱西,如天錢,天軍貿易之市也。市中一星曰野雞精,主之變怪、野外之郊政,以虞伏奸也。"可見"野雞精"是被視作天上"軍市"的管理者,可以"知物價"、"察奸慝賈人"、"以虞伏奸"。這與《周禮》中管理市場的賈師"各掌其次之貨賄之治,辨其物而均平之。展其成而奠其賈,然後令市",及管理市場的司市"以賈民禁僞而除詐"的職掌相同。即如上引明王應電《天皇會通》所云"軍市中野雞精即此賈師也"。唐瞿曇悉達撰《開元占經》卷六八《石氏外官》"野雞精占二十六"又稱"野雞精"爲"大將",謂其職掌是"主屯營軍之號令、警急設備",同樣是強調"野雞精"在"軍市"星

---

① 王應電:《周禮傳》,《文淵閣四庫全書》第96冊,第106~107頁。

座中的主導地位。

　　"野雞精"星"主變怪"的説法暫時還不知其理據及所從出,但典籍中確實有"軍市"中發生變怪的記載,可資參證。《册府元龜》卷九五一《總録部》"咎徵第二"載有如下一個志怪故事:"陳周文育爲鎮南將軍,討余孝勵,爲豫章太守熊曇朗所害。初文育之據三陂,有流星墜,聲如雷,地陷方一丈,中有碎炭數斗。又軍市中忽聞小兒啼,一市並驚,聽之在土下,軍人掘得棺木,長三尺,文育惡之,俄而見殺。"①

　　這個故事表現的是魏晉志怪小説中常見的體裁和母題,並不奇特。但是爲"怪"的"小兒"正出於"軍市中",其理念很可能與位於"軍市"星座正中的"野雞精"主"變怪"的觀念和説法有關。

　　既然天上星宿中稱"軍市"的星座是仿造人間的"軍市"而命名,於是在後來的星占學中,關於人間戰爭和軍隊的占卜,就與"軍市"星以及其他星宿與"軍市"星產生的相關天文現象緊密地聯繫在了一起。反過來説,天上"軍市"星或"軍市"星與其他星宿產生的相關天文現象,都預示着人間軍隊或戰爭的某種或吉或凶的徵兆。在記載有大量的兵陰陽家資料的唐瞿曇悉達所撰的《開元占經》中,保存有許多"軍市"星發生的天文現象或其他星宿侵犯"軍市"星產生的天文現象預示人間軍隊或戰爭吉凶的記載,這些記載具有重要的啓示意義,如占文中經常談到"饑兵"、"軍大饑"、"絶其糧"、"軍糧絶,天下大饑",而其結果則是"將離散、士卒亡"、"大將死、軍市破、諸侯相攻,有亡國"。可見"軍大饑"、"絶糧"是當時軍隊經常遭遇到的窘境。這也從一個側面反映出軍市在當時軍需物質的供應,尤其是軍糧供應上的重要地位。

　　以上關於星占學上"軍市"的闡釋,雖然語涉迷信,對解釋現實社

---

① 王欽若等:《册府元龜》,第 1188 頁。

會歷史現象比較間接,但是這些資料都是當時人們思想觀念的真實反映,從相當程度上證明了"軍市"在當時社會上的深刻影響。

四

軍市還有一個特殊功能,即作爲殺人之所。古代有"刑人於市"的傳統,《禮記·王制》曰:"爵人於朝,與士共之;刑人於市,與衆棄之。"《漢書·景帝紀》謂"改磔曰棄市,勿復磔",應劭曰:"先此諸死刑皆磔於市,今改曰棄市。自非妖逆不復磔也。"顔師古注:"磔,謂張其尸也。棄市,殺之於市也。謂之棄市者,取刑人於市,與衆棄之也。"①

"磔"的本義爲"裂",從甲骨文看,在商代是一種常見的用牲法。"磔"既可施於牲物,也可施於人。其施行方法是將如犬等牲物或人的肢體加以割裂,懸牲物或人首於門。上古祭"門"、"行",常常用"磔牲"之法。《呂氏春秋·季春紀》載"國人儺,九門磔禳,以畢春氣","九門磔"就是磔牲懸門以除"惡氣"之祭。《吳越春秋·夫差內傳》載吳王殺伍子胥後,"即斷其頭,置高樓上",就是磔人並懸首於城門的顯例。這種做法被作爲向寇仇發泄仇恨並用以警示衆人的手段,在歷史上長盛不衰。

典籍載商鞅和蘇秦皆受"車裂"之刑,蘇秦被"車裂於齊之市"。②車裂即磔刑之變種,可見磔刑不光可用刀斧鋸鑿,還可以用車馬。文獻中"決磔於市"、"磔死梟首"、"磔於市"的文字史不絕書,説明"磔"刑在漢代以後並未絕跡。典籍中還流行"寸磔"之語,即"凌遲"之刑,更被視爲古代酷刑的極致。

"刑人於市"的目的,《魏書·刑罰志》謂:"夫刑人於市,與衆棄

---

① 班固:《漢書》,中華書局,1962年,第145~146頁。
② 諸祖耿:《戰國策集注彙考》,第961頁。

之;爵人於朝,與衆共之。明不私於天下,無欺於耳目。"《舊唐書·錢徽傳》載穆宗詔曰:"是以爵人於朝則皆勸,刑人於市則皆懼,罪有歸而賞當事也。"因爲"市"乃士衆輻輳之地,殺人於此,可對更多的人起到震懾和警示的作用。

"刑人於軍市"亦見於典籍記載,如:

1. 明張溥編《漢魏六朝百三家集》卷一〇三上《陳公九錫文》:"長狄之種埋於國門,椎髻之酋烹於軍市。"

2. 宋李昉等編《文苑英華》卷六七七《梁貞陽侯與陳司空書》:"僞帥將傳首於帝京,鄘塢元兇皆橫尸於軍市。"

3. 宋司馬光撰《資治通鑒》卷二九四《後周記五》"世宗睿文孝武皇帝下":"戊申,孫行友奏拔易州,擒契丹刺史李在欽獻之,斬於軍市。"

4. 宋司馬光撰《資治通鑒》卷一八一《隋紀五》"煬皇帝上之下":"失亡蕩盡,帝大怒,鎖繫述等,癸卯引還。"胡三省《音注》引《考異》曰:"《雜記》:七月,帝自涿郡還東都。十一月,宇文述等糧盡遁歸,高麗出兵邀截,亡失蕩盡。帝怒,敕所司鎖將隨行,無幾,斬劉士龍等於軍市。"

由以上記載,可知在軍市殺人與在一般的"市"殺人有所不同,即所殺之人主要是擒獲的敵人,尤其是敵酋,兼有違反軍令或瀆職的軍人。

原載《廈門大學學報》(哲學社會科學版)2006年第2期,今據以收入。

論中國古典學的重建

引　言

　　殷墟甲骨文出土以來,一批批包括甲骨文、銅器銘文、簡牘帛書以及璽印文字、貨幣文字、陶文、石刻文字等在内的先秦秦漢出土文獻相繼被發現。回顧二十世紀,我們可以稱其爲"大發現時代"。①這些大發現爲中國古典學研究帶來了豐富的新資料,提供了衆多的新信息和新認識。由於這些大發現,古代典籍中記載的有關史料和史實或被證實,或被修正和推翻,人們充分認識到古代的許多思想觀念有着比傳統認識更爲久遠的來源,以往在中國古典學研究上形成的一些觀點和結論一次次被證明需要進行重新思考和定位。這些大發現及其帶來的研究熱潮引起了學術界有識之士的普遍關注。當前,由此引發的一場被稱爲"重建中國古典學"的學術變革正在進行中。

　　關於出土文獻對中國古典學相關學科的影響,已有許多學者進行過較爲深入的研究。但尚未有人對中國古典學的概念做出準確描述,對當前古典學的重建做出總結和展望。本文將就此做些嘗試性

---

① 李學勤:《考古新發現與中國學術史》,《中國古代文明研究》,華東師範大學出版社,2005年,第400頁。

論證,不當之處,敬請指正。

一 中國古典學及相關概念

1. 什麽是"古典"

"典"字甲骨文作"🔲"(《甲骨文合集》36489)、"🔲"(《甲骨文合集》38307)等形,金文作"🔲"(弜父丁觶)、"🔲"(召伯簋)等形,"象雙手奉册之形"。① 在古文字中,"典"與"册"本爲一字之分化,所以"典"的本義就是指典册,即記載文字的竹木簡。《尚書·多士》謂"惟殷先人有册有典",指的就是典册。《説文解字》曰:"典,五帝之書也。"②此意爲"典"即"三墳五典"之"典",可見"典"可泛指上古之書。

"古典"一語常見於古代典籍,主要有如下兩種含義:一種是指上古的經典著作,如《史記·五帝本紀》太史公曰:"《書》缺有閒矣,其軼乃時時見於他説。"司馬貞《索隱》謂:"言古典殘缺有年載,故曰'有閒'。"③這裏的"古典"是指《尚書》。一種是泛指古代書籍,如《後漢書》曰:"至孝明皇帝,兼天地之姿,用日月之明,庶政萬機,無不簡心,而垂情古典,游意經藝,每饗射禮畢,正坐自講,諸儒並聽,四方欣欣。"④

因爲典章制度都載於典册之中,因此"古典"又指古代的典章制度。甲骨文中常見"用舊典"或"用新典"的説法,⑤"典"指行事的常法,也就是典章制度。《漢書》曰:"漢氏諸侯或稱王,至于四夷亦如

---

① 徐中舒等:《甲骨文字典》,四川辭書出版社,1990年,第490頁。
② 許慎:《説文解字》,中華書局,1979年,第99頁。
③ 司馬遷:《史記》,中華書局,1959年,第46、48頁。
④ 范曄:《後漢書》,中華書局,1973年,第1125頁。
⑤ 劉釗:《叔夨方鼎銘文管見》,《黄盛璋先生八秩華誕紀念文集》,中國教育文化出版社,2005年,第160頁。【編按:此文已收入本書。】

之,違於古典,繆於一統。"①又《後漢書》謂:"數上書順帝,陳宜依古典,考功黜陟,徵集名儒,大定其制。"②文中的"古典"用法相同,也是指典章制度。

既然古代的歷史主要是靠典册流傳下來的,因而記載了古代歷史的"古典"就包含了古代物質文明和精神文明兩個方面的内容,因此從某種意義上説,"古典"就是指古代文明,而"古典學"也就是"古代文明"之學。

所謂"古典"之"古"在絶對時間上並不確定,"古"與"今"相對,因此只要是早於當時的時代都可稱"古"。但人們通常所理解的"古典"除了時間上的意義外,應該還有文化上的涵義。由於中國具有悠久的歷史和燦爛的文化,而且中國古代文明一直延續至今,從未間斷,因此對於中國的"古典"而言,它具有傳統的而非後世的、典範的而非俚俗的、本土的而非外來的等多重涵義。

西方也有"古典"的概念,英語叫"classic",具有優秀的、重要的、傳統的、歷史悠久的、經典的等涵義,③與漢語中"古典"的内涵大體相當。其詞根"class"具有"等級"的含義,相當於中國古代的"禮"。分等級就是分出高下,"classic"的詞義就由此引申而來。中國古代的"禮"也是古人推崇的高貴品質,是古代五種德行即"五行"之一。④由此可見,在對"古典"的認識上,中國和西方具有相通之處。

2. "中國古典學"及其與"國學"的關係

"古典學"(Classics)本來是西方的一個學科概念,它的範圍很寬泛,不是一個單一的學科名稱,而主要是指研究古希臘、古羅馬時期

---

① 班固:《漢書》,中華書局,1975年,第4105頁。
② 范曄:《後漢書》,第921頁。
③ THOMPSON, D:《牛津現代英漢雙解詞典》(新版),外語教學與研究出版社,2004年,第359頁。
④ 馬王堆漢墓帛書和郭店楚墓竹簡中的"五行"均指仁、義、禮、智、聖。

的學問,是古典語文學、古代史、古代哲學等若干相鄰學科的總稱。①古典學在西方具有悠久的傳統,直到今日,它在許多國際著名高等學府和研究機構的學科設置中還具有重要地位。

有的學者借用這一概念,並賦予它新的含義,用"中國古典學"來指代研究中國上古時期語言學、歷史學及哲學等相關諸多學科的總稱,即主要研究先秦秦漢時期中國古代文明的學問。這種認識與上文闡釋的"古典"含義是相對應的。

中國考古學研究的先驅蘇秉琦先生生前致力於中國古代文明"起源、形成及走向秦漢帝國道路的研究",②這一研究的時段與我們所說的"中國古典學"正相符合。歷史學家林志純先生曾將中國古代從五帝三代到春秋戰國時期稱爲"古典時代"。③ 其劃分與我們所說的"中國古典學"的時間跨度雖然下限稍有差異,但內涵也大體相當。

其實中國本有與"古典學"相關的概念,稱爲"國學"。國學最初是指國立高等學府及其制度,所以教國子者也。如《周禮》載:"樂師掌國學之政,以教國子小舞。"④又《漢書》曰:"其有秀異者,移鄉學于庠序;庠序之異者,移國學于少學。"⑤這個意義一直沿用到清代新式學校興起以前。

清朝末年,國門洞開,西學東漸,"國學"遂轉指有別於"西學"的中國固有之學術。1902年,梁啓超在日本計劃創辦《國學報》,⑥即用此義。羅振玉在日本撰寫的《扶桑二月記》中也使用了"國學"的稱

---

① 瑪麗·比爾德、約翰·漢德森著,董樂山譯:《當代學術入門——古典學》,遼寧教育出版社,1998年。
② 蘇秉琦:《中國文明起源新探》,生活·讀書·新知三聯書店,1999年。
③ 林志純:《再論中西古典學》,《中西古典學引論》,東北師範大學出版社,1999年,第558頁。
④ 《周禮》,遼寧教育出版社,1997年,第41頁。
⑤ 班固:《漢書》,第1122頁。
⑥ 丁文江、趙豐田:《梁啓超年譜長編》,上海人民出版社,1983年,第292頁。

呼。當時在海内外有各種以"國學社"、"國學會"、"國學館"等命名的組織,《國學萃編》、《國學叢刊》、《國學雜志》、《國學叢選》等書刊也相繼出現,"國學"一語頗爲流行。值得注意的是,早期用"國學"來指稱中國學術的學者多曾在日本活動,因此有學者認爲"國學"語義的轉變可能是受了日本的影響。① 在二十世紀二三十年代和九十年代到二十一世紀初,我國先後出現了兩次關於國學定義和内涵的大討論。② 各家衆説紛紜,莫衷一是,但以"國學"指稱中國學術這一説法,已經基本得到認同。從某種意義上説,國學就是研究清代以前(包括清代)中國古代文明的學問。

因此,中國古典學可以被看作是國學的一個分支,即研究漢代以前(包括漢代)中國古代文明的學問。對此李學勤先生就直接稱之爲"中國古代文明研究"。其研究内容是"國學"研究内容的前半段。這一段"就是中國歷史上文明早期的一段,大體與《史記》的上下限差不多",③是中國文明發展史上至關重要的階段。

二　中國古代兩次重要的古典學重建

隨着社會的演進和變遷,中國古典學在歷史上也經歷了波瀾起伏的發展和變化。每當古典學因陳舊僵化以致被忽略鄙薄,或是因其不能適應社會現實的需要而瀕臨湮滅沉淪,或是因重要資料的發現不得不改變其面貌之時,統治者或學術界都要做出相應的努力和調整,以使古典學在社會上能夠恢復到應有的地位,發揮出應有的作

---

① 桑兵:《晚清民國時期的國學研究與西學》,《歷史研究》1996 年第 5 期,第 30~45 頁。
② 李權興:《"國學研究"論爭綜述》,學説連綫·學術視野·學術綜述,http://www.xslx.com/htm/xssy/xszs/。
③ 李學勤:《中國古代文明十講·序言》,復旦大學出版社,2003 年,第 1 頁。

用。這種隨着社會形勢的變化而打破舊的古典學學術體系、重建新的學術體系的過程,就是古典學的重建。

雖然中國古典學的名稱出現得很晚,但實際上這種學問的產生卻很早。傳統上的經學、古史學和先秦諸子學實際上就是中國古典學的前身。它們在歷史上是不斷演進變化的,正是它們構成了中國學術發展史的主流。中國歷史上曾有過兩次比較重要的古典學重建,它們在學術史上起到了極其重要的作用,是決定學術發展走向的關鍵所在。分析和比較這兩次古典學重建的特點,將有助於我們認清當前古典學重建中所面臨的問題。

1. 漢晉前後的中國古典學重建

中國的傳統學術是以經學爲核心的,經學是以與孔子有關的儒家經典爲主要研究内容的。從孔子删定六經,到秦始皇焚書,儒家經書各有傳承,這可以説是經學的濫觴。焚書對經學造成了毁滅性的打擊,致使秦亡之後,儒生們只能靠口耳相傳恢復經書的傳習,並逐漸形成了今文經學。漢惠帝四年(前191年)除"挾書律",以孔子壁中書爲代表的古文經書重見天日,並以此爲契機形成了古文經學。在經學史上,漢代古文經書的出現、古文經學與今文經學之爭以及古文經學作爲主流對經學的統一,都是非常重要的焦點。在此之前,今文經學是學術主流,但今文經學的研究對象是漢初儒生憑藉記憶用隸書寫出的儒家經典,而古文經學的研究對象則是戰國末期用六國文字——主要是齊系文字寫成的先秦儒經,是未經改動的原始文獻。顯然在可靠性上後者要遠遠高於前者。古文經就是當時的出土文獻,當時以古文經爲主要研究材料重建儒家經學,從實質上講,就是以出土文獻爲主要依據來重建中國古典學。可見出土文獻與中國古典學重建之間的淵源是相當久遠的,將二者緊密結合是漢代學者就已經注意到並加以身體力行的,這爲經學在後代的發展奠定了重要的基礎。

　　同時我們也應注意到，今文經學家最初對古文經學所依據的出土文獻曾普遍表示過懷疑，這在當時就是一股疑古思潮。① 它在客觀上促進了學術的發展，對經學的重建也起到了重要的推進作用。後來今文經學逐漸衰落，同時今文經學的許多觀點也滲透到古文經學家的著作中，到鄭玄時實現了古文經學和今文經學的融合和統一。漢代古典學重建的部分成果以東漢靈帝時刻製的"熹平石經"的形式公佈出來。曹魏正始年間，又用古文、篆文和隸書三種字體刻寫了"三體石經"，這說明出土文獻及古文字體在當時是很受重視的。

　　在古典學研究史上還有一件影響重大的事，就是西晉年間汲冢竹書的面世。《晉書》記載："汲郡人不準掘魏襄王冢，得竹簡小篆古書十餘萬言，藏于祕府。"② 這是繼西漢古文經書之後又一次重要的文獻出土。竹書出土後隨即受到政府的高度重視，並組織衆多學者加以整理研究。"如杜預之注《左傳》、郭璞之注《山海經》，皆曾引用其說"。③ 這又是學者利用出土文獻研究傳世典籍，不自覺地使用"二重證據法"來重建中國古典學的一次寶貴嘗試。

　　我們今天所能見到的《十三經注疏》中的注多數是漢晉古注，如鄭玄注的三《禮》、箋的《毛詩》，杜預注的《左傳》等。當時剛剛經歷了一個出土文獻發現的時代，利用出土文獻來研究傳世經典已經成爲學術界一股漸趨強勁的潮流，因此他們或多或少都會受此影響。這批漢晉古注爲後來經學的發展奠定了良好的基礎。可以這樣說：這是在秦始皇焚書之後完成的中國古典學的第一次重建，而出土文獻

---

　　① 劉建國：《先秦僞書辨正·前言》，陝西人民出版社，2004年，第1頁。
　　② 房玄齡等：《晉書》，中華書局，1974年，第70頁。
　　③ 王國維：《最近二三十年中中國新發見之學問》，傅杰：《王國維論學集》，中國社會科學出版社，1997年。

在其中的重要作用不容忽視。

2. 唐宋前後的中國古典學重建

魏晉南北朝時期,經學出現了玄化、佛化等趨向,並逐漸分裂爲南北兩派。隋唐時期,隨着國家政權的統一,經學也重新趨於一統,《經典釋文》、《五經正義》、"九經注疏"等著述顯示了官方重建經學的意圖。這在一定時期内維護了經學的地位,將經學研究又一次推向了高峰。《十三經注疏》中唐代學者完成的"義疏"和"正義"是這次經學重建工作的一個總結。由於六朝時期經歷了佛、道對儒學的衝擊,孔穎達等人在奉敕編撰《五經正義》時堅持"疏不駁注"的原則,這是"對漢代經學的重新認同"。① 因此唐代的經學重建,實際上是在保持漢學原貌的基礎上進行的解釋和闡發,並没有使學術特徵産生實質性的轉變。

在宋代,由於受當時社會現實的影響,求變的思想在文人中頗爲盛行,經學也爲之一變。邢昺等人奉旨校訂的群經義疏就體現了不泥於經的傾向。後來疑古之風再次興起,不少學者開始對漢唐古注提出質疑,李覯、司馬光等人甚至提出了"斥孟"、"疑孟"的主張。這對後世學術思想的發展産生了重大影響,也是中國學術史上的一件大事。宋代産生的理學、明代興起的心學以及清代形成的漢學無不直接或間接受到這股疑古之風的引導和牽動。疑古思想也引起了辨僞學的興盛,學者們對一些前人深信不疑的古書産生了懷疑。不少學者撰寫文章、舉出例證,證明某些古書爲僞書。這使得中國古典學的根基産生了動摇,如何重建古典學成爲擺在當時政府和學者面前的一道難題。

同時,出土文獻也引起了宋代部分學者的注意,這主要體現在金

---

① 吴雁南等:《中國經學史》,福建人民出版社,2005年,第247頁。

石學的興起上。青銅器的出土早在漢代就有先例,但在一段時間内,它僅被當作祥瑞之兆來看待,並沒有引起學者們的重視。宋代由於皇室的提倡,官員和富有知識分子們開始對青銅器產生興趣,人們紛紛搜集、著錄、研究青銅器銘文,促進了金石學的形成和發展。吕大臨的《考古圖》、王黼的《宣和博古圖》、薛尚功的《歷代鐘鼎彝器款識法帖》和王俅的《嘯堂集古錄》等著錄書籍相繼出現。金文的釋讀和考證也取得了很大進展。① "偏旁分析"、"辭例推勘"等釋字方法的名稱雖然還沒有出現,但卻已經被當時的學者不自覺地加以運用了。

宋代的古典學重建最終是以在疑古思潮影響下產生的理學作爲其主體面貌銘刻在學術史上的,朱熹等人爲四書五經所做的注成了其代表性的成果,對後世的影響至爲深遠。宋代古文獻的出土和傳承並沒有對經學的發展走向起到引導作用,也沒有對古典學的重建產生多大推動。儘管如此,我們還是應該對當時的疑古思想和出土文獻研究加以充分的肯定。因爲雖然二者沒有發生明顯的互動作用,但前者爲學術思想的變革提供了動力,後者則爲後世古文字學的興盛起到了傳承作用,它們在古典學史上的功績都是不應抹殺的。

三 中國現代的古典學重建

通過比較上述兩次歷史上較爲重要的古典學重建,我們可以看出,古典學的重建並不是隨時都可能進行的,它需要有多種主客觀條件,而當前我們就具備了這些條件。我們目前正處在一場古典學重建的重大學術變革中,這次古典學重建的規模和深度是歷史上任何時期都無法比擬的,其所能達到的輝煌目標也是難以限量的。

---

① 趙誠:《二十世紀金文研究述要》,書海出版社,2003年,第17~29頁。

裘錫圭先生指出古典學重建是"(古典學)往往由於觀念、方法的更新或重要新資料的發現,在較短的時期內就發生了劇烈的變化,呈現出新的面貌",①這無疑是十分正確的。但是從宏觀上看,每次古典學重建,從其根源的產生、舊體系的打破到新體系的最終建成,又必然要經歷一個較爲漫長的歷史過程。因此我們認爲:從時間上講,中國現代的古典學重建發端於十九世紀末,經歷了整個二十世紀,目前正逐漸被廣大學者推向高潮。

1. 清末以來的社會變革是中國現代古典學重建的原動力

十九世紀後半葉,近兩千年來在中國思想界佔統治地位的經學體系受到了嚴重衝擊,人們對封建社會的合理性產生了懷疑,對中國古代社會的傳統認識也開始動搖。西風東漸,不僅使許多人意識到應該推翻封建統治,模仿西方建立民主政體,而且吸引了越來越多的人學習西學。清朝政府創辦新式學校,廢除科舉考試,不再以傳統經學作爲培養人才的核心。這些都使中國古典學的面貌發生了改變,人們開始換一種眼光來看待從前被奉爲圭臬的典籍。清朝覆亡後,尤其是新文化運動後,中國的思想學術界更是呈現出百家爭鳴的態勢,以經學爲主體的中國古典學格局被徹底打破。

馬克思主義傳入中國後,以郭沫若爲代表的一大批學者嘗試用唯物史觀研究中國古史,重建中國古典學。建國以後,馬克思主義成爲國家意識形態,在相當長的時間裏,由於極"左"思想的干擾,對封建主義的批判使得古典學研究受到了嚴重影響,古典學研究在某種程度上成了爲政治鬥爭服務的工具。

以十九世紀末經學作爲傳統古典學主體的格局逐漸被打破爲濫觴,古典學的重建工作就開始進行了。但直到二十世紀八十年代以

---

① 裘錫圭:《中國古典學重建中應該注意的問題》,《中國出土古文獻十講》,復旦大學出版社,2004年,第2頁。

前,其規模和深度還遠遠稱不上壯觀,古典學的研究不斷受到社會變革和社會思潮的左右和牽制。這些左右和牽制嚴重影響了古典學重建的科學性。改革開放以後,很多學者開始自覺地將古典學作爲一門科學來看待,在相當程度上擺脫了社會變革和社會思潮的干擾,加之地下出土資料"井噴"時代的到來,中國古典學的重建不論在深度還是廣度上都進入了一個新的時代。

2. 疑古思潮的興起是導致中國古典學重建的誘因

在整個古典學研究的發展進程中,疑古思想貫穿始終。這種思想在清末民初又一次達到高峰,演變成了新的疑古思潮。在晚清經學研究中出現了以康有爲"托古改制"爲代表的今文經學,"古爲今用",藉以宣傳變法思想。這種思想爲舊有經學體系的崩潰創造了條件。後來在古史研究中出現了以顧頡剛爲代表的"古史辨派",對許多傳統典籍的可信性提出質疑。顧頡剛提出了著名的"層累地造成的中國古史說",使"疑古"和"信古"成爲針鋒相對的兩股力量,它們之間的辯難爲後來"釋古"觀念的產生提供了土壤。

隨着社會的變革,舊有的古典學體系已經明顯不能適應時代的需求,新的社會形勢要求人們對中國古代文明有新的認識。在打破舊的古典學體系方面,上述疑古思潮的功績是不容抹殺的。它使人們從盲目信古的禁錮中解放出來,在客觀上要求人們必須對中國古典學進行重新建構,這是十分重要的。疑古思想者本身對古典學的重建也進行了有益的嘗試,其中康有爲對六經的闡釋,古史辨派在對古書年代和上古歷史研究的基礎上形成的中國古史觀,都自成體系,有相當多的發明發現,具有重要的啓示意義,後者甚至幾乎影響了二十世紀中後期中國的整個古典學研究。但由於時代的限制,受各種主客觀條件的制約,他們的思想都具有一定的片面性。那麼,被打破的古典學體系要在什麼客觀條件的基礎上才能重新建立起來呢?這個重任歷史地落在了考古學者和出土文獻研究者的肩上。

3. 現代考古學的引進和大量出土文獻的發現是中國現代古典學重建的基本條件

1899年王懿榮認出從安陽小屯挖掘出來被當作藥材"龍骨"出售的商代甲骨，從此甲骨學漸漸成爲學者們競相研究的顯學，甲骨文成爲我國近代最重要的出土文獻之一。甲骨文的發現也拉開了我國現代古典學重建的序幕。

考古學是二十世紀中國發展最快、取得成就最大的學科之一。如果說歷史上許多出土文獻（包括殷墟甲骨）的發現帶有很大偶然性的話，那麽現代考古學在中國出現之後，人們就開始有針對性地、主動地進行考古發掘，進而進行科學研究了。從十九世紀末到二十世紀初，在西方現代考古學的影響下，我國完成了從傳統金石學向現代考古學的轉變。1928年中央研究院歷史語言研究所考古組在李濟等人的帶領下對安陽殷墟進行了首次發掘。從那時至今，一批批重要的出土文獻隨着考古遺迹的發掘相繼與世人見面，中國迎來了一個考古大發現的時代。

裘錫圭先生曾經撰文指出中國古典學重建中應該注意的問題，包括簡帛古書與傳世文獻相對照、古書的真僞、①古籍的時代和源流、②古漢語研究③等方面。裘錫圭先生以自己切身的體會，用大量的具體例證深刻地說明了出土文獻在古典學重建過程中的重要作用。其實不僅上述研究需要出土文獻的支撐，包括出土文獻在内的一切經科學發掘出土的遺迹遺物都已經影響到了中國古典學研究的

---

① 裘錫圭：《中國古典學重建中應該注意的問題》，第5頁。
② 裘錫圭：《閱讀古籍要重視考古資料》，《古代文史研究新探》，江蘇古籍出版社，2000年，第63頁。
③ 裘錫圭：《談談古文字資料對古漢語研究的重要性》，《古代文史研究新探》，江蘇古籍出版社，2000年，第156頁。

各個領域。下面我們列舉一些近幾十年來的考古新發現對中國古典學諸學科有重要影響的例子。

在中國古代文明的起源方面,考古發現表明,早在新石器時代就有上萬個史前遺址"滿天星斗"般地遍布在中國大地上。① 在文明起源的時間、早期文明傳佈的空間範圍、文明起源的中心等研究領域,考古發現都打破了傳統認識。人們認識到中國古代文明的產生非常早,早期文明的傳佈非常廣闊,文明起源的中心並非是以黃河中下游地區爲中心的"蔓延輻射"式,而是多元的、在不同方位、多個地點的"分頭並進"式。從考古學角度對"三皇五帝"時代文化的探索取得了相當大的進展。

在古代文明與外界交往方面,考古發現使人們認識到,傳統的"内華夏,外夷狄"觀念是一種狹隘的民族主義。中國古代文明從很早開始,就與周邊地區和文化有着廣泛的接觸和交往。因此,必須把中國古代文明放到世界文明的整體格局中加以研究。考古發現提示我們,文明的接觸和交往是一種互動的過程,中國古代文明既影響了周邊和世界,世界和周邊也影響了中國。中國早期文化中不斷被考古發現證實的西方文化因素和北方草原地帶文化因素就是這種互動影響的顯例。

在哲學史方面,《周易》、《五行》、《老子》都分別有不止一種簡帛寫本出土。其他如楚帛書、《孫臏兵法》、《闔廬》、《歸藏》、《道原》、《性自命出》、《太一生水》、《孔子詩論》、《容成氏》、《恒先》等以往未見的儒家文獻、道家文獻和其他先秦諸子的作品,以及能反映古人哲學思想的某些著作的佚文也大量面世。這些新資料在道家的宇宙觀、《老子》的早期面貌、早期儒道關係、儒家的心性學說、儒家子思學派的思

---

① 蘇秉琦:《中國文明起源新探》,生活·讀書·新知三聯書店,1999年,第101～127頁。

想和傳承、被荀子指斥的子思孟軻的"五行"内容等重要問題上，都爲學術界提供了大量的新知，解決了一些長久懸而未決的疑難。這有助於我們重新正確認識並全面把握先秦秦漢時期哲學思想的發展演變。

在思想史方面，考古發現表明古代的許多思想觀念有着比我們想象的更爲久遠的來源。如《尚書·洪范》中的"五行"思想，早在甲骨文中就已初露端倪。而《尚書·洪范》這一古代治國的"大法"，經新出土的"燹公盨"證明，其至遲在西周時期就已經產生並流行。[1]"兵陰陽家"的資料在甲骨文中就有體現，説明這一學派有着久遠的來源。[2] 已出土的簡牘帛書中有大量的數術文獻，揭示了古代在相當長的時間内，"數術"思想和觀念對民間意識形態的籠罩。這些數術文獻的出土，使得學術背景久已湮滅或漸趨消亡的早期數術原理和内涵，慢慢被我們讀懂。

在宗教學方面，考古發現中有越來越多的祭壇、祭祀坑、神廟遺址、祭祀法器、朱書解注瓶、封禪玉牒、禱病玉版等的出土，爲我們研究上古宗教思想和觀念提供了新資料。出土文獻中的甲骨文是我們研究殷商西周時期宗教信仰的重要依據，同時也不能低估某些金文材料和簡帛資料在研究上古帝王和神話傳説發展形成中的作用。簡牘帛書中大量涉及神祇、祭祀、占卜、祝詛、宗教法術方面的記載，也讓我們對早期宗教的認識不斷得到加強。在早期巫道關係、古代的祝由術、醫術中的精神療法與道教法術間的聯繫等方面，我們也獲得了許多新知。

---

　　[1]　裘錫圭：《燹公盨銘文考釋》，《中國出土古文獻十講》，復旦大學出版社，2004年，第46～77頁。
　　[2]　劉釗：《卜辭"師惟律用"新解》，張永山主編：《胡厚宣先生紀念文集》，科學出版社，1999年，第140～143頁。

在語言學方面,利用金文和簡帛中的韻文、出土文獻中的假借和異文材料以及古文字構形中的表音聲旁及表音規律進行的上古音研究取得了長足進展。利用出土文獻研究上古漢語的詞義、語法乃至修辭等也都取得了極爲豐碩的成果。越來越多的詞彙在出土文獻中找到了詞源上的根據以及以往不見的義項或是更早的書證。隨着以往不見的字頭越出越多,漢字發展演變中的許多缺環得以補充,對漢字逐一進行發展演變譜系的描述已經變爲可能。同時,對中國古代文明產生標誌之一的漢字起源所進行的研究也正在成爲學術界的熱點。

在文學史方面,甲骨刻辭中富有文采的部分辭條已被視爲最早的文學作品。上博簡的《孔子詩論》、阜陽雙古堆漢簡的《詩經》和《楚辭》殘簡,都爲先秦文學史的研究注入了新的活力。睡虎地秦墓竹簡《爲吏之道》中的韻文《成相》讓我們看到了這一早已湮滅的文學題材。臨沂銀雀山漢簡的《唐勒賦》和連雲港尹灣漢簡中的《神烏賦》在文學史上都具有重要的價值和意義,尤其是後者將漢代用白話寫成的俗文學作品生動地展現在我們面前。敦煌漢簡中"韓朋夫婦"的故事和天水放馬灘秦簡中的志怪故事讓我們對古代志怪故事的起源獲得了新的認識。

在民族學方面,以傳世典籍記載的民族分佈和文化習俗爲綫索,通過有目標的考古發掘來探索民族起源、分佈與遷徙的工作越來越引起重視。不斷發現的有別於早期漢字的文字資料,使得探索異族文字的設想變爲現實。DNA技術的應用,使得體質人類學在考古學中的地位格外凸顯。對考古發掘出土的人骨進行測定,也使得從人種角度對不同民族的區分更爲準確。甲骨文是研究我國商周民族史、民族關係史的重要材料。金文中也有大量的部族、方國名稱,這些都爲我們提供了許多傳世文獻中未見的民族史料,爲研究華夏諸民族的起源和構成提供了珍貴的佐證。

考古資料尤其是出土文獻與歷史學的關係更爲緊密,考古新發現對歷史學產生重大影響的例證俯拾即是,在此不煩殫舉。舉凡當代科學化下的史前史、先秦史、秦漢史、歷史文獻學(包括古文字學)等學科,可以說在很大程度上是建立在考古學和出土文獻基礎之上的。在其他的一些相關專門史,如上古經濟史、政治史、法律史、軍事史、文化史、社會史、城市史、科技史、數學史、中醫中藥學史等方面,考古資料尤其是出土文獻的重要作用也是不可或缺和不可替代的。

總之,考古學的長足進展和出土文獻的層出不窮,使得中國古典學中的諸多學科不得不相應地改變自己。

4. "二重證據法"等科學方法的運用是中國現代古典學重建的利器

實踐證明,凡是涉及研究中國古典學的一切學科,都必須把地下資料與地上資料加以充分的結合。地下資料與地上資料的關係正如車之兩輪或門之兩扇,缺一不可,不能偏廢。那種僅靠在傳世典籍中打轉的研究早已失之於陋,難以擺脱被抛弃的境地。王國維先生曾精辟地指出:"吾輩生於今日,幸於紙上之材料外更得地下之新材料。由此種材料,我輩固得據以補正紙上之材料,亦得證明古書之某部分全爲實録,即百家不雅馴之言亦不無表示一面之事實。此二重證據法惟在今日始得爲之。雖古書之未得證明者不能加以否定,而其已得證明者不能不加以肯定可斷言也。"[1]此即"二重證據法"的最早出處。王先生的這段話是針對當時學術界過分懷疑古書的疑古思潮提出的批評,在方法論上對古典學的重建具有重要的指導意義,他及其以後的許多學者大都身體力行地實踐着這種科學方法。

饒宗頤先生在此基礎上又提出了"三重證據法"的概念,他說:

---

[1] 王國維:《古史新證》,《古史新證——王國維最後的講義》,清華大學出版社,1997年,第2~3頁。

"我認爲探索夏文化必須將田野考古、文獻記載和甲骨文的研究三個方面結合起來,即用'三重證據法'進行研究,互相抉發和證明。"①饒先生指出的"三重證據法"其實可以廣義地理解爲無字的考古出土物、有字的出土文獻和傳世文獻之間的互證。這是對"二重證據法"科學的繼承和進一步的細化。

在對待史料的態度上,馮友蘭先生提出的既不"疑古"也不"信古"的"釋古"主張,②代表了古典學重建過程中的正確抉擇。"清華學派"學者中注重"會通古今、會通中西和會通文理"的特點,也是古典學重建中應當發揚的學風。今後的古典學研究還應在三方面注重融會與整合,這三方面即考古與文獻(下和上)、域內和域外(內和外)、研究和調查(手和脚),③如此才能做出更爲全面立體的研究,無愧於歷史賦予我們的古典學重建的任務。

四 餘 論

在歷史上,每次古典學的重建都會遇到各種各樣的困難。同樣道理,在中國現代古典學重建的實踐中,也存在着許多亟需解决的問題。古典學重建的任務是十分艱巨的,它不僅需要出土文獻研究者的努力,而且還應該充分調動相關學科研究者的積極性,實現多學科的溝通和互動。可以預言:我們將長期處於中國古代文明的探索過程中,處於中國古典學的重建過程中。

中國現代古典學的重建之所以區別於歷史上曾經發生過的古典

---

① 饒宗頤:《談"干支"和"立主"》,《饒宗頤史學論著選》,上海古籍出版社,1993年,第 22 頁。
② 馮友蘭:《馮序》,羅根澤:《古史辨》(第六册),上海古籍出版社,1982 年。
③ 葛兆光:《思想史研究課堂講錄》,生活・讀書・新知三聯書店,2005 年,第 125 頁。

學重建,除了時代的差別外,更重要的是歷史上的古典學重建是自發的,而現代的古典學重建則帶有自覺的因素。如上文所述,漢代的古文經學家在經學研究中就已經不自覺地使用了"二重證據法",宋代的金石學家在釋讀金文時就已經不自覺地使用了"偏旁分析"、"辭例推勘"等方法。但他們並不曾像我們一樣能夠從實踐中總結出理論,並用理論來指導實踐,實現自覺的研究;也不能像我們一樣拋開階級的局限,用理性的眼光來看待中國古代文明;他們研究的目的也不完全是爲了追求科學、探索事實的真相;他們甚至還不知道自己當時正處在中國古典學的重建過程中。

與他們相比,我們有現代考古學和衆多的出土文獻資料,有科學的方法和理論指導,更重要的是,我們對當前正在進行的古典學重建有着充分的認識和宏觀的把握,能在更大程度上發揮主觀能動性,而這正是古人無可比擬的優越條件。但在中國現代古典學重建的早期,我們也曾經茫然過,我們也是僅僅着眼於解決具體問題,而沒有自己的明確目標。二十世紀七十年代以後大量戰國秦漢簡帛文獻的出土產生了足以改變人們傳統觀念的力量,引發了學者們更加深入的思考。"走出疑古時代"、"重新估價中國古代文明"、"重寫學術史"、"重寫文學史"、"重寫思想史"、"重寫經學史"等響亮的口號標誌着中國現代古典學重建的實踐者們正在從自發走向自覺,從茫然走向明確。我們熱切盼望並歡迎這個自覺時代的到來,也殷切地希冀有更多相關學科的學者都能認識到考古資料尤其是出土文獻的重要性,自覺地投入到古典學重建的實踐中來。

原載《廈門大學學報》(哲學社會科學版)2007年第1期,今據以收入。

論秦始皇陵園 K0007 陪葬坑的性質

《文物》2005 年第 6 期刊有陝西省考古研究所和秦始皇兵馬俑博物館聯合撰寫的《秦始皇陵園 K0007 陪葬坑發掘簡報》，報道了 2000 年 6 月發掘的秦始皇陵園外城垣東北角之外 900 餘米處、即位於現西安市臨潼區秦陵街道辦事處孫馬村陳王西組的一座陪葬坑的發掘情況。

據簡報報道，該陪葬坑平面呈"F"形，由一條斜坡道、二條南北向過洞及一條東西向過洞相互貫通構成。根據陪葬坑的位置和形制，簡報將其分爲三個區。在Ⅰ區和Ⅱ區的建築結構中，都有一條位於墊木夯土臺之間的斷面呈凹槽狀的象徵性的河道。河道口大底小，係用青膏泥在夯土基礎及三側墊木夯土臺内側塗抹而成，泥層厚 0.04～0.06 米。河道底部距墊木夯土臺 0.12～0.22 米，在墊木夯土臺内側形成緩坡狀。Ⅲ區和Ⅰ區的象徵性河道處於一個水平面上，二者呈直角形相互貫通。

在Ⅰ區過洞内共出土原大的青銅水禽 46 隻，其中天鵝 20 隻，鶴 6 隻，鴻雁 20 隻。這些水禽多數由西向東依次排列於坑底的墊木夯土臺上，頭部都朝向象徵性的河道中央。另有少數水禽位於河道内，個別立姿的水禽因盜擾或其他原因而傾倒。所有水禽展示的都是動態過程中的瞬間形態,如天鵝或立或卧,有的在覓食,有的在休息。有的鶴嘴中含有一銅質蟲狀物,表現的是從水中捉得蟲食後尖喙離開水面的瞬間姿態。而有的鴻雁展示的則是曲頸鳴叫的形象。

另外在 II 區還出土箕踞姿陶俑和跽姿陶俑共 15 件。這些陶俑手中原皆持有物件,因殘佚已不知其形態。陶俑的穿着皆爲有襪無鞋,表現的應該是在室内席上的形象。在陶俑周圍發現有銀質、青銅、骨質小件器物 260 餘件,其中有用於彈撥樂器用的銀義甲,由此設想陶俑手中所持應爲某種樂器。簡報推測陶俑和水禽之間當是一種主從關係,而不會是簡單的飼養與被飼養的關係;還推測陶俑可能職掌一定的樂器,是"以音樂來馴化水禽"。

關於陪葬坑的性質,簡報謂:"依據結構及現有的出土物來判斷該陪葬坑的性質尚存在一定的難度。"

其實據筆者看來,僅從現有的出土物已經足以判斷出該陪葬坑的性質。該陪葬坑應該是對秦始皇王室苑囿的一種局部仿造,即表現的是秦始皇御花園的部分場景。

王室苑囿的最大特點是建有很多宫室臺榭及園林池沼,其中豢養着眾多的禽獸蟲鳥魚鱉,種植着大量的奇花異木。王室苑囿的最大功用是爲帝王提供游觀逸樂的場所,同時也是王室的物品及經濟來源,即如《周禮·地官·囿人》所説:"祭祀、喪紀、賓客共其生獸死獸之物。"《三輔黄圖》卷三載:

> 梁孝王好營宫室苑囿之樂,作曜華宫,築兔園。園中有百靈山,有膚寸石、落猿岩、棲龍岫。又有雁池,池間有鶴洲、鳧渚。其諸宫觀相連延亘數十里,奇果異樹珍禽怪獸畢有。王日與宫人賓客弋釣其中。

又《三輔黄圖》卷四曰:

鶴池在長安城西。

上揭秦始皇陵園 K0007 陪葬坑出土的象徵性河道及天鵝、鶴、鴻雁等水禽所表現的正是《三輔黄圖》中所說的"雁池"或"鶴池"。

上文説過，秦始皇陵園 K0007 陪葬坑Ⅲ區和Ⅰ區的象徵性河道處於一個水平面上，二者呈直角形相互貫通。實際上Ⅲ區和Ⅰ區的河道應該是一個整體，即這一象徵性河道呈現的是一個曲尺形。這一曲尺形河道表現的是"雁池"或"鶴池"曲折蜿蜒的狀態，正是對現實場景的竭力模仿。

在 K0007 陪葬坑以西約 1000 米的吴村西南，1996 年曾發現了一座面積約 300 平方米的陪葬坑，坑内甬道的南北兩側共有 16 個耳室，耳室及甬道内出土了動物骨骸、陶俑。動物骨骸中，經鑒定有 10 種飛禽、走獸、魚鱉。簡報指出 K0007 陪葬坑與 1996 年發掘的動物陪葬坑有許多共性：均位於古魚池的南岸，靠近水源；均出土了鶴類及其他水禽的骨骸，這説明兩座陪葬坑之間有某種密切的關聯性。筆者認爲簡報的這一推斷是正確的，其實 K0007 陪葬坑與 1996 年發掘的動物陪葬坑性質完全相同，都是對王室苑囿的一種局部仿造。兩個陪葬坑中的飛禽、走獸、魚鱉、水禽共同構成了古代苑囿的主要生物内涵。

K0007 陪葬坑及 1996 年發掘的動物陪葬坑的地理位置相近，都位於東西向古河道南岸的臺地上。據簡報稱這一古河道爲古代的魚池。古代的苑囿中都具有衆多的河流或池沼，將仿造的王室苑囿建在古魚池的岸邊，應該有地理位置上的考慮。很可能這一古魚池就在秦始皇王室苑囿的範圍内，如此説來地下仿造的古苑囿的位置就與地上實際存在過的古苑囿重合了。

至於 K0007 陪葬坑中所出陶俑與水禽之間的關係，筆者認爲簡報作出的"陶俑和水禽之間當是一種主從關係，而不會是簡單的飼養與被飼養的關係"、"以音樂來馴化水禽"的推測是錯誤的。這是因爲陶俑表現的是在室內席地而坐或跪跽的形象,而水禽表現的則分明是在野外的形態,而且陶俑只出土於Ⅱ區,與出土象徵性河道和水禽的Ⅰ區和Ⅲ區的出土物差別明顯,其性質應有不同。那麼這些陶俑是用於何種用途的呢?筆者認爲這些握持樂器的陶俑就是宴樂俑,是爲君王游幸苑囿提供樂舞以用於欣賞和助興的,與出土的水禽並沒有主從關係,其所握持的樂器也不是用來馴化水禽的。古代王室苑囿中都設有許多臺觀,用於觀賞各種鳥獸之用,如漢上林苑中就設有"觀象觀"、"白鹿觀"、"魚鳥觀"等。欣賞鳥獸需有樂舞助興,這就是K0007陪葬坑配備有宴樂俑的原因所在。

　　古人視死如生,秦始皇陵園周圍分布的兵馬俑坑、馬厩坑,加上具有王室苑囿性質的K0007陪葬坑和動物陪葬坑,共同構成了秦始皇陵園所竭力仿造的世間王宮那恢弘侈靡的場景。

　　中國古代的苑囿有着悠久的歷史,至遲從商代開始,苑囿就已是經常見於記載的内容。從甲骨刻辭可以得知,商王頻繁的田獵活動就經常在苑囿中進行。秦的苑囿從規模和内涵看更是盛況空前。《三輔黃圖》卷四載:"漢上林苑即秦之舊苑也。"西漢初上林苑的四至據《漢書·東方朔傳》謂:"舉籍阿城以南,盩厔以東,宜春以西,提封頃畝,及其賈直,欲除以爲上林苑,屬之南山。"這個四至也應該就是秦上林苑的四至,由此可見其規模之大。在出土的古文字資料中也有很多與秦苑囿有關的資料,如雲夢睡虎地秦簡、雲夢龍崗秦簡中都有關於秦苑囿的法律和制度的記載。在出土的秦印和秦封泥中,有"上林郎池"、"池印"、"上林丞印"、"華陽禁印"、"章臺"、"安臺丞印"、"東苑"、"東苑丞印"、"杜南苑丞"、"宜春禁丞"、"陽陵禁丞"、"麋圈"、"白水之苑"、"白水苑丞"、"白水弋丞"、"左雲夢丞"、"右雲夢丞"、"平阿禁印"、"桑林"、"桑林丞印"、"突原禁丞"、"盧山禁丞"、"圷禁丞印"、"具園"等與秦苑囿有關的史料,可補史籍之缺。

秦始皇陵園具有苑囿性質的 K0007 陪葬坑的出土,爲我們展現了古代苑囿更爲具象、寫實的面貌,豐富了我們對古代苑囿的認識,因此,這批資料對於古代苑囿尤其是秦苑囿的研究無疑具有重要的意義。

原載《中國文物報》2005 年 8 月 5 日,發表時略有刪減,今據原稿收入。

新角度的探索

《許慎與説文解字》一書(中華書局一九八三年七月第一版),是姚孝遂教授多年研究和講授《説文解字》(簡稱《説文》)的概括總結。書中對《説文》的作者許慎,及有關《説文》的諸般問題,進行了全面深入的探討。旁參廣究,每中肯綮。是清代以來全面研究評介《説文》的一部力作。

《説文》是我國最早的字書之一,在學術史上地位顯赫。全書收字宏富,解説精賅,保存了許多古形古義,是文字學、詞彙學的經典著作。其推闡的"六書"理論和部首編排系統,一直是文字學、辭典編纂學的傳統法則,對後世學術影響甚大。研究《説文》者代不乏人,著述層出不窮。至有清一代,《説文》已躋於與儒家經典同等重要的地位,治小學者無不將其視爲金科,奉爲圭臬。僅研究《説文》的專著即達三百餘種,可謂汗牛充棟、洋洋大觀。然而《説文》作於漢代,受時代限制和材料束約,其内容和體例必然難臻完美。如"六書"理論的不盡完善,部首編排的重複抵牾,對本形本義的錯誤解説等等,都是《説文》的弊病。但最主要的是由《説文》本身的矛盾,即探求本形本義的宗旨與以篆文立説的方法之間的矛盾所引出的錯誤。糾正這些錯誤的唯一途徑,就是用古文字材料來印證和糾正《説文》。然而歷代研究《説文》者,大都因迷信《説文》而爲之曲語回護,偏執一詞。像章太炎那樣對古文字材料嗤之以鼻者不乏其人，大大影響了《說文》的研究和利用。

《許慎與說文解字》一書的最大特色，即在於從古文字學角度，用科學的文字分析方法來論證和闡發《說文》，在思想方法和材料運用上超越前賢，達到了新的高度。這一點是清代研討《說文》者所無法比擬的。對"六書"理論的分析和《說文》得失的評價，《許慎與說文解字》一書一反舊有的就《說文》論《說文》的方法，列舉了大量的古文字材料來說明問題。證據確鑿，說理清楚，令人信服。

歷史的局限和認識的僵化，致使《說文》成為一些人心目中的"絕對真理"，凡是對《說文》提出異議，另立新說者，皆被斥為"臆說"，遭到詆毀。唐代李陽冰是最早對《說文》進行全面整理的學者，只因刊定《說文》，屢招攻訐抵呵，造成了學界一大冤案。《許慎與說文解字》一書，對李陽冰的功過重新進行了評價，充分肯定了其貢獻，指出了其功績的"不可磨滅"。這是真正實事求是，全面科學的態度。其他還如對鄭樵、楊桓、周伯琦、章太炎諸人，皆能做到一視同仁，不分軒輊，不以其人廢說，亦不以其說廢人，褒貶適度，評價允當。

對文字進行分部歸類，使其各有所屬，不相雜厠，是許慎的獨創。《說文》五百四十部，應該是文字的基本形體，即所謂"字原"。然而文字發展到小篆，已是初形隱晦，訛變甚多，不足以窺文之初形，勘字之原始。而許慎以篆文立說，則必然會出現許多不盡合理處。《許慎與說文解字》一書，在評價歷史上諸家部首編排的得失之後，推出日本島邦男在《殷墟卜辭綜類》一書中首創的用甲骨文基本形體劃分部首的新體系。指出這一體系的合理性和參考價值，並列表於後，將島邦男的劃分與《說文》部首劃分進行比較，為古文字構形學和辭典編纂學研究提供了新的資料和方法。

此外,《許慎與說文解字》一書在許慎生卒年代、《說文》書體、"六書"理論等方面也提出了一些新見解,值得細讀。

原載《讀書》1986 年第 11 期,今據以收入。

評《小屯南地甲骨考釋》

自殷墟甲骨發現至今,已有九十年歷史。九十年來,經過有志於此的學者的長期努力,"甲骨學"已成爲内涵豐富、分支廣博的學科,日益引起學術界的廣泛重視。新中國成立以來,新一代研究者刻苦鑽研,探賾索隱,使"甲骨學"研究在各個分支上不斷向縱深發展,成就顯著。

1973年,考古研究所又在殷墟小屯南地發掘出大量甲骨,舉世矚目。姚孝遂教授有幸參加了這次發掘,並於1983年與肖丁先生合作寫成《小屯南地甲骨考釋》一書(中華書局1985年8月第一版)。此書寫作動機正如作者於序言中所説"《屯南》由於其資料的重要性,它應該在更大規模的範圍内,爲更多的學科所利用","使這批寶貴的資料發揮它應盡的作用"。

小屯南地新出甲骨5041片(綴合前數字),其中有許多新材料可以印證和解決舊有問題。《小屯南地甲骨考釋》一書,將小屯南地甲骨材料加以爬梳理董,分別部居,列先公、先王、先妣、神祇、人牲物牲、方國、人物職官、天象、田獵、習刻等十章,每章下又劃分若干小節,對重要的卜辭逐條分析,詳加考釋。妙解紛披,勝義如雲。是繼《殷虛卜辭綜述》後國内第一部全面研究甲骨材料的著作。

甲骨斷代一直是甲骨學的重要問題。近幾年展開的"歷組卜辭"

時代的爭論,標誌着甲骨分期研究的深入。《小屯南地甲骨考釋》一書對斷代問題雖然沒有詳加探討,但作者在序言中有一段話則值得重視:"我們認爲,關鍵之一是在於討論對象範圍的確定。究竟把哪些刻辭劃定在我們討論的範圍之内,在實際上大家的認識並不完全一致。"這段話貌似平淡,但卻點出了目前有關歷組卜辭時代爭論的癥結所在。目前部分學者只把署有貞人"歷"的卜辭,作爲討論的對象,另一部分學者則據字體繫聯,將許多無名組卜辭也劃歸其内。討論的基礎不同,則不可能得出統一的結論。

《小屯南地甲骨考釋》於先王一章,對大乙至小乙的世次序列提出了幾個值得探討的問題。其中"羌甲"的世次與地位問題是討論的重點。作者認爲"羌甲之世次與地位,卜辭的資料與史籍的記載之間,是存在矛盾的"。通過對《屯南》2342,《乙》3060,《粹》250、260 幾片卜辭的比勘分析,指出"過去大家一直根據史籍記載,以爲羌甲乃祖辛之弟,根據卜辭,這是不可能的。羌甲與祖辛不能同屬一個世次,羌甲當是祖辛的下一輩"。這一分析爲重新劃定小乙以前的世次提供了重要綫索。

卜辭於一日之内的時間分段,劃分細緻,各有專名。過去雖有過整理研究,但因材料不足而難免疏漏。《小屯南地甲骨考釋》一書利用小屯南地的新材料對這一問題進行了新的總結,重新劃分出"旦——食日——中日——昃——郭兮——昏"這一時間分段。這是對殷人於一日之内時間劃分的完整的認識。

甲骨刻辭中存在許多初學者的"習契"之作,一般稱之爲"習刻"。對此類材料以往多缺乏注意。《小屯南地甲骨考釋》一書將屯南材料中的習刻資料加以綜合整理,對不同的類型進行分析鑒別,是一項很有意義的工作。

對文字從構形學角度進行分析,科學地判別異同,是貫穿《小屯南地甲骨考釋》全書的一條宗旨。如書中對小與少、正與足異同的理解；對夒與猱、燓與焚區別的分析等等，皆言深旨遠，縝密精到。類似這樣的理解分析於書中俯拾即是。

　　《小屯南地甲骨考釋》書後附有小屯南地所有新出材料的釋文。因釋文據印刷不精的拓本隸寫，其中難免有一些疏漏，可與中華書局出版的《小屯南地甲骨》釋文部分對照參看。其中也有訂補《小屯南地甲骨》釋文部分所缺釋錯釋者。比較完備的釋文請參見姚孝遂教授與肖丁先生主編的《殷墟甲骨刻辭摹釋總集》小屯南地甲骨釋文部分。

　　原載《東方文化》1988年第1期，今據以收入。題目爲此次編選論文集時所加。

評《戰國文字通論》

戰國文字研究肇始於西漢,而真正系統的研究,則是從二十世紀五十年代開始的。五十年代末,李學勤先生撰《戰國題銘概述》一文,首次對戰國文字進行詳盡的分國整理研究,爲全面研究戰國文字奠定了基礎。近數十年,大量的戰國文字資料不斷出土,研究方法也不斷進步,爲戰國文字研究的不斷深入創造了條件。雖然戰國文字研究已取得了長足的進展,但學術界卻一直没有一部全面論述戰國文字的專書。何琳儀先生這部《戰國文字通論》(中華書局 1989 年第一版,以下簡稱《通論》)是第一部全面論述戰國文字的著作。筆路藍縷,功莫大焉。

《通論》共分五章。第一章"戰國文字的發現和研究";第二章"戰國文字與傳鈔古文";第三章"戰國文字分域概述";第四章"戰國文字形體演變";第五章"戰國文字釋讀方法"。

《通論》的優點很多,主要有以下幾點:

1. 論述全面。《通論》對戰國文字研究的各個方面皆有涉及。層次清楚,結構豐滿。尤其在論證形體方面,更是作者的特長。每論一字,皆能做到於形有證,於音有考,於義有解。其中戰國文字與傳鈔古文的關係,前人多注意不夠,而《通論》作者則能闡幽發微,深入論證,許多見解頗爲精采。

2. 充分吸收學術界最新、最高成果。近年來戰國文字研究方興未艾，湧現出一大批從事戰國文字研究的學者和許多高質量的論文。對這些最新、最高的成果，《通論》都能充分吸收，擇善而從。取捨準確，選擇適當。這體現了作者對學術上是非的判別能力和研究古文字的深厚功底。

3. 有許多獨到見解。《通論》的最大優點是大膽提出新見解，不盲從舊説，不墨守古人。尤其"戰國文字形體演變"一章，對考釋戰國文字極具啓發性。在"戰國文字釋讀方法"一章中，作者提出了考釋戰國文字的八種方法，即："歷史比較、異域比較、同異比較、古文比較、諧聲分析、音義相諧、辭例推勘、語法分析。"這些方法不僅對考釋戰國文字，同時對考釋所有古文字，都具有一定的指導意義。

《通論》存在的問題是：有些字的考釋和隸定似乎還有待斟酌，一些字的解釋也稍失之於武斷。另外一些字已有新説及考釋，且有已成定讞者，希望在再版時能有所訂正和補充。

對於有志於研究戰國文字的人，《通論》不能不説是必備的參考書和入門之階。

原載《東方文化》第 28 卷，1990 年第 1 期，今據以收入。題目爲此次編選論文集時所加。

評《金文編》

《金文編》是容庚先生傾其畢生精力完成的一部巨著。1925年初版,1939年再版,1959年三版。三版後的《金文編》,以其著録宏富、摹寫準確、考釋精當而享譽學術界,被視爲學習研究古文字的經典著作,一直是古文字學家及古文字愛好者的案頭必備書。

張振林先生和馬國權先生乃容庚先生高足,稟承師學,刻苦鑽研,於金文用力尤勤,爲新版《金文編》(容庚編著,張振林、馬國權摹補,中華書局,1985年)的編寫摹補付出了極大的心血,使這部書能夠盡早面世,嘉惠學林,其辛勤的勞動和認眞的態度,實在令人感動。

新版《金文編》與舊版《金文編》相比,有許多優點,細心的讀者很容易發現。關於這一點趙誠先生在《後繼有人——〈金文編〉終於出版》(《中國語文研究》第八期第119～122頁)一文中列舉甚詳,讀者可以參看。這裏只對新版《金文編》存在的一些問題舉例加以說明。新版《金文編》主要存在以下一些問題:

1. 考釋錯誤

頁11 祐誤釋爲祭;頁13 福誤釋爲祂;頁72 嚥誤釋爲啖;頁167 縷誤釋爲縐;頁395 析誤釋爲枝;頁482 夜誤釋爲夕;頁712 暜誤釋爲替;頁934 轉誤釋爲轉;頁944 隋誤釋爲隋。

2. 不明假借

頁49 豙(借爲隊)誤釋爲豙;頁102 述(借爲遂)誤釋爲遂;頁237 沬(借爲眉)誤釋爲眉;頁457 聞(借爲昏、婚)誤釋爲昏;頁739 霰(借爲潛)誤釋爲潛。

3. 兩字混列

頁107 逎、永混列;頁331 豊、豐混列;頁875 䜴、䖑混列。

4. 當釋不釋

頁150 信字不釋;頁151 𫝊(傳)字不釋;頁691 㷱字不釋;頁723 肅字不釋;頁829 𢦖字不釋;頁830 𣌑字不釋;頁639 諺字不釋;頁588 襡字不釋;頁536 弘字不釋;頁303 簡字、策字不釋。

5. 隸定錯誤

頁177 𧰼、𧰼从象不从爲,此乃豫字,釋"爲"不確;頁537 㝉(窔)从玉不从壬,隸定作"窔",不確。頁644 㔾(卯)隸作"邜",不確;頁773 𦕈(聯)隸作"聮",不確;頁809 嬌(嬢)隸作"娟",不確。

6. 割裂形體

頁405 𢼊乃"𢼸"字的一半;頁1137 𠬪乃"𤰇"(牧字異體)字的一半。

7. 說解錯誤

頁94 過字下認爲"省口",其實從文字的發展演變規律看,是由不從口發展到從口,就是說過字最早本就不從口,不存在"省"的問題,而一個"省"字把文字由簡趨繁的關係正好搞顛倒了。類似這樣顛倒本末的例子在《金文編》中還有許多。

頁457 昏字下謂"从日民聲,因唐諱,改民爲氏"。似乎認爲"昏"字本从"民",後改从"氏",其實甲骨文"昏"字就从"氏",應該是从"氏"改爲从"民",決非从"民"改爲从"氏"。

頁545 肩字下謂"說文所無"。按《文選》所載謝靈運《登臨海嶠》

詩李善注引《說文》有"痟"字,今本《說文》或奪去耳。

8. 遺漏形體

如頁 536 室字下遺漏"▢"、"▢"二形(見舊版《金文編》頁 426)。

9. 不明構形

頁 625 顏字下謂"从百",顯然以爲字从"百"从"彦"。其實這是錯誤的。字應爲从"面"从"产"(彦字初文)。面、顏古同訓,此顏字是在面字上纍加"产"(彦字初文)聲的形聲字。

頁 651 翎字下謂"說文所無"。其實翎字乃䍃字異體、即在䍃字上纍加"勹"(俯、伏初文)聲而成,應拼入䍃字。

10. 盲從謬説

頁 38 芻字引唐蘭説釋爲"若"。按若字古文字作"▢",象人以手理順髮形,後又訛變爲"▢"(《說文》籀文),《說文》"若"、"叒"本一字,誤分爲二。"若"字"擇菜"義,是"若"字的一種假借義,與"芻"字作"▢"、象以手捋草形無涉。頁 805 嬬字引高景成釋"婼",也是錯誤的。

頁 137 ▢乃"世"字繁文,引沈兼士釋"百世"合文,不妥。

新版《金文編》中的問題非常多,以上所列,只是隨手翻檢所及。需要說明的是,任何大型著作都不會沒有錯誤的,而且以上所列問題大都是《金文編》舊版中存在的錯誤,而新版《金文編》對容庚先生新增補的内容儘量不更動,所以這些問題的責任並不在張振林和馬國權兩位先生。本文舉出上列問題,目的純粹是希望將來再版時予以考慮。

原載《東方文化》第 28 卷,1990 年第 2 期,今據以收入。題目爲此次編選論文集時所加。

讀新出版的《戰國銘文選》

湯餘惠博士的新著《戰國銘文選》一書，最近已由吉林大學出版社影印出版。該書精選戰國文字資料，將其分爲金文、符節、兵器、璽印、陶文、貨幣、簡帛、玉石、其他等九類，先附拓本或摹本，後列隸釋和注解，解釋戰國文字資料凡150餘種。書前有作者序言，書後附有參考論著書目。全書共三十餘萬字。

戰國文字研究源遠流長，其最初濫觴於漢代。漢代孔府壁中書及晉代汲冢竹書的出土，是戰國文字最早的大宗發現。劉向、劉歆父子校古文經書於中秘，許慎在《説文解字》中對"古文"、"籀文"的收集，開啓了戰國文字研究的先河。宋代以降，對傳抄古文的整理承其餘緒，不絕如縷。有清一代，小學大昌，戰國文字研究亦得以復明，湧現出一大批頗有見識的學者。吳大澂、王國維等人即個中翹楚，代表了當時戰國文字研究的最高水平。

真正科學系統的戰國文字研究肇始於二十世紀三十年代。郭沫若《兩周金文辭大系》首創用先分國、後斷代的坐標定點法研究戰國金文。五十年代李學勤先生《戰國題銘概述》一文，第一次將戰國文字的基本內容和分域加以劃定，爲深入研究打下了堅實的基礎。建國以來，山川不吝，地不愛寶，大宗重要珍貴的戰國文字資料層出不窮，至令學者有目不暇接之感。而研究工作亦因資料的豐富得以不斷提高。尤其是七十年代以來的十幾年間,戰國文字研究取得了長足的進展,其成就在學術界顯得非常突出。但是因爲真正科學系統的戰國文字研究和歷史相對較短,專門從事戰國文字研究的人也很少,學術積累尚不够豐滿。加上資料零散,著録難查,所以在古文字研究領域,戰國文字仍是相對薄弱的部分。因爲這方面專門著作的缺乏,也使得傳授者無章可循,初學者無書可讀。

湯餘惠博士的《戰國銘文選》一書正好彌補了這一空白。光從這一點上説,這本書的意義也就不言而喻了。

《戰國銘文選》大量吸收了學術界的新成果,充分體現了作者的見識和眼界。如嗣子壺"柬柬獸獸"用張亞初説讀爲"簡簡優優",公朱大官升用朱德熙、裘錫圭説讀"公朱"爲"公廚",鄂君啓節地名"彭射"用朱德熙、李家浩説讀爲"彭澤"。其他還如貨幣銘文中的"幣"字,"南行唐"、"下曲陽",左廩鐵範的"廩"字等等,佳例甚多,不煩殫舉。這種判繼準確、擇善而從的處理,是此書貫徹始終的一大特色。讀者通過閱讀,相信都能領略到學術界的最新信息和最高成果。

資料彙釋工作容易流於平淡和淺薄,而《戰國銘文選》恰恰相反,從書中充分反映出作者戰國文字研究的深厚功力。書中注釋既有作者以往的研究成果,也包括了作者的最新創見。如釋戰國貨幣、璽印、銅器中从每从山的"繁"字,成功地釋出"繁陽"這一地名,讀中山器的"百每"爲"百民",釋古璽中的"內府"璽,釋楚國的"南門出璽"、"高府之璽"、"亞將軍璽",釋古璽和齊侯鎛的"這"字,釋魏"高奴一斤"幣,釋信陽楚簡"必"字等等,都是作者以往提出的非常好的説法,已寫有專文論及。新創見和發明如讀梁十九年鼎的"求載"爲"逑載",釋楚量器中的"告"字,讀燕王喜戈从毛从攵的字爲"劇",釋楚"簿室之璽",釋古璽中的"長吏",釋"禕將匠芻信璽",釋古璽文字"長惆"、"緩"、"帶",讀燕國陶文从人从垂的字爲"佐",讀信陽楚簡"□化如蛤",謂"蓋以蜃蛤爲喻",釋包山楚簡中的"巽山",指出西周金文等古文字材料中的"毋敢"之"敢"舊釋爲"敢於"、"膽敢"之不確,而應理解爲"不得"、"不可"等等,都是非常好的極具啓發性的意見。

《戰國銘文選》儘量全地收集了各類戰國銘文具有代表性的資料,並附有拓本和摹本,在注釋中注意深入淺出,明白易懂。這既會使專門研究者從中得到啓發和借鑒,又可使初學者便於學習和理解。尤其是書後所附參考書目,既是深入研究的目錄檢索,也是登堂入室的階梯門徑,十分有用。

原載《史學集刊》1994 年第 2 期,今據以收入。

值得推薦的一本好書

——《包山楚簡初探》讀後

包山楚簡1987年出土於湖北荆門,發掘者以最快的速度整理出書,嘉惠學林,厥功甚偉。旋即在學術界掀起研究熱潮,成爲近幾年戰國文字研究中的熱點。1992年在南京舉行的"中國古文字研究會第九屆年會"和1993年在香港舉行的"第二屆國際中國古文字研討會"上,包山楚簡都是大會的主要議題。1997年10月在香港舉行的"第三屆國際中國古文字研討會"上,有關包山楚簡的研究也佔有相當的比重。截至目前,有關包山楚簡研究以《包山楚簡文字編》爲名的就有三種(張光裕、袁國華編,臺灣藝文印書館,1992年;張守中編,文物出版社,1996年;白於藍編,吉林大學碩士論文,1994年),論文一百多篇。這一旺盛的研究勢頭還將持續下去。

對包山楚簡的研究開始階段有一個缺陷,就是研究的問題大都集中在單個字詞的考釋或某一側面的闡發,缺乏對包山楚簡整批資料的全面整理和各個角度的深入分析。直到陳偉先生的《包山楚簡初探》一書面世,這一局面才被打破。

《包山楚簡初探》一書對包山楚簡的内涵作了系統通貫的考察,分爲第一章歲首與簡書年代;第二章文書制度;第三章地域政治系統;第四章名籍與身分;第五章司法制度;第六章卜筮禱祠,第七章喪葬制度等共七章。每章下又分小節,共 27 小節。書後附參考文獻和包山楚簡釋文。這些内容涵蓋了包山楚簡的方方面面,内容豐富,論證嚴密,新意迭呈,妙解紛披,看過不禁爲作者善於駕馭大宗材料,心思綿密,善於在縫隙中發現問題,發前人所未發而感嘆。誠如李學勤先生在本書序言中所説:"包山楚簡的研究,無疑由這部書的出版劃了一個新階段。"

《包山楚簡初探》將有關包山楚簡研究的資料網羅殆盡,先是充分吸收各家之説,作出了一個準確的釋文定本。這一定本爲在此基礎上的進一步深入研究打下了良好的基礎。這個釋文定本對簡文的連接和分篇改動很大,這是作者經過深入分析和排比後作出的。作者在注重文字考釋的同時,特別留意簡書的連接、標點和文例,力求通過反覆推敲和比勘,恢復簡書原貌,讀懂簡文,進而發掘資料間的内在聯繫,探討一些帶有規律性的東西。如作者在第二章第二節"編次"、在第七章第二節"遣策與賵書"中,都有對簡的編次進行調整的論述。這樣做的結果是讀通了一些簡文並解決了許多問題。

作者在第一章中對簡文中反映的曆法問題進行了分析,發現了禱祠簡與某些卜筮簡的對應關係,通過這些對應簡的排比,解決了許多簡的相對年代問題,從而弄清了楚曆諸月在一年中的相對順序,得出了楚曆的四季劃分要比夏曆晚出一個月的結論。作者還利用曆譜對簡文中的紀年和干支進行了檢驗,重新改訂了楚曆的歲首。

作者在第二章至第五章中圍繞文書簡展開討論,分別論證了文書制度、地域政治系統、身分名籍以及司法制度問題。其中如對簡文中的標識符號,對簡文的編次,對簡文所反映出的文書制度及其性質,對簡文中的楚各級居民組織、户籍制度、司法組織與訴訟程序等都進行了透徹的分析和推論。由於作者長期從事歷史地理方面的研究,所以第三章"地域政治系統"和第四章"名籍與身分"中所論更爲詳盡細密、全面周到。

《包山楚簡初探》一書中的精彩之處很多，如對椁室稱謂的重新分析，對遣策與賵書的區分，指出"正車"爲指揮車，按"南東北西"的順序重新調整遣策簡，列出先公先王序列，劃分卜、筮材料，分出歲貞和疾病貞兩種卜筮簡，讀"㠯"爲"嬰"，讀"伇"爲"孥"等等，都論證充分，令人信服。

《包山楚簡初探》一書所體現的思考方法和論證手段，還爲學術界提供了對大宗簡牘材料全面細緻進行綜合研究的一個範例。

總之，《包山楚簡初探》是一本值得推薦的好書。凡想對包山楚簡進行研究的學者，都要從此起步。希望對包山楚簡感興趣的學者能熟讀此書。也希望作者能在不久的將來收集學術界的最新成果，對書中個別還可展開或深入不夠的問題再行補充和加工，寫出一部增訂本來。可預期那將是學術界的一大快事。

原載《史學集刊》1998年第1期，今據以收入。

評介新出版的《漢代銅器銘文研究》

1999年底，吉林教育出版社出版徐正考教授撰著的《漢代銅器銘文研究》一書。此書本爲作者的博士學位論文，在答辯前後曾得到答辯委員會和同行評議專家的一致好評。讓人吃驚的是，答辯過後僅半年的時間，論文就能以正式出版物的形式，作爲迎接千禧年的禮物面對更多的讀者。這對學術界來説，的確是一件值得高興的事情。

漢代銅器銘文是研究漢代歷史的重要資料，對研究漢字發展演變序列中秦漢這一重要時期的狀況也起着舉足輕重的作用，所以歷來受到學術界的關注。但是以往學術界更重視的是商周銅器，對漢代銅器研究則著力不多；加之因資料的零散和研究的系統性不够，學術界一直没有總結性的著作出現。而徐正考教授的這部《漢代銅器銘文研究》一書，則正好填補了這一空白。

《漢代銅器銘文研究》一書共分九章，即一，引言；二，"物勒工名"制度；三，紀年與斷代；四，器類、器名與製作地、製作機構；五，器物製作數量與器物編號；六，度量衡問題（附數量詞）；七，器物的轉送與買賣；八，器銘所見宫觀、共廚、國邑彙考；九，文字問題。最後列附録二種，一爲參考文獻，二爲漢代銅器銘文彙集。

第一章"引言"的主要内容是漢代銅器著録、研究歷史的回顧。

作者在這一章中,對始於宋代、迄止目前的漢代銅器銘文著錄和研究的歷史進行了清晰的勾畫和評判;觀察細微,評價公允。看去如巧匠理絲,條分縷析,眉目清楚,使讀者對這一領域的學術積累大有一覽無餘、瞭然在胸之感。文中揭示出宋人通過銅器銘文發現度量衡的古今變化並推算出漢宋度量衡值的差異這一點,是以往被人們忽視卻十分重要的。作者通過一些具體例證,指出在漢代銅器銘文研究中,有一些由於掌握的材料不全,對原文的理解有誤以及治學態度不嚴謹等原因得出的不符合實際的結論。這種情況其實在其他研究領域也存在,是一種帶有普遍性的現象,應該引起研究者的警醒。

第二章"'物勒工名'制度"部分,通過排比眾多的漢代銅器銘文資料,對"物勒工名"的類型,工官、銅官問題以及"物勒工名"的特點進行了全面的分析論證。將"物勒工名"制度分為三級制、二級制、一級制三種,分別對其常例和變例進行了描述和比較。在通觀漢代銅器銘文後,對所有可以擔任主造的工官進行了歸納,並據此對"主造者與造者的分管及兼任"、"工官的首長及其主要屬吏"、"關於中央與郡守特派官員問題"、"關於'守'官、'兼'官與'掌'官"、"其他不見於文獻記載的工官"等五個問題進行了說明和解釋。關於"物勒工名"的特點,作者從"不同造器機構、造器所的'物勒工名'特點"和"時間的變遷與'物勒工名'特點的變化"兩個方面進行了論述。

第三章"紀年與斷代"部分,作者先是對漢代銅器銘文中"漢廷紀年"、"王國紀年"、"割據政權紀年"三種紀年形式的各種類型進行了排比,然後討論了紀年的性質,指出紀年從銘文看,可分"製作時間"、"轉送時間"、"購買時間"、"銘刻時間"等四種性質。銅器斷代問題是這一章的重點,作者經過爬梳董理,從 1802 件漢代銅器銘文中找出有明確紀年的銅器加以編年,這就為其他銅器的斷代確立了標尺。接着作者對目前漢代銅器斷代上存在的難點,如關於武帝"建元"、

"元光"、"元朔"、"元狩"四年號是否爲追記的問題,關於斷代標準的確定與存在的困難,進行了頗爲深入的考證和評斷。最後在總結了斷代的標準和原則的基礎上,又運用這些標準和原則對四件銅器進行了斷代。

第四章"器類、器名與製作地、製作機構"部分,作者採用了列表的方式說明問題。先是列出了"器類、器名一覽表",表下分"器類"、"器名"、"別名"、"器例"及"說明"等欄,提出了從表中可以看出的關於器類器名的幾個特點。再是列出了"製作地、製作機構與銅器種類一覽表",表下分"製作地與製作機構"、"時間"、"器物種類及數量"和"說明"等欄,也敘述了表中得出的一些分析結論。

第五章"器物製作數量與器物編號"部分,作者對漢代銅器銘文所反映出的漢代銅器製作的規模和數量進行了推測。對於器物編號的方式、性質和特點,作者在前人研究的基礎上進行了更深入廣泛的總結和概括。其對編號形式的劃分,對編號性質和特點的闡述都嚴謹周密,結論可信。

第六章"度量衡問題"亦採用列表的形式,將本書所採用的銘文材料及有關數據分別列成"度"、"量"、"衡"三個表,並在此基礎上對漢代度量衡研究上的幾個熱點所在進行了分析。作者從"銅器銘文材料的選擇問題"和"度量衡值不一致現象及其成因"兩個方面進行了考察,最後指出:儘管利用漢代銅器銘文所記度量衡結合實測結果,考察當時度量衡的實際大小是一種可取的方法,但要測算出漢代不同時期較爲準確的度量衡平均值,還有待於更多紀年明確而又帶有度量衡銘刻的銅器的進一步發現。這一章後附有關"數量詞"的討論。由於作者長期從事漢語史的研究,所以對漢代銅器銘文中的數量詞較爲敏感,能充分利用這批資料進行漢語史方面問題的探討,這充分體現了作者的學術背景。

在第七章"器物的轉送與買賣"中,作者受李學勤先生文章的啓發,對漢代銅器的轉送與買賣諸問題進行了全面的考察。對銅器轉送類型的分析結果是分爲五種方式,即：賞賜、貢獻、徵調、贈送、轉調。對於銅器的買賣與器價,作者從買賣品的確定、買賣方式、可以買賣的品種、購買地、器價五個方面進行了闡釋。這一研究對瞭解漢代的市場流通、商品物價等經濟狀況十分有用。

第八章爲"器銘所見宮觀、共廚、國邑彙考"。作者從漢代銅器銘文中共收集宮觀名62個,共廚名36個,國邑名40個,分別結合文獻記載逐一進行了考證。或印證文獻,或補文獻之闕,爲漢史研究提供了一份極有價值的資料。此章還附有對銅器銘文中所載陵廟、府庫、邸舍的考證。

第九章爲"文字問題"。以往研究古文字的學者對漢代銅器銘文重視不夠,在討論古文字字形,甚至討論漢代篆隸字形時都很少引用漢代銅器銘文資料。其實從文字構形來看,漢代銅器銘文的字形資料也非常可貴。古文字常見的構形原則和演變規律在此中都能找到例證。作者在這一章中從簡化問題、繁化問題、文字通假現象、同化問題、訛誤現象等五個方面對漢代銅器銘文的文字狀況進行了總結和歸納,所指出的一些現象極具啓發性,對其他階段的古文字構形分析亦有一定的借鑒作用。

作者在全書最後列有附錄二個。一爲參考文獻,列專著145種,論文260種,將以往涉及漢代銅器銘文著錄、考釋、研究的著作網羅殆盡,非常便於研究者在此基礎上的進一步工作。二爲漢代銅器銘文彙集,列有1282篇漢代銅器銘文的釋文,按器類順序排列,詳列出處,是一份極有用處的資料。

通觀全書,可以認定這是一部選題好、資料豐富、考證有深度、具有一定開拓性的著作。作者對漢代銅器銘文這一領域的總結和研究,將如同一簇亮色,在學術史上留下重重的一筆。

依時風,在道及優點和價值外,還需添上一些不足。本書在資料方面受條件限制,容或有些許遺漏;在一些問題的論述上,如對文字問題等的分析尚可進一步開掘;個別觀點還可補充同時代其他文字資料的證據等。

相信今後有關漢代銅器銘文的研究都要從此書開始新的起點,也相信作者今後在這一領域還有新的著述問世。

原載《史學集刊》2000 年第 4 期,今據以收入。

古代精神世界的焦點透視

——讀《心智的誤區》

從全球範圍看,有關巫術的研究一直是人類學、宗教學、民族學、考古學追踪的熱點。這是因爲巫術既是所有國家和民族共有的文化現象,又是衆多文化現象中最充滿神秘色彩的部分。可以説巫術與巫術文化是探索古代精神世界的一個焦點。

中國古代是巫術與巫術文化非常發達的時期,尤其先秦兩漢階段,整個民間社會都籠罩在一片巫風之下。流風所及,無所不在,並對後世產生了極爲廣泛而深遠的影響。直至今日,這種影響和積澱還反映在我們的日常生活和思維之中。巫術關涉人的心理和思維,並由此形成文化傳統,造就一種任何人都無法擺脱的社會氛圍,對民族心理和傳統習俗的形成關係巨大。所以,對中國古代巫術與巫術文化的探索,無疑會促進對中國傳統文化的分析和解剖,加深對中華民族心理和傳統習俗的理解和認識。

中國有着悠久的巫術文化傳統,古代典籍中也存在着諸多相關的記載,但卻一直缺乏有意識和有系統的研究。抗戰前出版的江紹原的《髮須爪》一書,是在西方有關巫術研究著作的提示下出版的第一部系統研究中國巫術文化的著作,在當時頗有影響。新中國成立以後,因爲巫術一度被劃歸爲封建迷信,從此成了學術研究的一個禁區。改革開放以來,有關巫術與巫術文化研究的著作和譯著日趨增多,《原始思維》、《金枝》等國外有關原始思維和巫術研究的經典著作也被重新翻譯出版,引起學術界的極大關注。近些年來坊間流行的有關巫術與巫術文化研究的著作雖然不少,但是有自己的理論框架和大量自我收集的例證的著作卻並不多見。其中輾轉相抄、東拉西扯、拼湊舊貨、假"洋"濟私,只配墊脚底、覆醬瓿的著作亦復不少。

2001年5月由上海教育出版社出版的詹鄞鑫所著《心智的誤區——巫術與中國巫術文化》一書,是多年來少見的一部研究巫術與中國巫術文化的精彩之作。

該書一個最大的特點是理論與例證並重。全書分爲上下編,共60餘萬字。其中上編"巫術理論研究"與下編"中國巫術文化"字數基本相等。上編對"巫術的性質"、"巫術起源"、"巫術與巫術文化"、"巫術原理及其分類"、"巫術的功效與功能"、"巫術評價"等關於巫術的幾個主要理論問題進行了充分翔實的論證。用30萬字討論"巫術理論",不可謂不深入。在這30萬字的理論探討中,作者不是照搬西方巫術研究著作中的現成理論,而是在先寫完下編的基礎上,通過對下編所引用的大量例證的解釋和涵泳,從而得出自己的理論分析,並由此建立起自己的理論框架。從這30萬字的理論分析中,讀者可以真切地體會到作者思路的縝密和思考的深入。作者不囿於舊說,敢於理論上的創新,提出了許多異於前人、發人深思的觀點。如作者通過深入論證指出巫術不屬宗教範疇,就有別於以往的傳統認識。還如作者指出科學和巫術雖然都是人類認識自然和改變自然的帶有理性因素的結果,但符合自然規律和法則的是科學,不符合自然規律和法則的則是巫術。巫術是人類思維的負面產物。雖然巫術在一定意義上是科學的催化劑,但是巫術與科學還是有着本質上的區別。這個觀點對於過分強調巫術中的科學因素,將巫術混同於科學的主張將起到一定的糾偏作用。

　　作者自構的理論框架雖然不照搬西方巫術研究著作中的現成理論，但是並不表明作者對西方有關巫術研究的著作和理論不重視。在 30 萬字的理論分析中，讀者可以感覺到作者對西方有關巫術研究的經典著作進行過深入的鑽研，對許多理論有着深入的理解和準確的把握。對學術界已經界定的理論既不輕棄，也不盲從，而是本着擇善而從、"化"爲己用的原則，建構自己的理論體系，並將其與下編的巫術實例進行充分的比照聯繫。

　　在理論探討中，作者還注意同當前實際的密切結合。如作者在一些章節中對一些所謂的"超自然力"、"特技神功"等進行了無情的揭露和批判，對"法輪功"等邪教的騙人本質進行了透徹的分析和解剖。這些都有助於我們總結歷史上的經驗教訓，增強識別歪理邪説的能力。

　　作者在第一章"導言"中，對此書的研究方法進行了交代，其中關於"史料"和"方法"的闡述頗值得留意。作者將史料分爲民俗、文獻和考古三大類，並指出這樣的史料運用與作者的個人經歷和專業有着明顯的關係。作者本是古典文獻專業出身，之後主要從事古文字與古文獻的研究。因爲古文字與考古學的關係很近，所以又接觸了很多考古學方面的資料。這樣的史料運用既體現了作者的學術背景，同時也是史料運用最爲周全完備的範例。這也是此書之所以能够成功的一個關鍵所在。以往的巫術與巫術文化研究只注重民族志和歷史文獻中的材料，對考古發現的大量素材或是茫然無知，或是不會利用。而長期以來的研究歷史表明，在研究領域越拓越寬、研究分支越分越細的今天，不管是什麽研究方向，只要是研究中國古代，脱離了考古學資料的證明和支撑，都將是不完善和有缺欠的。國學大師王國維在二十世紀二十年代提出的"二重證據法"，至今仍是研究中國古典學問的不二法門。近年香港饒宗頤先生又提出了"三重證據法"的主張,即主張將考古資料再細分爲文字資料和遺迹遺物等資料兩類。這在史料運用更加細緻的今天,不失爲一個合理的建議。作者在本書中將民俗、文獻、考古三大類史料熔於一爐,互相證明、相互闡發,對考古資料的運用能够做到文字資料與遺迹遺物資料並重,真正做到了"三重證據"。

作者善於考據的學風和多年研究古文字與古文獻的學術積累在本書中有充分的體現,尤其下編"中國巫術文化"中作者多年苦心孤詣收集的有關巫術與巫術文化的例證,豐富飽滿,恰當典型。在這些豐富飽滿的諸多例證中,有許多是作者以往曾有專文進行過考證研究的,如甲骨文中"河伯娶婦"的記載、古代的巫蠱術、春秋戰國時期魚鼎匕銘文的解釋等等。有這些經過深入研究的例證作基礎,作者的論證當然透徹,結論也就容易令人信服。

在有關史料的問題上,作者還有一點説明,即作者曾對中國古代醫藥養生一類著作有過較多的接觸,所以在書中大量引用了古代醫藥養生著作中有關巫術與原始思維的資料。這一點充分顯示出作者史料收集的廣泛程度和史料認識上的高明見識。中國古代醫書有着連綿不斷的傳統,歷史上曾躲過歷次書的厄難。雖然醫書所反映的内容不能成爲社會共識,主流觀念和意識對它也從不重視,但實際上中國古代醫書同中國古代兵書一樣,都是中國傳統文化的淵藪。這在二十世紀七十年代以來出土的大量醫書和兵書上得到了充分的驗證。在中國古代醫書中,保留有大量的有關傳統思想觀念和意識的史料,而歷來收集史料者卻偏偏對其缺乏重視,這不能不說是一個極大的遺憾。史學家嚴耕望在《治史答問》中曾講到他從本草書中收集有關古代歷史地理方面史料的例子,就是一個最好的比照。

在本書中作者傾注了極大的熱情進行了理論上的探討,而理論探討離不開作者的世界觀。作者明確指出其方法上主要的出發點仍是辯證唯物主義和歷史唯物主義。辯證唯物主義和歷史唯物主義是馬克思主義的基本哲學思想，歷史證明它既是世界觀，也是方法論。在當今西風的熏染下，有的研究者認為辯證唯物主義和歷史唯物主義早已過時，甚至羞於再提，這顯然是錯誤的表現。用辯證唯物主義和歷史唯物主義為指導，可以作出非常成功的研究成果，此書就是一個絕佳的例證。

縱觀西方有關巫術與巫術文化研究的一些經典著作，對中國的情況絕少提及。這同許多領域的研究一樣，個中原因或是因為條件的限制，或是"西方中心論"的觀念在起作用。"西方中心論"衍生出"西方學術中心論"，甚至研究中國古代的學問，都認為應該以西方的方法和準則為標準，這是我們絕對不能接受的。我們承認西方漢學研究有其獨到的視角和宏大的視野，有我們值得借鑒的地方。但是歸根到底，在研究我們祖先的歷史——中國歷史文化方面，不管從道理上講，還是從實際上論，都應該是以漢語為母語的中國人最有發言權。在這一點上我們決不能含糊，也決不能妄自菲薄。我們需要腳踏實地地努力鑽研，建立自己的理論體系，寫出自己的經典著作。從這個角度看，詹鄞鑫的《心智的誤區——巫術與中國巫術文化》可謂作出了榜樣。

巫術與巫術文化在中國有着悠久的來源和長期的延續，早已變成了文化傳統中一種無處不在的心理積澱和思維定式。傳統宗教中的許多觀念和儀式，就是直接來源於早期的巫術。例如道教中的許多法術，就是早期巫術的傳承和借用。這一點從出土的古代數術資料中看得格外清楚。巫術在中國古代學術分類中屬數術方技的範疇，應該劃歸於文化傳統中的"小傳統"。所謂"小傳統"是指廣泛流行於社會大眾中的民間下層文化，有別於"大傳統"，即流行於社會精英中的經典上層文化。這種文化雖然不被主流意識所接受，正史經傳中也少有記載，但是這一點兒也不影響它在民間的廣泛流行和深入人心。恰恰是這些"小傳統"，才是真正支配全社會普遍意識和日常行爲的重要法則。它雖然有別於宗教，但它對人們思維觀念和社會生活的影響卻遠遠大於宗教。近年來隨着出土資料中反映這種"小傳統"史料的日益增多，學者們充分地認識到，從"小傳統"入手探討中國古代社會和文化，可能會得出更爲真實全面的結論。《心智的誤區——巫術與中國巫術文化》一書，就充分利用了反映"小傳統"的史料來研究這種"小傳統"，這正是作者能及時"預流"，站在學術前沿的反映。

詹鄞鑫多年來以研究古文字與古文獻爲主，同時積極投入對中國傳統文化和傳統宗教的探討和追索，是個淡泊名利、一心問學的純粹學人。他的《漢字說略》（遼寧教育出版社，1991年）和《神靈與祭祀——中國傳統宗教綜論》（江蘇古籍出版社，1992年）二書早已享譽學界。這部積六年之力完成的《心智的誤區——巫術與中國巫術文化》，標誌着他在學術研究道路上的進一步成熟。而這部書也將如李學勤先生在《序》中所言，"不但將受到學術界的歡迎，也會引起社會公衆的廣泛興趣"。

原載《書品》2002年第6期，今據以收入。

讀《郭店竹書別釋》

郭店楚簡 1993 年出土，整理者只用了四年多的時間就完成了簡文的整理和校釋。1998 年文物出版社出版了《郭店楚墓竹簡》一書，從此拉開了郭店楚簡研究的序幕。

《郭店楚墓竹簡》出版五年來，有關郭店楚簡研究的成果可以說是豐富多彩，專著和論文的數量達到數百種之多。其中有考釋字詞的，有拼合簡文的，有研究思想的，有研究哲學的，有研究學術史的，有研究簡牘形制和制度的，總之，凡是能夠想到的角度和思路都有相關的成果面世。一時間學術界不斷掀起研究郭店楚簡的熱潮。在如此短的時間內針對一批資料的研究能夠進行得如此深入和廣博，這在學術史上還沒有先例。這既說明郭店楚簡資料本身的重要性，同時也表明學術界對這批材料的重視程度。這種在現代學術研究條件下對一宗資料進行的"大兵團作戰"，所取得的成果自然是以往所不可比擬的。

在新近的研究成果中，陳偉先生的《郭店竹書別釋》一書格外引人注目。此書作爲李學勤先生主編的《新出簡帛研究叢書》的一種，由湖北教育出版社於 2002 年出版。

幾年來圍繞着郭店楚簡研究，陳偉先生連續撰寫了十幾篇論文，或是對某一篇的校釋，或是對簡文拼合提出新的意見，或是對疑難字詞進行考釋,或是對整個文本的復原進行理論總結和探討。每一篇都言之有物,解決了許多疑難問題。《郭店竹書別釋》就是以這十幾篇論文爲基礎,經過補充修改連綴而成。

在簡文基本拼合完成後,字詞的考釋就是簡牘研究最基本的工作。楚簡不同於漢簡,會更多地遇見新的不認識的字形。而這些戰國楚文字字形常常是詭異難識,使考釋具有相當的難度。雖然郭店楚簡中有一些著作同時有傳世本存在,可以進行比照,給不識字的辨識帶來許多便利的條件,但是沒有傳世本的簡帛佚籍中的不識字形仍然不少。同時即使是有傳世本存在的簡帛中的疑難字,也存在着各種複雜的情況,一樣需要進行考釋才行。所以對於字詞的考釋,一直是郭店楚簡研究中做得最多的工作。陳偉先生的《郭店竹書別釋》中有許多考釋字詞的篇幅,其中有些考釋極爲精彩,已被學術界充分肯定,體現了作者對字形的熟悉程度和考釋古文字的深厚功力。如在字形的考釋中,對"殺"字的考釋就是一個成功的範例。在郭店楚簡中有如下文句:

1. 孝之🔲,愛天下之民。　　　　　　　　　(《唐虞之道》)

2. 禮不同,不豐,不🔲。　　　　　　　　　(《語叢一》)

3. 愛親則其🔲愛人。　　　　　　　　　　　(《語叢三》)

該字本寫作从方从虫,原釋文隸定作从方从虫,讀爲"方"。但此字讀爲"方",相關文句很難讀懂。陳偉先生通過比較《説文》古文和《古文四聲韻》所收"殺"字的字形,結合典籍的類似句子,指出這個字就是"殺"字的古文,在簡文中應該讀爲"殺"。"殺"字在古代有"衰減"的意思,以上所引簡文中的"殺"字就是用爲"衰減"的意思。尤其是在傳世典籍《禮記·禮器》中有"禮不同,不豐,不殺"的句子,與《語叢一》簡文中的"禮不同,不豐,不殺"全同,更證明了這一考釋的正確性。這一考釋解決了文句釋讀上的一個大問題,使得相關的文句頓時渙然冰釋,窒礙全無。

又如簡文《老子》甲本中"天地之間,其猶橐籥與"中的"橐"字,原隸定作从"囗"从"乇",讀爲"橐",陳偉先生通過嚴密的字形比較,認爲此字所从的"乇"並不是"乇"而是"卜",字本是从"囗"从"卜"。這一字形分析無疑是正確的。其實這個字見於甲骨文,就是用爲卦兆占辭的"繇"字,在簡文中用爲"橐"顯然是音近借用。這一問題的解決雖然不關簡文文句的釋讀,但是對字形的研究則有一定的意義。

對詞義的訓釋也是《郭店竹書別釋》的一個優點。如《語叢三》有如下一句:

通,哀也。三通,文也。

"通"字本从"同",爲"通"字古文。或讀"通"爲"慟"。陳偉先生通過與典籍比較指出,簡文中的"通"字應該讀爲"踴"。"踴"指喪禮中爲表示哀慟而做出的跳躍。通過與相關典籍的比較可知,陳偉先生的這一釋讀是正確的。

再如《語叢三》説:"賓客之用幣也,非正内貨也,禮必兼。"陳偉先生指出"幣"指聘享弔問中的禮物和祭祀時的祭品,"貨"同於《禮記·少儀》"納貨貝於君"、《吕氏春秋·仲秋紀》"入貨賄"中的"貨"。這一解釋很好地講通了這一段文意。

《語叢四》説車轍之必(上从艸下从土)酤,不見江湖之水。"文中"車轍"之"轍"本从"曷",或讀"車曷"爲"車蓋"。"必酤"二字的訓釋也有多種説法。陳偉先生讀"車曷"爲"車轍",讀"必酤"爲"鮒鰭",指小魚。這一訓釋很巧妙,從文理上看,比舊的訓釋更爲合理。

每一宗楚簡資料的出土,大都面臨着竹簡的編聯問題。因爲楚簡出土時一般原有順序都已紊亂，所以是前期整理中最爲重要的工作。又因爲編聯工作受多種條件的制約，很難一蹴而就，所以對編聯問題的反復研討和推論就成了研究中的一個重要方面。只有經過不斷的研討和推論，才能使簡文編聯日臻完善，達到或接近原始的面貌。編聯的重要性，在傳世典籍上可以充分地體現出來。傳世典籍中一些有問題的篇章，大都是因爲"錯簡"的緣故。在出土楚簡中，編聯對於簡文性質的斷定，對簡文的分篇分章，對文意的理解，對字詞的考訂都至關重要，所以一直是學者密切關注的問題。

《郭店竹書別釋》一書對簡文的編聯也提出了許多非常好的意見，值得重視。如第十三章"《性自命出》諸簡編聯問題及校釋"部分，就參考上海博物館藏簡和學術界的研究成果，對郭店楚簡《性自命出》部分的編聯問題進行了深入的探討，指出郭店楚簡《性自命出》可分爲三個大的編聯組，即 1 至 36 號簡，50 至 67 號簡，37 至 49 號簡，其中簡 36 應該移至簡 33 與簡 34 之間。這三個編聯組也就是《性自命出》構成的三部分。這一編聯和分章是目前對於《性自命出》進行的編聯和分章研究中最爲妥善的意見。

對《語叢一》簡 31 和簡 97 的編聯更是值得稱贊的例子。這兩簡本來被分置兩處，毫不關涉。經陳偉先生編聯後，就連綴成"禮因人之情而爲之節文者也"這樣的句子。而此句與傳世典籍中《禮記·坊記》"禮者，因人之情而爲之節文"和《淮南子·齊俗》"故禮因人情而爲之節文"正好若合符節，如出一轍。

任何學問的研究，都要隨着研究的深入不斷進行回顧和展望，對自身的資料建設和理論建設進行修正和調整，以利於向更深和更廣的方向發展。有關簡帛學研究的歷史雖然還不算太長，但是因爲資料的豐富和研究的深入，建立一套可遵行的理論系統應該是必要也是必須的。可實際情況是，目前學術界似乎較爲忽視理論上的總結和建設，對規律和條例的歸納和提煉重視不夠，所以客觀上還是顯得在研究時缺乏比照系統和分析套路。尤其在戰國楚簡的研究上更是如此。這就要求我們的研究者要在今後的工作中多多留意建立一套可行的理論框架和操作規範。要把簡帛研究當作一個大的系統來看待，在宏觀角度上把握整體與局部的關係，把任何細節的研究都納入大的背景，把簡帛研究變成一種立體的研究。

《郭店竹書別釋》在文本復原的理論上也進行了一些富有啓發和具有指導意義的思考。

在第一章"文本復原是一項長期艱巨的工作"中，作者提出了"文本復原"這一概念，而將簡帛研究中如"識字"、"句讀"、"編聯"、"分篇"等皆納歸其下。在文字辨識方面作者通過實例分析將文字的辨識分爲三種類型，即一是釋文原來缺釋或者釋讀無把握的字，實際上有可能作出合理的說明；二是釋文原有的意見，存在推敲的餘地；三是原釋文對字形的釋讀雖然可從，但對辭義的給定卻可能不夠準確。這樣的分類極便於今後對新資料的辨識和考釋。

在復原文本應該採用的方法上，作者指出應當重視校勘學的成果。並結合研究簡文的實例，指出書校法在文字釋讀、章句離析、竹簡調整和篇章分合上的重要性。

在涉及不同文本的關係時作者強調要注意區分只是意義相同或相近的異文，還是在意義上已經發生重大歧異甚至對立的文本這兩種情況。既要重視古書流傳的連續性，同時也要考慮文意的異化和對立。也就是要客觀、全面、科學地具體分析問題，避免不適當的"趨同"和"立異"，這樣才能減少失誤，讓復原工作更接近原始面貌。

陳偉先生學過考古學，受過嚴格的類型學分析的訓練。讀研究生時開始接觸歷史地理,對歷史學時間和空間上的感受比一般人更爲清晰和敏感。由對包山楚簡的歷史地理感興趣到對包山楚簡的全部内容進行研究,其對戰國文字的考釋也達到了較高的水平。這諸多學術背景的綜合,陳偉先生能够取得如此引人注目的成績也就毫不奇怪了。

原載《書品》2003年第6期,今據以收入。

喜讀《戰國文字編》

2001年12月，福建人民出版社出版了由李學勤先生任顧問，湯餘惠先生任主編，賴炳偉先生任副主編，徐在國、吳良寶二位先生任編纂的《戰國文字編》一書。該書堪稱煌煌巨制，書前有李學勤先生撰寫的《序言》及該書凡例、出處簡稱表；書後有筆劃檢字表、參考文獻和後記，共達1200餘頁。全書資料豐富，編排合理，隸釋精當，便於翻檢，更加之印刷精美，的確是多年以來不多見的一部大型古文字字典。該書出版後得到學術界的一致贊許。相信隨着時間的推移，該書的優點和價值會得到進一步的發現和肯定，從而爲該書贏得同以往的《甲骨文編》、《金文編》等古文字經典著作一樣的地位，在學者和使用者的書桌上佔得一席之地，並在學術史上留下精彩的一筆。

戰國文字研究肇端於漢代，當時對古文經書的整理開啓了戰國文字研究的先河。宋代郭忠恕的《汗簡》和夏竦的《古文四聲韻》，則是全面著録戰國古文形體的最早的著作。這兩部著作在今天日益顯現出其重要的學術價值。

清末以來，隨着古文字資料整理和著録之風的盛行，戰國文字重新引起學術界的廣泛關注，這其中吳大澂的《説文古籀補》是不能不提的一部書。在此書中吳大澂收録了如古璽等衆多戰國文字形體並加以隸釋，其中許多隸釋是非常精當的，這在對戰國文字的瞭解還非常淺顯、對比資料十分匱乏的當時，就顯得更爲可貴。

國學大師王國維對戰國文字的研究具有理論上的建樹和創新，他的《史籀篇疏證序》、《戰國時秦用籀文六國用古文説》、《桐鄉徐氏印譜序》等著名的文章，徹底揭示了戰國古文和籀文的真僞、來源、使用地域等一系列重大問題，爲戰國文字研究奠定了正確的理論基礎和研究方向。

二十世紀四十年代末朱德熙先生幾篇考釋戰國文字的文章，在方法論上爲科學的戰國文字研究提供了典範。

二十世紀五十年代，李學勤先生的《戰國題銘概述》一文，標誌着戰國文字研究走上了科學系統的軌道。

二十世紀七十年代以來不斷出土的戰國秦漢時期的簡牘帛書等文字資料，爲戰國文字研究提供了大量的新鮮素材，極大地刺激了戰國文字研究的全面展開，掀起了古文字研究領域中對戰國文字研究的熱潮。從此有關戰國文字研究的成果不斷湧現，資料積累和理論建設都達到了相當的高度。可以説此時的戰國文字研究已經與甲骨文研究和金文研究真正並駕齊驅，並從古文字研究中分離出來，成爲一門新的分支。

任何一門學問，都需要不斷地進行理論建設和資料積累，只有這樣才能總結經驗，推動學術向前發展。戰國文字研究也是如此。近些年來出版的各種戰國文字字典，就是這種資料積累工作的收穫。應該看到，有些人對這些資料積累工作的重要性還認識不足，認爲這只是一種簡單的搜集編排，學術含量不高。其實這是一種錯誤的認識。一部好的字典不光只是資料，應該做到透過資料可以真切地掌握學術界的最新信息和最高成果，應該可以看出編者的研究路數和辨別能力。學術界要克服對於資料積累工作"大家不爲，小家不能"的被動局面。《戰國文字編》的出版，在資料的積累工作上做出了積極的貢獻，是值得推許和學習的。

《戰國文字編》所收戰國文字資料涵蓋了整個戰國文字領域，舉凡青銅器銘文、陶文、璽印文字、封泥文字、簡牘文字、帛書文字、玉石文字、貨幣文字等皆包括在內。這些資料中有些出於國内不易見到的書籍，如《珍秦齋古印展》、《平庵考藏古璽印選》等，可以看出編者搜討之細，網羅之精。所收資料皆用原形，不失真，讓使用者可以放心使用。在面對如此衆多的戰國文字形體時，如果一味地追求豐富，也會讓編者陷入泥沼。而最佳的辦法是以多多建立字頭爲主，每一字頭下所收形體的多寡則個案處理，靈活掌握；但一般原則是以形體不同的構形爲標準，過多的相似字形則加以簡化，這樣就避免了漫羨繁複，也顯得眉目清楚，便於使用。總之在豐富的字形和突出字頭並眉目清楚之間的平衡上，《戰國文字編》妥善地把握了尺度，值得後來者學習和效法。

一部古文字字典的優劣，很大程度上要看編者隸釋古文字的水平。而這種水平的高低，主要是通過對學術界的最新成果的取捨和抉擇來體現的。在這一點上，《戰國文字編》可以説做得比較好。如19頁釋"瓔"，50頁釋"廳"，72頁釋寫法特殊的"各"字，94頁釋"适"字，129頁釋古璽3484、5435"囂"字，237頁釋"羝"字，367頁釋"枕"字，410頁釋"賕"字，441頁釋"沙"字，453頁釋"巷"字，593頁釋"亮"字，595頁釋"視"字，896頁釋"歆"字，912頁釋"鐲"字等等，都吸收採納了學術界的最新釋法，反映出編者對學術界最新成果和信息的熟練掌握。

《戰國文字編》的編輯、印刷都屬上乘。一部好的字典應是内容和形式的完美結合。《戰國文字編》在這方面堪稱範例。字形與行格距離和比例恰當；造字標準，佈局合理，偏旁筆劃處理妥帖；每個字形之下所標出處，不避繁瑣，皆用鉛字排版，整齊美觀。

最後需要提及的是本書的主編湯餘惠先生。湯先生是于省吾先生的高足,道德文章皆爲楷模。一生淡泊名利,處世低調,全身心投入他熱愛的古文字研究事業,於戰國文字研究尤其造詣精深,享譽於學術界。本書的編寫,凝聚了湯先生的很多心血。只因身患癌症,他年僅50餘就離開了人世,竟然未能看到本書的出版,着實令人扼腕浩嘆。

原載《中華讀書報》2003年4月9日,今據以收入。

喜讀《古文字通假字典》

2008年2月,由王輝先生編著的《古文字通假字典》終於由中華書局出版了。手捧這本盼望已久的一千多頁的大書,不禁感慨萬端。

在中國浩如烟海的傳世典籍中,先秦時期留下的典籍雖然很少,卻大都是經過歷代汰選的精品。這些精品凝聚着中國傳統文化的精髓,集中反映了先民早期的歷史、語言、思想和觀念,是後人認識和研究中國早期面貌的必讀資料。然而因爲去古已遠,我們對古代的語言背景和用字習慣已經很不熟悉,因而這些典籍讀起來大都佶屈聱牙,晦澀難懂。在古代用字習慣中,經常使用通假字就是一個明顯的例子。尤其因爲戰國時期文字異形,用字差異很大,加之古人習慣口耳相傳,使得在典籍中大量使用通假字在當時成爲很普遍的現象,這給後人讀懂古書造成了極大的障礙。清人已經認識到早期典籍中的這種用字現象,如清儒王念孫就在總結畢生從事校勘訓釋早期典籍的實踐時說:"訓詁之旨存乎聲音。字之聲同聲近者,經傳往往假借。學者以聲求義,破其假借之字而讀以本字,則渙然冰釋。"楊樹達先生也曾指出:"古人之用字,有用其形即用其義者;亦有如今人之寫别字,用其形不用其義,而但取其音者。如用其形即用其義,則字識而文可通。如用其形不用其義而但借用其音,則雖識其字而文不可通如故也,於是通讀尚焉。"有鑒於此,楊樹達先生還曾在《擬整理古籍計劃草案》一文中提出"編纂經籍異文假字誤字考"的計劃,可爲獨具卓識。1989年7月,由高亨纂著、董治安整理的《古字通假會典》一書在齊魯書社出版。這本近200萬字、飽含高亨先生畢生精力與心血的會典,共收錄傳世典籍中的通假字一萬六千多對,材料極爲豐富,可以說實現了楊樹達先生的宿願,嘉惠學林,功莫大焉。

古文字資料屬於廣義的古代典籍文獻,因此其中的通假字一樣俯拾即是,與傳世典籍相比較,甚至有過之而無不及。這也是讀懂這些資料的最大障礙。古文字研究已經有很長的歷史,學者也都知道弄清通假在考釋文字、讀懂文句中的重要性,但卻始終無人全面收集整理這方面的資料,甘願替人作嫁,爲學術界提供便利。因此王輝先生的這本《古文字通假字典》一出,標誌着這一空白的被填補,也凸顯了此書的開創性意義。《古文字通假字典》本名《古文字通假釋例》,1993年4月由臺灣藝文印書館出版。記得1995年筆者到臺灣開會,曾蒙花蓮師範大學許學仁教授惠賜一本,當時就覺得此書收集資料豐富,極便使用。可是因爲書出在臺灣,書價昂貴,加之流通不暢,因此大陸學人中只有很少的人擁有此書,一些人只好複印以供查閱。這極大地降低了此書的實用價值。如今又過去了十多年,該書終於經過增補得以在大陸出版,這對學術界來說稱得上是一件大事,對貧而好書者來說也是一大福音。

《古文字通假字典》收錄殷商至漢初的甲骨文、金文、貨幣、璽印、陶文、石刻、盟書、帛書、竹木簡牘等古文字資料中的通假例證近兩萬對,本着慎加抉擇、寧缺毋濫的精神,所收資料時間跨度上下一千三百年,内容極爲豐富。這本書雖屬資料性質的著作,但是内容中藴含着大量作者的心得和創見。尤其書前《自序》一文,深入探討了古文字通假的意義、範圍、教訓和應遵循的原則,是一篇具有指導意義的綱領性文獻,值得後學認真領會和揣摩。該書完全可以與高亨先生的《古字通假會典》一書媲美，兩本書一個收傳世典籍資料，一個收出土文字資料，兩美並列，堪稱雙璧。

尤其令人感動的是，王輝先生這本費時二十二年的大書，是在沒有任何科研資助，没有專門時間，沒有利用電腦的情況下，在身任編輯工作之餘，一筆一劃地寫出來的。這種對學術的熱愛和執著，這種鐵杵磨成針的功夫，實在是令人敬佩。

王輝先生出於徐中舒先生門下，多年任《考古與文物》的編輯，一直在編輯之餘從事古文字學、歷史文獻學和先秦考古的研究，尤其在金文研究和秦文字、秦史的研究上成果豐碩，有着很高的學術聲望。這本《古文字通假字典》的出版，是王輝先生學術征程上一個具有象徵意義的標誌，同時預示着他的步伐和速度將一如既往，在學術道路上不斷爲學術界奉獻出更多更好的佳作。

原載《中國文物報》2008年10月1日，今據以收入。

千封信連接兩位大師

在中國近代學術史上，產生過兩位學術巨擘。他們猶如並立的雙塔，傲然矗立在學術史的坐標上。他們共同從事研究的學問被後人譽爲"羅王之學"。這兩位大師就是羅振玉和王國維。東方出版社2000年出版的《羅振玉王國維往來書信》一書，收錄了兩位大師之間的書信近千通，是迄今收羅刊佈羅王書信最多的一部著錄。

千封書信　瀟灑交流

這近千封書信起訖於1909年至1926年，時間長達17年，平均計算爲每周一封。其中羅振玉東渡日本而王國維客居上海的1916年至1919年期間書信最爲頻繁，幾乎每日一信，甚至一日三封也不乏見。羅振玉因遠客他鄉，旅居寂寥，常常"憶一事即作一函"，鴻雁常飛；而王國維卻因冗事纏身，雙鯉來多去少，以致羅振玉"數日不得手書"就"甚以爲念"。雙方都將對方的信"儲以專匣"，以示珍重。透過這千封書信，我們感受到了濃濃的師生情誼和朋友間的關愛，更體會到了同道間的理解及談古論學時的酣暢和愉悅。尤其是兩人那種摒卻俗務，寢饋其中，孜孜矻矻，無欲忘我的治學心態，更是到了"出神入化"的境界，真不免令今日的學者心生豔羨。羅振玉在一封邀王國維夏間去日消暑的信中説："若能於綠蔭如幄中坐磐石,追涼風,談兩千年以上事,賞奇析疑,作半月之談,豈不樂哉!"如此快意的閑情逸致,如此瀟灑的交流心境,正是中國有史以來欲治真學問的學者們所追求的理想狀態。

理解的同情

羅振玉是個有爭議的人物,尤其晚年任職僞滿洲國爲後人所詬病。羅振玉生於官宦人家,從小受到的是傳統教育,"忠君"是他頭腦中根深蒂固的理念,在他看來,"忠君"就是"愛國",因此才會追隨溥儀小朝廷不離左右,最後陷自己於不義之地。

評價歷史人物不能超越時代,如果我們今天能抱着"理解的同情"來看問題,就會對羅振玉晚年的污點給予相當的體諒。

羅振玉將一生全部奉獻給了研究和傳播中國傳統學術,尤其在保存刊佈中國古代學術資料上的貢獻更是無人匹敵,其中兩次挺身而出,傾盡家產保護內閣大庫檔册的壯舉,更是中國近代文化史畫卷上的一抹亮色。他始終以保護刊佈中國傳統學術爲己任,一生都在籌資寫書印書,並常常慨嘆"世短意恒多"。他的保存刊佈之功如此之大,加之與其並稱的王國維在學術上的超邁絶倫,以致他的學問多少有被忽視和遮掩之嫌。而實際上羅振玉在學術上的貢獻綜合看來並不在王國維之下。

羅振玉發現並造就王國維

羅振玉一生最大的貢獻還在於發現並造就了王國維。從《羅振玉王國維往來書信》中可以看到羅振玉一直都在爲王國維的生計問題殫精竭慮,他不斷地向王國維提供學術資料,爲其創造研究條件,提携獎掖,關懷備至。就連王國維的親人生病,他都會垂詢問候,並親自開處方指導治療和調理。有時偶獲美味佳肴,也不忘"與朋友共"的古訓,誠邀王國維一起品嘗。羅振玉對王國維極爲欣賞,在王國維身上,凝聚着羅振玉畢生爲之奮鬥的理想和希望。他曾在給王國維的信中説:"環顧海內外,能繼往哲開來學者,舍公而誰?"又説:"弟非無前人之資秉,而少攖患難,根柢未深,中年又奔走四方,遂毫無成就,今且老矣,欲以炳燭之明,補東隅之闕,所補能幾何?顧影汲汲,綆短汲深,故期之先生者,不能不益殷。"如此謙抑虛衷,一片真情,讀來感人至深。

清洗"不白之冤"的鐵證

《羅振玉王國維往來書信》中有幾十通涉及羅振玉爲撰寫《殷虛書契考釋》一書積銖累錙,不斷修改補充的內容。這些記載無可辯白地駁斥了《殷虛書契考釋》乃羅振玉攘竊於王國維的説法。這一問題的澄清意義十分重大,從而使以往強加在羅振玉身上的誣陷之辭得以清洗,還後人一個真實的名人形象。

《孟子·公孫丑》説"五百年必有王者興",王國維就可以視爲"五百年一興"的學者中的"王者"。王國維之所以能在學術研究上取得冠絕一代的成就,是內因外因完美結合的結果。從內因看,除去王國維高超的悟性外,早期熱衷西方哲學使其具備了邏輯嚴密的頭腦,研究文學又使其能更細密地體察事物,而全面鑽研乾嘉考據學則使其奠定了"羅王之學"的堅實基礎。從外因看,羅振玉在資料上對王國維的支撐可以説是至關重要的一點。這些資料既包括羅振玉大雲書庫所藏的五十萬册傳世典籍,也包括羅振玉歷年收集、傳拓、編印、過眼的出土資料,這其中主要有殷墟甲骨、西域漢簡、敦煌寫卷、大庫書籍檔册等。這四個方面正好是王國維提出的中國歷史上的"四大發現"。正因爲王國維能在這些地上地下的豐富資料中"上下求索"、"恣意搜討",所以才能提出著名的"二重證據法"並在研究實踐中得到淋漓盡致的應用。同時,追隨羅振玉寄居日本,在上海哈同花園倉聖明智大學主持《學術叢編》以及擔任清華國學院導師的經歷,都爲王國維提供了良好的研究條件和治學環境。

原載《廈門日報》2003年6月8日,今據以收入。

一部鮮活的東學西漸史

——讀桑兵《國學與漢學》

　　在近代史上有西學東漸的歷程，這是大衆熟知的歷史。但是，任何交往其實都是雙向的，在西學東漸的同時，東學西漸也曾形成過一股潮流。近代史上的種種屈辱，曾讓我們感到痛心和壓抑，但在代表精神世界的學術上我們從未有過屈尊和降伏。中華民族燦爛悠久的文化，從來都讓西方痴迷地嚮往和追求。

　　人們對近代中外的學術交往和溝通大都不甚瞭解，卻不知這其中有着許多鮮活的人物和故事，值得我們去追思和考索。爲我們揭示這一歷史畫面的有一本書，這就是桑兵教授所著的《國學與漢學——近代中外學界交往錄》(浙江人民出版社，1999年)。

　　中國的傳統學問稱爲"國學"，外國研究中國的學問稱爲"漢學"，學問是一個，研究者卻有中外的不同。這其中的起源演變、國別流派，方法手段、爭論溝通、人事糾葛、趣聞逸事等等，演繹出一部鮮活的歷史，讓人拍案稱奇，令人唏噓感嘆。

　　亂世不只出英雄，亂世也出大學者。在近代這一社會動蕩、政治黑暗、民衆窮困的時期，國學卻異常發達，形成了宋代以來的又一個學術高峰。許多學人在這一特別時期苦中尋樂，鬧中取靜，作成了大學問,成就了大學者。這其中有王國維、羅振玉、陳寅恪、梁啓超、章炳麟、陳垣、胡適、傅斯年、錢穆、楊樹達等。另一方面,西方漢學家把中國視爲聖地,紛至沓來,加入國學研究的國際隊伍,這其中有沙畹、伯希和、馬伯樂、葛蘭言、高本漢、衛禮賢、明義士、內藤虎次郎等。中外學者的溝通交往,奏響了中國傳統文化遠播四裔的交響曲,爲國學的國際化,爲世界文明的互相吸收借鑒貢獻了力量。

一個時代有一個時代的學術,一個時代有一個時代的學風,一個時代有一個時代的學術領袖。世紀回眸,近代的中外學術交往的歷史格外引人注目。治學要掌握大勢,觀史要留心變遷,近代中外學術交往的歷史,充分顯示了學術發展的狀況和趨勢。這對於我們回味歷史,總結經驗,把握今後學術發展的大勢和走向格外重要。

本書論述的是學術交往,但可不妨當作一部近代史來看。作者思路縝密,分析透徹,文筆老辣。尤其書前的緒論更是寫得精彩,值得細讀。本書嚴格按學術規範寫作,書後列有詳盡的參考資料和人名索引,極便於讀者的翻檢和進一步考證。

作者桑兵教授現爲廣州中山大學教授,除此書外,還著有《晚清學堂學生與社會變遷》、《清末新知識界的社團與活動》等著作。桑兵教授曾多次訪學日本、韓國等國家,收集查找了大量的以往不爲人知或未被利用的資料,費時多年,終於完成了這部可以傳世的著作。

在此鄭重地向各位讀者,尤其是對近代史、國學研究、漢學研究感興趣的讀者推薦這本書。

本文應香港商務印書館之邀而寫,2007年7月16日載於香港商務印書館網站,今據以收入。

豐功偉業，沾溉學林

香港中文大學中國文化研究所始自 1989 年的"中國古文獻資料庫研究計劃"，至今已走過十年的歷程。十年中這一計劃獲得豐碩的成果，迄今已完成先秦兩漢和魏晉南北朝傳世文獻的建庫工作，《出土竹簡、帛書文獻電子版》（第一輯）也已面世，"甲骨文電子資料庫研究計劃"亦進展順利。這些成果爲學術界的研究和檢索帶來了極大的便利，誠可謂嘉惠學林，功莫大焉。

據筆者所知，現在內地許多高校和省市級圖書館都藏有不同種類的《先秦兩漢古籍逐字索引叢刊》，這些索引在學術研究中正起着愈來愈大的作用。如在近兩年的郭店楚簡研究中，有些學者充分利用這套索引查對郭店楚簡中的字詞，就是最好的例子。1996 年全國高校古籍整理工作委員會系統的專家赴臺參加"兩岸古籍整理學術研討會"途經香港時，曾在中國文化研究所舉行了座談會。會上裘錫圭先生就以自己寫作論文時的切身感受，盛讚了《先秦兩漢古籍逐字索引叢刊》。

筆者有幸於 1997 年赴香港參加"第三屆國際中國古文字研討會"，受陳方正所長之邀參加了"甲骨文電子資料庫研究計劃"研討會。會上陳方正所長、曹錦炎館長、沈建華女士分別就此計劃的實施和運作進行了介紹。何志華、何國傑先生還進行了電腦示範。當時筆者曾對這一計劃的周密設計和電腦輸出的甲骨文字形的逼真嘆爲觀止。這可算是筆者與"中國古文獻資料庫研究計劃"的一段因緣。

有因緣就會格外關注,而關注也就會產生想法。下邊就談談筆者對"中國古文獻資料庫研究計劃"的幾點想法。需要聲明的是筆者對古文字和古文獻略知一二,對電腦卻是標準的外行,故所言或多爲胡説,還望讀者見諒。

一 突出重點,拓寬領域

當今社會信息業的發展突飛猛進,中文古籍自動化的開發亦競爭激烈,爲保持優勢,必須以"全"、"快"、"好"來取勝。"全"是指資料庫規模大、容量多。以臺灣中研院史語所"漢籍全文資料庫"爲例,到1996年3月底,共完成資料庫68種,約6755萬字;正在進行的資料庫共13種,約6077萬字。總計已完成與正在製作的資料庫字數共達1億2832萬字左右,可能是世界上規模最大的中文古籍自動化計劃。"快"是指建庫快,出版快,上網快。這一點對出土古文字資料尤爲重要。據筆者所知,中國文化研究所的"中國出土簡牘及帛書電腦資料庫研究計劃"本來包括包山楚簡等楚簡資料,但工作尚未進行,而如今日本早稻田大學的學者已完成了這項工作,且正準備進行郭店楚簡的電腦輸入計劃。"好"是指古籍選本選得好,校得精,電腦程序提供的功能全,檢索快。例如中國文化研究所的《先秦兩漢古籍逐字索引叢刊》中包括的古籍,就與臺灣中研院史語所已完成的"漢籍全文資料庫"中的許多著作重複,這就有版本與校勘質量高下的比較問題。又如中國文化研究所的"甲骨文電子資料庫研究計劃",與臺灣成功大學的"甲骨文金文檢索與影像處理系統"亦相類。不同的是中國文化研究所對甲骨文的基本構形進行了重新的分合,釋文又參考了中國社會科學院歷史所的意見,這就比成功大學僅以《殷墟甲骨刻辭摹釋總集》爲準更爲周密準確。當然成功大學的計劃還把《甲骨文合集》全部輸入了電腦,影像密度達到 300～400DPI,據說實際效果甚爲理想。而這一點則是中國文化研究所的計劃所沒有的。

中國文化研究所的古文獻資料庫應該突出重點,這個重點就是出土文獻。因爲一般的中文處理目前已很容易,任何機構都可進行。而出土文獻的處理則不然,它需要有一定的學術背景和知識積累,需要有專門從事古文字的研究人員。中國文化研究所有饒宗頤、沈建華等學者,與內地學術界保持着緊密的聯繫,在信息、資料、聘請內地學者參與等方面得天獨厚,優勢明顯。加上港府在資金上的支持,遠非一般研究機構所能比擬。

中國文化研究所"中國出土簡牘及帛書電腦資料庫研究計劃"已經完成,共出版簡牘帛書資料九種,學術界反應良好。但數量還遠遠不夠,如帛書應補"楚帛書",秦簡應補"龍崗秦簡"、"放馬灘簡",漢簡應補"張家山簡"、"尹灣簡"、"阜陽漢簡"及"定州簡"等。而楚簡付之闕如,則尤爲不足。故筆者建議應建立一個"楚簡資料庫",包括"仰天湖楚簡"、"望山楚簡"、"信陽楚簡"、"包山楚簡"、"九店簡"、"曾侯乙墓簡"、"郭店簡"和尚未發表的"慈利簡"和"上海博物館藏簡"。

出土文獻中古文字範圍內尚缺金文和戰國文字,所以下一步還應建立"金文資料庫"和"戰國文字資料庫"(不包括楚帛書和楚簡)。金文應包括商、西周、春秋金文,以《殷周金文集成》加上近年新出土材料即可。但釋文應聘請專家重新寫定,因爲《殷周金文集成》一書的釋文還存在許多問題。戰國文字則應包括璽印、玉石、銅器、陶文、符節等。秦代和漢代都可另立一庫,包括金文、璽印、瓦當、銅鏡銘文、玉陶、碑刻等。時代再下延,則還可建立"歷代墓誌資料庫"、"歷代石刻資料庫"、"敦煌資料庫"等等。總之"出土文獻資料庫"還可進行的工作尚有許多,應有計劃按步實施。

在突出以出土文獻爲重點的同時,還要逐步拓寬資料庫内容所涵蓋的領域。中國文化研究所製定的"華夏文庫撰寫計劃"中的傳世文獻部分就體現了這一思路。但是任何所謂"全"都是相對的,在擴大領域的同時仍要有所側重。筆者竊以爲仍要多關注百科全書中的類書及工具書。在處理這些資料時必須提高電腦系統的科學化和多功能化,要提高科技含量,而不是一般性的簡單處理。類書方面如《藝文類聚》、《初學記》、《太平御覽》、《册府元龜》、《事文類聚》、《記纂淵海》、《玉海》、《事林廣記》、《群書會要》、《淵鑒類函》、《佩文韻府》等。工具書方面如查通假的《説文通訓定聲》、《古字通假會典》、《古文字通假釋例》;查詞彙的如《駢字類編》、《聯綿字典》、《辭通》、《正續一切經音義》;查訓詁材料的《爾雅詁林》、《廣雅詁林》、《經籍籑詁》、《故訓匯纂》等,都可以建庫上網。這些都是文史研究的常用書或常查書,相信建庫上網後會大受歡迎。

二 增補資料,提高改進

一個資料庫建成出版或上網後,並不表明工作的結束,而應不斷增補新的資料,改進錯誤和不足,使其容量和質量都得到進一步的提高。這就需要不斷掌握學術界的最新信息和動態,瞭解使用者的最新需求。如近幾十年不斷出土的簡牘帛書提供的材料,有許多可以校正傳世的典籍。這部分成果就應該在《先秦兩漢古籍逐字索引叢刊》中得到體現。《甲骨文合集補編》已經出版,應該補入"甲骨文電子資料庫"。又如《出土竹簡、帛書文獻電子版》(第一輯)九種已經完成,以後還可考慮在每種之下附上研究論著或論著索引,這樣會更便於學者的研究和使用。

出土文獻輸入電腦前先要有一套準確的釋文,而要做到準確,則不光需要寫定釋文或校定釋文者自己對材料本身有系統的研究,還需要對學術界其他學者的研究瞭如指掌,具備較高的判斷能力。因爲首先面對的是古文字,這就要求寫定或校定者對古文字的"字"有很深的研究。這樣才能在寫定或校定釋文時,做到能代表當時的最高水平,並在之後還能不斷進行改進和提高。當然要做到這一點絶非易事。爲説明問題,下面筆者以《睡虎地秦墓竹簡》的釋文爲例,説明釋文寫定與校定的不易。

　　中國文化研究所《出土竹簡、帛書文獻電子版》(第一輯)中的《睡虎地秦墓竹簡》釋文主要是依據文物出版社出版的《睡虎地秦墓竹簡》一書,同時參考劉樂賢、饒宗頤、曾憲通、李學勤、吴振武等先生的意見。沈建華女士曾在《從出土典籍走入電子媒體(下)》(載《古文獻資料庫資訊》1999年第3期)一文中列舉了三條校訂説明釋文比以前的進步。但據筆者所知,可校訂之處遠不止此。僅以釋字爲例,就有原釋"滈(號)"者實應釋"謞(啼)"(劉釗釋),原釋"頯"者應釋"頯"(陳偉武釋),原釋"瘵"者應釋"疵"(劉信芳釋),原釋"圬"者應釋"垿(序)"(施謝捷釋)等。其他如斷句誤例,通假誤例,錯字例等等需改進補充處尚有許多,爲免煩瑣,在此不再一一列舉。而這些顯然是應該改進或再補充的。這説明改進提高的工作還任重道遠。

　　有時釋文底本和參照本的選定格外重要,不可掉以輕心。以《馬王堆漢墓帛書》第四册爲例,修訂的主要參照爲馬繼興先生的《馬王堆古醫書考釋》一書。據筆者看來馬書存在的問題很多,許多校訂都難以引爲信據。首先馬書的釋文採用隸寫本字的方法,失去了原文的本來面貌,好以意改正原文,就犯了校訂古籍的大忌,極不可取。

　　釋文中通假字、異體字、古今字、錯字的區別和處理是一個複雜的問題,不能没有區別,有時又難以區分,尤其不能搞錯。如以"祭"

字爲"然"字錯字("祡"即"然"字,秦漢時期"火"旁與"示"旁相混,請看"票"字、"尉"字的演變自會清楚);以"辤"爲"辭"的異體("辤"由"辭"字分化而來,但已分化爲兩字,有時用法有別,《説文》即已分爲二字。雖然兩字可以通假,但字還是兩個字。這正如金文"聞"借爲"婚","弔"借爲"叔","述"借爲"遂",不能因相通假就認爲聞婚、弔叔、述遂爲一字或互爲異體一樣。這種關係有一些古文字字典亦經常搞錯);以"伐"爲"代"之錯字(古文字中"弋"經常寫作"戈",秦漢時代仍有孑遺,這並不是錯字的問題);以"聲"與"堶"爲通假字("聲"、"堶"爲因"⿱"、"胥"訛混造成的異體)等都是不妥當的。

三 雅俗共賞,面向大衆

當今的電腦業是朝陽產業,速度一日千里,讓人目不暇給。中文古籍自動化在全球各地亦四處開花,層出不窮。在激烈的競爭中要想保持優勢,獨領風騷,就既要保持特色,全面發展,同時還要側重兩極,面向大衆。所謂"側重兩極"是指既可以爲學術界提供純學術研究的資料庫,又可以爲一般讀者提供可讀性較強的資料庫,以便他們瞭解古代典籍及文化。中國文化研究所製定的"華夏文庫撰寫計劃"在一定程度上強調要面對大專、高中學生,想必就出於這樣的思考。陳方正所長《讓甲骨文走向大衆》一文,亦充分表明這一努力方向,讀來讓人振奮。相信隨着電腦技術的發展,在各學科專家的協同努力下,一定會建立起各種夾雜動畫,糅進故事,利用圖像、音樂講解介紹古文字和古代文獻的資料庫。屆時古奧的甲骨文真的可以走入家庭電腦,讓大衆在寓教於樂之中瞭解幾千年前記載在龜甲牛骨上的歷史。

學問是有價的。當今的學術研究既講社會效益,同時也講經濟效益。但是到任何時候,社會效益是佔第一位的。中國文化研究所準備在今後三四年間把迄止六朝的全部古代文獻上網,以最低廉的費用提供給上網者觀覽使用,正是注重社會效益的最好證明。

因爲經濟發展的不平衡,目前内地上網者還相對較少,學者上網亦很有限。面對這些現代化的資訊不能利用,不免讓人扼腕。中國文化研究所已出版的《先秦兩漢古籍逐字索引叢刊》雖然很好,但對内地學者來說價格仍然太高,個人難以購置。所以希望研究所能體諒内地學者的經濟實力,在爲内地學者提供服務時盡量予以優惠。

最後衷心祝願中國文化研究所"古文獻資料庫研究計劃"及其他計劃能夠保持長久,愈辦愈好。

原載香港中文大學中國文化研究所古文獻資料庫中心《古文獻資料庫通訊》第六期,今據以收入。

吴小平《漢代青銅容器的考古學研究》序

漢代是中國歷史上的特別時期，時間不長也不短，史料不多也不少；有些歷史現象到此結束，有些歷史現象從此開始；當然更多的歷史現象在此是上可追溯源流，下可查尋支脈，其承前啓後的樞紐作用格外重要。所以漢代的歷史研究始終是學術界關注的熱點。

研究漢代的歷史離不開考古資料，這是目前學術界的通識。僅從數量和字數上說，目前爲止地下已出土的考古資料也已不遑須讓於傳世文獻。因此對研究漢代歷史文化來說，考古資料與傳世文獻猶如車之兩輪，門之兩扇，缺一不可，不能偏廢。如今在漢代歷史文化研究上卓有成就的學者或是有考古的學術背景，或是能充分利用漢簡、帛書、畫像石、畫像磚、各種器物等考古資料，如此方能取得超乎常人的研究成果，就正好證明了這一點。

李學勤先生曾在《漢代青銅器的幾個問題——滿城、茂陵所出金文的分析》一文中指出："可惜近年對秦漢金文作綜合研究的論作不多，許多疑難問題沒有得到解決。雖有大量新材料湧現，相當大的一部分尚未得到深入的考釋研究。"受此啓發，吉林大學徐正考教授曾有博士論文《漢代青銅器銘文研究》之作並得到學術界的一致嘉許。其實關於漢代青銅器的研究不只在銘文的研究上還大有文章可作，就是關於青銅器器形本身的考古學研究,以往的工作也是做得太少,有許多問題還有待於我們去鑽研探索。

晚近的青銅器研究更多關注的是兩周的青銅器,對漢代的資料則很少措意。這一方面是歷史的慣勢使然,一方面則是學術界的偏見所致。雖然漢代青銅器與兩周青銅器相比,在器形種類、演變的複雜程度、社會精神生活中的重要性方面都不及後者,但是也有其長處和優勢,如在研究工官制度、官府手工業、社會各階層的經濟狀況等方面就是如此。在漢代青銅器中,青銅容器又是最大宗的資料,更具備典型意義。我爲吳小平博士選定《漢代青銅容器的考古學研究》作爲博士論文題目,就是出於以上的考慮。

《漢代青銅容器的考古學研究》利用考古類型學的理論和方法,對目前已知的漢代青銅容器進行了全面的收集和梳理。作者先將漢代青銅容器按地域分爲三個系別,即中原、西南、嶺南三個區系,然後對每個區系下的青銅容器的形制、紋飾、銘文、分期和演變進行分析研究,基本排列出了每類器物的發展譜系。其中還大量涉及器物的命名、用途等方面的分析考證。除此之外,作者還從漢代青銅容器的生產經營方式和統治政策對青銅容器的影響等角度進行了探索。這些探索都是富有意義並頗具啓發性的。作者在書後所附"漢代青銅容器出土情況"、"古代文獻著錄漢代青銅容器情況"和"六朝青銅容器出土情況"三個目錄,極便於學者翻查檢索並在此基礎上進一步開展工作,也充分體現了作者的良苦用心。

當然,在資料的完備程度、考古類型學的運用及探索青銅容器所反映出的歷史現象等方面,該研究還存在着錯誤或不足。這也正是作者立誓要進一步補充修改並長期探索下去的地方。

吳小平博士畢業於南京大學考古專業,受過多年的專業訓練。到廈門大學任教後,在教學和帶實習之餘,科研也很勤奮。寫博士論文期間,正趕上孩子小,加上教學和帶實習,壓力大得用他自己的話說是過着"煉獄般的生活"。好在他能咬牙堅持下來,順利地通過答辯並獲得了博士學位。

　　吴小平博士樸實直率,雖然性格有點急躁,但是對考古事業的熱愛和對田野發掘的痴迷,預示着他今後在考古事業上的發展前途。如今他的博士學位論文《漢代青銅容器的考古學研究》即將由嶽麓書社出版,讓我在書前寫幾句話,作爲導師,我有義不容辭的責任。古人有舉賢不避親之訓,故在此鄭重地向學術界推薦此書。相信今後有關漢代青銅器更廣泛深入的研究也將從此書開始。

　　　　　　二〇〇五年三月於廈門廈大白城一綫望海齋

　　原載吴小平《漢代青銅容器的考古學研究》(嶽麓書社,2005年),今據以收入。

洪颺《古文字考釋通假關係研究》序

　　古音學研究在清代達到極盛，真可謂"前無古人，後無來者"。但是清代的古音學研究主要集中於古聲韻，尤其是古韻的分部上，對於秦漢以前的古音系統的整體面貌，以及時代差別、方音的影響、聲韻的歷時演變等還缺乏有系統的成果。特別是其基本材料主要依據的是《詩經》韻文、《説文》諧聲和典籍中的通假，而缺乏借助於古文字資料，更是一個很大的缺欠。

　　從二十世紀初開始，隨着古文字資料的不斷出土，古文字研究日益成爲一門被學術界重視的學問，在古文字考釋中充分運用通假來考釋和通讀文字，更逐漸成爲一種被普遍應用的手段。尤其是近三四十年來，古文字考釋越來越科學化，運用通假關係考釋和通讀古文字的手段也日臻精密，這使得充分總結古文字考釋中通假的運用原則和規律變爲可能，而同時學術界也急需這方面的理論總結和歸納，以便更好地掌握經驗，吸取教訓，提高考釋和通讀古文字的能力和水準。就是在這樣的學術背景下，洪颺爲學術界貢獻出了其博士學位論文《古文字考釋通假關係研究》。

　　洪颺博士在本書中，運用了大量的古文字考釋實例，充分分析論證了古文字考釋中如何運用通假來考釋古文字的問題。其中包括古文字考釋中運用通假的原則和規律、古文字考釋中的通假與古籍的對應、對古文字考釋中通假的語音認識、古文字考釋中的通假與上古音、古文字考釋中論證通假時存在的問題、古文字考釋中論證通假時應該避免的幾個傾向等。可以説這些分析和論證都是經過深思熟慮的，所舉的實例也大都是恰當的，尤其指出的在古文字考釋中運用通假時需要注意的問題和避免的傾向更是非常重要，具有相當的啓示意義和指導作用。本書的其他優點和精彩之處，相信讀者會在閱讀中得到發現和體會。

　　古文字資料的大量出土和古文字考釋的日益科學化，爲古音學研究提供了更大的資料庫，也爲在舊的研究基礎上重新構建上古音系統提供了便利。而古音學研究的進一步深入，也使得古文字考釋的方法和手段變得更爲嚴密和準確。所以古文字考釋和古音學研究是相輔相成的關係，猶如車之雙輪和門之兩扇，缺一不可，互補互利。

　　古文字的考釋實踐表明，字音在字的構造和演變中具有非常重要的作用，古代文字的構成和演變，許多情況下都是以聲音爲樞紐來進行的。有許多不被我們認識的文字變化，其實都是與音的變化相關的。因此重視音的關係，重視音在文字構造和演變中的重要作用，重視通假手段的運用和使其進一步科學化，是古文字考釋成敗的關鍵。而以往在古文字考釋中那種缺乏對字音的深入考察，就字形論字形的做法，是不正確的，是亟需改變的。因爲古文字是記錄古代漢語的，而語音在語言中具有最爲重要的地位，所以有關古文字的研究，包括對後世文字的研究，始終要把對音的關注放在重要的位置。

　　洪颺碩士師從湯餘惠先生，博士師從李無未先生，又從我在厦門大學博士後流動站工作，所以受到過古文字和音韻學的雙重訓練，這也是她選擇這個題目作博士論文的原因。最近洪颺的博士學位論文即將由福建人民出版社出版，洪颺讓我爲她這本書寫篇序冠於書前。

我對音韻學所知甚少,雖然我在古文字考釋中也常常使用通假的手段來考釋和通讀文字,但我總覺得音韻學,尤其音韻學中有關上古音的研究是一門艱深的學問,需要花大力氣專門進行鑽研才行,這需要有大才智的人才能勝任。而魯鈍如我,是萬萬不敢涉足此領域的,因此對寫這篇序我頗有些忐忑不安,感覺不能勝任。只是因爲我和洪颻有多年的師生情誼,故有責任,也不好推辭,所以才拉雜寫了如上的文字,既是向學術界推介這本書,也聊以塞責。

2008 年 3 月 9 日於復旦大學光華樓

原載洪颻《古文字考釋通假關係研究》(福建人民出版社,2008年),今據以收入。

葉玉英《古文字構形與上古音研究》序

　　近十幾年的古文字學界呈現出一派繁榮昌盛的景象。這一是得益於大地對這一代人的恩賜,出土資料如井噴般不斷湧現;二是因爲出土資料的重要性對相關學科的刺激和影響,使得相關學科都不得不相應地改變自己,從而使得更多的人開始關注出土資料。雖然從相對人數來說,真正從事古文字研究的人還是很少,因此這種繁榮昌盛在外人看來,頗有點自娛自樂的感覺,但這一點也不影響從事古文字研究的人的學術熱情。

　　說到古文字對相關學科的刺激和影響,首先就應該提到語言學。古文字研究與語言學的關係是最爲緊密、最爲直接的,古文字研究的長足進展,拓展和延長了漢語文字學的研究領域和學術縱深。

　　在古文字研究中,與傳統小學相對應的形音義三要素,有關形、義的研究積累很多,研究相對更爲深入,而有關音的研究卻相對薄弱。這一是因爲在語言中,音是變化最快、受地域影響最大的要素,有時很難把握;二是以往出土的古文字資料,大宗的不多,很多極爲零散,難以提供一個完整的面,且受時代、地域的限制,很難在這些資料的基礎上構建新的商周音系;三是古文字學與音韻學的學科滲透和交叉工作還做得不够,研究音韻的不懂古文字,研究古文字的對音韻又鑽研不深,無法在掌握兩個學科的高度上進行細密的分析考證。

隨着出土資料的不斷問世和古文字研究的不斷深入,用出土古文字資料研究古代漢語的音韻問題,探討古文字構形中音的作用及音與形體的複雜關係,並進而試圖重新構建商周音系等課題,逐漸成爲學術界非常關注的一個焦點。近幾年用古文字資料研究音韻的文章逐漸增多,還出現了許多篇博士論文,就是這一焦點漸熱並將成爲熱點的明顯徵兆。葉玉英的《古文字構形與上古音研究》正是在這一背景下誕生的。

本書的最大特點,是在利用最新的上古音研究成果的基礎上,在古文字資料中選取了一個最好的切入點。這個切入點就是古文字構形學的最新成果和方法。古文字構形學强調科學的文字符號觀,認爲文字始終是處在變動的過程中,認識和分析文字要有動態的眼光。與文字相同,語音也是一個動態的因素,是不斷在發展變化的。一個字的讀音不可能亘古不變,而是不斷在發生着音變。自古以來形體和聲音就關係複雜,糾葛不斷,而雅言和方言也是一直互相交叉、互相影響,這就決定了一個字讀音的上古來源可能並不單純。從這個思路出發,書中考察了中古精母字的上古來源、精組產生的時代、秦音中以母與喉牙音的關係、音隨字變、字隨音變等問題。這些考察都具備了"史"的觀念和眼光,牢牢把握住了"聲音是文字構成演變的樞紐"這一關鍵,這些考察的結論雖然還不能説就是定論,但的確是非同凡響的創見或極具啓發性的意見。

古文字構形學研究的深入,使得對文字的拆分和分析更爲細密,更有理緻。這同時也爲音韻學研究提供了一個新的視角。對文字聲韻的分析不再只是停留在考察一個形聲字的聲符這樣簡單的層面，而是把文字形體的最初構成、形體在每個時段演變的諸多細節、文字構形上的一些規律性的變化所體現出的聲音的作用等都納入到視野中來，並加以合理的解釋和抉發。如此視角開闊了，思路和方法也就變得更爲豐富。葉玉英此書中對文字分化、訛混、雙聲符字、變形音化、變形義化、類化、飾筆等問題的探討，正是在這一新的廣闊視野下進行的新的學術嘗試。這一嘗試是可喜的，是值得提倡和發揚的。

　　本書一個很突出的優點就是在兩條綫上同時達到的深度。一條綫是古文字構形學上的，一條綫是音韻學上的。而要做到在兩條綫上同時出擊並佔領高地，的確不是件容易的事。然而葉玉英做到了。這背後跳動着她追求學術的一顆頑強的心，浸透着她爲學術付出的數不盡的汗水。

　　葉玉英本來的基礎並不好，直到碩士從福建師大林志強先生讀古文字學，才算真正走上研究的道路。到廈門大學從我讀博之後，她努力刻苦，勤於思考，抱着滿腔的熱情投入到古文字的世界中。在度過初期的迷茫後，她很快就登堂入室，漸入佳境。這幾年她不斷參加博士生論壇和各類學術會議，也寫出了很多篇不錯的文章，還廣泛與學術界同仁接觸，切磋學術，探討問題。學問和做人同時提升，道德和文章齊頭並進，我看在眼裏，喜在心上。

　　廈門大學語言文字學科人才薈萃，强手如雲。李如龍先生的方言研究、李無未教授的音韻學研究、蘇新春教授的詞彙研究、曾良教授的俗字研究等都各自成家，蔚爲大觀。葉玉英身處其中，耳濡目染，一定會見賢思齊，追慕效法。如果假以時日，相信她會在古文字與音韻學之間找到最好的接口，溝通嫁接，探尋出新的學術之路，爲傳統的文字學和音韻學研究再立新功。而她的這本博士論文修改而成的新著，正可以當作再攀高峰的第一級臺階。

2009 年 7 月 2 日於復旦大學光華樓

原載葉玉英《古文字構形與上古音研究》(廈門大學出版社，2009年)，今據以收入。

陳家寧《史記商周史事新證圖補(壹)》序

在歷代有關中國古典學的研究中，無數學者默默踐履着以地下材料印證地上材料的法則，此即所謂"二重證據法"是也。但此法實非王國維先生所首創，惟於王氏之前有其實而無其名而已。王氏特將其揭示出，此法遂得命名，並借王氏大名而演化成學界共識，最終成爲研究中國古典學的不二法門。後來附麗而出的"三重證據法"，或將出土文獻分成文字的與器物圖像的兩類，或在地下地上文獻外加上民族學的文獻，皆萬變不離其宗。其實研究中國古典學的方法並無甚花樣，主要還是實證的、考據的方法。學者間或空談理論以討巧，或搬弄概念以眩奇，皆非正途。正如裘錫圭先生所指出的，就目前的學術界而言，"存在的主要問題不是沒有理論或方法，而是研究態度的問題"(見《"古史辨"派、"二重證據法"及其相關問題——裘錫圭先生訪談錄》，《文史哲》2007年第4期)。而談到材料，則傅斯年先生的"上窮碧落下黄泉，動手動脚找東西"就是最好的導引，除此以外別無其他。

陳家寧博士的大作《〈史記〉商周史事新證圖補》可謂新時期用新證方法整理傳世典籍的新收穫。該課題本是一個系列研究，目前其完成的首卷(殷、周、秦《本紀》)充分利用出土古文字文獻，包括甲骨文、金文、戰國璽印、兵器、貨幣、石刻、陶文、簡帛以及考古遺迹等,對《史記》中的殷、周、秦三篇《本紀》進行了新證,收集文獻全面宏富,論證分析細密周詳。這一"立體"的新證無疑會大大促進關於《史記》和上古史的研究。

該書之所以從殷、周、秦三篇《本紀》入手,是因爲古文字文獻和考古資料中可以用來新證這三篇《本紀》的數量較多,有一定的示範意義。接下來陳家寧博士將會在此書的基礎上,進行《史記》其他篇目的新證研究。有本書的成功經驗打底,《史記》全書新證的成功也當可預期。其實不僅《史記》,全部二十四史都可以進行新證。這也應是今後歷史文獻學研究中一項非常重要的工作。當然由於出土文獻特點的不同,上古史和中古史的新證在具體操作上可能各有側重,但方法論則是相通的。

該書的"新證",絕非將出土文獻簡單地羅列、機械地排比,而是揉進了作者自己的許多觀點和觀念。其中有些觀點和觀念很有啓發性,在此不敷一一舉出細節,讀者可以自行檢閱。

中國古代的書原本很多都是配圖的,是真正意義上的"圖書"。古人懂得圖畫比文字更直觀、更形象、更讓人記憶深刻。出土實物表明,當時不僅帛書如此,就連竹木簡牘上,也常常見有各種圖畫。把相連的畫有圖畫的簡相拼,圖畫的真貌就會如實顯現。像戰國時代長沙楚帛書那樣"圖文並茂"的書,在當時應該是很常見的。如今的圖書市場再次進入"讀圖時代",但這卻不能算是創新,而只不過是一種歷史的"回歸"。陳家寧博士該書的標題之所以有"圖補"二字,就是想發掘發揚古人這一傳統,充分運用圖畫的輔助功能,讓其在新證中發揮更大的效用。從結果來看,這一做法是非常成功的。

該書作者陳家寧原是我在廈門大學任教時的博士,他天資聰穎,勤勉於學,加之熱情開朗,樂善好施,故所到之處,皆能與人相處融洽,讓人喜愛。他博士畢業時我曾想將其留在身邊,但他耽念故鄉,侍親至孝,不願離開父母左右,所以最終還是回到老家的天津大學工作。這於我不免遺憾,對他卻是適得其所。

值此《〈史記〉商周史事新證圖補》首卷即將付梓之際,蒙家寧厚愛,囑我在書前作序。以我的學問本無資格,但念我們師生之誼,且該書題目也是我爲他定的,故不畏冒"佛頭著糞"之譏,在此説些"王顧左右而言他"的話,聊以塞責。是爲序。

2011年5月於復旦大學光華樓

原載陳家寧《史記商周史事新證圖補(壹)》(天津人民出版社,2011年),今據以收入。

白於藍《戰國秦漢簡帛古書通假字彙纂》序

二十世紀七十年代以來不斷出土的簡牘帛書,爲當今時代帶來了"新學問"。有越來越多的中國古典學的愛好者視此爲"處女地",操鍤持鋤,開始了快樂的耕耘。越來越多的研究者認識到這是一條流淌不息的"大河",因此果斷"預流",開始了搏擊浪潮的暢遊。資料出學問,時勢造英雄,後來的學術史一定會用較大的篇幅書寫今天"新學問"中的著名著作和代表人物。

不斷堆積的新資料,讓研究者快樂並痛苦着。快樂的是比前人幸運,看到了大量孫詒讓、羅振玉、王國維、陳夢家等看不到的新資料,痛苦的是沒有前人那麼深厚的學術積累。面對一桌好菜,品嘗能力和消化功能都不強,還經常貪多騖奇,卻一時不知道該吃哪一道,應如何下箸。

大量成批次的簡牘帛書的出土,爲中國古典學的大廈打開了一扇新的窗口,新鮮空氣如潮水般湧來。人們在貪婪地吸進新鮮空氣之餘,認識到還要打掃房間,清除垃圾,重新裝修,讓大廈煥然一新。

簡牘帛書改變了當代中國古典學研究的格局,人們在反思和反省中開始"重寫"各種專門史。簡牘帛書的輻射作用,也讓相關學科都做出了相應的反應和調整,並擺出歡迎的姿態,迎接這些新資料的加盟，以便爲其所用。

　　對語言學來說，不斷出土的簡牘帛書資料爲其提供了一個不斷增加庫存的大型語料庫，語言學的各個分支，都可以在其中"百度""淘寶"，精擇良材，烹製名菜。如對戰國秦漢古文字的研究，對上古漢語語法的研究，對上古漢語詞彙的研究，對先秦兩漢古音的研究等即其犖犖大者。

　　清代對上古音的研究雖然成就卓著，但大都用的是傳世的資料，資料本身有的時代不清，有的有後世的增删篡改等不利因素。對上古音的研究還存在着斷代不細，對資料的性質類别區分不嚴，缺乏考慮地域差異和方言特點從而一鍋煮的弊端。有些結論半明半暗，有些推論缺乏例證。要改變這一局面，時代明確、性質清楚、地域肯定、未經後世增删篡改的大宗新資料，就是必備的條件。而不斷出土的大宗的簡牘帛書正符合這一要求。因此可以説，這些簡牘帛書的出土真是應運而生，生逢其時。

　　近年由於有大量的簡牘帛書資料作支撐，古文字研究中對上古音的研究有了長足的進展。兩岸三地的博士論文中，有不少利用出土簡牘帛書研究上古音的題目，正表明了這一學術取向。簡牘帛書中的新材料不斷印證着清代以來上古音研究中的一些結論，不斷豐富加深着我們對上古音舊有的一些認識，同時也提供了許多以往不瞭解或瞭解不多的新知識和新認識。對地域差異和方言特點的認識，有了質的提高，譬如對戰國楚地方音特點的認識，就主要得戰國楚簡之賜。

　　白於藍教授曾編撰《簡牘帛書通假字字典》（福建人民出版社，2008年），該書取材於楚帛書、信陽楚簡、郭店楚簡、九店楚簡和上博楚簡五種戰國簡帛古書，編寫體例與《古字通假會典》相仿，出版後深受學界歡迎，一時人人稱便，個個置於案頭。這次出版的《戰國秦漢簡帛古書通假字彙纂》一書,是在前書基礎上重新擴充修訂而成,除了原有的資料外,還補充了上博楚簡新出的幾册和秦代的簡册書籍青川木牘、睡虎地秦簡、龍崗秦簡、周家臺秦簡四種,漢代簡帛書籍張家山漢簡、馬王堆帛書與竹木簡、阜陽漢簡、虎溪山漢簡、銀雀山漢簡、孔家坡漢簡、青海大通漢簡、漢長安城未央宮漢簡、尹灣漢簡、武威漢代醫簡、武威漢簡、武威旱灘坡漢簡、敦煌懸泉月令詔條等十三種,共收集通假字頭 7006 個,字頭單字總數6094個,所涉聲系 919 個,總字數達 160 餘萬字。這是目前學術界有關戰國秦漢簡帛古書通假字的最完善最詳盡的資料彙總。相信出版後一定會像其前身一樣,受到學術界的熱烈歡迎。

　　任何學問的進展,都需要研究和資料的並駕齊驅。資料是爲了研究,研究也是一種資料,有時資料就是研究。研究每前進一步,都需要新資料;時代每發展一段,都需要總結資料,以利於進一步的研究。從這個角度說,研究和資料就是泥中的水和土,你中有我,我中有你,沒有高下,難分軒輕。白於藍教授的這部《戰國秦漢簡帛古書通假字彙纂》一書,雖然從體例上看可以稱之爲資料,但是正如前邊所說,與研究並無高下之別,既是資料,也是研究。作者在不同的條目下共加注"按語"3000 餘處,有些是對學界當前已有成果的擇優錄用,有些是對原整理者觀點的補充說明,還有大量是作者在編撰該書過程中所提出的最新研究心得和獨立見解,如在"其與期"、"筱與銚"、"逾與輸"、"哺與捕"、"敘與除"、"达與寓"、"呆與衢"、"呆與瞿"、"麗與簏"、"遭與惰"、"宕與際"、"姊與際"、"視與示"、"愿與忒"、"幾與階"、"幾與異"、"機與愷"、"敚與説"、"刺與癩"、"刺與賴"、"快與慧"、"歔與閴"、"外與襘"、"害與獨"、"至與縶"、"垤與實"、"眜與眛"、"位與立"、"執與贄"、"摯與贄"、"哞與狎"、"送與蹲"、"苞與骸"、"骶與骸"、"雁與應"、"繡與隆"、"阮與閡"、"冋與傾"、"卵與關"、"齽與卵"、"瞀與顯"、"埵與轉"、"閒與垸"、"倪與見"、"垣與援"、"裛與吝"、"泯與昏"、"涷與等"、"涷與恃"、"練與陳"、"迅與伭"、"斤與宜"、"怸與宜"、"瀻與踧"等條目中,作者都提出了自己的新釋或改釋,有些正確可從,有些極具啓發性。

該書是作者以一人之力坐在電腦前一個字一個字敲出來的,其中還包括許多新造字。這樣的堅忍和毅力,不能不讓人讚歎和佩服。

最後希望白於藍教授能在該書的基礎上,對先秦兩漢的古音研究稍加措意,並在新資料積攢到一定程度後定期對該書加以訂補,以不斷滿足學術界的新要求,對學術界做出新的貢獻。

原載白於藍編著《戰國秦漢簡帛古書通假字彙纂》(福建人民出版社,2012年),今據以收入。

湯志彪《三晉文字編》序

當今的古文字學研究，隨着資料的日益豐富、廣度的不斷延展和深度的持續開掘，已經呈現出如樹的生長一樣不斷在主幹上生出新枝，從而分支越來越細的趨向。譬如戰國文字研究，從認出戰國文字，到確定戰國文字的研究範圍，到把戰國文字分爲五系，再到對每一系文字進行深入的探討，學科理論和研究方法就這樣被逐漸精密化，學科方向得以進一步的確立，學術内涵也不斷地得到升華。

分支越來越細的一個表現，就是近些年學術界不斷出現的各種文字編。如此多的文字編的出現，一方面是得自如井噴式的出土資料之賜，同時也是學術發展到一定時期的必然結果。對每一宗出土資料都編出科學準確的文字編，是古文字和出土文獻研究必須要做的基礎工作。要揚棄那種認爲編文字編是替他人做嫁衣的錯誤觀念，要充分認識到編文字編絶對不是"大家不爲，小家不能"的簡單工作。一個科學準確的文字編，其編撰難度和其所包含的學術含量，絶對不比一本高質量的學術著作要小。相對於目前學術發展所達到的高度而言，目前古文字學界的文字編不是太多，而是還遠遠不夠。一本科學準確的文字編不光對初學者，對一個學術成手來説也是不可或缺的。尤其對想要熟悉古文字形體的初學者來説，從文字編入手，就是選擇了最爲省力便捷的階梯。以我自己的學術經歷現身說法，也可以充分地證明這一點。我自己初學古文字就是從文字編入手的，每出一本文字編，我都爭取及時研讀並從中獲益。我也常指導我的學生研讀文字編。當然，近年因爲越來越忙，精力體力也大不如年輕時，覺得總是跟不上新資料的發佈速度，對文字編的研讀也變成三天打魚兩天曬網了，這也是我最爲苦惱的事情。要想對古文字形體非常熟悉，就要把文字編讀熟吃透。理想的做法是將每一個形體都分解揉碎，不放過任何一個特點和差異，在熟讀中歸納出各種原則和規律，長此以往，堅持不懈，自然就會成爲熟悉古文字形體的行家裏手。

　　湯志彪博士編撰的《三晉文字編》，可以說是近年學術界所出文字編中比較好的一種。該文字編收集資料極爲豐富，基本採用原形，形體下列出字形出處和簡單辭例，並盡量標出國別；字形隸釋準確，編排科學合理；前有緒論，可以作爲戰國文字研究的局部學術史來看，後附有歸字說明和所有字形的來源表的詳細辭例。可以說該文字編集中採用了目前已出所有文字編的優點，盡其所能給讀者提供出最爲周詳的相關信息。在對字形的隸釋和歸字說明中，時不時會有閃光點或極具啓發性的意見出現，可以看出編者的學術眼光和學術境界。整個字編工作量之大和工作之繁瑣，凝聚了編者很多的辛勞和汗水，不得不令讀者對編者產生敬佩。這也和湯志彪博士平時爲人的誠懇踏實若合符節。

　　該字編中還存在着一些不足，譬如個別字的隸釋還有問題，個別隸釋在不同説法的取捨上還有選錯捨對的情況等等，這都需要今後加以修正彌補。我始終認爲文字編是個流動的工具，就像字典、詞典一樣，是隔一段時間就要增删修補的，所以任何文字編都不要怕有缺點和錯誤，只要編者能採納吸收正確的意見及時加以增删修補，就會使這個字編日臻完美，逐漸成爲稱心如意的理想工具。

湯志彪博士從白於藍教授讀碩士，又從馮勝君教授讀博士，畢業後到東北師範大學工作。作爲一個廣東人，從最南跑到最北，如果不是有對學術的摯愛，相信是不容易做到的。在該字編出版之際，他徵序於我。本來從學術上我並沒有能力寫這個序，但是考慮到白於藍教授和馮勝君教授都曾是我的學生，如今他們兩人的學生也都博士畢業了，我就像一個祖父看到了新出生的孫輩一樣按捺不住欣喜，自然也就可以擺擺資格，胡言亂語幾句了。於是就寫了上邊的一些話，既可作爲對湯志彪博士所撰《三晉文字編》的推介，也可算作記錄學術承傳、延續學術生命的一點紀念。

《三晉文字編》即將由作家出版社出版，本文據原稿收入。

魏慈德《新出楚簡中的楚國語料與史料》序

今年春夏之際，我承乏受聘臺灣東華大學中文系客座教授，在花蓮客居兩閱月。其間除舉辦講座、參加答辯及學術會議外，還飽覽花蓮縣的綺麗風光，盡吸東海岸的新鮮空氣，身心俱得，意氣兩佳。我與東華大學中文系魏慈德教授是多年的好友，在花蓮期間與其時相過從，相談甚歡。忽一日，魏教授貽我《新出楚簡中的楚國語料與史料》一書書稿，並囑作序。不學如我，何堪重託，然高情雅意，萬難推辭，只好勉力應命，聊為嚆引。

《新出楚簡中的楚國語料與史料》一書，以《上海博物館藏戰國楚竹書》(一)至(八)和《清華大學藏戰國竹簡》(壹)和(貳)共十本書為研究對象，對其所收楚簡中的楚國語料和史料分別從語言學和歷史學角度進行了總結、歸納和考證。此書的主體來自作者近年有關楚簡研究的幾篇重要文章，經過重新的增刪排比，補苴附麗；踵事增華，錦上添花，從而以首尾完具、結構謹嚴的面貌出現在讀者面前。

粗讀此書一過，有如山陰道上行，美景不暇目接。在此有幾點感受想和今後讀此書和利用此書的讀者分享。

一個感受是，當今臺灣有關出土文獻與古文字研究的質量有大幅度的提升，其原因首先是因信息的發達，在獲取資料的時效上，基本上可以做到與大陸同步，甚至偶爾超前。這保證了臺灣學者可以及時看到第一手資料，始終站在學術前沿，具有與大陸學界進行同步對話的能力。這一點在魏慈德教授的書中就有充分的體現。該書所用的原始資料是最新的，引用的相關論述也很完備，包括專著、論文集、已刊發的論文和未正式刊發的學位論文、網站文章等，既新且全，絕少遺漏。這一方面是受信息發達之賜，一方面也歸功於作者的搜討之力。

一個感受是，臺灣學界歷來有一個優點，就是在資料的收集和排比上，鉅細靡遺，清晰縝密。魏慈德教授此書中有關楚簡的語言學研究就充分凸顯了這一優點。如其書第一章對楚人楚事簡中錯漏字例的校析，第二章對楚人楚事簡及楚器中用字的比較，第三章對楚人楚事簡及楚簡中的通假習慣用字的比較等，都通過列舉大量的實例說明各種現象，有時還通過列表以清眉目，最後說明揭示出的規律和問題。徵引博洽，識斷精審。這些大量例證的收集和排比是極為繁瑣費力的，如何收集完備且能踵武前修而自鑄新意，卻是"看似尋常最奇崛，成如容易卻艱辛"的，是既體現工作量，又體現學術功力的工作。

一個感受是，出土文獻與古文字研究是個邊緣學科，與語言學、歷史學、考古學都關係密切，在語言學範疇內，文字學、訓詁學、音韻學是一個學者必要的知識儲備，而在歷史學範疇內，文獻學，或說是讀古書的能力，更是一個學者研究能力的背後支撐。縮小到文字學範疇，作為一個研究者，最好要掌握或儘量熟悉從甲骨到秦漢簡帛全時段的材料，不要偏於一隅，畫地為牢，否則很難有大的成就。從魏慈德教授的書中，可以看出他對從甲骨到秦漢簡帛全時段的材料都很熟稔，能夠綜合運用文字、訓詁、音韻的知識進行有深度的分析論證，讀古書的語感也很到位，這是出土文獻與古文字研究領域一個優秀學者的標誌。縱觀臺灣出土文獻與古文字研究學界，專家不少，但是像魏慈德教授這樣能夠貫通的人還應更多。

總之，魏慈德教授《新出楚簡中的楚國語料與史料》一書辨析精微，論證確固，授後學以矩矱，度來者以金針，堪稱名篇，洵為佳構。

魏慈德教授出自蔡哲茂教授門下，早年以研究甲骨為主，曾出版過《殷墟 YH127 坑甲骨卜辭研究》和《殷墟花園莊東地甲骨卜辭研究》兩部專著和許多篇研究甲骨的文章，在學界很有影響。近年來他除了研究甲骨之外，還開始簡帛的研究，並大有新出轉精，後來居上之勢。此外他還有一些利用簡帛補正、校釋先秦古書和將甲骨和簡帛參照比較研究相關問題的文章，亦新見迭出，勝意如雲。

魏慈德教授溫厚淳謹，和易撝謙，甘於寂寞，不騖聲華，因此才能有今天的成就。我衷心希望他能本著"昔日之得，不足以為矜，後日之成，不容以自限"的精神，往昔努力更新去，而今邁步從頭來，在學術研究上取得更大的成績。

是為序。

2013 年 10 月於滬上書馨公寓

《新出楚簡中的楚國語料與史料》即將由臺灣書房出版有限公司出版，本文據原稿收入。

《古文字考釋叢稿》後記

　　本書收錄的是作者近十幾年來關於古文字研究方面的文章的一部分。其中除三篇待發表外，都已正式發表於各種刊物和論文集。文章內容很雜，但考釋文字仍然是最主要的特色。

　　古文字研究正如于省吾先生生前所説，是屬於用力多、收穫少的學問。它所牽涉的學科太多，歷史上的學術積累又太厚重，所以要想在這個領域有所突破和收穫，的確要付出比一般學問多得多的心血。我的性情本來更適合於形象思維，從小就想當個文學家，所以走上古文字研究的道路，可以説是選錯了路。加上興趣廣泛，喜好雜覽，漫羨無所歸心，所以常常是誤了正事。雖然如此，多年的浸淫，還是使我對古文字，尤其是對古文字字形，具備了相當的敏感度。這樣的敏感讓我受益匪淺。回顧我研究古文字的道路，坎坎坷坷，個中甘苦實在是難以向外人道。

　　古文字研究是向回看的學問，有悖於如今各種"與時俱進"的新學問，所以常常淪落到姥姥不親、舅舅不愛的境地。看到有些年輕學者以苦爲樂，甘於清貧，孜孜矻矻地研究古文字，真會讓人感到一種殉道般的神聖和悲壯。這種神聖和悲壯，正是這個學問能夠得以生生不息地繁衍下去的精魂。

　　如今的古文字學界老成凋謝，僅存的一些頂尖學者已經成了學界的旗幟和後來者的精神支柱。正因爲有這些"德藝雙馨"、道德文章堪爲楷模的專家,才會不斷湧現出新的愛好者和追隨者。我從開始學習古文字起,就不斷受到老一輩學者的指點和呵護,高情雅意,讓我無時不在念中。同時也努力把這種無私提攜後進的精神用於對待我自己的學生。這樣做其目標只有一個,就是讓這門學問能够不斷地發展壯大,如延續人的生命一樣延續下去。

本書的得以出版,我的學生葉玉英、王穎、蘭碧仙幫我輸入文稿、校改、粘貼古文字字形等,付出了很多勞動,這是需要在這裏表示感謝的。

2004 年 9 月於廈門白城一綫望海齋

原載《古文字考釋叢稿》(嶽麓書社,2005 年),今據以收入。

《郭店楚簡校釋》後記

又是一個年終歲尾。明天就是 2003 年的元旦。

人過四十後,覺得一年年過得就像豬八戒吃人參果,還未來得及品味,就已經沒了。回過頭來再看自己的所獲所得,不禁悲從心來。真是光陰虛擲,百無一成,恨不得自己抽自己兩個嘴巴。但是據經驗推想,到了明年的年終歲尾,湧上心頭的感受還是如此。

這本小書的選題早在 1999 年的冬天就與出版社簽訂合同並納入了出版計劃,可是隨即我就身陷調動工作的困境,直到 2000 年 7 月才正式調入新單位。在新單位的適應時間遠比我想象的要長,這期間雖然斷續地寫了一點,但是進展很慢,主要原因是心還沒有安定下來,人很焦躁。2001 年下半年帶學生到三峽考古工地進行發掘實習,在雨天和休息日,我伏在老鄉簡陋的桌子上寫出了書稿的大半。從三峽返回廈門後,緊跟着我又去了香港進行合作研究,時間又是近半年,書稿只好擱到了一邊。從香港返回後,除了上課,又出去開了幾次會,直到最近幾天才寫完了最後一部分。雖然此書開始寫的時間距現在已經很長,但真正用於寫的時間實際上並不多,因此對學術界新成果的吸收可能會有遺漏。

寫作這本小書的本意是想吸收學術界的最新成果,爲更多的研究領域提供一個簡明的郭店楚簡注釋本。但是在寫作過程中發現,這個本意是很難完全達到的。不過因爲郭店楚簡的研究是一個長期的過程,這期間的一切研究都很難視爲最後的定論,所以一切圍繞郭店楚簡的研究都可視爲構築郭店楚簡研究大廈的磚瓦,從而具有各自的意義。從這個角度看,我的這本小書應該有其存在的價值。

本書在簡文的編聯、字詞的考釋和文意的理解方面吸收了學術界正式發表的一些成果的結論,這些成果作爲參考文獻列於本書附錄,限於體例,在正文中不再一一說明。在此謹對這些成果的作者表示衷心的感謝。

從郭店楚簡資料正式出版到現在已經有近五年的時間,這五年裏積攢了相當多的研究成果,可是從郭店楚簡的重要性和豐富程度來衡量,這些研究還是"萬里長征才走了第一步"。郭店楚簡對傳統中國古典學研究的衝擊和震動是巨大而深遠的,其影響和意義無論如何拔高都不爲過。當我們面對如此重要和豐富的資料時,既因爲能生在這不斷有重大發現的時代而感到榮幸,同時也爲我們不能更深入透徹地理解古人而感到苦惱。我們的運氣比清人好多了,可是學問卻比清人差遠了。真想能起古人於地下而詰問之,或是"克隆"幾個王國維。

本書的出版端賴福建人民出版社的大力支持和幫助,在此謹致以誠摯的謝意。

真希望哪一年在年終歲尾回顧一年的收穫時,能有如孫悟空吃蟠桃似的感受。

雖不能至,心嚮往之。

2002年12月31日於廈門廈大白城一綫望海齋

原載《郭店楚簡校釋》(福建人民出版社,2005年),今據以收入。

《古文字構形學》後記及修訂本附記

　　這本小書是我的博士學位論文，寫作於 1990 至 1991 年，距今日出版已經有十五個年頭了。

　　這篇博士論文的原題目是《古文字構形研究》。我在論文的《前言》中説：

　　　　本文原定題目爲《古文字構形學》，曾設想對古文字的構成演變作全面的分析和論證，以期建立一個大致的框架，形成一個初步的體系。但是在寫作過程中，越來越感到這一範圍和容量的廣博和深奧，遠非本文所能承受。如要硬求其全，則字數將要超過本文的幾倍。於是便擷取若干首先想到的題目進行探討，以此作爲準備工作，爲進一步寫成《古文字構形學》奠定基礎。

　　今日出版這篇博士論文，雖然改動並不大，但是考慮到既然這一研究對象是個永久性的課題，因此就不能沒有階段性的總結。同時也不能讓這一基礎理論的歸納總是付之闕如。加之本文也的確對古文字構形研究中的諸多重要問題進行了較爲深入的探討，故考慮再三，還是重新採用了《古文字構形學》這一題目。

　　本文的寫作，得到先師姚孝遂先生的悉心關懷和指導。回顧隨侍之日，先生對文字的宏觀體察和科學的文字符號觀對我影響甚大。

如今先生墓已有宿草，再也看不到我的博士論文的出版了，思念及此，不禁潸然淚下。

這裏要感謝當年參加我博士論文答辯的李學勤先生、陳世輝先生、林澐先生、趙誠先生和吳振武先生；還有對論文進行評閱的胡厚宣先生、裘錫圭先生、曾憲通先生和張亞初先生。尤其令我感念的是答辯委員會主席李學勤先生在答辯過後主動向我提議將該論文推薦到中華書局出版，並且很快就寫出了評價頗高的推薦信。可是陰差陽錯，主要因爲我的責任，該論文在中華書局出版一事竟致未果，辜負了李先生的一片熱心。當年裘錫圭先生的評語寫得最多，記得在四頁紙上寫滿了蠅頭小楷，充分體現了裘先生嚴謹認真的學風和敏銳深刻的洞察力。去年在杭州開會遇見裘先生，先生還殷切詢問我的博士論文出版一事，並提出了很好的建議。前輩學者的眷顧和垂青，讓我銘感於心，永遠不能忘懷。

臺灣學者邱德修先生對該論文的出版表示過關注和關心，也是需要在這裏表示感謝的。

這篇論文從寫成到今日出版，經歷了十多年的歷程，其間也有幾次可以出版的機會，但都被我放棄了。放棄的原因一是私下裏認爲論文中的釋字部分已請學術界的一些主要學者看過，而釋字的文章具有一定時效性，過了很久再出，重要性已經削弱；二是總想找個機會加以刪改增補，力求寫得更爲全面。可是時光荏苒，加上人生性疏懶，總是没能找出大塊時間來進行這項工作，一拖就是十幾年。

雖然該論文一直没有出版，但在學術界卻不脛而走。據我所知，在大陸和臺灣的學者和研究生中，許多人都有我的博士論文的複印本。不止一個年青學者當面向我提起其治學的路數受我這篇論文的影響很深。一篇不成熟的論文能夠受到學術界的如此厚愛，這是我萬萬没有想到的。

在這篇博士論文中，我最早提出了"古文字構形學"的概念，第一次全面研究了諸如"飾筆"、"變形音化"等許多古文字構成演變現象，最先將考古學中"譜系"概念用於古文字構形的分析，提出了考釋分析文字要具備"古文字發展演變的動態眼光"等主張。我欣喜地看到，在我的博士論文寫成答辯之後，在大陸和臺灣，陸續出現了許多諸如"構形研究"、"構形系統研究"和研究"構形學"的論著，"譜系"、"動態分析"也成了被普遍使用的概念和探討的問題。這充分表明了"吾道不孤"，表明關於古文字構形學的研究和探討已經被越來越多的人所重視，並日益成爲古文字研究中的一個恒久的熱點。

這篇博士論文遲遲没有出版，也使學術界的某些人得以故意裝作没看見，從而不加解釋注明地任意取用。臺灣學者邱德修先生曾熱心建議我在臺灣出版該論文，並開玩笑地説："再不出版就要被人偷光了。"對此我只能報以苦笑。其實對這樣的事我一向能夠釋懷。試想如果我對了，又被别人多説了幾遍，或是有更多的人説，這又何嘗不是一件好事呢？

這次該論文的正式出版，仍然没有更多的時間進行删改增補，主要是在以下方面做了一些工作：

1. 將原第拾貳部分的一部分分出並加以改寫作爲第一章"緒論"；

2. 增加第拾章"古文字中的'訛混'"；

3. 將原第拾叁部分"古文字考釋舉例"中的部分考釋删去，增加了一些新的考釋字例並湊成百數；

4. 在原第拾肆部分"古文字構形演變條例"中的各條例下加上具體字例；

5. 將全文引用的古文字字形盡量改爲原形；

6. 改去了原文中的明顯錯誤。

即使做了以上這些工作，原論文中存在的一些個別問題也無法全部改盡。如有些考釋今日已經有了全新的認識和意見，但是如果改動就會影響全文，容易使一些論述前後產生矛盾和脫節。加按語的方式雖好，但在文章中可以，加在一本成系統的書中就會有顯得支離破碎之嫌。還有原論文在音韻的使用上遵循的是"古聲音通轉但以聲爲主"的原則，但在具體運用中，也有稍顯過於寬泛之處。這些都是讀者需要注意的。

這篇論文在早年準備出版時，學生宋智明、馮勝君二君曾爲我手抄原稿，付出了辛勞。這次整理定稿，學生葉玉英、洪颺、張新俊、陳家寧幫我輸入原稿、添加字形、校對文字，出力多多，在此一併致以謝意。

最後需要鄭重感謝的是福建人民出版社的領導和編輯賴炳偉先生，沒有出版社領導的支持，沒有賴炳偉先生的精心編輯，這本小書是不會如此順利出版的。

二〇〇五年十一月二十日於廈門大學白城一綫望海齋

修 訂 本 附 記

本書自 2006 年出版後，得到學界諸多同道和身邊朋友的指教和關注，並先後獲得廈門市優秀社科成果評選一等獎、福建省優秀社科成果評選二等獎和第五屆中國高校人文社會科學研究優秀成果評選二等獎等榮譽。本次修訂，書中基本內容和結論並沒有改變，只是改正了個別錯字和一些排版錯誤，並對一些初版不清楚的古文字字形進行了替換，還編了一個釋字索引附在書後，以方便檢索。

這次修訂工作全賴侯乃峰先生和我的兩位學生張傳官和許慜慧,其中侯乃峰先生出力尤多。責任編輯賴炳偉先生的督促建議,更是這個修訂本能夠出版的最大動力。在此一併致以衷心的感謝。

二〇一一年二月二十日於復旦大學光華樓

　　原載《古文字構形學》(福建人民出版社,2006年;修訂本,福建人民出版社,2011年),今據後者收入。

《新甲骨文編》後記

近些年隨着大宗古文字資料的不斷出土和電腦製作字形圖片的日益方便快捷，各種古文字字編如雨後筍般不斷湧現。在這些衆多的字編當中，唯獨缺乏有關甲骨文的大型字編。造成這一現狀的原因可能並不單純，但是編寫甲骨文字編比較麻煩，應該是最主要的緣故。

孫海波編纂的《甲骨文編》出版於1965年，距今已經四十多年，無論從資料數量、摹寫準確度，還是從考釋水準看，都早已過時，顯得不敷使用。因此重新編寫一部大型的甲骨文字編，一直以來都是學術界的迫切需求。可是編寫新甲骨文字編是件很麻煩，且很可能是費力不討好的事，屬於"大家不爲，小家不能"的工作，因此才會出現研究古文字、熟悉甲骨文的人並不很少，但卻多年沒有一本大型甲骨文字編的局面。

二十世紀九十年代中旬中華書局曾有意約請我的老師姚孝遂先生主持編寫一本新的甲骨文編，中華書局的劉尚慈先生還專程到長春洽談此事。可是因當時姚先生的身體已經不太好，學生又各忙各的，一時湊不起一支編寫隊伍，因此這個很好的計劃最後變得無疾而終。

九十年代末，我曾立下志願想帶領學生獨立編寫《新甲骨文編》，並與我的學生白於藍正式開始工作。當時定下日課,每天用硫酸紙摹寫定量的字頭。開始進展順利,幻想着可以克日成功。可是不久白於藍調離吉林大學,我也緊跟着調至廈門大學,一時冗事纏身,計劃只能擱置起來。直到 2004 年我開始在廈門大學指導進站的博士後,才與洪颺、張新俊兩位商量繼續這一工作。時光荏苒,經過幾年時斷時續的努力,終於拿出了如今展現在讀者面前的這本《新甲骨文編》。

處理甲骨文字形的方法有四種:一種是對臨,即對照着原形摹寫,如舊的《甲骨文編》就是如此。這種方法的最大不足就是失真程度高。第二種方法是用硫酸紙一類透明的紙覆在原形上摹寫。這種方法雖然比對臨的方法失真程度要小,但是同樣會有失真的問題,而且遇到很小很細的甲骨文字形,想摹寫得準確是非常難的事情。第三種方法是利用電腦直接切割原形。這種方法可以保證不失真,但是也有一個缺點,就是黑乎乎的看上去不美觀,而且有時會把字形旁邊不屬於字形的泐痕或相鄰另一個字的筆劃等原樣保留,對不懂甲骨文或懂得不多卻想利用的人也是一個障礙。第四種方法就是用電腦切割原形後加以黑白翻轉,並去掉字形旁邊左右與字形無關的部分。這樣既不失真,又可以看去美觀。這四種方法各有優缺點,在編寫這本《新甲骨文編》之前曾斟酌再三,最後還是決定用第四種方法。

《甲骨文編》出版以來,有關甲骨文考釋的進展雖然緩慢,但是還是有很明顯的進步。幾批大宗的新資料如小屯南地甲骨、花園莊東地甲骨的出土,爲甲骨文考釋提供了不少新出的字形和結構,對於甲骨文的考釋幫助甚大;還由於晚於甲骨文的字形越出越多,有一些可以上推到甲骨文並使得甲骨文的字形也可以釋出;再加上考釋甲骨文的方法和手段越來越科學和嚴密,因此甲骨文中新釋出的字也在不斷增多。前輩學者中如裘錫圭先生,年輕學者中如陳劍先生等,就都釋出很多疑難字,結論令人信服。這本《新甲骨文編》盡量吸收這些新的考釋成果並擇善而從。釋字上的進展,可以從這本《新甲骨文編》與舊《甲骨文編》正編字頭數的比較中看得出來。雖然《新甲骨文編》正編中的許多字目前還不認識,還只是一種隸定,但是《新甲骨文編》正編的字頭數約爲 2350,《甲骨文編》正編的字頭數爲 1723;《新甲骨文編》正編見於《說文》的字數約爲 1170,《甲骨文編》正編見於《說文》的字爲 941。這些數字的變化正體現了甲骨文字考釋上的進步。

通過編輯這本《新甲骨文編》和多年考釋古文字的實踐,我感到有幾點體會需要進一步強調,這會給今後的甲骨文考釋工作帶來幫助,那就是：1. 和西周金文比較,要重視甲骨文是當時的一種俗體這一特點(甲骨文是當時的一種俗體的認識是由裘錫圭先生最先提出的,臺灣的張光遠先生也曾有類似說法),辯證地看待甲骨文與西周金文在時間早晚與字形結構上的關係,這對理解甲骨文字的結構非常重要。2. 要更加重視甲骨分組分類工作對甲骨文字形考釋的促進。不同類組的不同用字用詞習慣,對甲骨文中同字異形的辨識和歸併極爲關鍵。3. 考釋甲骨文不能不看後世文字,即使很晚的漢代文字,有時都會對甲骨文的考釋提供關鍵的字形演變鏈條和重要的字形啓示。4. 殘辭互補、同套卜辭的歸納和甲骨文各種辭例的繁簡變化格式的總結,對同字異形的判定也極有幫助。5. 嚴密的語法分析下確定的字的語法位置和語意範圍,也常常會對字形的考釋起到意想不到的作用。

這本《新甲骨文編》主要由我和學生洪颺、張新俊合作完成,其中洪颺做的工作最多。另外學生李宏、高思緣、陳家寧、張傳官、石繼承、陳志向等都或多或少地幫忙做了一些工作,在此一併表示感謝。責編賴炳偉先生出謀出力,貢獻多多,在此亦表示深深的謝意。

本書編寫過程雖長，但集中編寫的時間並不多，加上出版時間的限制，工作來不及做得很細，因此存在的錯誤和缺點一定不少，在此誠摯地歡迎學術界批評指正。不過我想任何字編都只能代表某個時段的水準，需要不斷地更新、增補和提高，所以非常希望這本《新甲骨文編》在使用一段後，能採納更好的批評和建議，再加以更新和增補，使其更爲完善。

2009 年 3 月 21 日於復旦大學光華樓

原載劉釗、洪颺、張新俊編纂《新甲骨文編》（福建人民出版社，2009 年），今據以收入。

後　　記

　　集子編成後,很長一段時間找不到一個合適的名字來命名,因為直指內容的名字早已被他人用過,必須另闢蹊徑。一日回家路過小區門口,"書馨公寓"幾個字突然跳入眼簾,讓我心中一動——以"書馨"二字來為本書命名不是很好嘛。我很喜歡"書馨"這兩個字,覺得這既是兩個讓人看去感覺比較有文化的字眼,同時也很符合我的經歷和境況。說到經歷和境況,"書馨"二字可謂語涉雙關,一是如我這樣的書生,一生所做的主要事情,就是買書、讀書、寫書,始終與書相廝守,不離不棄,書的氣息和味道對我來說是最親切的;二是自我調到復旦工作後,就一直租住在復旦的書馨公寓,早已培養出對這一小區的感情,集子中的很多文章就是在書馨公寓我那充滿"書馨"的索然居中寫就的。所以以"書馨"二字來命名這個集子,可以說是再合適不過了。

　　這本集子除個別文章和部分序跋、書評外,大部分都是我到復旦後所寫的。內容按類分為甲骨、金文、簡帛、璽印、其他相關論文、書評、序跋等幾部分。因文章所寫時間不同,刊發的書刊不一,故格式上除必要的統一外,皆一仍其舊。文章中的有些觀點可被後來的研究和資料修正補充的,會在文中或文後加【編按】予以說明。集子中有四篇文章是合作的成果,其中《論中國古典學的重建》是與陳家寧先生合作的,《安徽桐城出土秦十九年上郡守逪戈考》是與江小角先生合作的,《復旦大學博物館藏楚仲姬銨簠介紹》是與朱順龍先生合作的,《談"一沐三捉髮"的"捉"》是與張傳官先生合作的,這是需要在此特別說明的。

當今的出土文獻與古文字研究日趨精密化,對舊資料的熟悉和新資料的掌握兩方面的要求都很高,同時由於新資料的層出不窮、信息的日益發達和計算機技術在學術研究上助力的凸顯,對學者來說,需要熟悉和掌握的信息量越來越大,更新的速度也越來越快,學術上的競爭日益成為體力、腦力及計算機技術等綜合實力的比拼。在這樣的比拼面前,年紀越大當然就越處於劣勢。如奔六之我,以羸弱之體力、下愚之智力和菜鳥級之計算機技術,在這樣的比拼面前如逆水撐舟,似秉燭夜行,不免捉襟見肘,左右支絀。

住在"書馨",其實並不"舒心"。年輕時的渾身是勁,意氣風發,早已翻轉成今日的身心疲憊,意興闌珊。好在有書陪伴着我,有書的味道熏蒸着我,青燈獨對,一卷在手,可以拋却煩惱,換來心安。

本書的編排整理全賴學生張傳官之力,查覈校對又蒙學生張傳官、任攀、李霜潔、孫賽雄、邱玉婷等鼎力協助,責編顧莉丹指導協調,出力多多,在此一併致以誠摯的謝忱。

作　者
2013年10月於滬上書馨公寓之索然居